景仰賢達
同心同德
科學民主
繼武前行

壬辰亥 韓啟德

涂长望同志

(1906年—1962年)

涂长望之父涂舍章（约70岁时）与涂长望之母汪美珍的合影。

1936年10月，涂长望与王回珠在上海结婚。

1959年，涂长望与夫人王回珠，儿子多伦，女儿多林、多彬、多原、海燕合影。

1938年，涂长望等人到珊瑚坝机场迎接竺可桢。右起：涂长望、程纯枢、吕炯、竺可桢、胡焕庸。

1947年，南京中央大学气象系师生合影，前排右三为涂长望。

1951年，军委气象局全国气象工作会议纪念（前排：左十一竺可桢、左十涂长望、左八张乃召、左一蒋金涛）。

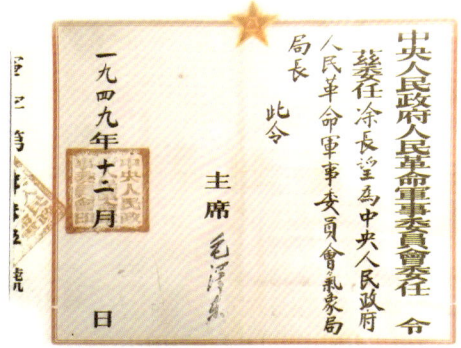

毛泽东签署的任命状

1952年，涂长望（前排左）参加在柏林召开的世界保卫和平理事会特别会议后顺访莫斯科。

1956年10月，国务院副总理陈毅（右）接见五国气象会议代表团团长。（左二中央气象局党组书记兼副局长王功贵；左三涂长望）

1953年，涂长望率团去东欧开会、考察。图为涂长望与外国专家在捷克斯洛伐克气象局门口留影。

1957年，赴日本参加国际地球物理年西太平洋区域会议时参观日本天气雷达，左起赵九章、涂长望。

1958年,涂长望(右)到黄山为云雾观测站选址。

1958年,涂长望在桂林全国气象局长会议上讲话。

1959年,涂长望养病途经武汉去探望大哥涂登榜。左一涂长望、左二王回珠、右一涂登榜(时任武汉医学院第一附属医院院长、九三学社湖北省副主委)。

1948年，涂长望参加中国科协上海分会成立大会（前排右六为涂长望）。

1958年11月28日，九三学社第二届全国社员代表大会合影，涂长望（前排右五）是九三学社的创始人之一。

1997年,中国气象局召开《涂长望传》首发式。左起:颜宏(副局长)、王回珠(涂长望夫人)、邹竞蒙(局长)、温克刚(副局长)、马鹤年(副局长)、刘英金(副局长)。

"两弹一星"元勋王淦昌(左,1997年11月担任九三学社中央名誉主席)、九三学社中央副主席陈明绍(中)、新中国首位海牙国际法院法官倪征燠(右)出席《涂长望传》首发式。

涂长望夫人王回珠与《涂长望传》作者谢世俊亲切交谈。

2005年1月18日，涂长望先生的铜像在中国气象局隆重揭幕。右起：秦大河院士、陶诗言院士、王回珠女士、叶笃正院士、涂长望铜像作者安东尼·司顿斯先生（英国肖像雕塑家协会主席、英国皇家雕塑家协会会员）、中国科学院地学部主任孙枢。

2004年10月18日，气象学家、九三学社社员陈学溶先生到北京开会期间看望王回珠女士。陈先生的意见对本书修订起了重要的作用。

2006年5月18日,"涂长望同志诞辰100周年纪念座谈会"在人民大会堂湖北厅举行。左二起:王回珠、王志珍、秦大河、邓楠、郑国光、叶笃正。

涂老夫人王回珠在中共中央统战部、九三学社中央和中国气象局领导及多方面关怀下,活过百岁。本图是2009年中国气象局领导为她贺百岁生日的照片。

前排左起:张人禾(时任中国气象科学研究院院长)、温克刚(前任中国气象局局长)、王回珠(享年101岁)、郑国光(时任中国气象局局长);后排左起:涂多林、涂多彬、涂海燕。

　　2010年5月11日，南京信息工程大学（原南京气象学院）广场上由著名雕塑家吴为山教授创作的涂长望铜像落成。参加揭幕的有南信大党委书记刘一平教授（左一）、家属代表涂多林（左二）、中国气象局副局长许小峰（左三）、吴为山教授（右三）、南信大校长李廉水（右一），以及教育部门和九三学社嘉宾。每逢10月28日涂先生诞辰日，学生们都会在铜像前举行纪念活动缅怀先贤。

　　2015年10月29日，九三学社中央常务副主席邵鸿（右二）出席武汉新洲"涂长望陈列馆"新馆启用仪式，为新馆揭牌，并代表九三学社中央授予陈列馆"九三学社传统教育基地"称号。

涂长望 传

（修订版）

上册

温克刚　主编

学苑出版社

图书在版编目（CIP）数据

涂长望传 / 温克刚主编. —修订本. —北京：学苑出版社，2017.10

（九三学社人物丛书）

ISBN 978-7-5077-5273-1

Ⅰ.①涂⋯　Ⅱ.①温⋯　Ⅲ.①涂长望（1906—1962）—传记　Ⅳ.①K826.14

中国版本图书馆CIP数据核字（2017）第171937号

出 版 人：	孟　白
责任编辑：	李　耕　徐志琴
出版发行：	学苑出版社
社　　址：	北京市丰台区南方庄2号院1号楼
邮政编码：	100079
网　　址：	www.book001.com
电子信箱：	xueyuanpress@163.com
联系电话：	010-67601101（营销部）、010-67603091（总编室）
经　　销：	全国新华书店
印 刷 厂：	保定市彩虹艺雅印刷有限公司
开本尺寸：	880×1230　1/32
印　　张：	24
插　　页：	12
字　　数：	400千字
版　　次：	2017年10月第1版
印　　次：	2017年10月第1次印刷
定　　价：	86.00元

丛书编委会

主　　任：韩启德

副 主 任：邵　鸿

委　　员：苟红旗　穆建民

　　　　　郭　悦　孟　白

初版《涂长望传》编审组

主　编：温克刚

编　审：刘英金　陈德仁　毛耀顺　张桂森　陈少峰

　　　　王鼎新　方　齐　徐曼泽　厉复仁

作　者：谢世俊

《涂长望传》修订小组

组　长：邵　鸿

副组长：郭　悦

顾　问：陈学溶　涂多彬　张桂森

成　员：昝建军　乔发进

总　序

　　九三学社是在中共抗日民族统一战线政策影响和感召下，于抗日战争后期成立的，她参与新中国的建立，成为在中国共产党领导下爱国统一战线中八个民主党派之一。在共和国成立以来的60多年里，九三学社始终弘扬爱国、民主、科学的传统，与中国共产党风雨同舟，共同探索中国特色社会主义政治发展道路，在国家建设、改革、发展征途上留下了闪光的足迹。在此历史进程中，九三学社发展成为拥有13万多名社员、组织比较健全、有较强参政能力和较高社会地位的政党。

　　九三学社走过的历程，是一部无数优秀人物引领广大同仁一往无前、执着追求的奋斗史。抗日战争时期，面对国破家亡、山河破碎，九三学社创始人或多方奔走，参与抗日，或介绍新知，宣传救国。解放战争时期，面对独裁专制、民不聊生，九三学社同仁或大声疾呼民主，反对暴政，或积极主张科学，倡导革新。新中国成立后，面对百废待兴的局面，九三学社同仁和全国人民一起殚精竭虑、奋斗不止。九三学社各个时期旗帜性人物身上体现出的崇高风范和优秀品质,是我社最宝贵的精神财富。回顾九三学社的历史,我们有勇往直前、舍生取义的革命家和社会活动家,有淡泊名利、刻苦钻研的科学家,有不畏权势、追求真理的人文学者,有忍辱负重、甘为人梯的教育工作者……他们共同铸就了九三学社一以贯之的灵魂——爱国、民主、科学,九三学社的优良传统在他们身上得到最好的诠释。

九三学社中央一直重视整理保存社史、发挥社史资政育人的作用,2007年又启动了以史料抢救和整理为重点、包括七个方面内容的社史工程。几年来,社史工程取得了显著成绩,《社史研究通讯》的编辑出版、社史专题片的拍摄、口述史工作的启动、社史文物收集等各个方面都有不同进展。"九三学社人物丛书"作为社史工程的一项重要内容,经过各方面辛勤的努力,也结出了丰硕的成果,第一批图书已完成了撰写、编辑,即将出版。这套丛书选取九三学社重要创始人、早期著名社员、历任社中央领导,以及在本人所从事领域里取得突出成就的旗帜性人物,力图以翔实的史料和平实的语言再现前辈先哲们曲折丰富的人生历程和绚丽夺目的光辉业绩。我相信,丛书的出版必将激发我社成员和广大读者继承他们的优良传统,体会他们忧国忧民的赤子情怀,感受他们坚毅从容的人格风范,学习他们精益求精的科学精神,为巩固、完善和发展中国共产党领导的多党合作和政治协商基本政治制度,为中华民族的伟大复兴,做出更大贡献。

是为序。

韩启德

2012年8月

序

涂长望同志是中国近代气象科学的奠基人之一，是中华人民共和国气象科学事业的主要创建人，是中国近代长期天气预报的开拓者。涂长望还是一位社会活动家及九三学社领导人，是中国科学技术团体和世界科学技术组织的卓越活动家。

涂长望同志奋斗的一生，体现了近代中国知识分子所经历的坎坷道路。

涂长望出生于清代末期汉口的一个虔诚的宗教家庭。他较早地接受了新式教育，感受到新思想的影响和帝国主义列强对中国人民的压迫，少年时代就认识了一些救国救民的道理；高中时代接触到了欧美和世界具有革命性的思想；入大学后，第一次国内革命对他的思想影响较大；去英国留学途经苏联时，使他初识社会主义国家；在伦敦，他不但完成学业，成为英国皇家气象学会第一个中国籍会员，同时在政治上也有很大转变，由支持国民党左派、赞成费边社会主义，转变为接受共产主义；在访问了莫斯科之后，成为英国共产党华语支部的党员。

20世纪30年代中期，日本帝国主义侵略中国，中华民族到了生死存亡的紧急关头。学成归国的涂长望，一方面致力于开拓中国长期气象预报的研究，一方面积极地投入中国共产党领导的抗日救国运动。虽未恢复党籍，但在抗日战争和解放战争的长时期内，他仍与党紧密联系，并按照党的要求联系了大批进步人士，结成科技群团组织，积极参与民族解放和人民解放的斗争。

在抗日战争那艰难的环境下，涂长望不仅完成了中国长期气象预报的开拓研究；还与学生黄仕松在东亚季风气候研究方面取得重要进展，发现了季风跳跃现象，开辟了解决我国旱涝预报的途径；同时培养了大批气象人才，他的研究生如郭晓岚、叶笃正、谢义炳等人，都成为当今世界著名的气象学家。

中华人民共和国成立前夕，涂长望同志在党的安排下由上海经香港辗转到北平，受周恩来同志委托，参加筹备召开全国科学大会，参与产生科技界的政协委员的遴选工作，共商建国大计。中央人民政府成立后，毛泽东同志和周恩来同志即把建立新中国气象事业的重任托付给涂长望。

涂长望同志不负毛主席、党中央的重托，迅速组建军委气象局，建成华夏大地前所未有的气象台站网，使年轻的人民气象事业在解放全中国和抗美援朝战争中发挥了重要作用,其后又为大规模经济建设服务。涂长望认为,气象事业的根本目的、中心任务就是服务,并在此前提下规划气象科学事业,向国际先进水平进军。

气象科学是人类战胜自然灾害、改造自然、获得自身发展的一种重要武器。涂长望团结和培养起来的新中国的气象工作者们,比历史上任何时代的管天人都更好地肩负起了他们的历史使命。

中国古代的气象科学曾有过辉煌的历史。历来的劳动人民以及从羲和、冯相、保章到钦天监等各类畴人,进行了许多观天测候的工作,在二十四节气创造、物候及天象记载、地方史志气候记述、风雨记录及有关仪器发明、天道观及人与自然关系阐述等诸多方面,为人类文明留下了极其宝贵的遗产,被各国引为借鉴。然而,近二三百年间,中国的气象科学远远落后于西方。

20世纪以来,我国科学家为使中国科学重新走向世界前列而进行了不懈的努力。但在旧中国,列强入侵、军阀混战、国民党的腐朽统治,使科学家们爱国、救国、发展科学的愿望难以实现;以竺可桢、涂长望、赵九章为代表的老一代气象学家,在新中国才实现了他们发展气象科学事业的夙愿。

涂长望在领导中央气象局的同时,还兼任九三学社、中国科协的领导工作；他是中国科学院的学部委员，并兼有其他科研机构的一些任务。他为中国科学技术团体走向世界付出了辛劳，还和郭沫若同志一起多次为世界和平而奔走。涂长望"努力一生无懈怠"，不仅为我们留下了科学成果和敬业精神，还留下了追求社会进步、献身人类文明和为人民服务的好品德；他为促进国际合作、向国际先进水平进军的卓越实践，都是极其宝贵的财富。

涂长望为中国气象科学事业的腾飞打下了良好基础。经过十余年气象现代化的建设，今天，我们已拥有堪称当代先进水平的气象卫星、气象雷达等许多技术装备，用巨型电子计算机做数值天气预报，有完善的气象业务和服务系统，气象科学技术水平已迈向世界前列；当代气象人正以历史上前所未有的气魄和胆略，勇敢地向科学进军，已经在全国基本建成具有中国特色的、布局合理、协调发展、现代化的业务技术体系，并将在不久的未来创造出更加辉煌的业绩，中国的气象事业必将对人类做出更大的贡献！作为涂长望的事业的后继人，我曾有幸成为第一个在联合国专门机构中担任主席的中国人，并两任世界气象组织主席。这些，都表明了世界对中国气象科学再度走向辉煌的认同。

这本书以丰富、翔实的史料，生动地记述了涂长望

序

同志一生的经历和奉献。记述了他对祖国、对人民、对党的一片赤诚；对人类文明、社会进步、科学民主不倦的追求；对气象科学事业的鞠躬尽瘁。我们相信，在中国科学技术蓬勃发展，再度走向辉煌，满怀信心迎接21世纪的时候，气象人员、科技界的朋友乃至全国人民，都能从涂长望同志一生的奋斗史中找到启示榜样，受到鼓舞和汲取力量。

邹竞蒙

1996年6月

目 录

引言 // 1

第一章 宗教家庭 // 5
    第一节 涂长望的祖籍与家世 // 5
    第二节 汉口大通巷三号涂家 // 7
    第三节 涂长望的母亲汪美珍 // 11
    第四节 涂长望出生时的千湖之省 // 14

第二章 少年时代 // 18
    第一节 在福音堂小学萌发了反抗精神 // 18
    第二节 大哥带着"五四"消息到钟祥 // 22
    第三节 进入古板而洋气的博文书院 // 26
    第四节 青春结伴回钟祥 // 29

第三章 高中求索 // 34
    第一节 大哥赴香港临别赠言 // 34
    第二节 蕲春城里的学生军 // 37
    第三节 接受无政府共产主义思想影响 // 40
    第四节 声援"五卅"学潮 // 43

第四章 大学生涯 // 48
    第一节 细读黑格尔和世界史 // 48

第二节 入城去会北伐军 // 52

第三节 学地理师承葛德石 // 55

第四节 探亲蕲春悲四妹 // 59

第五节 大学毕业回武汉 // 61

第五章 留学英伦 // 67

第一节 官费留英登金榜 // 67

第二节 几经周折离国境 // 71

第三节 经过饿乡到伦敦 // 74

第四节 认识费边社会主义 // 77

第五节 半路转学攻气象 // 81

第六章 树业闻道 // 86

第一节 考察研究到柏林 // 86

第二节 天灾国耻临困境 // 91

第三节 皇家气象学会添会员 // 94

第四节 反帝救国结同盟 // 97

第五节 旁听议会争公道 // 100

第七章 加入英共 // 104

第一节 在利物浦结识邹韬奋 // 104

第二节 "五一"观礼访苏联 // 108

第三节 加入英国共产党 // 114

第四节 应竺可桢聘请回祖国 // 117

第五节 海程逾月到金陵 // 121

目 录

第八章　金陵益学 // 127

　　第一节　初次来到钦天山 // 127

　　第二节　家乡畅叙骨肉情 // 132

　　第三节　研究旱涝长期预报 // 136

　　第四节　商榷中国人口问题 // 140

　　第五节　友人作伐识回珠 // 144

第九章　北平救亡 // 149

　　第一节　故人重聚清华园 // 149

　　第二节　清华大学的光荣 // 153

　　第三节　"一二·九"时参加党的活动 // 159

　　第四节　驳斥胡适"读书救国论" // 163

　　第五节　借聘期满回南京 // 166

第十章　成家立业 // 171

　　第一节　与王回珠结婚沪上 // 171

　　第二节　为气象事业争庚款 // 176

　　第三节　探讨长江洪水预报 // 180

　　第四节　研究全球大气运行 // 182

　　第五节　完成旱涝预报研究 // 186

第十一章　内迁重庆 // 191

　　第一节　临危之际负重任 // 191

　　第二节　痛四弟长安为国捐躯 // 196

　　第三节　七星岗上生多伦 // 199

第四节　邹韬奋闲坐话时局 // 202

　　　第五节　轰炸声中研究高空气象 // 206

第十二章　执教浙大 // 210

　　　第一节　大轰炸中离重庆 // 210

　　　第二节　少壮派意气风发 // 214

　　　第三节　紧要关头知劲草 // 220

　　　第四节　科学社桃李竞芳 // 225

　　　第五节　高才生投师门下 // 230

第十三章　浙大风云 // 236

　　　第一节　校务会上斥贪婪 // 236

　　　第二节　缙云山中议发展 // 239

　　　第三节　遵义城里起风云 // 244

　　　第四节　史地所内生摩擦 // 250

　　　第五节　愤然离校到綦江 // 253

第十四章　初到中大 // 261

　　　第一节　中大迎接新教授 // 261

　　　第二节　科学座谈会添骨干 // 265

　　　第三节　师生双双获奖励 // 269

　　　第四节　季风研究结硕果 // 272

　　　第五节　贫病交迫沙坪坝 // 277

第十五章　呼唤民主 // 284

　　　第一节　在美军战略情报处 // 284

第二节 "民主科学座谈会"结新友 // 289

第三节 中国科协问国是 // 295

第四节 九三学社争民主 // 302

第五节 边区气象寄深情 // 306

第十六章 出游欧美 // 313

第一节 双重使命飞伦敦 // 313

第二节 出席科学与人类福利大会 // 319

第三节 参加气象科学国际合作 // 325

第四节 胸怀祖国辞聘请 // 329

第五节 周游北美建分会 // 335

第十七章 向着新中国 // 343

第一节 复员安家在南京 // 343

第二节 在"小民革"里的活动 // 349

第三节 壮大中国科协队伍 // 354

第四节 《新民报》上办《科学》 // 360

第五节 中大校园火焰高 // 366

第十八章 胜利到北平 // 372

第一节 科学促进会调查人才 // 372

第二节 美国大使馆兼任编译 // 378

第三节 隐蔽上海度寒冬 // 384

第四节 脱离险境赴香港 // 390

第五节 欢庆胜利到北平 // 396

第十九章　受命办气象 // 404

  第一节　科学大会倡团结 // 404

  第二节　政治协商议国政 // 411

  第三节　受命组建气象局 // 415

  第四节　出任军委气象局局长 // 424

  第五节　气象事业发展定大计 // 429

第二十章　坚实打基础 // 436

  第一节　鸿飞海外聚贤才 // 436

  第二节　广辟渠道育新人 // 439

  第三节　恢复发展台站网 // 449

  第四节　联合管天结硕果 // 458

  第五节　京郊崛起气象科学城 // 465

第二十一章　几度赋欧游 // 470

  第一节　中国科联走向世界 // 470

  第二节　急促赴伦敦庆祝"十一" // 475

  第三节　从容到华沙保卫和平 // 481

  第四节　从维也纳到柏林反对细菌战争 // 487

  第五节　热心社会活动致力人类幸福和平 // 496

第二十二章　建设高潮 // 505

  第一节　贯彻毛泽东周恩来转建命令 // 505

  第二节　服务是气象工作的唯一目的 // 514

  第三节　技术革新学苏联 // 526

第四节 农业气象天地广 // 532

第五节 专业服务布局精 // 536

第二十三章 规划蓝图 // 542

第一节 光荣加入中国共产党 // 542

第二节 农业《纲要》增条款 // 547

第三节 远景规划展宏图 // 554

第四节 进军科学缚苍龙 // 563

第五节 群英会聚中南海 // 574

第二十四章 国际交往 // 583

第一节 气象事业反封锁 // 583

第二节 建设成就惊世界 // 593

第三节 五国会议获成功 // 600

第四节 国际地球物理年竞贡献 // 607

第五节 日本学者访中国 // 616

第二十五章 鞠躬尽瘁 // 622

第一节 九三学社秘书长 // 622

第二节 党籍问题受委屈 // 630

第三节 心力交瘁任劳怨 // 638

第四节 蒙晋一月见真情 // 649

第五节 心血凝成《建议书》// 659

第六节 全球变暖先立说 // 680

第七节 英年早逝志未酬 // 686

尾声 // 695

大事年表 // 701

主要著作 // 717

再版后记 // 723

引 言

气象学界知名教授涂长望,一生事业和精神的高峰在 20 世纪 50 年代中期。那时他加入了中国共产党,多年来的追求和愿望得以实现,他感到人生有了归宿。

1957 年金秋十月,涂长望在《人造卫星是人类文明的转折点》一文中写道,卫星发展"为人类由地球生物变成宇宙生物创造了条件"。作为中华人民共和国中央气象局局长和国际地球物理年中国国家委员会副主任,他对自然科学与人类文明充满了信心。虽然那时中国在"反右"声浪中,科学思想与正直行为已开始无形地受到制约,但他仍然意气风发。

涂长望的信心来自他对人类文明的认识和他对科学世界观的掌握,这使他的人生升华到更高境界。列宁说:"只有用人类创造的全部知识财富来丰富自己的头脑，才能成为共产主义者。"①涂长望以他渊博的学识和丰富的实践，使自己具备了矢志于人类社会进步的共产党人的素质。

涂长望和许多革命志士一样，从青少年时代就开始探索救国救民的道理。他的家庭和学校环境，亲人和师友，使他有机会广泛接触东方和西方文明。

世界近代史表明，20世纪以来所经历的乃是从未有过的人类文明大融合。古老华夏文明与西方文明的撞击，是最引人注目的史实。300年来，华夏文明式微，使炎黄子孙开始猛醒和探索民族复兴之路。1840年鸦片战争冲开国门，西方资本主义汹涌而来；1917年阿芙乐尔的炮声送来马列主义。不安宁的世界，无尽的苦难和不屈的奋斗，锻造了无数优秀中华儿女，使他们能为中华人民共和国的诞生和发展做出自己的贡献。涂长望一生，除了努力于教科文事业，还致力于团结中外学者，推动科技进步和人类福利，因而被推崇为著名教授、民主斗士、社会活动家。

涂长望是这样一个人：他努力汲取东西方文明的优秀遗产，期望未来地球文明融为一体走向太空而人类成为宇宙生物之时，自己所追求所奉献的华夏文明也不磨

---

① 列宁：《青年团的任务》，《列宁论马克思恩格斯及马克思主义》，人民出版社，1973年，第421页。

灭其光辉。这也就是把新中国气象事业委托于他的一代伟人毛泽东所说的,中国应当对人类有更大贡献。

中国现代科学史上,闪烁着无数璀璨的群星。竺可桢、涂长望、赵九章是气象星云里最明亮的三颗星辰。三星辉映,激励着众星朗朗,使中国气象科学迈向历史的辉煌。

涂长望是中国近代气象科学奠基人之一,是中华人民共和国气象事业的创建者,然而他的贡献不止于气象事业。涂长望的业绩还存在于中国社会、世界科学及人类福祉。

诚如郭沫若所说,涂长望肝胆照人,对亲人、同事、人民、祖国和世界,怀有无限深厚的爱心。涂长望心胸涵物,历尽诸多苦难,一生奋斗无懈怠,是非分明地追求真理,探索光明。

对于科学与民主,近代中国知识分子和劳动人民为之奋斗了一代又一代。涂长望发扬"五四"传统精神,为德、赛二先生[①]倾尽了满腔心血。他深知,民族要得到解放,祖国要走向富强,世界要和平发展,必须依靠科学和民主的力量。

涂长望广泛地与各国科学工作者进行交流与合作,

[①] "德、赛"即"民主与科学"的英文缩写与译音。

为和平利用科学争取社会进步促进人类福利而奔走。无论是在旧时代或新中国，他都为此尽心竭力。气象大院初建时，西方列强正对新生的共和国进行着封锁，而人们的思想也较封闭，涂长望在规划这座科学城时，就考虑了中国的气象科学必须走向世界，为人类谋利益。中国人民气象事业，要更多地贡献于世界人类。

涂长望一生经历了诸多艰难险阻与不幸，然而他始终俊逸倜傥，潇洒自如。因为他才华横溢、深谋远虑而又处事精明，困难阻挡不了他。他一生为我们留下了极其宝贵的精神遗产，他还可以贡献得更多，令人惋惜的是天道不公，病魔使他英年早逝，为气象科学事业留下了巨大遗憾。

要认识涂长望的一生，我们还得回到一个世纪之前的九省通衢湖北省。

第一章　宗教家庭

第一节　涂长望的祖籍与家世

清光绪三十二年（丙午）九月十一日，即公元 1906 年 10 月 28 日，涂长望降生于汉口大通巷涂家老屋。

涂长望出生在一个虔诚的宗教世家。这个家族来到汉口的历史，几乎与汉口的基督教史一样早。那时中国的家庭，封建礼教甚严；而涂家受教会环境影响，与传统的封建家庭颇有差别。其家风严正而又不乏反抗压迫与闯荡世界的精神，这种精神，在半殖民地半封建的社会是极其可贵的。涂长望兄弟姐妹十余人，性格各异，但无不受到这种家风影响。

涂长望以"字"行，属"长"字辈。涂氏谱系的 20 个字派是："世代逢云茂，本深发自长，多文传必远，吉孝大有光。"19 世纪中叶，他那"本"字辈的高祖居住在湖北省黄冈县阳逻镇（今属新洲）涂家岭。世代以农为业。位于长江北岸的涂家岭，地方虽小，却出了好几位名人，其中就有早年清华留美考第一、后来当过圣约翰大学校长的涂羽卿（涂长望的堂叔），武汉协和医院院长涂登榜（涂长望的哥哥）和新中国第一任中央气象局局长涂长望。如今那里涂家的人早已全部迁走，涂家岭地名也不存在了。①

涂长望"深"字辈的曾祖，也生长在涂家岭。在那清军镇压太平天国的苦难岁月，有一年，阳逻遭灾，太爷爷背井离乡，到大世界去闯荡，沿着大江逃到武昌洪山。独自一人生计无着，便起了轻生之念，到江边跳水自杀，被人救起。有人劝他，年纪轻轻，来日方长，不可如此。介绍他到江那边的教会去做工。那时传教士刚来，一般人都怵于和不屑于跟洋人往来。涂长望那劫后余生的太爷爷没有犹豫，涂家从此便与宗教结了缘。

他加入的是属于英国伦敦基督教循道会这个教派。这个教会到汉口，是根据一项不平等条约，即1858年6月26日，由大学士桂良、吏部尚书花沙纳与英国代表额尔金（James Bruce, Earl of Elgin and Kineardine）签订的《中英天津条约》。循道会派来的第一个传教士郭修理（Josiah Cox）是1862年到达汉口的。在号称世界

---

① 根据新洲县志编纂委员会舒新提供的资料（1994年7月）和对武汉七中涂多渝的访谈（1993年9月）。

第一的日不落帝国，循道会是仅次于圣公会和天主教会的第三大教会，其特点是不采用主教制，讲究循规蹈矩。

郭修理在大通巷住下来之后，要求增派人来，于是1864年李修善来到汉口。他们于1867年在大通巷建成了福音堂，有了小学校、医院。

涂长望太爷爷在大通巷福音堂做工，有了一份固定的收入，便在这里长久地安顿下来。成家立业，娶妻生子，共有五个孩子，这就是涂长望爷爷一辈人。其中，老大早逝。老二发德的妻子生下自宏，即涂长望的父亲涂含章。涂含章自幼丧母，发德续弦又生了男孩自荣和女孩自英、翠兰，是含章的异母弟妹。老三的后代也曾发达，儿子自强在邮局工作，住在武昌，后到上海。老四无后，寡妻在抗战时落水身亡。老五只在1897年生下一女名自姣，现在是湖北省武汉市福利院健康的百岁老人。

家庭人丁兴旺，涂长望爷爷辈的几兄弟，以发德为首，凑起钱来，要在大通巷新建自己的家。时间约在1880年前后。

第二节　汉口大通巷三号涂家

汉口大通巷自古是一个连接城乡的繁华之地。老年人记得，巷头有一座武圣庙，庙里供奉的是老百姓最崇敬的关圣帝君,就是那家喻户晓的《三国演义》里的关羽。庙中面南正坐的关羽是金身披红,而那为他拿着青龙偃月刀站在旁边的周仓,却因长年累月的香火熏黑了脸,变成张飞那样了。可见这一带人口之盛。但那武圣庙已于 1917 年改建成大通巷小学。在武胜路与汉正街相交的地方,当年的大通巷福音堂也已在 1931 年重建为救世堂。福音堂小学现在为江汉桥小学,而福音堂医院现在为第四医院。今日这一带的繁华胜似当年,沿着汉水,仍可见到竹、木、陶瓷的市场和一些农产品的市场,虽然跟时髦的音响、家电、时装市场相比显得逊色,但仍为人们生活所需。

当年大通巷是个贫苦市民与农村小商杂居的地方。居民与农村有千丝万缕的联系,有的人家跟涂发德父子一样本是失去了生计的农民。城里生活没能改变他们起早的习惯。五更鸡鸣,天还未亮,巷子里一家家的木板门便吱吱嘎嘎地打开了。街头传来挑担背筐的人们的沉重的脚步声,有的人还以压抑的哼哼声加入市井的喧嚣,因为他们的负荷很重。他们给城市送来蔬菜瓜果、鱼米禽蛋。他们从郊区赶来,有的三更天便起程,有的甚至忙个通宵,更远的则是从长江汉水坐船而来。涂家的人也是老早起来,加入这个劳动人群,各自奔忙。

涂发德一家算是混得不错了。到 19 世纪 80 年代,

第一章 宗教家庭

他家几个兄弟都有了妻室。除了老三在邮局当差,带着妻子到武昌傅家坡去住了,其余全家人都挤住在一所简易的木板房里。等到最小的老五娶亲时,老父亲不能跟他同屋了,只好到教堂闲房临时存身。这时,置一个窝迫切地成为涂家父子共同的心愿。几口男丁积攒数年,上帝保佑,这个心愿可以实现了。

在大通巷,已经很难找到宽敞的地方。所幸武圣庙旁边还有一片荒地,杂草丛生,是还没有被人征用的庙产。老父亲看中了这个地方,于是买了下来,由老二涂发德领着四弟、五弟在这里破土动工。他们用积攒的银钱请了泥瓦工匠,买了青砖、青瓦、竹木、石灰,建成了一座二层楼的瓦房。房屋坐北朝南,木铺楼板。楼上三间,西间住小五夫妇,中间住老父母,东间老四夫妇住。楼下中间是堂屋,供神主,做客室和全家用餐的地方,西间为厨房,东间住涂发德一家。

涂家老屋,从开始就不十分宽绰,但由于老四媳妇不生育,小五媳妇刚进门,所以也不显得挤。后来人口增多,又加修了东西厢房,形成一个小院子,院子外边又盖一间屋。

老二涂发德的长子涂自宏,又名涂含章,生于1881年,即涂长望的父亲,是太爷爷的第一个孙子,全家都十分喜爱。但是,一家人始终没有宽裕过。在全家搬进新居不久，刚会牙牙学语的涂自宏便失去了母亲。于是，又得张罗着为年轻的涂发德续弦。

开始，后母对待自宏还好。后来她有了子女，对于没有腹痛过的孩子就不能一视同仁了。到了锅里无米的时候，最挨饿的就是小小的自宏了。自宏越思念亲娘，心里就越是滋长了反抗。9岁那年，他不堪继母虐待，离家跑到父亲当厨师的那个英国牧师家里找活干。父亲做饭，他成了小小的帮手。他要自己挣钱，晚上也不跟父亲回家。爷爷找到了他，不忍心他这么小就出来做工。他在爷爷怀里流着泪，怎么也不肯回家去。最后达成妥协，爷爷允许他当西厨助手，但有两个条件：晚上要回家去睡觉，干活的空余时间要读书。自宏答应了。这样，涂自宏从童年起就使自己在经济上自立了。

涂自宏手勤眼快，很快学会了做西餐。十几岁时，就能做出精美的糕点，成了厨师。他会读中文书籍，又会讲一点普通的英语。牧师见涂自宏眉清目秀，勤奋、聪敏而又严于自律，很是喜欢，便保送他到循道会在武昌千家街开办的神学校里去读书。几年后毕业归来，他到大通巷福音堂当传道士。他在教会里的地位虽低，但已高于已去世的爷爷和仍为工友的父辈们了。这时，已经到了19世纪的最后的岁月。①

第三节　涂长望的母亲汪美珍

在大通巷，人们称涂含章（自宏）为涂教士，与他同时从神学校出来的还有管教士。领导他们传教的是洋人牧师。传教士是初级神职人员，牧师是中级神职人员，待遇有差别，洋牧师更是神气多了。龙生九子，各不相同，洋牧师的个人品德也是很不一样的。主事的牧师常常给涂含章气受，而有一位乐牧师②则十分富于同情心，对涂家很友善，对中国同事都不乏博爱精神。

大通巷福音堂小学新来了一位女教员，名叫汪美珍。她有一张娟秀的圆脸，身材窈窕，聪明能干，是很讨人喜欢的那种女孩子。乐牧师就来跟涂含章说媒，介绍他俩相见。其实，他俩也早已互相知道，同在一条巷子里天天相见，只是未曾互相交谈过。乐牧师夫人跟汪美珍提起这事，她有点害羞，说涂教士这个人虽是不错，但还不很了解，需要熟悉一段时间，再定终身大事。乐牧师夫人说，这当然急不得，你们姊妹俩也可以商量一下。她知

---

① 根据武汉市福利院百岁老人涂自娇的回忆（1993年9月）。
② 乐永和（Rev Rowley），其夫人懂医术，夫妇二人在太平洋战争（1939年）爆发后被日本人集中于庐山，抗战胜利后自愿留在庐山，直到去世。

道汪美珍有个妹妹,也在桥口区的一家教堂小学当教员。

汪美珍生于 1884 年,妹妹汪翠珍年龄只比她小一岁多,是一同念书一同出来工作的。①

汪氏姊妹俩祖上也曾有几亩薄地,小时能上私塾受些教育。后来家道衰落,便随父母到外面闯荡。父亲到九江做建筑工匠,姊妹俩辍学在家,跟母亲为人做些针线活计。在为洋人盖房子的过程中,父母都信了教。入教之后的好处,就是她姊妹俩都能到九江的教会学校去读书。毕业后,姊妹俩一同来到汉口,都找到了工作。妹妹翠珍执教的小学校属于圣公会,待遇比循道会好,一个月的收入比美珍还多几个银圆。

入教还有一个好处,是使她姊妹俩肉体上也少受痛苦。那时女子都必须缠足,这对青春少女来说是一桩很难领受的酷刑,身体很快地发育成长,脚却要束缚到只剩"三寸金莲"。入教后姊妹俩的脚得到了解放,在 19 世纪末就成了半大脚的女人。她俩在汉口街头走起路来,感到特别舒坦、轻快,而街上那些小脚女人,还笑她们是大脚婆,太丑呢。

翠珍告诉美珍,她也有了对象,有人给她介绍圣公会的传教士饶志安。姊妹俩互相考核了未来的姐夫妹

---

① 根据吉林大学医院涂碧波回忆(1993 年 11 月)。

夫,都称满意。她们又互相介绍了心上的人,于是涂含章跟自己未来的连襟饶志安也认识了。那时的中国社会,男女婚姻必须服从于父母之命,媒妁之言,但他们自由恋爱,头脑里很少有封建意识。

20世纪到来的时候,他们都结成了美满的姻缘。

20世纪初,中国社会家庭的信条是:多福多寿多子孙。涂含章(1881—1970)和汪美珍(1884—1971)不能脱离那个时代,一切都由上帝来安排,他们的家庭虽然不宽裕,但人口兴旺。汪美珍一生生了11胎:①

长子	涂长信 （登榜）	1902—1982
长女	涂碧仙	1903—1936
——	涂菊仙 （未足岁夭折）	1904
次子	涂长望（金榜）	1906—1962
三子	涂长爱 （恩榜,莹光）	1908—1959
次女	涂碧波 （菊安）	1911—2005
三女	涂素安	1913—1941
四女	涂春安	1915—1927
四子	涂长安	1917—1937
五女	涂碧霞	1918—2010
五子	涂长晟 （安生）	1921—2000

---

① 辽宁大学涂长晟来函作过校正(1993年11月)。

这么多子女，使她一生十分辛劳。涂长望出生之前，人们还能看到她在大通巷福音堂小学，一边推着摇篮，一边为小学生讲国文、英文和算术。涂长望出生之后，她还想坚持不放弃那份工作，但是不久腹中又怀了长爱，这时涂含章还因辛劳过度得了肺结核病，她上有堂上公婆，下有一群子女，又要照顾患病的丈夫，只得辞去教职了。

涂含章的工资收入，这时一月只有20多个银圆，一家人的生计较为困难。这是需要汪美珍仔细安排的。

在孩子们的记忆里，她一天到晚从无闲时，一家人的衣服、鞋袜都是她自己做，一天三顿饭她自己做，经常以红薯、南瓜当饭，洗起衣服来一大盆一大盆，稍坐一会儿，也是拿出针锥纳鞋底，跟人聊天，也算是休息。在这样的家庭，做父亲和儿女的，也都要学会做家务。

父亲勤劳而严厉，母亲简朴而慈祥，都在涂长望兄弟姊妹身上留下了影响。

第四节　涂长望出生时的千湖之省

涂含章过得比他的父辈好些，从自身经历参悟出一个道理：知识是一种可以改善人的处境的力量。他和汪美珍的心愿是，一定要让孩子们多读些书。他俩把三个男孩子唤作登榜、金榜、恩榜，也是出于这种愿望，而不是希望他们"状元及第"。因为他们夫妇都主张新学，反对旧学。长望出生那年，朝廷已经废止科举，他俩让孩子受新学教育的决心更为坚定了。教会子女都可以免费读书，他俩觉得不应辜负了上帝的这份仁爱。

天下父母人人望子成龙。在那黑暗的末日王朝，列强正欲瓜分中国之际，苦难的人民要实现自己的愿望是何等艰难。那时千湖之省的湖北，也是新旧矛盾十分突出的地方。那里发生的一件件事情，都对涂家带来深刻影响，对涂长望幼小心灵的塑造，更有关键的作用。

"湖广熟，天下足。"两湖是中国农业的支柱，而荆鄂自古据江防之险，扼九衢之要。朝廷要稳固其统治，列强要瓜分中国，革命者要推翻封建帝制，都把武汉作为重要舞台之一。在辛亥革命武昌起义前夕，这里各种意识形态的冲突十分尖锐。

涂长望出生前几个月，京汉铁路通车，使武汉与北方广大地区连在一起了。南方革命如火如荼。与世界历史潮流不合拍的清政府还宣布以"忠君、尊孔、尚公、尚武、尚实"五端来作为全国教育宗旨，以图保持封建的"大一统"。实际上，遍布城乡的洋教会，已把封建思想冲乱了套；人民群众反对帝国主义和洋人压迫，也掀起了一处处的"教案"；而民主革命思想和民族复兴意识，更是在全国各地发展起来。各种新思想摧枯拉朽，强烈地震撼着传统的封建的意识形态。

涂长望出生那年，发生在武汉的一件大事是成立了同盟会湖北分会，当年刘静庵等人办的科学补习所即日知会全体加入。孙中山领导的革命从思想、组织到军事都有了准备。慈禧太后下令"仿行宪政"，"大权统于朝廷，庶政公诸舆论，以立国家万年之基"，企图阻止革命。而此后的革命斗争却是越来越激烈，人民也越来越觉醒。

1909年汉口砖茶厂的工人罢工，要求外国资本家增加工资，参加同盟罢工的人数达到9000多人。大通巷的居民们受到很大震动，觉得这个世界要变了。从此，街头巷尾人们经常议论各种革命消息。

1911年10月10日，武昌起义爆发，并取得成功。武汉三镇沸腾了，全国各省响应，世界震惊。几千年的封建帝制被推翻，强烈地激动着武汉市民的心。涂长望那九岁的哥哥涂登榜从小学校回来，手里拿的小旗上写着"光复中华，建立民国"的口号。大姐碧仙和长望、长爱两个小弟弟，也跑过来跑过去，学着大人呼口号。这年，涂长望的妈妈又生了个妹妹涂碧波。人们心中有波澜，象征着革命大波的涌起。

涂长望记事时，已是民国时代。但是国家并不安宁，这个那个帝国主义支持下的各个军阀之间混战不已；革命运动遍及大江上下，不时有讨袁、护国、护法的武装斗争；帝国主义的炮舰在长江游弋，侵犯国家主权和杀害无辜人民。在这样混乱的岁月，大通巷居民的生活一天比一天更困苦。涂家的人口还在增多，而涂含章每月的收入仍然是那 20 来个银圆。因此，涂家的孩子，从小就要懂得勤俭，学会吃苦。

第二章 少年时代

第一节 在福音堂小学萌发了反抗精神

大通巷有两所小学校。福音堂小学建于1867年，牧师兼校长，教士是老师。1931年改为救世堂小学，现在是江汉桥小学。这是涂长望兄弟姊妹进过的学校。还有大通巷小学，也是教会办的，1917年用武圣庙改建而成，现在仍然叫大通巷小学，就在涂家旁边。他们家的孩子进的不是这所学校。

当大哥登榜几年前背起书包去上学时，长望、长爱心里就非常羡慕，恨不能快些长大。兄弟俩在街头玩耍，见大哥大姐放学回来，总要赶快跑过去，摸着他们的书包，跟他们一道回家，要拿他们的书来看，要他们讲学校里的事情。汪美珍就对小儿子们说："玩儿去，玩儿去，让哥哥姐姐做完算术题。"

登榜、碧仙去做作业时，汪美珍坐下来，把奶头塞进未满周岁的三女儿素安嘴里,像老母鸡似的把还未上学的长望、长爱、碧波拢到自己身边,对他们说:"别去吵哥哥姐姐,妈来教你们读英文,A,B,C……"

哥哥姐姐做完作业时,他们就围着桌子汇到一起,拿出书来玩儿,看图画,找"对对字"。各人翻到一页书,数同一个字排印成对的有多少对,对数多的就算赢了。在那个时代,那样的人家,没有什么玩具来满足他们欢快的童心,这些玩法也产生无尽的乐趣。对过的字都要学会认识,不认识就请妈妈来教。在学龄前,他们都认识很多字了。

涂长望总算盼到了这一天。1913年春天,他背起书包跟大哥大姐一道去福音堂小学读书了。在学校里,他各门功课都很好,老师和小伙伴们都很喜欢他。但循道会学校里,各种各样的清规戒律特别多,野惯了的孩子们刚入学,一时是难以完全做到的。有一次,小长望吐痰没有吐到痰盂里,被洋牧师看到了。牧师不但当着许多同学训斥他、罚他清洗干净,而且还用竹子教鞭狠狠地打他的手心。老师同学也感到校长的处分太重了,但涂长望再疼也不出声,眼里泪水转来转去也忍住,不让流下来。在他幼小的心灵里,对洋牧师的敬畏与信任一下子全消失了。

在进小学前,每逢礼拜天,父母都要领着全家到教堂去做礼拜。涂长望觉得很好玩儿，有糖果吃，还能听到弹琴、唱歌，洋牧师的神情也很有趣，对中国人也和善亲切。上学之后，相处时间长了，他才看到那洋牧师常常是傲慢无理的，父亲经常受他的气。父亲也有反抗精神，有时会当面顶上几句，有时也会发些牢骚。自从上学以后，涂长望对做礼拜也觉得讨厌了。可是，每天早晚都得在教堂做祷告，礼拜天要做四次，真是烦死人了。

除了学习知识，在教会小学能使涂长望产生兴趣的只有音乐了。教堂里有风琴，小学课程里也有音乐课。他弹琴弹得好，受到老师称赞。有空时，他就想去弹些好听的曲子，或是做练习。不知怎么，有一次为弹琴的事又犯了教规了。洋牧师说他在不该弹琴的时间，弹了不该弹的乐曲。涂长望又莫名其妙地遭到一顿毒打。洋牧师说他态度不好，加重了对他的处罚。少年涂长望的性格已显示出，他身上有他父亲那种忠厚、耿直，而又不像父亲和大哥那样温顺；遇事虽然能控制自己，但又感情炽烈，性格火暴，这使他在跟洋牧师顶牛时必然要吃更多的苦头。因此，埋在涂长望幼小心灵里的反抗也更强烈了。

1917年，汪美珍生下第四个男孩长安。自长爱之后，她七年生了碧波、素安、春安三胎千金。俗话说，宁添一斗，莫添一口。上帝就是这样照顾穷苦的人们，使他们家又多一男丁。家里更需要有人照看，但是，她还没出月子，洋牧师就让涂含章到外县去传教。这显然是洋牧师又找茬子给涂含章小鞋穿。大哥登榜在武昌博文书院，大姐碧仙在汉阳训女书院，他们在江那边读中学，还不知道这事，长望和长爱兄弟却气得不行。兄弟俩送父亲上船，父亲吩咐他俩放学后早早回家，帮妈妈带小妹妹们。

派人到外县传教，也是涂含章被派得最远，到比较危险的地方去。危险：一是有战乱、兵灾，二是有匪患，三是当地群众反对洋人传教，不少地方都曾发生过"教案"。对这些地方，洋牧师心有余悸，常拿中国教士去打头阵。涂含章的教区分在钟祥，但后来又多次移居沙洋、蕲春、蒲圻等地。开始是短期工作，后来是长住，拖家带口，东奔西走。

那天长望、长爱小哥俩送别父亲回来，看见洋牧师牵着他的爱犬在江岸优哉游哉地散步。狗仗人势，张牙舞爪，汪汪地朝小孩叫。长望、长爱哥俩就移恨于狗身上。放学后，他俩发现那狗在街上乱跑，吓唬路人，心里就把它当成了洋牧师，追上去狠狠地踢它，踢得那洋犬嗷嗷叫唤。过路人说："小孩，饶了这畜生吧。"他俩见那狗一副可怜相，心想，狗跟洋人是一路货色，欺软怕硬，满腹积怨消了不少。有几次，父亲或自己受了洋人的欺凌，小长望就拿洋狗来出气。有一回，几乎把它弄死扔到江里去。他和小伙伴们也锻炼性格，慢慢地做事能掌握分寸了。等到念中学的时候，便感到打狗出气可笑了。①

第二节　大哥带着"五四"消息到钟祥

涂长望的四弟长安还没满周岁，父亲就被派到钟祥去传教。除了留下登榜、碧仙在武汉读中学，全家又都迁往钟祥。

钟祥在明代曾是嘉靖皇帝即位之前封为藩王之处，所以明代称为承天府。民国初年为安陆府治所在地。那里盛产稻、麦、棉和芝麻、菜籽、花生。离省城稍远，但那是个富庶的地方。穷苦教士到了那里，生活不会比在省城武汉差。而且，那里主事的洋牧师与涂家有交谊，就是那个颇有英国绅士风度、文质彬彬而又与人为善的乐牧师。涂含章到那里去工作会舒畅些。

那时母亲汪美珍又有了身孕。离开大通巷时，她自己走，四弟长安由父亲抱着，长望、长爱小哥俩领着碧

---

① 涂长望在入党时写的《自传》里以及武汉七中涂多渝回忆长辈谈话时，均谈及这些事情。

波、素安、春安三个小妹妹，上楼跟爷爷叩头告别，简单的行李则由叔叔、婶婶送到江边。

两天多的水路，先是坐轮船，后又换木船。这群孩子蹦蹦跳跳，觉得两岸风光甚是好玩。汪美珍则十分担心他们的安全，让涂含章看好孩子们，不要靠近船舷。船里这家人，除了父亲，12岁的涂长望是最大的男子汉，他十分尽心尽责地帮父亲照料着弟妹们，直到安全抵岸。

钟祥教会的房子很多，又很宽敞，乐永和牧师为中国同事做好了安排。这里循道会教堂也办有小学校和医院，长望、长爱、碧波都可以在这里上小学。等小妹妹们到了入学年龄时，也可以免费进小学。长望母亲临产，乐牧师夫妇也来帮助。

乐牧师夫妇虽然已过不惑之年，但这对洋伉俪却一直没有得到他俩渴望的孩子。而涂家则有孩子一大群。他俩很是羡慕，开玩笑说，上帝为什么这样对中国人表示偏爱。乐夫人喜欢孩子，她又懂得医术，会接生。涂家以前的孩子都是生在大通巷福音堂（救世堂）医院，即今天的第四医院。这回汪美珍要在钟祥医院生产，便是乐牧师夫人亲自来接生。这是1918年，生下的又是一个女孩子，乐夫人开玩笑说："多加，多加！"这就是涂长望的五妹的小名，正式名字叫碧霞。①

生下多加后，涂家的生活更困难。20多元的工资要养活全家10多口人。所幸的是孩子们都能免费读书。穷人家的孩子更能长志气，长望、长爱到了钟祥小学，学习成绩更是全校最佳。涂含章对他们的要求极为严格，要他们必须在班上考第一，兄弟俩都做到了。他俩也有些淘气，但并不像有的孩子把功课当负担，相反，他俩对每门课程都学得很有兴趣。在钟祥县城里，人们都称赞"涂牧师"家的孩子最有礼貌，懂规矩。他是教士，人们叫他涂牧师是表示尊敬，也因一般人不了解神职等级。

尽管是处在鱼米之乡，也尽管是传教士这样有身份的人家，涂家也常常是"食无鱼"。每到年关，许多人家要杀年猪，腌制腊肉，能吃一年。涂家不杀年猪，但也买些鱼、肉、鸡鸭之类，腌制起来，等着在省城上学的孩子们放假回来，全家共享。平日难得解馋，过年时，一家人团聚，会有好吃的。无论是在年关寒假或暑假，长望和弟弟、妹妹们都盼望大哥大姐回家团聚。

1919年暑假，涂长望的大哥大姐从武汉回到钟祥，带来不少新消息。他们一到家，长望、长爱就问起中学

---

① 根据辽宁大学涂长晟、吉林大学医院涂碧波的回忆。

里的事来。因为他们心里盼望着升入中学。大姐一回来，就帮妈妈洗衣服。妈妈实在太辛苦，一家 10 多人的衣服鞋袜都要她亲手做，未曾买过成衣成鞋。大姐洗衣服，妈妈便又开始纳鞋底。小妹妹们为她往麻线上打蜂蜡，打上了蜡的麻线，妈妈纳鞋底拽起来省力些。涂含章检查了长望、碧仙的学业，感到满意，便放他们去玩。

登榜向弟妹们谈起了春天发生的五四运动。比较老成的大哥，情绪也有些激昂。对于收回青岛，收回山东主权，同学们都很关心。长望在小学校里也听老师、同学们议论过很多。登榜说，现在读书人都认识到，只有德、赛二先生才能救中国。这是涂长望第一次知道 Democracy & Science（民主与科学）。他虽然还不太懂这些道理，但觉得大哥读书多，说的不会有错。大哥说，从小就要学科学。

大哥劝小弟妹们，作为小学生，不光是要学好国文、历史、英文，还应特别用心学好算术和自然。打好基础，上中学时才能学好数学、物理、化学、生物等课程。

少年涂长望的脑子里，上帝及其门徒的形象很淡薄，武圣庙里关羽的塑像和妈妈讲的故事里的华盛顿、林肯的形象更要鲜明些，而大哥大姐乃是他的直接榜样。大哥的话，他句句都相信。

第三节 进入古板而洋气的博文书院

1920年春天，涂长望以优秀成绩考进了博文书院初中部。

这个书院建立也颇早。当年英国循道会派来的传教士李修善于1867年在汉口大通巷建成福音堂之后，便来到武昌火星堂布道施药。1885年开办博文书院。第二年，请来了剑桥大学毕业的巴修理博士（Dr W. T. A. Barben）为第一任院长，地址租用省城贡院前"唯楚有材"牌坊西边的公馆。巴氏于1892年返英，由传教士罗修忠·狄益华接任。这时张之洞大办洋务，兴学堂，博文也发展起来。1908年张之洞为了扩大省图书馆，要征用院址，便在大东门外购地建房来跟博文对换。新建"山"字形的教学楼，即今十五中的楼宇，张之洞手书"博文书院"四字，嵌于校门。1928年改名为博文中学，已是在涂长望高中毕业之后几年了。

博文书院的校训是"诚之为贵"。学制六年，初中、高中各三年；后来还办大学部。成绩优秀者可以跳级，保送上大学。

博文书院延请受过高等教育的洋人或中国举人任

教，师资力量雄厚，重视数理化等基本自然科学课程。教材由教师自编，学生抄读。以数学为初阶，开设有天文、地理、地质、历史等课程。最初在清代还曾教四书五经、古诗、八股文。中文读物有《左传》《东莱博议》《纲鉴易知录》等，还有教师编译的《外国历史》，并以《圣经》为主课。

每学期都要考试评分。数学、物理、化学、世界地理、世界历史这些课程全部用英语课本。学校对英语的重视超过汉语，每学期都有英语演说，英语辩论，还办英文校刊。

博文书院对学生要求严格，学生成绩也优异。涂长望的堂叔涂羽卿从博文书院毕业，清华留美就考第一。

博文书院的学费也贵，每年收大洋150元。这是一般穷苦人家想都不敢想的。因此，有幸能入博文的只有这样几种人：一是富家子弟，二是循道会联区小学举行免费入学考试选出的佼佼者，三是循道会传教人员子女。涂长望兄弟沾了第三条的光，同时，他们也是凭本事经第二条考进来的。

当时武汉的人们认为，能进这样的洋学校，将来是可以发洋财的。那时外国人在武汉三镇开办的洋行、银行、邮局、工厂、医院、学校、教堂都已不少了。

这样，博文书院的学生就有两类人：富家子弟和贫苦学生。但都是长衫党，穿长袍马褂，即使贫苦人家子弟，也尽量不穿短衫而要制两件长袍。不过，贫富也能明显看出，有钱的学生留分发，头发打油，梳得亮光光；贫苦学生则剃光头。

循道会学校的清规戒律多而严格。周一到周末，每天早晚都有祷告会；星期三，全体师生员工都要在自己所在的查经班里查经。这是强制性的，必须参加，否则就给处罚，轻者罚写字，重者受体罚，院长亲自参加堵截不参加宗教仪式的学生，逮着了动手就打。①

周末晚上，家在武汉的学生可以回家，但第二天必须赶回来参加早礼拜。礼拜天白天可以在家里过，但是必须回来参加晚祷告。不过，涂长望和哥哥登榜很少回大通巷去看望爷爷，也很少到训女书院去与碧仙相聚。因为过江需要花钱买渡船票，而一学期只能有两元钱可用，他们舍不得花，只好把对爷爷的思念留在心里。有时父亲到武汉来了，或在清明、端午、中秋这样的节日里，才由父亲带领长望兄弟姊妹相聚。

他们去大通巷次数少，也是受父亲影响，只为看爷爷，不想到后奶奶那里沾什么光。

1921年假期，涂长望和大哥、大姐一道回钟祥时，

---

① 参考武汉十五中学校史资料及《武汉春秋》，1984年第4期，第39—40页。

见母亲又生了一个小弟弟,名叫安生,即涂长晟。也是乐牧师夫人接生,她说,多加还小又加一口,愿上帝保佑今后不要再加了。她说中了,这是汪美珍的最后一胎。

涂家在安陆过得很好,但不久又被派到沙洋。

第四节　青春结伴回钟祥

1923年春,涂长望在博文书院升入了高中部。

在外界人看来,博文的课程是比一般中学高深的,但涂长望感到课程不难。一般天分较高的学生,除了完成课业,还有相当多的精力可用于体育运动和读书报、看小说。

到了17岁,涂长望觉得自己脱离了少年的稚气,应该懂得独立思考问题。那时的中国,各种各样的思潮异彩纷呈,各种各样的主义论战不休,主流是反帝、反封建的革命,争取科学与民主的斗争。自"五四"以来,学生们也时时关心着社会大事,而社会现状,处处使他们感到苦闷。

2月7日在汉口江岸发生了惨案。北洋军阀吴佩孚在帝国主义支持下,对那么多的罢工工人进行血腥镇压,深深震怒了武汉三镇和全国人民。学校当局竭力封锁消息,压制反抗情绪,甚至污蔑工人斗争。这使一些有正义感的年轻人感到痛苦更甚，在涂长望的心里，又增加了对洋人的痛恨。

博文书院的同学们听到一个消息，五四运动的主要思想领袖李大钊教授，到武昌讲学来了，很多人都想去见见他。大钊先生几年前写过《庶民的胜利》（《BOLSHEVISM 的胜利》），与胡适先生进行着"主义与问题"的论争。这些问题，正是同学们搞不明白的。几个高年级的同学便互相邀约，去找李先生请教关于社会主义的问题。涂长望还没有想过这些，也谈不出什么问题来，只是听着他们议论。许多思想，对涂长望来说，都理不出要领。他感到知识太少，还需要努力多读些书。

自从大哥大姐都上大学之后，他感到自己应该学会更好地独立面对人生。这一学期，他脑子里想的比以前多了，莫名其妙地感到烦乱、心绪不佳，只盼着暑假早些到来，回钟祥去与父母弟妹们团聚，游山玩水散散心。涂长望心里还舍不得那个地方，那里环境好，房子多而宽敞，比喧闹的武汉还好。

洋人住的房子比中国神职人员好得多。有一家洋人的宅子，修得十分漂亮，室内沙发、地毯、钢琴和各种陈设精美。房前花园，草木花卉茂盛。旁边还有菜地。中国人都不能入内，他家的厨师、园丁，也只能从后门进去。这一家人到庐山过夏天去了。有一天，涂长望领了长爱、碧波等弟妹七八个人,进到屋里去看看,到沙发上坐坐,弹弹钢琴。玩儿够了才出来,又在花园里散步、赏花。四弟长安忽然说:"二哥,你看!"长望和弟妹们都朝他指的方向看去。原来花园后面的菜地里,一架架的西红柿都熟透了,红红的令人喜爱。一些早熟的柿子已经坠落地上,烂掉了。涂长望学着洋牧师的口气说:"罪恶,罪恶!天生美物,岂可如此浪费!上帝保佑,让我们美餐一顿吧,阿门!"说得弟妹们把肚子都笑痛了。他们每人选了两个最好的西红柿,摘下来到林荫处愉快地享用。弟妹们这一次可见了世面,也知道了贫富的差别。①

涂长望还等着那家洋人回来,再领弟妹们去做一次当面的拜访,附带对他家的西红柿表示感谢。但是,直到开学,那家洋人也没从庐山回来。

人一生中最好的朋友大多是在中学时代结交的,其余才是在大学和工作岗位结交的。青春结伴好还乡,年轻时的朋友最是终生难忘。涂长望在博文书院几年,就有了成群的朋友。他在年轻时代就显露出这些特点:待人接物落落大方,在众人之中富于凝聚力,能团结各种各样的人。不仅是同班同学,一些高年级和低年级的同

---

① 吉林大学医院涂碧波生动地回忆了这些细节。

学，也都乐于接近他。湖南人、高年级的陈立，比他低一班的张国藩，都是他最好的朋友。

陈立跟涂家兄弟姊妹都很熟悉，他年龄比大哥涂登榜略小，所以他们都叫他"陈哥"。又一个暑假，涂长望、涂长爱兄弟就过江到训女书院，带了读初中一年级的妹妹涂碧波一起回家。陈立觉得，靠近鄂西北山区的钟祥一带，有无尽的旖旎风光，便与涂氏兄妹同行度假。

二哥、三哥、陈哥、二姐四个人的到来，使在家的五个弟妹格外高兴。这一群青少年在一起，热闹极了，歌声笑声不断，度过了一个快乐的假期。

钟祥县城在汉水之滨，远离武汉而更靠近襄樊。这里山清水秀，又有很多名胜古迹，涂长望和陈立领着大一点的弟妹们到明显陵、阳春台、文峰塔等地踏访，还计划远足到当年诸葛亮躬耕垄亩和刘备三顾茅庐的地方。舍不得花钱租马骑，就步行，反正他们有无尽的青春活力。

涂长望和陈立还没能全部实现他们的活动计划，新的学期就要开始了。这时父亲接到教会通知，要立即迁家到沙洋去传教。频繁的调动搬家，父母都苦不堪言，更使涂长望心中气愤。但父亲不能没有这份工作，一家人就靠它来维持生计。

钟祥到沙洋路途虽不很远，坐木船在汉水也要走好几天。大哥不在家,涂长望负起帮父母搬家的责任,他和长爱一起照顾弟妹们。不便让陈立陪着一家人在水上颠簸了。为了按时到校,陈立租马回武汉,主动为这个家庭分忧,让不满 13 岁的二妹碧波同乘一马,送她到汉阳训女书院。[①]

---

① 涂碧波和杭州大学陈立,都十分动情地回忆了他们在这一段时间的生活。

第三章　高中求索

第一节　大哥赴香港临别赠言

当涂长望三弟长爱跟他一起进博文书院时，大哥登榜已在高中部毕业了，考进了香港大学医学院。

大哥将长久地离开武汉，长望、长爱到码头为大哥送行。大哥平时少言寡语，临走时留给弟妹们一句话："文化低的家庭，在社会上没有地位；文化低的国家，在世界上没有地位。"这是涂家几辈人的经验教训。他们顽皮和不好好学习时，父亲常打他们，就是为了这个缘故。这个道理全家都懂，但大哥还要反复叮咛。长望说："大哥，我们知道好好读书，你放心吧。"

在小弟妹们的眼里，大哥登榜很正统，忠厚老实，而二哥长望、三哥长爱都很"敢造"，生性刚直，爱打抱不平。他俩年龄、性格都接近，二人一起上学最久。大哥走后有弟弟，涂长望在博文书院也不感到孤单寂

第三章 高中求索

寞。星期天做完早礼拜，哥儿俩就到处去玩儿。舍不得花钱坐船坐车，就步行。一天走几十里也不嫌累。近处蛇山黄鹤楼旧址不用说了，远郊东湖的五湖三山，也被他们走遍。从少年时代开始，涂长望就养成了喜爱运动和旅行登山的习惯。这也是为了平衡循道会学校教规给他们造成的禁锢。只有这样，才能排解一周的烦闷。

到礼拜一就苦了。上午9点到9点半主日查经，接着唱赞美诗到10点半，然后做早礼拜到12点。中午吃完饭稍微松闲一会儿。下午2—3点是主日学课，接着做英语礼拜到4点，做晚礼拜到6点。但是，这些烦琐、古板的宗教活动，禁锢不了涂长望兄弟的身心，他们始终保持着旺盛的青春活力。

有些活动虽然带有宗教性，但也是好玩和有益的，如星期天布道游行到农村，还帮农民办夜校。圣诞节前很热闹，24日晚上同学们组织佳音队，大家冒着寒冷到校长、老师的家门前唱圣歌，报告圣诞喜讯，表演节目、戏剧。25日大礼拜，中午有圣诞宴席，下午有足球赛。涂长望读初中时就参加足球队，一直到高中、大学也爱运动。26日放假，涂长望便领着弟妹们过江去汉口看望爷爷，到姨妈家去问候。姨妈汪翠珍很喜欢他们，尤其是对女孩子们更喜欢。因为男孩子们爱淘气、爱玩，而涂家的女孩子们很勤快，一去就帮她干家务，洗衣服，搞卫生，做饭菜。姨妈会好好招待他们，送给他们些零用钱。

少年涂长望爱活动，郊游，但他时时记住大哥去香港前的临别赠言，读书十分认真。开始他体质不好，面色蜡黄，有些怀疑受到父亲传染，是肺结核病。那时人们称肺病为痨病，视为不治之症。虽有这样可怕的怀疑，但涂长望也不悲观，而是更加努力地进行体育锻炼。他天天起早长跑，睡前也小跑。他的毅力，带动了弟弟长爱和一些同学，也陪伴他锻炼，打网球、踢足球都能有个伴儿。他坚持锻炼，果然有效，身体慢慢好起来，而学习成绩也始终名列前茅，达到父亲的要求。

大哥去香港后难得回家，涂长望就是家里最大的男孩。他和大姐碧仙一同帮助父母照料弟妹们。

当全家又搬到沙洋的时候，这年大姐也考上了大学，要到北京去，在燕京大学读书。这样，大姐和大哥一北一南，长望非常思念他们，羡慕他们。这时候，他初中快毕业了，正要告别天真烂漫的少年时代，成为一个开始懂得探索人生的青年了。

放寒假时，长望、长爱过长江到训女书院，接了二妹碧波，又过汉水到大通巷看了爷爷，然后兄妹三人坐船溯汉水而上，向西北航行，到沙洋与父母团聚。

小弟妹们见他们回来，高兴得蹦蹦跳跳。到家那天，全家吃了一顿没掺红薯的米饭。

大哥大姐不在家过年，但涂长望记得他们临别的嘱咐。涂长望把大哥去香港时的赠言告诉小弟妹们，让他们铭记心中。

一家人团聚一个多月，过了元宵节，涂长望兄妹才回武汉。

第二节　蕲春城里的学生军

涂家在沙洋住了不到两年，便又搬到了蕲春。

蕲春县境在长江北岸，蕲水流域，与安徽省相连接。县治所设在曹河镇。学校放寒假后，涂长望领着长爱、碧波回家。

这里教会也有不少房子。涂家就住在教堂旁边那座洋房里。这座房子中，有一套专供外国人住的好房间，十分宽敞，铺有木地板，油漆锃亮。只是洋人来视察时才住几天，平时长年累月空着。可是，管事的牧师却只让父亲住教堂的传达室。父亲在经受多年磨难之后，反抗精神也不泯灭。他就搬进那间专供洋人住的好房子里去住了，洋人见了也无可奈何。涂长望想，对于洋人，你硬气一点，他就不敢欺负你了。

碧波一到家，就把袖子卷得高高的帮妈妈洗衣服。

长望也想帮妈妈做点事,妈妈说:"大小伙子了,没有你们的事,玩儿去吧。"插不上手,长望、长爱哥俩便到城里去游览。

原来蕲春这个地方,有许多著名的特产。街上卖的绿毛龟,外国人见了也喜欢。其实那龟背上长的并不是毛,老百姓说那是一种青苔,实际是一种藻类植物。这里还产蕲蛇、蕲艾,都是名闻四海的宝贵药材。

涂长望还领着弟妹们到蕲州镇去玩儿。这个古镇的繁华并不亚于县城曹河镇。这里最吸引他们的当然是药圣李时珍的墓了。可惜坟地荒芜,很多人不知道,打听了许久才找到了。老先生们讲,蕲州古时颇有名气,常有名人来游览。这里产的蕲竹,竹节疏长,竹管颜色润泽,是做竹笛、笙箫和编竹席的好材料。白居易曾留下"卧簟蕲竹冷"的诗句,韩愈也曾赞誉"蕲州竹笛天下知"。游览古迹,寻访贤老,涂长望感到又长见识又玩得快乐。他第一次对旅游的兴趣超过了过年。

1924年暑假,涂长望再次回到蕲春家里时,那里的革命运动十分红火。小学生们都唱着"打倒列强"的歌曲游行,乡村农民组织起农会,打土豪,斗地主。涂长望和弟弟妹妹也参加了学生军。本来教会学校就有童子军的设置,搞过露营,运动会,节日典礼服务,也搞过操练,学过打旗语。他们对那些活动都只是觉得好玩儿。现在的学生军,真个要参加实际斗争了。

打倒列强的口号,深深地激动着涂长望的心,他和长爱成了这里学生军的活跃分子。他们这些年纪稍大的学生军,还与广东革命军的团长张发奎联络,要求参加他们的部队,为他们服务。年轻人不懂瞻前顾后,说走就走。他们这支几十人的学生军,渡过了长江,步行到江西,一路宣传,可真个碰上了军阀的一支散兵,打一仗就散了。长望、长爱哥儿俩找路回到蕲州时,几天奔波,人都拖瘦了,脚上起了泡。又累又饿,还拉肚子,父母见了十分心疼,劝他们还是好好读书。

在社会纷乱之时,父亲涂含章对子女的要求仍然十分严格。他深知要使这么多孩子都能受到良好教育,在这时的中国实在不容易。这样,他尤其不愿看到孩子们荒疏了学业。刚上小学的四弟长安,念书不认真,父亲就把他捆绑在板凳上打屁股,直到长安痛下决心,表示以后一定认真读书,取得最好成绩为止。

学生军成不了事,但涂长望反对列强、反对军阀的思想更牢固了。对于生活中遇到的洋人,包括洋牧师、教士和学校老师,他觉得跟他们都必须完全平等。对他们的善恶是非,也应跟中国人一样对待。这时,他对父亲在教堂的境遇,对教堂里洋人、华人待遇上的不平等,都感到十分气愤,但也想不出什么革命行动来对付他们。

第三节　接受无政府共产主义思想影响

进入高三年级时，涂长望除了继续努力学习，保持各科学业的优异外，还开始阅读有关革命的课外书籍。因为这时南方革命的火焰越来越炽热，学生们都一边读书，一边关心着国家的前途。什么样的政治主张能救国，他们需要认真思考。

20世纪20年代的中国，读书人在树业上有各种各样的救国主张，政治上有各种各样的主义，使很多年轻人眼花缭乱。

涂长望读克鲁泡特金《我的自传》一书，感到十分喜欢。这本书是克鲁泡特金在1899年写的，即成书于涂长望出生前7年。20多年后在中国流传，人们还是感到新鲜，在许多年轻人心中引起共鸣。四川文学青年李芾甘，就是因为喜爱巴枯宁和克鲁泡特金，而用了"巴金"二字作笔名。他翻译的克鲁泡特金的《面包与自由》一书，更是受到年轻人的喜爱。涂长望读了这些书，感到更能加深其对欧洲现代史的认识和理解。

那时的中国，不少年轻人的信仰都是由无政府主义转变为共产主义，从而走向革命的。在社会思潮大变动中，涂长望开始思考政治方向，接触到这种思想，对他走上革命道路有很大影响。

涂长望十年寒窗，读过许多中外古籍，包括中外小说。他在大通巷武圣庙边长大，从小熟知刘、关、张等英雄人物，脑子里装有《水浒》《说岳》等故事；他也读过儒家修身齐家治国平天下的大道理，所有这些也都在他脑子里留下深刻印象。但是，这时候克鲁泡特金的奋斗精神，留给涂长望的印象则更加深刻些。

涂长望通过了解克鲁泡特金早年的革命斗争，认识了他的革命思想及其根源。巴枯宁逝世那年，即1876年，克鲁泡特金放弃俄国亲王的爵位，开始革命家的生涯，单是这一点就已使许多青年敬佩不已。

涂长望了解到，无政府主义颇有些历史渊源，早在17世纪中叶英国内战时期就有不同的派别，但共同的特点是否定权威的必要性和财产的私有权。不过，他们并不把自己称为无政府主义者。只有法国人普鲁东才宣称自己是无政府主义者。普鲁东和德国的马克思，俄国的巴枯宁、克鲁泡特金都有交流和争论。他的主张是互助和联合行动。所谓互助，是认为社会应该在平均主义的原则上组织起来。他认为财产是盗窃，是剥削他人的手段；工人掌握生产资料是社会自由的不可缺少的柱石。但是他不主张共产主义。巴枯宁、克鲁泡特金他们都不要国家，不要法律，而要合同；不要法庭，而主张以仲裁形式管理自己。他们也不愿被叫作无政府主义者，而愿称为互助主义者。在马克思的国际劳动者联合会（即第一国际）里面，他们是马克思主义的反对派，反对无产阶级专政。

涂长望很欣赏这些理论。他也觉得专制政治不是好东西，孙中山辛亥革命建立民国，就是被专制军阀毁掉了。专制制度是产生官僚和腐化的温床。所以，这时涂长望在感情上对于巴枯宁的自由、平等、互助是心向往之。

巴枯宁原来也是俄国贵族，他长期从事地下革命活动，并在1868年以革命家身份加入马克思的第一国际，又独自成立社会民主同盟。这个组织在意大利、西班牙、瑞士都有很大影响。第一国际解散后，他成立了自己的国际组织，1876年巴枯宁去世后，克鲁泡特金发展了他的思想。克鲁泡特金把巴枯宁的集体主义推进一步，把生产资料的集体所有发展到分配方面，恢复了汤玛斯·莫尔在16世纪提出的"各尽所能，各取所需"的学说，以此构筑起无政府共产主义的理想。

涂长望刚读到这些思想时，心里怦然跳动，非常激动。他感到自己的想法与没有读过这些书的同学们有了差距。但是他也不想与同学们讨论。他感到自己还需要读许多书，自己也不能放弃学业去投入政治。中国社会的现实,自己家境的贫寒,都很难改变。这些跟克鲁泡特金的理想有很大距离。后来,涂长望把这些学说大多忘掉了,只剩下对"互助"一事记忆很深。①

第四节 声援"五卅"学潮

1925年,涂长望在博文书院念到了高中三年级。这时已是秋季始业,到夏天就毕业了。在同学们加紧复习,准备迎接毕业大考的时候,上海发生了震惊世界的"五卅"惨案。学校里再也不能平静了。

5月30日这天,上海各学校同学几千人,到公共租界各街道讲演,散发传单,抗议日本纱厂的日本职员枪杀工人的暴行。租界巡捕不断地抓捕学生,激起近万名群众聚集在巡捕房,要求放人。帝国主义者下令开枪镇压,制造了死伤多人的惨案。

惨案发生后,上海各界立即发动了总同盟罢工。工人罢工,商人罢市,学生罢课。消息传开,6月3日北京、南京、武汉等地的学生、市民都集会游行,声援上海。全国都掀起了反帝爱国斗争高潮。

当时的博文书院,学生群情激昂,坚决要求进城,

---

① 涂长望在入党时写的《自传》中特别提到这些思想变化。

跟各界人士一道举行示威游行。院长马怀德（G. M. Jhomas）多方阻挠。他派出教师堵拦学生，不许出校门。他开会训斥学生说："你们多管闲事。"又说："上海发生的事情，与武汉博文书院的学生有何关系。你们不要卷入政治斗争，教会学校是不问政治的。"这些话一出口，就被同学驳回。

涂长望说："不是我们卷入政治，而是帝国主义屠杀我们的同胞。"有同学说："院长，你不要违背主的仁爱精神而去袒护杀人的屠夫。"

马怀德院长原以为，教会学校长期以来思想控制严格，学生循规蹈矩。他没注意到，学生思想已经发生了很大变化。还在3月份，博文书院的部分学生就跟上了全市人民的步伐。3月12日，孙中山先生在北京逝世，消息传开，全国上下开始了一场悼念孙中山、扩大反帝反封建的革命宣传运动。武昌各界定于3月15日星期天，在武昌起义门外举行追悼大会。涂长望和弟弟长爱得到这个消息，赶紧回校，告诉那些埋头攻读的同学，互相转告，约了许多人去参加追悼大会。这次活动，使涂长望和同学们都有了新感受。在同学们已经有了新觉醒的情况下，马怀德院长的话不但不能说服学生，反而激起了学生更强烈的爱国热情。激进的同学站出来发表驳斥院长的演说："我们是中国人，我们的同胞受到帝国主义惨无人道的屠杀,怎么能坐视不问。我们在学习期间不想多问政治,但是,面对帝国主义的屠刀,我们怎么能像羔羊那样甘心受人宰割!"

涂长望、涂长爱兄弟,跟许多同学一道,对维护大英帝国利益的洋院长、洋教师进行了说理斗争。同学们不顾校方阻拦,冲出校门去发传单,作讲演。6月3日那天,博文书院学生列队走出校门,参加由华中大学、博文书院、协和师范等校学生组成的游行队伍,开进城区,跟武汉三镇学生、市民一道举行了声势浩大的示威游行。

正当武汉各界酝酿举行更大规模抗议活动的时候,汉口码头又发生了太古公司英国船员无理殴打中国工人的事件。6月11日,汉口两千多码头工人罢工抗议,英租界的警察开枪镇压,打死八人,打伤数十人,制造了汉口惨案。各校学生无限期罢课,声援工人斗争。博文书院校园里,再次掀起了反帝怒潮。"打倒列强!"的歌声和口号声此起彼伏,学生、市民天天在一起集会、游行。学校当局为了对付学生运动,宣布提前放假,让家长把学生领回去,学校停了伙食,关闭大门,同时开除了许多激进的学生。

被开除的学生回到城里,组织了学生会,继续斗争。涂长望兄弟和在训女书院的妹妹却不能跟他们一起斗争到底，因为在学校不开伙的情况下，他们只好回到蕲春去。这些孩子都有志气，受父亲影响，不愿回大通巷后奶奶家，又不愿几大口人到姨妈家去打扰。涂长望觉得，英国人太欺负中国人了，不能跟同伴们一道继续斗争，使他心里十分难过。

学校提前放假，没能举行大考，涂长望他们高三级学生也就没能毕业。布告宣布新学期开学后补考。涂家那么多孩子，除了上教会学校，没有别的选择。所以，新学期到来时，涂长望和弟弟长爱还得回到博文书院去，他们不能像有的同学那样，以退学来抗议。毕业时，涂长望心里很难受，总觉得自己对不起那些被开除的同学。在班里，他是最小的学生，功课却是最优。他以优异的成绩毕业了，心里却高兴不起来。①

涂长望感受到了生计问题对人生的影响。他面前有许多就业机会。那时海关、邮局、洋行处处都需要人，他成绩好，不愁考不上就业岗位。他和弟妹们从小都是在清贫中长大，五妹碧霞已上小学，过两年，最小的五弟长晟也要上学。父亲20多元薪水要供10个孩子上大、中、小学，虽说念教会学校不交钱，但他们需要吃饭、穿衣，需要路费、文具。涂长望抑制着求学的强烈

---

① 涂长望在《自传》中回顾了那时的思想经历。

欲望，决心要减轻父母负担，去找工作。

但父亲涂含章深知自己的子女，知道长望心里很想升学。登榜念港大、碧仙念燕大，已为弟妹们做出了榜样。他们很羡慕大哥、大姐，对读书都有很大兴趣。涂含章理解孩子们，他和汪美珍老两口早已下了决心，一定要使每个孩子都能受到高等教育。所以，当长望高中毕业想找工作时，他是坚决不许的。

涂家愈是清贫，天伦之爱愈是深切诚挚。他们需要通过求学来改善家庭处境，改变国家处境。

第四章 大学生涯

第一节 细读黑格尔和世界史

1925年秋天,涂长望进入了华中大学理学院。这是一所教会办的大学。

20世纪初,中国的现代大学有些是由旧时的书院、学堂改办的,不少则是由外国教会创办的。西方资产阶级懂得意识形态对经济的重要,外国人对于在中国办学兴趣很大。1890年基督教会成立中华教育会,其目的就是企图垄断中国教育。此后便有一些教会大学纷纷成立。1910年一年,基督教会就在成都开办了华西协和大学,在杭州开办了之江大学,在武昌开办了文华大学。这文华大学就是华中大学的前身,所以华中大学的历史,可以追溯到1910年。1924年以武昌文华大学为基础,联合长沙雅礼大学、岳阳湖滨大学、武昌博文书院大学部、汉口博学书院大学部这几所教会大学,成立了华中大学。

这所扩大了阵容的大学，于 1924 年 9 月 8 日成立，10 月 2 日为首批学生注册日。设置文、理、神三个学院。地址在武昌旧城城垣，南边是稠密居民区，西边是一座教会医院，北边隔着昙华林是一所中学，即今武汉十四中。这里环境十分幽静，是读书讲学的好地方。涂长望以优异成绩被保送入华中大学，是这所大学建成后的第二批学生。借了父亲是神职人员的光，仍是免费读书，不花家里的钱。

文华大学是美国圣公会办的。美国圣公会从 1789 年在费城成立以后，一直与英国圣公会保持着组织上的联系，是一个很有势力的教会。这个教会的人员比循道会的人员更是趾高气扬。一些买办子弟进了这所大学，就觉得自己身价不凡，处处显示出高贵。涂长望这个贫穷神职人员子弟，一进学校就感到压抑，特别是洋人和买办子弟的压抑。学校里一切都用英文。初进学校的学生，注册时都给一个英文名字。涂长望用自己的名字，用英文拼写成 Changwang Tu，按英文习惯把姓置于名字之后。

涂长望在洋人和买办子弟面前，有压抑感而无自卑感，你爱权势好衣衫，我爱道德好文章。这里环境条件优越，图书资料丰富，正好做学问。涂长望除了学好数理各科，还有兴趣在课余时间攻读文史。

初入大学刚满19岁的涂长望，对外国历史和黑格尔哲学产生了浓厚兴趣。

黑格尔（G. W. F. Hegel，1770—1831）这位德国古典唯心主义的集大成者，其著作继康德、费希特、谢林等人之后，标志着德国古典哲学的顶峰。青年黑格尔受康德的宗教思想影响很深，贯穿于他的著作的是对以宗教为基础的"理性"的信仰。涂长望的兴趣不在于此，而在于1816年出版的《逻辑学》。黑格尔逻辑学对其学生马克思产生过影响，涂长望感兴趣的地方，正在于逻辑思维。他希望能够从中学习到认识世界和精明思考的方法。涂长望需要更好地认识中国和世界，认识这个世界何以会有那么多的压迫和不平。

中国处在大革命时期。涂长望身在校园里，心里也关注着革命。读外国历史，他最感兴趣的是法国大革命、美国独立战争和南北战争。

1789—1799年的法国大革命，是资产阶级推翻封建统治在政治思想方面最典型的革命。人们分析这次革命发生的原因，可以归纳为五个方面。一是法国人口为欧洲最多，但不能像其他国家那样生产出充分的物资供养；二是法国封建王朝有意地把富有而且日益壮大的资产阶级排除在政权之外，这也比其他国家更突出；三是法国农民十分贫困，并深刻地了解自己的境遇，不满封建制度；四是法国知识界的觉悟，主张进行社会改革、政治改革的哲学家们的著作比其他国家更丰富；五是法国参加美国革命战争，使国家财政彻底破产了。

涂长望对于法国大革命，最佩服的是意识形态方面的充分彻底和有效，不仅有助于推翻欧洲中世纪黑暗的封建制度，而且也为人类文明留下了宝贵遗产。难怪20年代许多中国人寻找革命真理，都愿到法国去。

涂长望读美国独立战争和南北战争的历史，读《乔治·华盛顿》和《林肯传》，更是十分激动。

美国人民在1775—1783年进行的摆脱英国殖民统治的战争，最初还是大英帝国的内战，1778年以后，法国、西班牙、荷兰也参加了对英国作战。乔治·华盛顿被大陆会议任命为美军总司令，统帅各州部队进行苦战，最终使美国从英国统治下获得了独立。新生的美国在最初几十年乃至百余年，都面临着发展经济和取得社会进步的严重任务。从新大陆发现者开始就带来的对于黑人的奴隶统治制度，是生产力发展和社会进步的最大障碍。黑奴制度及其产生的种族歧视，影响很深，成为有良知的政治家最头痛的问题。林肯说，如果把他的苦难分给每一个人，那么全世界将见不到一张笑脸。可见在1861—1865年解放黑奴的南北战争中，美国人民经受了多么深重的苦难。这在涂长望心里引起了深深的共鸣。他仿佛感到，中国人民也正处于类似的痛苦之中，只是历史背景和地理环境有所不同。中国社会要进步，也不是容易的事情。

涂长望读着这些书，心里感动，手不释卷。这使他开始对政治产生了兴趣。通过读哲学，读历史，涂长望的思想逐步走向成熟。

第二节 入城去会北伐军

1926年上半年，涂长望进入华中大学的第二学期，南方革命形势发展很快。7月1日，广州的国民政府发表了《北伐宣言》，北伐军很快就要出发了。

华中大学的学生们对北伐议论纷纷。相当多的学生都是抱着观望态度。建立民国十几年来，这样那样的战争太频繁了，有的同学把这次北伐视为军阀之间的又一场混战。有少数学生反对北伐。支持北伐的同学也不算很多。涂长望是华中大学支持北伐、盼望北伐早日成功的学生之一。当时，他虽然不十分了解国民党，没有读过有关他们政治主张的文章，但他痛恨北洋军阀。前年他在蕲春乡下，就曾参加过反对军阀的学生军。他仍希望能在假期为北伐军服务。

学校放暑假时，北伐军还没到来。涂长望就到训女

第四章 大学生涯

书院接了三妹素安,到博文书院叫上三弟长爱,一同回蕲春。

涂长望身在蕲春心在武汉,注意着从那边传来的消息。8月27日,叶挺的独立团攻下了汀泗桥,三天后又拿下了贺胜桥,很快就要打到武昌城下了。涂长望心里高兴极了,在乡下再也待不住了,便进城去看国民革命军。他和三弟长爱年龄相近,家里家外的活动总是在一起。这回兄弟二人从乡下跑了几百里路,到了汉口。

他们到达汉口时,江面已经封锁了。在江岸上,隐约地可以听见东南岸隆隆的大炮声。汉口街头到处是从武昌逃过江来的难民、败兵,偶尔有船从武昌那边运送伤兵过江来,却没有一个人、一只船能过江到武昌去。涂长望哥俩很着急,好不容易找到了一只小划子,船家是个30多岁的男子,身强力壮,但是有点胆小,怕中流弹,不愿过江去。涂长望和长爱软磨硬劝,又答应多给船钱。船家见这两个读书人都不怕,才壮起胆子送他俩过江。

长江涨水了,船家划得汗流浃背,渡江用了一个多小时。到岸上一看,城门已经关闭,城墙上架起了机枪、大炮。不能进城,涂长望哥俩便绕城墙跑到大东门外的博文书院,在学校里等待北伐军。刚到校,就听说北伐军快要到了,城外已经没有吴佩孚的军队,他们全都龟缩到了城里,准备固守。几小时之后,北伐军唐生智的第八军就开到了。

北伐军第八军的一支部队,沿着城外布防,并驻扎在博文书院里。他们不久就开始攻城,顿时,枪声、炮声不绝于耳,博文书院成了前线。但是,武昌城防坚固,大东门多次攻不开。于是,部队便停下来休息。

博文书院里,还住着上学期才到这里来的英国人院长丁克生(Dixon)和少数员工,学生只有刚跑来的涂长望兄弟二人。到处都是兵,院长让他哥俩住下,不要再乱跑了。大家和北伐军相处得十分融洽。这支军队纪律严明,勇敢善战,政治宣传员的献身和牺牲精神,使涂长望兄弟产生敬佩,希望他们北伐早日成功。

涂长望、涂长爱二人在博文书院跟北伐军相处了约半个月。攻城时,兄弟俩为他们送弹药送水,而士兵们总是十分担心他们的安全,保护他们,不让他们去。

涂长望广泛接触了这支部队的营长、连长、排长、班长和一些士兵,跟他们交谈,为士兵们写家书。下级军官们对于列强、军阀有很深的仇怨,对于国民党的三民主义也能够讲出来,只是不大能从哲学思想上阐述得更深刻。士兵们谈起打倒土豪劣绅,打倒贪官污吏,个个情绪激昂。政治宣传员们很善于做宣传鼓动工作。

已经到了开学的时候了,可是武昌城久攻不下。涂长望不可能进到城里去，华中大学也不可能开学。博文书院处在城外火线上，也不能开学。院长丁克生很着急，但也没有办法。他劝涂长望转学到上海沪江大学去，涂长爱则只好暂时先回家。涂长望不愿耽误学业，同意丁院长的建议，并请他致函沪江大学校长，代为推荐。

第三节　学地理师承葛德石

1926年9月，涂长望带上一个小包袱，里面只包了几件换洗衣服，就从蕲春搭上小轮船，东去上海。转学到沪江大学，插班念二年级。

沪江大学是1915年由美国传教士兴办的。十余年来，师资不断增强，设备不断改善。跟许多教会学校一样，学校环境也建设得不错。

沪江大学里已有几位博文书院的校友，其中有涂长望的好朋友陈立。他一到校就先去找陈立。陈立见到涂长望，颇有些惊奇。他知道武昌情况后，便觉得涂长望来此插班是个不荒废学业的好办法。他见长望风尘仆仆的模样，知道他还没用过餐，便领他到宿舍，把小包袱放在床上就去膳厅。

好朋友见面，有说不完的话。但涂长望心里想的是赶快去教务处登记注册，取得入学插班的资格。他太性急了,放下饭碗就去,还不到上班时间,只好等着。上课铃响了,学校的职员才上班。接待他的老师很同情这个来自火线上的学生,说学校已关照过,允许他来插班,但总务处有困难,因为一时难以安排住处。涂长望说,有办法克服。这样,他就被允许插在科学系,读第二年级。

成为沪江大学的学生了,涂长望放下心来,考虑如何安排生活和学习。

宿舍里没有他的铺位,他就到陈立他们屋里,在两张床之间打地铺。生活上,有同学们热情帮助。直到过了大半个学期,天气都寒冷起来,学校才为涂长望解决了床铺,紧巴巴地挤在一间屋子里。

涂长望在科学系,主修的课程是数学、物理、化学等基础学科。这将为他的学业打下良好的基础。沪江大学的教材和进度都跟华中大学不同,他学的东西不衔接。他上课又是在开学之后从中途开始,必须努力赶上。在相当长一段时间里,涂长望的功课都是很紧的。有一些课程,如化学,他还得从一年级补起,常跟一年级的新同学一道听课。在上化学课时,他和一位来自福建的同学孙京华在一起。后来,涂长望和孙京华成了好朋友。

学习很紧,衣带渐宽,但是涂长望还要加重自己的任务。

美国著名地理学家葛德石(G. B. Cressy)此时正

在沪江大学任教。涂长望选中了他讲授的"地理学"课程。葛德石长期在华工作，研究中国地理学颇有收获，他先后出版的《中国地理之基础》《亚洲的地理与人》等书，在学术界受到重视。他所讲的课程，内容充实而深刻，涂长望听起来很有兴趣。

葛德石讲地理，常把政治、经济、文化等有趣知识融合在一起，使人听后感到仿佛周游了世界，作了多学科的考察。这有助于提高认识水平。讲授中国地理、亚洲地理，葛德石不仅学识渊博，而且对中国人、亚洲人不抱偏见，没有一般西洋人那种不懂东方文化的傲慢。讲出来的观点使人乐于接受。比如他讲："俄国人修中长铁路，日本人占据大连，都是趁火打劫。中国知识界十分担心帝国主义对东北的野心。依我看，尽管这个、那个国家都想得到东三省，但东三省最终是要归于中国的，无论任何人企图阻碍其前途，他都必将后悔。"这些话，涂长望听了满意。

葛德石对涂长望的科学道路有重要影响。后来涂长望选择了地理科学，出国留学也考经济地理，不能不说与受到了葛德石的影响有关。葛德石教授在讲学的过程中，也发现了涂长望这个学生好学、好问、勤于思考，常向自己请教。作为老师，他自然喜爱这样的学生，而且乐于帮助这样的学生。

葛德石的课程，给年轻的涂长望展示了一个范围广阔、内涵丰富的世界，使他恨不能都去亲眼看一看。这时，他就希望将来能有出国学习的机会。

涂长望很快适应了新的环境，在学业上取得进展的同时，仍关注着北伐革命。10月份北伐军攻克武昌，打败吴佩孚，11月份攻克南昌，歼灭孙传芳主力，这些消息都使学生们受到鼓舞。当北伐军一步步推进到上海时，上海工人掀起了罢工、起义的浪潮来推翻军阀，迎接北伐军。沪江大学也兴起了学生运动，声援工人罢工。这时，学校里出现了左派和右派的斗争。从1926年冬到1927年春，这种斗争十分激烈。

长江有战事，学校放寒假时，涂长望和一些同学没有回家。他的朋友陈立，对学校里的情况虽然熟悉，但不参与左右两派的斗争。涂长望和孙京华、张国藩都因来校不久，对两派同学都不熟悉，所以，也不参加他们的活动。

涂长望对时局自有看法。当英国军舰炮轰万县造成惨案时，他心里充满了对英帝国主义的愤恨。对于陈友仁收回汉口英国租界，涂长望对陈立、孙京华等朋友谈起来，都表示非常拥护。弟弟长爱和一些博文书院的同学，都参加了武汉革命政府的队伍。他支持他们。当他们来信谈到武汉发生的一些过激行动，涂长望就觉得有些过火了,在书信中与他们辩论,并对他们不好好念书提出意见。

这时候革命队伍发生了分裂,出现了武汉、南京两个国民政府,国民党右派开始了名为"清党"的大屠杀。一时间,沪江大学的左派同学全部退学了。涂长望感到很失望,心里对北伐革命的热情完全消失了。

第四节 探亲蕲春悲四妹

1927年的上学期,涂长望集中精力攻科学,对于葛德石的地理学,更是一门心思地研读。大学课程已经进行到一半,这时他才意识到,自己应把未来的事业选择在地学方面。读书特别用功时,纷乱的世界也显得寂静了,日子也过得快起来。

放暑假时,涂长望心急火燎地想回家去看望父母和全家。这一年经历了许多变化,听说一家人还要搬家。

涂长望走下轮船,通过趸船,踏着跳板上岸的时候,只见三弟长爱领着一大群弟妹在码头迎接。六岁的长晟和九岁的碧霞眼睛最尖,一下子就从人群中认出了他。"二哥!""二哥!"他们一喊,一群弟妹便朝他奔来,拥着他回家。

涂长望发现,这一年大家变化都不小,妹妹们都剪掉辫子，留着齐耳短发。弟弟妹妹们则感到二哥也变了，变得更英俊潇洒。

一路上，小弟妹们蹦蹦跳跳，长望则关心地问起长爱一年来的情况。一年来，长爱没有在博文书院念完高中，而是在武汉国民政府工作。现在这个政府没有了，长爱已经失了业。长望劝他好好地读完高中，再去考大学。

涂长望找来弟弟妹妹们，一个个问他们相别一年来的情况，交流思念之情。他发现少了一个人。他到处找四妹春安。在场的长安、碧霞、长晟都神色黯然地说："四姐没得了。"

长望听到小弟妹们这样说，感到头眩心疼，急忙回屋里去找妈妈问个究竟。汪美珍听儿子问起这事，鼻子一酸，禁不住泪水扑簌簌地落在她缝补的衣服上。春安这孩子最乖，才10岁，就帮妈妈做事，看家，照顾弟弟妹妹们。可是，她一病不起，两个月前去世了，永远留在蕲春荒郊了。

四妹春安夭亡，使长望心里极为悲痛。一连多天，他脑子里都不时浮现出她那可爱的面容。

涂长望见过相别一年的父母，又问起大哥的情形。兄弟俩好几年没见面了。二老见长望已经成了一个风度翩翩的大学生，心里十分高兴，娘对儿有说不完的话，他们又谈起在燕京大学的碧仙，不知她学习、生活如何。

涂长望过完暑假返校后,涂家又奉命迁到蒲圻。蒲圻地处鄂南,涂长望在寒暑假也常回家看望父母、弟弟妹妹。大哥登榜结婚后也曾去那里探望父母。这时父亲月薪才达到30元,经过商议,他已经决心辞职了。

涂含章一生,受尽洋人的气,这回不再受气了,他不足50岁就不再做传教士的工作。涂含章辞职,是因为上帝处事不公,神职人员迁升不平。原来他所在的教区里,同样勤奋、虔诚、受人尊敬的传教士有两个,人们叫他们为"涂牧师""管牧师"。管牧师就是有个儿媳管喻宜萱在英国学唱歌,后来成了名的那一位,当时幸运,升为牧师了,涂含章却没能晋升。乐牧师夫妇都来劝说,不要盛怒伤身,把家迁到大儿子那里去享享清福。这两个无儿无女的老洋人,体会不到多子女家庭的难处。哪里有什么清福可享。但涂含章还是听了他俩的劝告。弟弟妹妹们曾写信谈起这件不平事,涂长望当时就写了信劝父亲。

第五节　大学毕业回武汉

涂长望到沪江大学的第二学年,一切都十分顺畅了。生活上没有困难,课程上完全应付裕如。他有很多时间可以用来读课外书籍,向葛德石教授和其他老师请教学问，以及从事郊游等。

这时的涂长望，在年轻朋友中已经显示出了他的个人魅力，很多同学都愿意和他在一起。他身边总是有一群活泼的青年人。当初在博文中学和华中大学，他参加过足球队。现在他又是沪江大学篮球队的队员。平日经常练球，假日常有校际球赛。

学校里，学生们一年以前对北伐革命表现出的那种热情，这时完全被"清党"的白色恐怖浇灭了。街头流行"莫谈国事"，适合了许多读书人"国事不可问"的心情。但是，涂长望他们还是是非分明。当苏联宣布废除对中国的一切不平等条约时，大家都衷心拥护。当日本帝国主义侵占济南、制造济南惨案时，大家都义愤填膺。他们关心时局，但国民党封锁消息，控制舆论。大学生们从报刊上看到的，尽是杀害共产党人和诋毁共产党的文字。把社会主义的苏联视为敌国。这些，在涂长望心里引起了很深的怀疑。他只能从一些非国民党的报刊里去寻找消息，进行思考。学校里有英国人的英文报纸《字林西报》（*North China Daily News*），涂长望通过它来了解国内外的情况。他常读的刊物有中国科学社的出版物《科学》，商务印书馆《东方杂志》，还有两年前才创刊的《生活》周刊。这份刊物他很喜欢，后来渐渐成了它的忠实读者，并结识了它的主编邹韬奋先生。不过，在国内时他们一直未曾见过面。他曾经想过，要找他或新闻出版界别的朋友，认真探讨一下国内生活和苏联情况。他想，那些朋友有可能解开他心里的疑惑。但课程一忙，他又顾不上这些了。

1928年夏天，比涂长望高一级的陈立就要毕业了。在准备大考的时候，他们得到一个消息，母校博文书院已改为博文中学，老同学董正初出任代理校长。

博文书院自1926年大革命后就增加了中国人校长。第一任是沈文卿，现在换董正初。他来信邀请陈立回母校任教，并发来聘书，请他当教务主任。这位董校长求才心切，薪水从丰，盼望他早日到校担当重任，迎接新生和部署新学年工作。新校长要打开局面也颇不易。教会当局虽说是用了中国人，但丁克生还是抓住大事不放手。所以，董正初希望朋友们都能来，把博文中学办得更好。这些陈立都理解，大考一完，第二天就去武汉。因为那时沪江大学还没有办好在中国政府立案的手续，不能拿毕业文凭，陈立没参加毕业典礼就走了。陈立临走时，约涂长望放假后到武汉去。

涂长望从容地参加了考试。成绩优秀，心情愉快。他登上了去武汉的船，先回到大哥那儿去，兄弟二人一起到武昌访母校博文中学。

学校换了新牌子。教务主任陈立一到任就忙个不停。他见涂氏兄弟一齐到来,喜出望外,急忙让进屋里,说道:"李振凡在这里。"

李振凡当年在博文书院,比涂长望要高四级,与涂登榜是同班。毕业后涂登榜去香港大学,李振凡去沪江大学,从此二人再未见过面。一晃多年,今天能见,非常高兴。李振凡也没想到,在陈立这里见到了涂氏兄弟。

四个老同学谈了许多。另一个同学即校长董正初,也来参加他们的谈话。谈的都是关于如何办好博文中学。还说好让涂长望明年一毕业,就到博文来教书。这样,涂长望在沪江大学的最后一年,心里十分安稳,准备完成学业就回到母校去。

1929年夏天,涂长望从沪江大学毕业后立即回到武汉。这时大哥、大嫂将到武穴,准备在安顿好了之后,把父母从蒲圻接到武穴去。涂长望在博文中学住一间教师宿舍。他的房子在浓密的树荫里,天气虽然很热,但也有一点凉意。涂长望对新环境感到满意,对在博文中学教书充满信心。

9月,博文中学的新学年开始了,涂长望第一次夹着教案进教室讲课。

不过半年,涂长望就适应了教学生活。节假日,他都要和长爱到武穴去看望父母、兄嫂和弟妹们。

武穴,人们都叫它武家穴,坐落在长江北岸,是广济县治所在地。这座繁华的城镇，是长江上的重要港口之一，鄂东的物资集散地。这里有素称发达的竹、木器手工业。江边船户很多，大小木船一条挨一条，排满了很长一段江岸。

涂含章把家迁到这里来，是接受了友人乐牧师的劝告到大儿子这里的。年迈的乐永和牧师现在主持武穴的教会工作，是他建议聘请了涂家长子涂登榜到武穴普爱医院任院长。

礼拜天，全家都去教堂。长望、长爱哥俩不去做礼拜，但也去观看。这里教堂很大，他们想去浏览一番。在教堂外面，见到两个英国青年，细长个儿，碧眼金发，过来主动打招呼。涂长望也乐于和他们交谈。他们说，这里不如庐山好玩，也很难找到可以交谈的朋友。四个人谈得很投机，互相介绍了各自的情况。分手时约定，明天去他们家拜访。以后他们就经常见面。

小城里，没有多少文体活动来消耗年轻人过分旺盛的精力。他们便到教会学校的操场去打门球。打了一段时间，英国青年笨手笨脚，进球不多，分数差距越拉越大。涂长望一路领先。洋小伙儿输不起了，渐渐地不高兴起来，专门找碴儿，赖涂长望犯规。涂长望岂肯白受指摘，三句五句，互相吵起来了。一个洋人脱口骂道："东亚病夫，还逞能！"

这话深深刺痛了涂长望的心，他态度严肃起来，要那英国人赔礼道歉。长爱也劝那英国人，但那洋人不仅不听劝告，反而连声说："东亚病夫！东亚病夫！"

涂长望气得不行，大声说："不列颠 idiot（蠢猪）！不列颠 idiot！"

那洋人扑过来，抓住涂长望就想动手打。涂长望也不客气，一闪身，飞起一脚，差点儿把那细高条洋人踢翻在地。眼看一场恶斗就要开始。幸好另一个洋小伙儿见势不妙，找来了乐牧师，把二人劝开了。①

涂家的子女，好几人都是乐牧师夫人接生的。老牧师对这些孩子很喜欢。他态度谦和，不只是对涂家人，对许多中国人也都和善。大概他吸取了30多年前一些同事的教训：1891年6月这里就发生过武穴教案，说明中国人也是不好惹的；要在中国谋事，站稳脚跟，需得学会平等待人。乐牧师来劝架，涂长望愿意听。

---

① 辽宁大学涂长晟谈起二哥涂长望的性格，回忆起了这些故事。

第五章　留学英伦

第一节　官费留英登金榜

涂长望到博文中学任教时，代理校长又换成了经达人。经达人教体育，也是博文和沪江的老同学。到校后见到这么多朋友，心里非常高兴。他们互相请客。当轮到涂长望回请时，李振凡已经离开博文进城去了。原来他到武汉是为在建设厅长石瑛那里任职，陈立请他兼任数学和化学课教员，他忙，又不做礼拜，有人告了他一状，他当即辞职，被博文同学石瑛之弟推荐到教育厅去当科长。这时石瑛下台不再是建设厅长，而到武汉大学任工学院院长。官费留学的考试，是由石瑛来主持。

1930年上学期，涂长望任博文中学的理科教员，只有半年教龄，但他讲课已深受学生欢迎。他教物理、数学和地理，使学生听得既明白又轻快。尤其是他的地理课，常使学生们听得津津有味。这不只是由于他知识基础深厚，备课认真，还得力于口才好，学生们也习惯他的乡音。

他善于总结经验。上了几节课之后，在讲台上就感到游刃有余，不时地观察学生听讲情况，审视自己讲授的质量与进度，照顾到学生能听明白和做好笔记。这样，涂长望就成了学生们喜欢的老师。

一天，李振凡打电话让陈立到城里去，有要事相商。原来，湖北官费留学考试开始报名了。石瑛希望李振凡应考。李振凡已经有家小，不能去了，便想到了朋友们。陈立有点犹豫，因为他不是湖北人，手里又无大学文凭。李振凡说，不妨试试，牺牲一元钱报名费算得啥。结果报上名了。

那时湖北省留英官费生待遇不错，每月为20英镑，相当于现在600英镑。有的省要少些，如安徽省是15英镑。陈立报名回来，见到了涂长望，忙把这消息告诉他。当天来不及了，涂长望第二天就进城报了名。

事情急促，课还要继续上，大家都来不及准备。涂长望对地理学最有兴趣，他报考的是地理。

这天是星期六，天下着雨，从城里来了一位张先生，冒雨来找涂长望。涂长望放下手中的书本，与他交谈。心想：与他并不相识，会是什么人事？张先生自报姓名，说他也是报考地理，特来与涂先生切磋。他谈的

第五章　留学英伦

问题都带有试探性，使涂长望感到他是来摸底的。

送走张先生后，陈立到涂长望屋里来。他告诉涂长望，这位张先生是湖北省教育厅第一科科长，听李振凡说，他是厅长的红人。他来拜访，一定有什么用意。

涂长望想，凭实力考试，不必顾虑什么。但转念寻思，张在教育厅里有地位，如果做起手脚来，那是近水楼台，还是有所防备才好。涂长望想到了更改报考科目。可是，外面的雨越下越大了，没办法进城，明天又是礼拜天，不办公，改不了了。后来得知，张先生见过涂长望之后，决定不跟涂长望竞争，他有方便条件，进城当时就改考教育。

考试科目多，考题深，但涂长望都考得很轻松。英语还有口试，长长一张桌子，中间坐好几个考官，两端各坐一名考生。涂长望和一位不熟悉的考生同考，成绩不错。陈立和清华毕业的李家光同考，后来才发现考官把他们的成绩判混了，结果是李家光沾了陈立的光。

录取时，第一名是陈立，第二名是涂长望，第三名是一个已留学日本，专程回来应考的考生。主考官石瑛审查着这份名单，轻轻摇着头说，这是中国教育的失败。这头三名，都不是中国政府所办大学培养的。为此，他提请省府增加两个名额。第四、第五两名是中央大学毕业的霍秉权和清华大学毕业在武汉大学当助教的李家光。

在发榜之前还有曲折。主要问题是有些考生不服，这与陈立有关。他既无大学文凭，又是一个湖南人，湖北学生就抓住他不放。石瑛坚持按考试成绩发榜。他说，关于报考条件问题，不属考试问题，我们不管。行政事务全由教育厅处理。报纸上发了榜，还有人到教育厅去闹，弄得陈立不敢出面，怕对质，因为他一说话，就会讲出湖南口音。

涂长望对陈立说："你赶快到庐山去避暑，一切事情由我们来办，到时打电报叫你到上海来会齐。"这样，涂长望就解脱了陈立的困境，在有人要寻找他时，他可以一走了之。

涂长望、陈立、霍秉权三人决定同行。送走了陈立之后，出国的一切手续都由涂、霍二人来办。涂长望比霍秉权更有经验，因为大哥登榜到过香港和英国，知道应该做些什么准备。

涂长望说服陈、霍二人放弃海路，从陆路去英国，理由是走海路得一个月，时间太久而且很累。他还有一个藏在心里、没有说出来的原因，是他想看看苏联。这是他到沪江大学后两年起，就想要解开的一个谜。现在有了机会，应该加以利用。不能仔细地去造访，走马观花地看看也好。

涂长望忙完了在武汉的各项工作后，就回武穴去向父母、兄嫂、弟妹告别。

在涂长望为办理各种出国手续奔忙的时候，涂含章、汪美珍也在为儿子出国做准备。他俩一直叫长望为"金榜"，金榜现在高中了，全家都高兴。

第二节　几经周折离国境

父母对子女操心，那是永远操不完的。1930年夏天，汪美珍要送次子金榜去英国，还要送次女碧波去香港。素安也来帮妈妈的忙，飞针走线，为二哥二姐缝衣裳。涂长望劝妈妈、妹妹不要忙了，已经领了装箱费，成套的西服都做起来了。汪美珍说，礼服、西装我做不来，但是自己做的内衣穿起来舒服些。

临别那天，全家到武穴码头上为涂长望送行。汽笛响时，妈妈流泪最多。

南京和武汉一样热。涂长望和霍秉权在大热天里，跑中国衙门和洋衙门，办理护照和签证。中国政府和苏联断了交，走陆路更要麻烦些。国民党政府对于去苏联的人，盘查很严。涂长望、陈立、霍秉权三人，虽然只是过境经过苏联，但也有一大堆问题要问。查验了各种证明，然后才发给护照。进入苏联的签证，也因苏联的外交机构全都撤走了，是由英国大使馆来代办。不管怎样，道路是通的，也常有人走。这样，涂长望就有办法来完成各项手续了。

涂长望和霍秉权到达上海时，就给躲在庐山牯岭的陈立打了电报，让他到南京去汇合。陈立来到时，他俩已经把一切手续都办好了。于是，三人一起到上海，在旅馆住下后，就去买上海到大连的轮船票。

他们三人都是第一次这样长时间地坐海船，也都是第一次这样长时间地坐火车。对于将要开始的旅行，陈立和霍秉权都感到很有兴趣。对涂长望来说，岂止是有趣，他还视之为一次地理学的考察，一次难得的人生认识的探寻。他为把握住了这次机会，心里十分高兴。

轮船出了吴淞口，进入浩瀚东海而向北行的时候，涂长望感受到了大江大海的不同。他为自己将能走向广阔的世界而兴奋不已。他到甲板上看海，除了水与天，别无他物。要隔很长时间，才见舷外远处有船经过，多是日本船和别国船，不见中国船。学经济地理的涂长望，深感中国经济的落后。

到大连登岸后，只见满目都是日本广告，处处是日本人、日本兵称雄。在中国的土地上旅行，要日本人来做检查，看证件，去哈尔滨要坐日本人的车。涂长望亲身体验到，葛德石教授说的各国都想得到东北是怎么回事了，东北就是一个半殖民地。中国东北境内的铁路，

第五章　留学英伦

从哈尔滨往西北到胪滨（1934年设满洲里市），往东南到绥芬河，往西南到大连，是1897—1903年间由俄国修建的。日俄战争后，日本人控制南满，长春以南的铁路就是日本人的了。俄国十月革命后，长春以北的铁路由中苏合办。涂长望他们三人到哈尔滨，要坐日本人的火车，又要坐中苏合办的火车。

火车驶过辽南丘陵，进入东北平原，沿途森林、矿山、肥沃的黑土地，从经济地理的角度来看，那真是一块宝地，有那么丰富的物产，而且它又是那样辽阔无垠。涂长望心里深深痛惜它今天成了列强争夺的肥肉。

涂长望他们在哈尔滨下了火车，就感到这里仿佛是一座外国城市。见面都是俄国人。这里是座新城，还没有设市（1932年设市），却有俄、英、德、荷、比等15国设立的领事馆。自1904年铁路修通，1905年辟为商埠，已有36个国家的10多万侨民蜂拥而来。外国人和中国人一样多。

涂长望他们买的是国际联运客票，可以从哈尔滨一直坐到伦敦。一切由国际旅行社负责，由在哈尔滨的白俄人办理。买一个红帽子戴在头上，作为旅行服务人员识别的标志。上车时，月台上的白俄小贩劝他们多买些面包，他们觉得没有必要，各人只买了一个。对此，他们后来是大为后悔的。

列车到达胪滨，停下来作边境检查，查验护照和签证，然后换车，因为苏联的铁路比中国宽。就要离开祖国的土地了，要多年之后才能回来。涂长望、陈立、霍秉权心里都涌起思念之情，出站后，在小镇的街道上转一转。小镇人口不过四五万，但颇为繁华。三分之二以上的人是白俄，其中很多人是十月革命时逃来的。

涂长望他们三人重新登车。隆隆车声，送他们远离祖国去求学。

第三节　经过饿乡到伦敦

火车奔驰在世界最长的西伯利亚铁路上。车速很快，小站不停。车上伙食不好。从中国上的食物不久就用完了。从赤塔上的全是"黑列巴"，即面包，但不是用小麦面粉做的那种，而是用莜麦面做的，吃起来又硬又酸。对于这三个吃惯了大米饭的人来说，一出国门就受到了考验。他们后悔没有在哈尔滨多买些面包上车。

陈立和霍秉权都露出苦相，把未来好多天的这次旅行视为畏途。涂长望自幼吃过苦，适应能力更强些。他微笑着对二位同伴说："你们把目光投向窗外，看吧，这一路风光，多么壮观！"

车过赤塔以后，很长一段路是绕着贝加尔湖行驶。

湛蓝澄碧的湖水，倒映出蓝天、白云、葱郁的森林，确实赏心悦目。从伊尔库茨克一直到新西伯利亚，都是在茂密的大森林里穿行，远近山峦，是由所谓泰加林即松林、冷杉林、云杉林覆盖。

进入西西伯利亚大平原，辽阔的草原、沼泽、农田、河川，也是见所未见。涂长望想，一个地理学家，如果不能做这样的旅行，那才可惜呢。

到用餐时，大家又皱眉头。涂长望弄不明白，苏联的粮食供应怎么还不能改善。他曾读过瞿秋白20年代初的访苏游记《饿乡纪程》，那时苏联人民吃不饱，是因为帝国主义封锁。好几年过去了，现在不知道发生了什么情况。

车过乌拉尔山之后，从地理上说，已经进入了欧洲。离莫斯科渐渐近了。上来了一些知识分子，涂长望试着跟他们交谈。他们把涂长望视为"中国同志"，也能敞开谈。其中有会英语、德语的，谈起话来语言障碍不大了。于是谈到农业。他们说，前年，即1928年，苏联农业已经从战争破坏中恢复过来，产量达到战前水平。但是，却没有多少粮食运到城里来。除了农民可以吃饱，其余粮食都囤积到了富农手里。采取了消灭富农，实行农业集体化的政策。农民不愿意把车、马、牛羊交给集体农庄。今年1—3月，农民就宰了1400多万头牛，杀了6000多万只羊。引起了难以控制的怒潮，到处发生暴力破坏事件。3月2日，斯大林发表了《胜利冲昏头脑》的文章，提出不要把农民的宅旁园地、住宅、自用的奶牛、小牲畜、家禽都进行公有。现在大多数地区都得到了贯彻。

涂长望感到，政策问题可真是大意不得。涂长望有许多话想问，他还想跟他们继续交谈，但是莫斯科已经到了。

涂长望回到自己的车厢时，陈立、霍秉权已经做好下车的准备了，怨涂长望，问他跑哪儿去了。列车在莫斯科要停较长时间，他们可以到城里去玩玩。

他们随着人流走出车站，在众多的外国人面孔中，见到两个中国人。那也是两个年轻人。互相搭话，听出是四川口音。四川与湖广是近邻。在万里异邦相见，备感亲切。原来那是兄弟俩，姓刘，是军阀子弟。哥哥在德国柏林学军事，回国来领弟弟也去柏林留学。这位未来的刘将军有经验，在哈尔滨上车时准备好了吃的。但是，这么多天车上生活也够他俩熬的。下车后就想找个好饭店打一次"牙祭"。他俩约三位同胞同行，刘家哥哥主动为大家当导游。①

---

① 根据陈立的回忆。

他们在莫斯科逗留了一天。感觉是经济萧条。商店里货物不多,饭馆里吃的东西很差。去坐电车,人很拥挤,关不上车门。道路不平,车开动起来摇摇晃晃,需要紧紧抓住吊环。他们找到一家德国餐馆,各自吃了一顿好饭。然后赶回车站。

从莫斯科到柏林,路过波兰首都华沙,但是对于经过漫长旅行的人来说,不算很远。涂长望、陈立、霍秉权在柏林又换一次车,就可以直达伦敦了。他们是在车中领略西欧各国风光,经过比、法等国,从加来越过英吉利海峡,轮渡到英国多佛尔。从这里行车一小时,就到伦敦的维多利亚车站了。

第四节　认识费边社会主义

泰晤士河口的世界大都会伦敦,号称雾都。1930年10月初秋,雾都却以她难得的好天气迎接了来自遥远东方的学子。涂长望对伦敦的第一印象特别良好。这个有着数百座花园广场和数百座公园的城市,给人的感觉是和平宁静,没有市井的喧嚣。在广场上,在公园里,在泰晤士河畔,处处绿树丛中,家雀、野鸽、白头鸥、鸥椋鸟成群飞翔、降落、鸣唱,都不怕人,与人亲切相处。

初来伦敦，涂长望有点不知道如何安排自己。博文的英国教师介绍的住处，因没说清街道名而一时没找到。霍秉权先找了个地方，租到一间房子。涂长望和陈立也找到一处，二人合租一间。房东是个法国人，他家有个碧眼金发的漂亮女儿，活泼热情。她很关心这两个中国青年，引导他们找厨房、厕所，教他们如何使用煤气炉。涂长望、陈立两个大小伙儿，怕这个姑娘晚上钻进屋里来，总是早早锁上房门休息。后来有人议论，说那是下流社会的人住的，他们就准备搬家。

安顿好了，他们就到学校去报到，办理入学手续。涂长望和陈立都注册于 University College London (U. C. L)。

涂长望就读的伦敦大学，创立于1827年，三年前已庆贺了它的百岁生日。他们进的是伦敦大学的第一个学院，涂长望攻读经济地理。

开始到学校，语言、环境、生活、学习都有一些生疏感。由于他英语好，大约一个月后，对一切都适应了。

生活习惯了，人也变精了，早就不住在法国房东那里了。专找便宜、舒适、离学校又近的房子住。搬了几次家，最后在摄政王公园附近一套房子里定居下来。这里环境极佳，左边就是公园，有湖泊、小山。林荫道连着街道和学校。他们去联系时，这里的房东是个意大利人,他不租房子给中国人,费了好一番口舌才租下来。他们住进来后,改变了房东的偏见,他对邻居们说,中国人最好,守信用,按星期交房租,不吵闹,不往屋里带女人。这样,涂长望和陈立就为中国留学生们开辟了一条方便的门路,不少人都到这个好地方来租到了可心的房子,安徽人就来了六七个。

熟悉和适应了新的生活环境之后,除了完成学业,涂长望感到还有充沛的精力无处挥洒。于是,他成了大学里和留学生圈子里的活跃分子。这个社会圈子里的很多活动中,都可以见到涂长望的身影。

学校里贴出布告,要在大学生和研究生中培训后备役军官,可以志愿报名接受军训。涂长望也去报名,想试试。他回去问陈立参不参加。陈立攻读心理学,感到课程重,不去报名。并认为大英帝国要选自己的军官,怎么能收外国人。果然,主管教授请涂长望去谈话,问道:"Changwang Tu,你报名是为了什么?"涂长望坦率地说出自己的动机:"我想多见识些,也需要锻炼身体。"教授摇头笑着说:"不,不,若为锻炼身体,你只要坚持冬泳就够了。"

涂长望没有开始冬泳,但每天坚持跑步。陈立生活舒适,学习紧张,感到早晨睡觉特别香。涂长望见他这样,早晨就把他拉起来,一同到摄政王公园去跑步,锻炼。晨光曦微中,天天可以见到他俩在湖滨小跑的身影。小船码头上停泊着很多条船,一大早湖中划船的人很少,这时租船收费特别低廉。于是,他们又改跑步为划船。每天,他们都享受着公园里清新的空气,沐浴着晨光,手里木桨打碎一湖金波。有时大雾,有时毛毛细雨,他们也坚持锻炼。早晨的体育运动,使他们一整天都感觉良好。

在政治经济学院里,涂长望除了专攻经济地理,也旁听政治经济学课程,读政治社会方面的书籍。这个学院,可以说是费边社会主义的大本营。

费边社(Fabian Society)是1883—1884年在伦敦成立的社会主义团体。它的宗旨是在英国建立民主的社会主义国家。他们信奉渐进社会主义,不主张革命。其名源于古代罗马善于使用拖延战术的将军费边·昆克塔托(?—公元前203年)。费边社的创始人是苏格兰哲学家T.戴维森。它的早期成员有G.萧伯纳和S.维伯夫妇。他们一直是主要领袖。1889年,萧伯纳主编出版《费边社会主义文集》。开始,他们是想用社会主义思想来渗透自由党和保守党。后来,建立了劳工代表委员会,该会于1906年改建为工党,费边社就隶属于工党了。

涂长望读了不少关于社会主义和政治经济学的书。

他自己后来曾回忆说，到校一年后就变成了费边社会主义的信徒了。从这时，他对政治发生了很大的兴趣。①

第五节　半路转学攻气象

从涂长望住的公寓到伦敦大学，要经过伦敦气象台。气象台前面的玻璃橱窗里，展出大幅的天气图。每天更换。人们从图上可以了解世界各地的天气。图例上有说明，每个地方的气压、温度、湿度标注在什么位置，风向风速是用矢羽来表示，还有一些符号表示晴阴、雨雪、雷电等天气现象。远方祖国的风雨寒暑，从图上也能看到。自从发现了这个奥妙，涂长望每次经过橱窗前都挪不动步。陈立说，感兴趣的东西就容易掌握它。

涂长望想去听气象课，转到理工学院攻气象学。在伦敦大学有英国和世界著名气象学家吉尔伯特·沃克爵士（Sir Gilbert Walker），他是皇家理工学院教授，气象系主持人。涂长望想去找他，可是本学期已经来不及了，只能半路出家去旁听。上气象课的时间与自己主修、选修的课程有冲突时，就不能去听了，他感到很可惜。

---

① 涂长望在他入党时写的《自传》里，特别回顾了他的这段思想历程。

涂长望第一次去听气象课，见到沃克爵士。他年事已高，但精神矍铄，两眼有神，思维敏捷，思路开阔。演讲起来逻辑性很强。沃克也发现，课堂里出现了一位未曾见过的、风度翩翩的东方青年，听课非常认真。他喜欢这样的人。下课时他主动朝涂长望走来。涂长望高兴极了，迎上去问候："沃克爵士，您好！"又主动介绍："我叫涂长望，是中国人。"

沃克重复着："Changwang Tu，中国人，好极了！"又问："你学什么专业？"

涂长望说："我在政治经济学院，学经济地理。"

沃克听了，点头说："哦，学经济地理来听气象课，这是明智之举，明智之举！"沃克反复强调了他的话。他认为许多学经济的人不了解气象的作用，是缺少眼光。他举出了帆船时代的例子，说气象科学对于信风环流的研究，曾使英伦三岛到澳大利亚之间的航期由250天减少到150天，对英国经济起了巨大推进作用。涂长望谈到家乡湖北的大水灾，对经济影响很大，很同意老教授关于气象与经济的观点。师生初次相见，就有忘年之交的感觉。

沃克教授年迈，授课次数不多，一个月只有三四次讲座。即使一次不漏地听讲，也满足不了涂长望学习气象的愿望。光是跨学院去选修气象学是不够的，于是，

第五章　留学英伦

他产生了转学跟沃克教授当研究生的念头。放弃他原来的主攻方向，从社会科学转到自然科学。涂长望此时虽说对政治感兴趣，但在学业上他还是愿从事自然科学。他要转学，别的都好办，关键还要看沃克教授能否接受他这个研究生。

涂长望要尽一切努力来实现自己的愿望。圣诞节假期，他到沃克爵士府中去拜访，恳切表达了自己攻读气象的决心，求师的渴望。老态龙钟的沃克爵士，由于年迈，精力有限，已经好几年没带研究生了。他也不知涂长望的基础如何，很犹豫。涂长望看出了老人的心思，急忙把准备好的成绩单递给他看。

老人看了很满意，又问道："过去你学习地理，是听谁的课，接触过气象科学吗？"

涂长望说："我跟葛德石教授学地理，他学问渊博，也讲过气候问题。"

沃克点头说："我知道他，看过他关于中国和亚洲的文章。如果你真有志于气象，则需要进行更深入的研究。"

老人想到遥远的中国，科学事业尚待开拓，如果能把自己的学说传给一个中国学生，让他到更广阔的天地去运用、发展，那将是一件很有意义的事情。又见涂长望才华横溢，虚心向学，他心里已经同意破例收下这个中国学生了。

他只同意带涂长望一个人。年纪大了,尽力来做吧。于是说道:"我同意你转到我们系里来做研究。你要向政治经济学院提出,我也跟他们说一声。这个学期时间不多了,就从下个学期转过来吧。这是破例的了。"

老学者的安排使涂长望心花怒放。他感到明确了主攻方向,找到了为之奋斗一生的事业,人生有了依托。他乐得手舞足蹈地离开了沃克爵士家。

回到公寓,陈立发现他脸上涨满了青春的风采,问道:"有什么高兴事?"涂长望说:"沃克教授收我为研究生了,我们来庆贺一下吧!"两位朋友到伦敦街头,找到一家中国餐馆,吃了一顿川湘风味的饭菜。

到伦敦的第二学期,1931年春,涂长望就在沃克教授指导下攻读气象科学了。

帝国理工学院气象系,也是英国一个颇有影响的系。它是当年英国气象局局长萧纳伯(Napier Shaw)创立的。萧纳伯即威廉爵士(Sir William),他对气象科学做出过不少奠基性的贡献,1920—1924年曾担任本系教授。沃克教授是他的继任人。涂长望在这里学习,一步登上了当时最高的起点。

沃克的研究领域是大气环流,侧重在低纬度,也就是环球大部分为海洋的区域的大气环流。他发现大气压力的高低变化像海浪一般振荡，称为大气浪动，现在称为大气长波或行星波。他指出各大洋都有相对固定的洋流，其位置、流向和强度是由地理纬度、盛行风及其强度等因素确定的。他的成果举世公认，他发现的一种低纬度环流，被命名为沃克环流。沃克教授无保留地把自己的研究成果和方法，都传授给他器重的中国青年涂长望。

涂长望学习和理解能力极强，使沃克教授兴奋不已。他感到在许多学术问题上欣逢知己。他的想法，涂长望都能很快提出试验方案，得出研究结果。半年时间，涂长望就已掌握了必要的基础知识，可以考虑学位论文选题了。

第六章 树业闻道

第一节 考察研究到柏林

来到英伦半年的涂长望,成了各种活动的积极分子。他既努力于自然科学的研究,又热情地参与各种社会政治活动。

那时伦敦的中国青年人、留学生中间,有各种团体、各种派别。留英学生会里,持各种观点的人都有。他们常常举行各种讨论会、辩论会、社会科学研究会,等等。除了那些不关心政治只埋头于做学问的人,其余人可以分为左右两派,而且斗争激烈。开始,主要是国民党左派与复兴社分子的斗争。国民党左派以程希孟、缪培基为首。在辩论中,涂长望站在他们一边。经常争得面红耳赤。争论的问题是多方面的。在内政方面,主要是反对国民党清党反共、剥夺人民权利、实行专制统治;在外交方面,主要是反对国民党对帝国主义妥协、敌视社会主义苏联的政策。他们痛斥右派是总理叛徒,背叛了孙中山先生。

他们这些争论不是空泛的,而是充分讲事实的。在国内,国民党控制舆论,涂长望他们得不到有关共产党的消息。在国外,得到的消息却不少。涂长望在辩论中知道,中国有一支越来越壮大的工农红军,有一个中华苏维埃政府,中国共产党人在进行着不屈不挠的斗争;也知道几年前,宋庆龄、高尔基、罗曼·罗兰和巴比塞等人在比利时首都布鲁塞尔成立了国际反帝大同盟。

涂长望感到,在社会活动中增长了见识,几个月的收获比过去10年读的书还多。①

社会活动没有影响他在科学上的刻苦攀登。他在沃克教授指导下考虑选题。决定以研究长期气象预报为主攻目标。这项研究在当时,是很少有人涉足的尖端课题。

千百年来,人们嗟叹"天有不测风云"。到19世纪中叶以后,西方各国先后建立起地面气象观测网,随着近代气象科学的发展,可以做出短期天气预报,已经做到了风云可测。提前预知气旋和风暴,首先为农业和航海提供了保障。到20世纪30年代,由于航空事业的发展,气象科学成了向高空进军的尖端科学。人类站得高

---

① 涂长望在《自传》中回顾当时斗争的情形,并说后来受到杨秀峰、于炳然等人影响,思想发生了转变。

了,看得远了。人们对高层大气的研究,正为长期预报开拓着思路。

涂长望的研究工作,是建立在前人的基础之上,也要站得高些,看得远些。

但当时长期预报并不是热门课题,热门课题是理论气象,即动力气象学。涂长望作这样的选择,主要是为了抗御自然灾害的需要。

他在选定具体研究内容时,脑子里首先想到的是祖国四亿五千万同胞的生计。华夏大地经常遭受水旱灾害。他的故乡湖北,长江一发大水,就会有千百万人背井离乡,卖儿鬻女。他幼小时在汉口大通巷,就曾多次见过灾民流落街头的惨景。

造成灾害的原因,就是雨水不均匀,雨水多了就涝,雨水少了就旱。因此,涂长望决定研究中国雨量与全球气候的关系。

这是个大问题。要把整个中国的雨量搞清楚,同时要把全球的气候搞清楚。研究这个问题,既有重大理论价值,又有重要实用价值。沃克教授很赞赏涂长望的器识和气魄,全力支持他搞好这个课题的研究。

涂长望专攻气象科学的时间到底不长。他还必须边学习边运用,带着繁重的研究任务,刻苦攻读基础理论。一边充实自己的头脑,一边占有丰富的资料,进而探索全新的领域。沃克年老,不能动手帮他工作,只能指点他去做。

当时世界气象领域,对大气环流和长期预报做出了理论认识的,有三个学派,他们的代表人物是:英国的沃克,苏联的穆尔坦诺夫斯基,德国的鲍尔。

沃克不仅把自己的学说和经验传授给涂长望,而且还帮助他吸收另外两个学派的长处。

沃克对涂长望说,当前在高空探测方面,德国人投入的财力和人力比英国大,苏联则在无线电探空仪研制方面取得了领先的进展。英国相对来说建树不多。沃克表示,眼下不大可能获得苏联科技,但到欧洲各国去学习和实习,是完全可以的。

沃克准备把自己的学生涂长望介绍给德国的同行,安排了涂长望到德国去实习,告诉他,德国以菲克教授为首的中欧学派传统的观点是:气象变化是由平流层气流操纵的。所以,他们对于高空探测特别下力气。你到他们那里去看看,可以取得不少的收获。涂长望对老师的指导和安排,感到十分高兴。

正当他们还在进行计划的时候,各国报纸都刊登了一条震动人心的消息:皮卡德教授(A. Picard)于1931年5月27日在德国奥斯堡乘气球冒险升入同温层,高度达到15780米,成为世界上升空最高的人。涂长望对这种探险精神很佩服,到德国去实习的心情更迫切了,恨不能马上就动身。

皮卡德是瑞士人,那时在比利时任布鲁塞尔大学教授。后来他回瑞士还创造过更高的纪录。沃克不希望涂长望过分看重皮卡德冒险取得的成绩,劝他不要性急,踏实地完成本学期的攻读计划,然后有充分准备地去柏林。他让涂长望理解:皮卡德的行动最可嘉之处是冒险精神,最大的效果是轰动效应,使世人了解高空气象研究的重要与艰辛。除了宣传价值之外,他在科学上的收获并不多。他在密封的钢球里,舱外仪器取得的数据很有限,而且你用不上。认识高层大气,还有待于经常大量的观测。

老师的话使涂长望深受启发。他由此学到了老爵士的稳重和深思熟虑,也认识了自己性格上易于激动的特点。他相信自己能记住老师的教诲,尽快成熟起来。

1931年下学期,涂长望带着准备充分的研究课题,赴德国实习。旅途中,他做了短期的观光游览。在巴黎游览数日,又到布鲁塞尔逗留一天多。然后就去柏林。

他第一个目标是柏林西北部的腾波哈夫区(Tempelhof)。这里有德国最主要的飞机场,有著名的林登堡高空气象台。这是他进行气象实习的地方。正如沃克教授所说的,德国在高空探测方面是不惜投入巨大资金的，航空和气象事业发展很快。林登堡高空气象台每天都用飞机进行两次高空观测，这里积累的资料是最丰富的。

涂长望完成实习之后，就到柏林大学气象研究所，开始学术研究。利用这里先进的电动计算机来完成科学计算。

第二节　天灾国耻临困境

柏林大学的全称是柏林洪堡大学，创办于1809年，黑格尔和马克思都在这里工作和生活过。涂长望想到这两位圣哲对自己思想的影响，就对这所大学有好感。

涂长望到柏林大学时，李宪之正在那里学气象。李宪之在留德前曾任中国西北科学考察团气象生，长期在内蒙古、青海、新疆等地作气象和水文观测。陈立也到了柏林大学心理研究所。每逢周末，涂长望都邀集陈立、李宪之等七八个中国同学相聚。礼拜天到柏林各处去郊游，也多是由他来张罗。他在紧张的科研工作之余，喜欢寄情于山水之间。他们的活动圈子里常有外国朋友参加，如德国人贝克尔，奥地利人哈克，都常跟他们交往。

哈克还把他的女朋友也带来见涂长望，一同到长着茂密菩提树大街那著名的林荫道上漫步。哈克向涂长望吐露了他藏在心里的一个愿望：毕业后到他认为伟大而神秘的中国去工作。涂长望对哈克说，中国人是好客的，你的愿望一定能够实现。

涂长望很快就取得了他需要的全球的地面和高空气象资料。他开始进行分析，尝试着做长期预报的研究了。他用的方法，是根据许多地方的观测资料，进行数学分析和检验，然后建立回归方程来做预报。他采用的这种方法，今天已经是气象部门普遍使用的方法了。而那时，只有计算尺和手摇计算机，他到柏林来，就是为了使用这里最尖端的电动计算机，来处理复杂的数学方程式。进行成千上万次的计算，是相当累人的。

涂长望那样勤奋埋头工作，使德国的同行也深受感动。他们热情地帮助他，他有什么需要，都能尽量予以满足。他们还劝他注意身体。

同行的师友们很快发现，这位刻苦用功的东方青年，并不是书呆子。他每天锻炼身体，他十分活跃地进行社交活动。他性格开朗，能坦率地对德国朋友谈自己的看法。他表现出他是一个社会主义者。他对德国社会党人的成功非常敬佩。同时，他也对日益膨胀的德国的纳粹、意大利的法西斯感到担心。这些方面，他跟德国朋友的看法很一致。

第六章 树业闻道

这期间，柏林各报都在头版头条报道了中国长江流域发生特大水灾的消息。一连多日，坏消息不断。长江中下游受灾特别重，以湖北、湖南为最重。长江大堤溃决，湖北武汉10多万人丧生。南方8省的灾民达到一亿。

正在研究气象、预报雨量的涂长望，见到这样的大灾，都惊呆了。他真想大哭一场。这百年不遇的大灾，怎么就降到了自己的祖国，怎么就降到了自己的故乡！有什么办法能拯救受苦的同胞于水深火热之中呢？

涂长望想到家里，父母和兄弟姊妹们也不知怎样了。他想，长江边上他的家，地势较高，亲人们的性命不致有虞。但是，灾后整个社会生活都将十分困苦，家里亲人们的生活，一定会受到严重影响。

每当银行把他那份留英公费汇到的时候，他都要省下一些钱寄回家去。家乡遭了灾，他就多寄点，自己更节省点。

整个夏天，涂长望都为祖国的水灾感到寒心。他更切身地认识到自己的研究工作的价值。如能预报洪水，并能及时地让人民知道，那就能保护人民的生命和财产。

到了秋天，新的不幸的消息又传来。祖国遭到日本帝国主义的大举侵略。九一八事变发生了。关于中国的报道，天天都占着报纸的巨幅版面。沈阳沦陷，辽宁沦陷，吉林沦陷，黑龙江沦陷……一则则消息令人不忍往下看。

民族的危亡，人民的苦难，深深地创痛了游子的心。涂长望和伙伴们开始讨论，如何应付时局的变化。他们想到，应该有组织地搞一些活动。

涂长望回到伦敦时，已经是冬天了。这个冬天，好像也比去年冷。这个圣诞节，房东筹办得跟往常一样欢快、热烈。留学生们心绪却不佳。英国朋友无法使他们快乐起来。

1931年末至1932年初，他们的情况就更糟。他们等着国内汇钱来过中国的春节，等到腊月二十三（阳历1月30日），得到的是日本人进攻上海，"一·二八"淞沪抗战，国民政府迁都洛阳的消息。以后几个月，国内都没有汇款来。官费留学生们不仅不能交纳学费，而且要断炊了。

第三节　皇家气象学会添会员

沃克教授很同情涂长望的处境。他允许涂长望完成学业，取得学位。但他手里已经没有奖学金，无法长久地支持他，更无法让他继续攻读博士学位。

涂长望迫于无奈，只好找门路，向英国基督教会申请资助。

天无绝人之路。涂长望了解到，基督教循道会有一笔资助学生的基金，是由利物浦大学地理学院掌管着。尚有余额。他还了解到该院院长罗士培教授（Prof Percy M. Roxby）是一位对中国很理解、很同情的学者。他还是个地理学家，曾访问过中国，著有关于中国地理和文化的著作多部。对于这样的学者，涂长望非常想结识。于是，他做好了准备，前去拜访。

那是一个春暖花开的日子，涂长望坐上开往西北去的火车，直奔利物浦。去时他心里惴惴不安，但结果是满怀喜悦而归。罗士培教授很热情地接待了他。也是他那优异的成绩和卓越的办事才能帮了他的忙。

有成就的学者总是爱才的。罗士培看了涂长望的成绩表，又见他一表人才，就答应支助他，并愿意免试接受他为自己的研究生。这样，涂长望不仅得到了助学金，而且得到了一位好导师。他让涂长望从沃克爵士那里毕业后，就到利物浦大学来攻读博士学位。

柳暗花明又一村，涂长望又过了一道难关。

不仅如此，他回到伦敦不久，国内又按时地把留英官费汇来了。他同时得到两份收入，学习、研究、考察，一切活动都可以从容地来安排了，涂长望是如虎添翼了。

他首先要完成的是他的硕士论文《中国雨量与世界天气》。

论文中关于中国雨量的资料，主要来自上海徐家汇气象台。那是英国人控制的几十个海关气象台站几十年的观测记录。过去为列强的商船、炮舰所利用。现在涂长望用它来分析中国的雨量变化。除了当年竺可桢在美国做的中国雨量研究，涂长望是全面地做这种工作的第二个人。涂长望把中国雨量与全球气候结合起来考虑，与长期预报结合起来考虑，高空地面的资料也更丰富，向预报旱涝靠近了一步。

涂长望研究世界气候，还利用了亚洲和世界各国的气候研究成果。这些材料，沃克教授手里有的他都可以利用。涂长望到处奔波，获得了英国、法国、德国气象台站新的高空、地面资料，在收集整理这些新资料的过程中，付出了大量心血。

涂长望的劳动得到了回报。沃克教授对他的论文很满意，让他做好答辩的准备。

在涂长望到伦敦满两年的时候，收获的季节到了。他的硕士论文在伦敦大学帝国理工学院通过了答辩。院长宣布授予他气象学硕士学位。沃克爵士告知，他已被接受为英国皇家气象学会会员。皇家气象学会论文编辑委员会也通知涂长望，准备发表他的学术论文。《自然》

（*Nature*）杂志要求尽快发表论文的要点。

涂长望十分感谢自己的老师。这一切都是他教导、帮助、安排的。

《中国雨量与世界天气》这篇文章，1934年发表于英国《皇家气象学会论文集》第38卷第4期。此前，由沃克爵士建议先发表详细摘要于《自然》杂志。这份杂志跟英国皇家学会的刊物一样具有权威性，发表过许多重要论文，其影响面比皇家学会刊物还要广泛。

老师和朋友们来向涂长望祝贺。年迈的沃克爵士很兴奋，他说，他感到快慰的是为皇家气象学会输送了第一位中国会员。涂长望想到几个月后要到利物浦去，就对老师、对同学、对学校都产生了依恋之情。

涂长望很留恋伦敦。在这里他参加了许多活动，而且是积极分子。到了利物浦之后，涂长望还不想减少活动，那就得多坐火车来回跑了。

第四节　反帝救国结同盟

这时留英学生中两派的政治斗争，已经不再是国民党的左、右派之间的斗争了。左派的中坚人物已经是一些共产党人。杨秀峰（又名杨秀林）、于炳然（即于斌）在留学生中，是公认的共产党员，激进人物。

杨秀峰是留学巴黎的,两年前加入中国共产党,领导过党外组织东方反帝同盟,编过秘密刊物《工人》,在苏联受过王明路线迫害,又先后在巴黎法共华语组、柏林德共华语组、伦敦英共华语组工作。在进步留学生中以斗争经验丰富闻名。

涂长望跟共产党员们接近后,开始读到一些有关中国革命、苏联革命的书籍。对一些问题逐渐有了新认识。

一年前他还认为,国民党左派可以肩负起中国革命重任,推翻孙中山先生的叛徒——蒋介石集团。现在他才恍然大悟,革命要靠无产阶级及其政党的领导。九一八事变使他认识到,蒋介石不仅是革命的叛徒,而且是民族的罪人。涂长望这种认识是很坚定的,在后来的抗日高潮中,他也认为蒋介石抗战不是真心。

涂长望知道了国内革命较全面的情况,也第一次明白了北伐革命失败的原因。

他不断听到来自国内的消息,中国工农红军在壮大,苏维埃政权在江西发展、巩固。看到了革命的前途,祖国的希望。

他认识到了初来英国时对费边社会主义的倾倒,那是多么荒唐。中国若不革命,怎么能救人民于苦难,救民族于危亡。

留英学生中有激烈的斗争。每当国民党右派散布

"攘外必先安内"谬论，涂长望都站出来，以他雄辩的口才参加辩论。在各种场合，他的演说都能赢得热烈的掌声。他们以压倒的多数击败右派的言论。使留学生和华侨青年懂得如何来挽救祖国的危亡。

涂长望作为积极分子，参加了第三国际组织的各种活动。他加入了英共华语组的外围组织旅英华侨反帝同盟，担任这个组织的文书。许多具体工作都由他来完成。在这些活动中，他的组织才能和文笔功夫第一次在社会活动中得到应用和发挥。

涂长望做了许多有效的工作。他组织留学生深入到贫苦华侨居住区，为侨胞开办义务夜校，宣传反帝救国。他还编辑出版同盟的刊物《反帝》，传播反帝救国的思想。

这时涂长望接触到的世界更加广阔了。除了阅读一般书刊，为了工作需要，他还经常读第三国际在英国出版的周刊《国际通讯》和半月刊《共产国际》。国内刊物主要还是读《生活》，这份杂志在留学生中不乏读者。

在反帝同盟的活动中，涂长望给共产党员们的印象是：革命精神强，信仰马列主义，但有浪漫性和自由主义。这大概是知识分子的通病吧。总之，那时党组织已经很关心他,并积极培养和帮助他。①

他看起来俊逸倜傥,生就是一副知识分子模样。其实他自幼受苦,骨子里具备着勤劳朴实的本质和正直忠厚的德行。他喜欢活动,但并不散漫。他结交的人非常广泛。他会到贫民区去交朋友,也会到议会里去听辩论。

第五节　旁听议会争公道

在取得了硕士学位,卸下了学业的重担之后,涂长望的社会活动更加频繁了。他的足迹不限于留学生的社团和华侨区,有时还到大伦敦西部的贫民区,体验一下英国老百姓的生活和工作。涂长望为了认识英国和西方社会,决心要努力接触英国社会生活的方方面面。

有一天,他又去英国议会旁听,想要体会一下英国的政治制度。英国议会历史悠久,被誉为是代议制民主的保姆。到底是个什么情况呢?

英国议会分为上下两院。涂长望走进了下院。正在开会。长长的会议桌,把议员们分成两边。占主导地位的保守党在一边,前排坐的是与保守党及自由党筹组国

---

① 根据于炳然为涂长望入党写的证明《关于涂长望同志的材料》,1950年7月29日。

民政府的首相麦克唐纳和内阁的其他阁员,其余议员坐在后面。在野的工党坐在另一边,影子内阁的成员们坐在前排,其余议员坐在后面。

会议开得可真够民主。两党各说各的理,发言毫无顾忌,针锋相对,非常尖刻。工党副领袖艾德礼在会上情绪激昂地批评国民政府及保守党的政策,对麦克唐纳首相极尽揶揄、嘲讽之能事。涂长望听着,也有点为这位首相感到难受,而麦克唐纳却若无其事,好像聋子一样。只是他后座的议员们在嚷嚷:"这家伙说些什么玩意儿!""你们听听!你们听听!"

涂长望对艾德礼讲的东西并不感兴趣。但是,当他谈起外交政策时,涂长望听出,他主张对法西斯主义采取绥靖政策。特别是对于日本侵占中国东三省,建立傀儡政权"满洲国"的行径,主张英国要采取"现实主义"态度,要求国际"共管",涂长望听了非常气愤。

散会时,涂长望在门厅里等待艾德礼,拦住他说:"艾德礼先生,我对您的谈话有意见。你们党对华、对日的外交政策是不正义和不公道的,希望您和工党能站在正义一边,站在中国人民一边。"

艾德礼说:"请问年轻人,你是……"

涂长望说:"我是中国留学生。"

艾德礼点点头说:"哦,年轻人,你的爱国热情非常可嘉。可是，你误会我的讲话了。请你相信，我们是中国人民的朋友，这一点不会动摇。"

涂长望那时还不懂得，政治家们是最会说好话的。他以为自己反映了中国留学生的意见，多少会有点作用。所以，在给父母寄钱、给大哥写信的时候，也谈了他旁听英国议会的感想和对艾德礼的批评。①

他觉得，英国的政治制度，比起中国历来的封建制度、军阀制度和现在国民党的制度来，要强得多了。至少，没有能力的人当不了官。他经常读《生活》周刊，知道国内政治的种种丑恶现象。只要有亲戚、熟人作为靠山，阿猫阿狗都可以弹冠相庆。否则，有多大的才能也无法施展。他已知道，现在世界上有更好的制度，在苏联和中国江西的苏区实行。但是，他都还未曾亲身体验过。他想，总会有机会去看看。

1932年秋天，涂长望退掉在伦敦租的房子，搬到利物浦去了。此后，他虽然经常到伦敦，去完成反帝救国同盟的一些工作，有时还去欧洲大陆，但主要是在利物浦大学攻读博士学位。

古代贤者有言：闻道有先后，树业有专攻。涂长望离开伦敦时，在车中回顾自己在伦敦大学的两年，已经

---

① 根据辽宁大学涂长晟教授的回忆，1992年10月5日。

懂得了马克思主义革命学说之"道",而在科学事业方面也有了"专攻"。加入皇家气象学会,表明他已达到了较高学术水平。

他已经具备了为社会做贡献的本领。

第七章　加入英共

第一节　在利物浦结识邹韬奋

涂长望到达利物浦时,大西洋上秋风送爽,正是这里一年中的好时光。

利物浦位于英格兰西北部,濒临爱尔兰海,是英国西部与美洲、大洋洲通航的最大港口。坐落在默西河那喇叭状的河口的最狭窄之处。这也是一座花园城,公园面积占到城市总面积的十二分之一。市内有许多著名建筑,如圣乔治厅、阿伯克伦比广场、圣公会教堂等。有四座剧院和博物馆、美术馆、展览馆等。

利物浦大学创立于 1881 年,是这里最著名的学府。涂长望来到这里,很快适应了环境,熟悉了这里的人,结交了不少朋友。中国留学生中,攻读桥梁工程学博士学位的赵云鹏,经常跟涂长望交流学术,谈论《生活》周刊里的文章,于是他们就成了好朋友。校园里,常有

第七章 加入英共

他们散步、聊天的身影。

涂长望本来是学地理的,又有气象学硕士的学衔,现在跟罗士培教授读地理学博士,真是如鱼得水。他在这里,广交朋友,又广泛地扩充自己的知识领域,读了许多书。

跟涂长望有交往的人很多。1933年11月30日下午2时,他要到利物浦车站去,迎接一位他早已相知而未曾谋面的朋友——邹韬奋。[①]

邹韬奋是一位比涂长望大11岁的著名记者、政论家、出版家。涂长望在国内时,就从他的刊物中获得过思想滋养。这种见面是他早就期待着的。

邹韬奋是从7月间开始到欧洲访问的。先是在大陆各国,到英国也已两个月了。他们通信联系过多次。这次是第一次相见。

邹韬奋是从曼彻斯特来。火车于2时10分正点到达。他的车厢里只有一个华人,不用询问也不用介绍,二人初次见面,一见如故。因为他们思想上早已成为好朋友了。

邹韬奋问起涂长望的朋友赵云鹏。因为他也是《生活》的热心读者。涂长望说:"云鹏非常想与你见面。

---

① 《邹韬奋文集》第2卷,生活·读书·新知三联书店,1955年,第107页。

可惜他现在得了肺病，已经住进了医院。"

涂长望一边谈两天的日程安排，一边陪同他步行去学校。在校内校外，一路遇见的男女同学，都笑容满面，热情地跟涂长望打招呼。他来校不过一年，外国朋友们就对他这样亲切，这使邹韬奋感到，涂长望是个非常有魅力的人。

涂长望说："地理学院500多人，都对中国人友好，这与罗士培教授的培养有关。每次开中国问题讨论会，教授都表示同情中国人民，热爱中国，所以学校里能够形成这样的气氛。"

涂长望安排邹韬奋与罗士培院长相见，预先约好时间是在下午4点。

下午4—5点，正是英国人吃茶点的时候。他们把这次茶点看得比吃晚饭还重要。涂长望陪着邹韬奋到院长办公的小楼时，罗士培和几位同事已经在楼上一间小房间里，准备好茶点，摆好了餐具，热情邀请涂长望和邹韬奋入席。罗士培教授满面春风地说："我接到伦敦的朋友的电话，说邹先生要到利物浦来，正盼望着跟您交谈。"

罗士培教授（Prof Peroy M. Roxby）53岁，独身不娶，看来是把全部精力都用来做学问了。他和学生一起住宿舍，衣着随便，一看就是个书呆子。席间，他的女秘书做主人，热情招待。她是个秀美的妙龄女郎，人们亲切叫她奥德姆小姐（Oldham），陪坐的还有讲师史密斯先生（W. Smith），五人同席。邹韬奋以记者职业的敏锐和热情，很快就与这些新朋友熟悉起来。

罗士培从衣袋里取出一个日记本，里面夹着一张今天刚剪下来的剪报，是关于中国的新闻。原来有个"中国通"发表谬论说："国联虽然认为日本人占领满洲不合理，但若不注意事实，徒然妨碍世界和平。"这种论调在英国政界人物中不罕见，涂长望曾批驳过，罗士培更是气得手都发颤。他们都感到，对法西斯的姑息终将养成祸患。罗士培讲话的时候爱高仰着头，眼睛一直盯着天花板。不了解的人，会以为他是旁若无人。涂长望知道这是他的习惯，请邹韬奋别在意。

用完茶点出来，邹韬奋笑谈罗士培，对涂长望说："这位先生独身不娶，身边漂亮的奥德姆小姐他也不看一眼，大约就是老爱看天花板的缘故吧。"

涂长望陪伴邹韬奋在利物浦大学参观，又会见了一些中国留学生和英国青年。谈了国内的种种情况，又谈了访问欧洲大陆的最新见闻。

第二天，张以旅先生从伦敦来了。他要和邹韬奋一起去爱尔兰访问。

邹韬奋不忘要去医院看望病中的《生活》周刊的读

者赵云鹏,已买好了水果。涂长望便陪他去医院。

涂长望陪邹、张二位先生在利物浦逗留一天。当晚,送二位登上开往都柏林的船。

第二节 "五一"观礼访苏联

涂长望的导师罗士培,对涂长望的才华十分赞赏,认为他如期完成学业不成问题。对他的一切活动也都支持。他看出涂长望很"左倾",觉得自己的学生能够在反法西斯阵线中成为活动分子,也很不错。

有时,涂长望要离开利物浦,要到很远的地方去,甚至到大陆各国去活动,罗士培院长也允许。只要涂长望能完成学业,他要做啥就做啥。

1934年4月,伦敦多雾的时节过去了。处处春暖花开,阳光和煦。涂长望又来到了伦敦。这一回他有幸要做一次终生难忘的旅行。旅英华侨反帝同盟已经决定,要派一批人去苏联参加莫斯科的"五一"节观礼活动。实际上这次活动是第三国际组织的,参加的几个人里有些是英国共产党华语支部的党员。支部的负责人杨秀峰上月回国前,就已初步商议过人选。涂长望工作积极,受到大家的推举。

这次去莫斯科的有涂长望、邢西萍(徐冰)、杨亦周、于炳然（于斌）、张唯光等六人。他们各自先做好准备，然后跟英国工人代表们一起出发。

去苏联的签证，是各自分别到苏联大使馆去办。苏联方面没有问题。但是，涂长望的留英官费是由国民党政府掌握着的，护照也是国民党政府发的，如果大使馆的特务发现他去苏联，就有吊销护照和失去留英官费的危险。对此，涂长望早就做了周密安排，写信给大哥，让他帮助。涂登榜就从武穴普爱医院发往英国一封电报，说父亲病重，要他火速乘西伯利亚铁路火车回国。这样，就骗过了驻英使馆特务的监视，做好了一切准备。①

这天邹韬奋约了涂长望、李泰华到一家中餐馆吃饭。李泰华是清华大学的毕业生。席间，邹韬奋谈起了国内近来对进步文化工作者的迫害，又查禁了一大批书籍和刊物。日本人扩大侵略中国的野心更加暴露。我们还应努力扩大反帝救国的斗争。谈话间，邹韬奋表示非常向往苏联，他说："长望能去苏联，这太好了。我计划在八九月间也去那里看看。"

这时从外边进来一个中国青年，他们三人立即停止了谈话。原来是王淦昌。他刚从柏林大学获得博士学位，到各国周游。他是李泰华在清华大学时的同班同

---

① 涂登榜：《悼长望二弟》，秦大河主编：《百年长望——纪念涂长望同志百年诞辰》，气象出版社，2006年，第220页。

学。李泰华一见是他，高兴得急忙起来介绍，请他入席，共同用餐。

王淦昌从《自然》杂志上看到过涂长望的文章。这家杂志在世界上名气很大，中国人在上面发表文章的是凤毛麟角，所以王淦昌印象很深。今天见到涂长望是这样一个英俊潇洒、才华横溢而又亲切乐观的人，便觉得一见如故，像是久别的老朋友一般。王淦昌见到邹韬奋这位主编也感到亲切。

涂长望问王淦昌，怎么想起到英国来。王淦昌说，英国剑桥大学是世界核物理研究的中心。他对于著名的卡文迪什实验室，核物理学泰斗伊里斯·卢瑟福和詹姆斯·查德威克，早就想来拜访。还要参观英国其他研究机构，并打算到法国、意大利、荷兰去考察，回国前尽量多长些见识。[①]

涂长望对王淦昌的计划十分赞赏，说做事情就得这样，对世界最先进的东西要心中有数。他们谈得很投机，彼此印象很深，但时间有限，用完餐他们就分手了。涂长望急忙回到寓所，整理东西，明天就要出发去苏联。

这次旅行，使涂长望心里激动不已。因为当初路过

[①] 王淦昌：《深切怀念涂长望同志》，《纪念涂长望》，气象出版社，1991年，第32页。

第七章 加入英共

苏联时，挂在心里的许多事情都没来得及了解。

这次旅行，也使涂长望第一次感受到国际工人运动蓬勃发展的景象。开始时，车中只有英国的和来自大西洋彼岸的美国的工人代表与他们这几个中国留学生欢聚。到了大陆，法国、西班牙的代表也上车了。每到一国首都，便有一些操不同语言的代表上车来。火车离开波兰首都华沙时，好几节车厢里的旅客都是去莫斯科参加"五一"观礼的客人了。欢声笑语满车厢，语言不通，但感情亲切，同唱《国际歌》，悲歌唱成了壮歌。

自从进入了苏联国境，他们处处受到苏联政府和人民的热烈欢迎、盛情招待。苏联人民见到这几个中国人，更是欢呼跳跃。金发的俄罗斯姑娘，把鲜花送到他们手上。涂长望有生以来，是第一次受到这样的接待。

晚上，涂长望在莫斯科的宾馆里，有点兴奋得睡不着觉。他望着克里姆林宫的红星，心里在想，中国人在欧美各国，处处被人瞧不起，为什么在这里会受到尊重？

他鲜明地感受到、领悟到一个道理，那就是，世界上除了苏联，只有中国存在着一个苏维埃政权。这时，涂长望心里想着江西，想着瑞金。出国以后，主要是参加第三国际活动以后，他才有机会知道国内的斗争。他对在国内进行斗争的同志产生了由衷的敬佩。

涂长望他们到达莫斯科的第二天就是4月30日。

当晚在克里姆林宫举行盛大宴会，招待各国朋友。加里宁主席在中国同志的席间，亲自招待他们。他请中国同志们在明天观礼之后，在苏联多游览些日子，到各地看看。

第二天红场上人山人海，旗帜如潮。涂长望他们由第三国际的中国代表王同志（不知名字）带领登上观礼台。自从踏上苏联国土，王同志就来照应他们的一切，这使他们感到十分方便。

王同志熟悉这里的情况，他能告诉他们许多事。他告诉涂长望，当斯大林出现在检阅台上的时候，广场上就红旗挥动，万众欢腾。果然是这样。在万众欢呼声中，斯大林开始发表演说。演说完了之后，就是百万军民的大检阅、大游行。这种壮观画面，涂长望也是有生第一次体验。第一次，他看到了人民的力量。他觉得，只要人民武装起来，腐败的旧政权就可以被推翻。

过了"五一"，他们就开始参观。先是南下，到乌克兰共和国。参观了首都基辅，工业中心哈尔科夫，再去农村，看集体农庄，最后去黑海之滨的奥德萨。

在集体农庄，涂长望不禁想起了四年前经过苏联的情景。那时不仅农村很乱，莫斯科的情况也不好。苏共中央采取了正确政策之后，几年之间，情况就发生了变化。

第七章 加入英共

他们每到一地，政府就要宴请，人民就要求发表演讲。涂长望他们几个人，轮流地来讲国际形势、访苏观感、中国人民的斗争。无论是工人或集体农庄庄员，最爱听的都是中华苏维埃的情况。苏联人民把他们当成是来自中国江西的战友了。这使涂长望感到惭愧，他并没有参加过国内的斗争，他出国前甚至不知道中国工农红军的存在和发展。这时，涂长望心里就想，自己该如何来为祖国人民的革命事业做出实际贡献。他已从心里把自己列为中国革命队伍的一员。

涂长望一行来到了奥德萨。在风光如画的黑海岸畔住下来，稍事休息。宾馆工作人员指给他们看，绿荫丛中那一幢幢漂亮的别墅，革命前是帝俄皇族和达官贵人们度假之处，现在成为劳动人民的休息场所。沿海一带，建有许多工人俱乐部、休养所、疗养院，普通劳动人民能享有优越的娱乐和保健设施。涂长望他们去访问，跟休养所的先进工作者，疗养院的普通工人，进行亲切交谈。

他们完成了苏联南方之行，便又回到莫斯科。他们的日程表上，在莫斯科和列宁格勒有许多项目，包括参观工厂、学校、博物馆、文教中心、科研单位等。其中，最使涂长望感动的是苏联的幼稚园。在园中，从小培养各民族儿童互相团结友爱、关心各族人民、维护劳动人民利益，反映了工人阶级专政的本质。

几十天在苏联看到的、感受到的活生生的现实，给了涂长望极大的推动。这使得他从思想上把以往接触到的无政府共产主义、费边社会主义都远远地抛弃了。①

第三节　加入英国共产党

在苏联参观访问 40 多天后，涂长望一行六人登上了返回伦敦的火车。

涂长望告别伙伴们，在柏林下了车。他要到柏林大学去看朋友吕蕴明（即吕炯，吕蔚光），他们在伦敦认识以来，保持着通信联系。好朋友陈立、李宪之他们还在这里。

吕炯 1928 年考入中央研究院气象研究所，在竺可桢指导下从事科学研究工作。1930 年，他受派遣赴德国深造，1934 年学成回国。其间，他受竺所长之命，以访问学者身份到欧洲作考察，进行学术交流，同时也带有物色人才的使命。

中国气象科学事业初创，竺可桢思贤如渴，一边向国外寻觅人才，一边在国内选拔人才送出国去培养。

---

①　1950 年涂长望在《自传》中回顾了这一思想转变。

第七章 加入英共

吕炯在柏林大学见到中国留学生李宪之,他正在导师指导下进行《东亚寒潮侵袭的研究》。又读到英国《皇家气象学会论文集》刊登的涂长望的文章,就向竺可桢作了报告,并寄回去了刊载这篇文章的书籍。

吕炯不知道涂长望刚访问过苏联,他只以为他又是来柏林考察和收集资料。他对涂长望说:"你的文章非常好,我已向竺可桢先生作了推荐,他是很希望你能回国工作的。"

涂长望没想到,吕炯对自己的文章这样感兴趣,而国内又是这样需要气象人才。出国前他就知道南京的北极阁气象台,知道竺可桢先生。吕炯盛赞竺先生的品德、学问,使涂长望产生了与竺先生共事的愿望。

他们二人从李宪之的屋里出来,在柏林大学的校园里散步。在林荫下,远远地听到一个外国姑娘在喊:"涂,涂!"二人没在意,只以为她在找别人。那姑娘气喘吁吁地跑到跟前说:"涂,你不认识我了吗?"涂长望认出来了,她是哈克的女朋友,便问道:"怎么只是你一个人,哈克呢?""我就是哈克呀,我们早就结婚了。"她已经用夫姓了。涂长望说:"祝贺你,哈克夫人!请你带我们去见见哈克先生,好吗?"哈克夫人说:"他已经到中国教书去了。我想问你们二位,南京的中央大学好不好?"涂长望告诉她,吕炯先生对中央大学很熟悉，把吕炯介绍给她。吕炯对她说，中国的中央大学，就像是德国的柏林大学。他给她描述了中大的环境。她高兴地说，她也要到中国去。

这时的德国，早已不像前几年那样吸引人了。希特勒上台以来，纳粹党徒更加凶残地迫害犹太人，排挤别的民族。很多人准备去美国，也有人愿去中国。

涂长望到柏林大学心理研究所去看陈立。心理系有很多犹太人，常被搜查。德国宪兵以为陈立是日本人，没有去搜查他的房间。美国人在这里，也常被搜查。人心不安。研究所所长不是犹太人，也觉得这里不可久留。他劝陈立回中国，他自己将去美国。

陈立问涂长望有何打算，涂长望说，也想早些回国。陈立不知道，涂长望想回国别有原因。那就是访问苏联以来，就希望有机会参加国内的革命斗争。涂长望充分了解各个朋友的思想认识和政治态度，应该讲什么话，可以谈什么事，都留有分寸。

涂长望回到伦敦时，已经是7月中旬了。他只想在伦敦作较短时间的停留，然后早点回到利物浦去。他跟反帝同盟和英共华语支部的同志谈心，处理各种工作。于炳然和他谈了很久，详细地了解了他的家庭、他的履历、他的亲属和朋友。敞开胸怀，谈得透彻。最后，于炳然问涂长望，愿不愿意参加共产党，投入革命斗争。

涂长望说，在苏联时，就产生了回国参加实际斗争的强烈愿望。涂长望向于炳然表示愿意入党，无条件地为党奋斗。于炳然说，那么，我就做你的入党介绍人，组织研究决定后就告诉你。

几天后，于炳然向涂长望表示祝贺，祝贺他成为英国共产党华语支部的党员。

早就对政治有强烈兴趣的涂长望，对自己已经成为一名共产党员感到无比高兴。此时，他想回国去参加实际斗争的愿望变得更强烈了。他对同志们谈了自己的想法，并开始留意机会。

那时各国共产党都接受第三国际的指导。英国共产党华语支部，也就相当于中国共产党的旅英支部。

第四节　应竺可桢聘请回祖国

涂长望回到利物浦不久，就收到一封来自中国南京北极阁气象台的信。笔迹陌生。原来是竺可桢发来的一封短简，说国内急需气象科研、教育方面的高级人才，征询他的意见，愿否到中央研究院气象研究所任职。

原来是吕炯的介绍和寄回英国《皇家气象学会论文集》里涂长望的文章，使竺可桢迫不及待地想聘请涂长望早日回国工作。

所长亲自来函，虽然是短短几句话，已使涂长望感到机会难得。能回国并有高级职务，无论是对气象事业、对革命工作，都是一种可靠的依托。

涂长望立即复函，表示愿意回祖国服务，愿意在竺先生领导下为发展中国的气象事业而努力奋斗。

过了不久，涂长望就收到了竺可桢从南京发来的电报，聘请他为国立中央研究院气象研究所研究员。这电报像一团炽热的炭火，烧灼着涂长望那颗爱国的心。那时，他还剩有两年的留学公费，读完博士学位后还可以在各国游学。但他毅然把这一切都放弃了。

涂长望把电报送到罗士培教授手中。教授看了直摇头，以他那习惯动作把目光盯着天花板，感慨地说："你真要走，那就太可惜了。"

奥德姆小姐说："你们那位竺可桢所长，未免有点不近人情了。你已经学完了博士课程，只要完成了论文研究，博士学位就到手了。"

这博士的头衔，当时是多少人可望而不可即的呀。

涂长望说："正是因为该学的课程都学完了，研究工作哪儿都可以做，所以我决心回国去。"

奥德姆小姐说："白白牺牲了应得的博士学位和留学公费，你不后悔？"

涂长望说："只要能实现自己的愿望，付出什么代

第七章 加入英共

价我都不后悔。"

还是罗士培教授了解中国人,理解自己的学生。他说:"我又一次体验到,你们中国学者有一种宗教般的虔诚,为了事业和国家,不计名利,肯于牺牲。"

他为涂长望出具肄业文凭,祝涂长望事业有成,愿中国能摆脱困境,表示有机会还想到中国去。涂长望很感谢老师。

涂长望告别利物浦,到了伦敦。又和反帝同盟的朋友们相聚了。他把自己承担的工作总结一番,把秘书的工作以及编辑出版《反帝》的事情,分别跟有关朋友作了讨论和交代。这时候,不少留学生都已经在准备回国,或者计划着不久就回国,有些工作可能难以维持下去了。

入党时涂长望已经懂得共产党的性质,党是工人阶级的先锋队,有严密的组织纪律。他把回国的想法向英共华语支部作了汇报。他要回国参加实际斗争,而国内的斗争当然是秘密的。他对这种斗争方式完全陌生,充满了神秘感。他想找有经验的同志谈谈。回国后如何跟党组织联系,和谁联系,做什么工作,等等。涂长望找于炳然谈了。可是,对于所谈各点都难以确定,不得要领。

其实,伦敦留学生里的几个共产党员,谁也没有多少经验。杨秀峰回国后,剩下的几个人也和涂长望一样,斗争经历短,不久也将回国。伦敦的支部跟国内联系也不便,党员个人的组织关系怎么转,也不清楚。涂长望问:"回国后到哪里去找党?"于炳然不能回答,只是说:"这个,你找到华语支部的同志,就算联系上了。"因为他自己也正在设法寻找组织关系,准备回国。

涂长望还要到大陆去,向欧洲告别,会会朋友,同时也要买些东西。

在柏林大学,涂长望见到陈立。陈立说:"你回伦敦才一个月,又来了。"涂长望笑眯眯地说:"来向你告别。"他向陈立谈了他接受聘请回国任研究员的情况。陈立不理解他为什么要这样,劝他说:"你再等半年,拿到学位,我们一起回国好不好?"涂长望说:"你能够保证,今后还可以得到这样的职位吗?"这个理由说服不了陈立。但是,他见他主意已定,手续都办了,也不再说什么。陪伴他上街去采购。

涂长望这次上街花了不少钱。德国光学技术好,他在沪江大学时的福建朋友孙京华,自费到英国留学,就在德国买了一台很高级的照相机。涂长望早就想买一台。这回他看中了康托克照相机,虽说没有孙京华那种好,但他觉得喜欢,先买了一台,回过头又买一台。还买了一架望远镜。这在当时,已不是一般人能使用的了。陈立以为他买够了。涂长望说，还有一件最重要的东西没买，那就是打字机。涂长望喜欢写文章，打字机是他的宝贝，一定要买台好的。他们挑选了几家商店，才买到了。

涂长望买好几大件之后，又买了一些小的物品。游览一些日子，预订的轮船航期快到了，便离开大陆回到英伦。吕炯已在伦敦等他，有东西请他捎回国去。

第五节　海程逾月到金陵

1934年8月底，涂长望登上万吨客轮离开英国，踏上了返回祖国的航程。

3万多里的航行开始了。一个多月的时间如何过，涂长望早有准备，他带了不少书。作为地理学家，他还早有计划，作一次南欧、北非、西亚、南亚的考察。凡是轮船停泊的口岸，他都要尽可能作一些气象、地理以及政治、经济的考察。

船过多佛尔海峡时，这个平素多风浪的海域，却是十分的宁静。几年来，他从这里来回渡过多少次，这回再见了。在英吉利海峡，浪也不算高。这次旅行有个良好的开端，舒适地离开英伦三岛。

涂长望到餐厅里去，用上船后的第一餐。这里是一个多民族的世界,最多的是英国人和印度人,其次是欧洲大陆各国的人,非洲和阿拉伯各国的人,中国和东南亚各国的人则要少得多。他想,有闲心时再找些旅伴聊聊。

"涂,涂!"涂长望刚坐下用餐时,一个欧洲女子在喊。他抬起头来,看见哈克夫人正微笑着站在他桌前。"是你呀,哈克夫人!"他没想到她这么快就要去中国。

他想,这是老天爷让他旅途不孤单。

她说:"涂,上帝安排我能跟你一起旅行,到你那个美好的国度。"

哈克夫人对这一个多月的航行毫不打怵,只是感到兴奋和快乐。她什么也不多想,只想着到南京去。谈起南京,她好像比涂长望知道得还多。她说,哈克来信说过了,他们的大学离北极阁气象台不远,就在山脚下。那里风景好极了。她精力旺盛,挽着涂长望到这里、那里玩儿。涂长望不习惯这样,她笑笑,说"对不起",放下手还是跟他在一起。玩尽兴了,她就早早地回房间睡觉。

夜里,涂长望站在船舷边。海风习习,繁星在天。旅人大多已经入眠。他面对大西洋,浮想联翩。四年前他和陈立、霍秉权从西伯利亚陆路到伦敦,仿佛就是眼前的事情。时间真是过得快呀!

第七章 加入英共

他问自己：这四年过得怎么样？就学习、生活条件来说，除了"九一八"后有三个月面临断炊，其余时间都是相当优越的。又问：那么，这四年光阴是否虚度？这四年，他感到过得太充实了。他在英国、德国学到了那么多的知识，使他已经成了一名学者。更重要的是他的视野已经扩大，已经能从新的高度来认识世界和历史。这样，他觉得可以更好地掌握人生的航船，使生活更有价值。

他最不能忘怀的是今年春天的莫斯科之行。回到英国他加入了共产党，和于炳然、杨亦周、邢西萍等同志谈了许多。但是，他还觉得没有谈透。这时他才仔细地问自己：怎么成为共产党人的呢？

从中学时代接受无政府共产主义影响，大学时代相信黑格尔以及法国、美国革命，直到三年前初到伦敦大学时信仰费边社会主义，这些思想，虽然都是想推动人类社会进步，但是都不主张革命，尤其是不主张武装革命和无产阶级专政。对于中国革命前途，初到伦敦时还寄希望于国民党左派，后来看清了国民党的腐败和日本军国主义的猖狂，才认识到武装革命的不可避免。是共产党人的影响，是苏联这个样板，是江西的中华苏维埃政权的存在，使自己认识到只有马克思、列宁的科学社会主义才能够挽救中国。

苏联的社会主义涂长望看到了，虽然有不足之处，但可以很快改进。中国的苏维埃他却没有看见过。他在苏联和英国，只知道英勇的中国工农红军，一次、两次、三次地粉碎了敌人大规模的进攻。他不知道回国后，有没有机会去看看。回去能做什么工作，他跟支部的同志交谈也不得要领，只是感到，在科研机构任职，那就是在白区，坚持地下斗争。

涂长望的心已经飞回了国内。出国四年，他想象不出国内是个什么样子。

他回房间睡觉，屋里的几个人已经在打呼噜了。他睡不着，开始想家了。出国几年他常想家，每当环境改变或生活发生变化时，他都想。想父母，想大哥、大姐工作怎样，弟弟、妹妹们读书怎样。

轮船在大西洋航行这几天，涂长望也没看书，除了哈克夫人有时来和他说话，其余时间他都在回顾和想象。

这天涂长望睡得晚点，他错过了在直布罗陀海峡迎接黎明。清晨，船靠了岸，哈克夫人来叫他，他们才上岸一游。他们必须赶快回船。直布罗陀只是一个小镇，是西班牙鼻子尖儿上的小片英国殖民地，除了少数军人，没有旅客上下。船很快就起航了。

进入地中海后，涂长望不想心事了。几天的航程，他除了看关于南欧、北非的地理书，便是玩儿。

人们盼望的塞得港到了。船在这里差不多要停一整天。大家高兴,纷纷上岸,乘火车到开罗去观光。涂长望和哈克夫人也去欣赏金字塔古迹和尼罗河风光。他们去过的街道,处处都有摊贩,在土屋土路的街道两旁。人来人往靠马车或步行。偶尔有汽车开过,便尘土飞扬。女人们在街上走路,像是特别匆忙。她们不会扭头东张西望,头上盖着黑巾,不让人看出她的脸蛋,鼻子以下也用黑纱围着。涂长望和哈克夫人都感到,阿拉伯人宗教意识之强,在别的民族中是不多见的。

涂长望喜欢作一些地理的观察,想了解一些风俗民情,可是语言不通,也没办法,只能多看看。玩得较晚,他们登船不久就起锚了。

船入苏伊士运河,他们特别留意观赏两岸景色。从塞得港一直到伊斯梅利亚,河道都是在沙漠里开成。河宽80—150米,深16米,可通几万吨的巨轮。夜幕降临了,涂长望站在甲板上,抬头望远方,仿佛觉得是在一辆巨大的汽车上向南行驶,两旁都是陆地沙漠,左边是亚洲,右边是非洲。

这一段航程,涂长望感到有观察不完的项目。这几天,他不常去跟哈克夫人聊天,而总是在甲板上活动。运河里、小苦湖、大苦湖、苏伊士湾,直到红海,老天爷都帮忙,坐船很舒服。在红海还欣赏到了美妙的日出风光。

　　这次航行中最倒霉的事发生在过了亚丁湾之后,进入阿拉伯海中部时。在那里遇上了巨大的风暴。天空乌云滚滚,海上白浪滔滔。虽是万吨巨轮,也颠簸得厉害。船身一蹲一纵吃力地顶着风浪前进。浪击船体发出震耳巨响,胜过重炮和雷鸣。人在船上站不稳,坐不住,大多躺着不动。差不多人人都吐,没有人能吃东西。

　　折腾了整整三天三夜,到孟买靠岸才好些。船在这里要维修保养,人都上岸休息一些日子。这鬼天气是怎么回事,涂长望到当地气象台去了解。他和那里的英国气象台长、印度气象人员进行了几天的工作和学术交流。为这事,后来还有人说涂长望曾在印度工作过呢。实际上他们只是耽误太久。船到科伦坡还停了不少时间。印度洋上还有风暴,又耽误了一些航期。后来他自己曾回忆说,8月底离开伦敦,到上海已是10月了。

第八章　金陵益学

第一节　初次来到钦天山

轮船抵达上海时,已是1934年10月初。哈克专程从南京到上海来接他的夫人,早已在码头等候。涂长望和他们一起,雇车把行李运到火车站,托运到南京。哈克夫妇先走了,涂长望想在上海待几天。

涂长望是想,党中央在上海,在这里也许可能见到自己认识的党员,那样就可以知道自己该做什么工作了。他对国内斗争的残酷性没有体会,不知道白区党的组织破坏得很严重,没有接头人和接头方式、暗号,根本不可能找到人。他对这一切都不懂。

找谁呢,他自己也觉得这样无目标的行动很可笑。他又找到生活杂志社去,邹韬奋在国外还没回来,别的朋友算是初次认识,只是随便聊聊。

这时国内政治形势非常紧张。江西的苏维埃政权已经散了，工农红军已被迫开始了长征。伦敦英共华语支部与国内党组织的联系也断了，涂长望没有办法与党取得联系。于是，他就打算埋头于气象事业的开拓，增益学术，以待时机。同时，尽量保持与伦敦英共华语支部的联系，从第三国际了解国内外情况。

他没有先回武汉老家，而是先去气象研究所报到。

涂长望在南京下车，取出行李、书箱等物雇车到了钦天山上的北极阁气象台。看见门口挂着国立中央研究院气象研究所的牌子，知道就是这里。他是第一次来，上山时一路林荫，已使他产生了好感。他想，吕炯说得不错，这里是个做学问的好地方。

竺可桢先生没在山上，出门来迎接他的是诸葛麒。互道"久仰"。涂长望说："吕炯先生我已较熟悉了，他还叫我带回一些资料。他不久也要回来了。"

诸葛麒找来图书管理员兼统计员钱逸云女士，请她为涂长望安排宿舍。

钱女士这个人很热情，大小事情处处由她张罗。她见了涂长望，不由得心里一动。她觉得这位年轻学者的气质与风度实在太令人神往了，心里就想着，不知他有没有女朋友，如果没有，可以把自己那些漂亮的女友介绍给他。说着话，她领二位男士带了行李到宿舍。

钱逸云说："涂先生，我来帮你把屋子布置起来吧。"

第八章　金陵益学

涂长望说:"谢谢钱小姐,我的东西多,待会儿我自己来,现在我想先到各处参观一下。"

涂长望对她表示了感谢,便随诸葛麒去参观了预报室、观测室,见了观测员张宝堃、郑子政。又到报务室,见了报务员樊翰章。

从各工作室出来,诸葛麒又领涂长望去看竺所长指导的研究生赵九章。他是清华大学物理系的高才生,叶企孙教授的助教,考取了美庚款,由竺可桢指导他取得气象学学历,然后到德国柏林大学攻读博士学位。8月份才从北平来到气象研究所。

赵九章听说涂长望常到柏林,便问起柏林的一些情况。涂长望说,德国的高空探测技术颇发达,科学成果也是世界领先。涂长望又谈起民情和政治形势,说纳粹军国主义势力已占上风。

他们三人正在交谈,钱逸云探头进来报告:"竺先生上山来了。"

于是,涂长望便和诸葛麒到竺可桢的办公室。竺可桢没坐小车,是步行上山的,正在擦额角的汗水。进门时钱逸云就已告诉他,诸葛麒正领着刚到的涂长望在各处参观。他喜不自胜。刚坐下,就见他俩来了。互致问候之后,竺可桢说道:"长望,你来所里太好了。你本来可以很快取得博士学位,我却打电报叫你回来,你不怨我不近人情吧？"

涂长望笑了："我在利物浦大学地理学院就听到过这样的话，院长的秘书小姐说中国的竺所长不近人情。倒是罗士培院长本人很理解，说你们中国人对事业有一种宗教般的热情。他送我走，为我开了文凭。"

竺可桢也笑了："看来你的这位导师对事业也有宗教般的热情，重实际而不骛虚名。你这次回来，所里连我在内也只有三个半研究员，而我们需要做的事情太多了。"

竺可桢对涂长望委以重任，让他负责大气环流、长期预报和气候方面的研究。

他们谈起来，很多想法都是不谋而合的。研究的任务，都要以全国人民的抗灾为出发点。研究的水平，都要向世界第一流水平靠近。研究人员，都要跟国际最著名的学术团体交流学术；跟著名学者探讨学问。他们自己有这样的能力，他们还要培养和带动一批这样的人员。

涂长望非常满意，决心尽力做好研究工作。竺可桢因为有了涂长望，心理负担放下一大块。他对他说，他心里还悬着两件事情，一是徐近之、王廷璋去拉萨设立测候所，不知能否成功；二是泰山气象台招标不知是否顺利。

中国气象科学在竺可桢领导下，不断向全国发展，

第八章　金陵益学

使涂长望感到大有用武之地,他恨不能尽快开始工作。

竺可桢说:"你出国这么多年了,应该回家去看看。从今天起,你就算到职上班了。给你足够的假期,休息一段时间再开始工作吧。"

涂长望从竺可桢办公室出来,收拾了自己的房间,便去游览南京市容,买了回武汉的船票。

回到钦天山,他细细地品味这里的环境。在这座海拔67米的市区最高峰上,建起了一座高台,台上是三层观测楼。楼呈六棱柱形,突出于绿树丛中,成为金陵一景。站在台顶向南眺望,整个金陵城尽收眼底。向北眺望,玄武湖犹如一幅天然画图。

涂长望追溯北极阁观象台的历史渊源。

竺可桢在此建台之前,山上只有一座破烂的道观。这座山又名鸡鸣山,有极其古老的观天史。早在公元5世纪南北朝时期,南朝刘宋时代(420—479年),就曾在山上设立司天台。元代至正元年(1341年)和明代洪武十八年(1385年)都曾先后在山上重建观象台。明代山上的观测仪器十分精良,领先西方很多。意大利天主教耶稣会传教士利玛窦在神宗万历二十六年(1598年)重游南都时,参观钦天山观象台,见台中观天者24小时不停地观察,上报资料。台上仪器计有铜制天球、日晷、相风杆、浑天仪、简仪等,精巧绝伦,使利玛窦赞叹不已。那时西方的观测仪器甚差,而伦敦、巴黎尚无天文台。清康熙年间(1662—1722年),钦天山观象台的仪器迁移到北京去了。此后,这座观象台就逐渐荒废,到民国年间,山上就只剩下一座破败不堪的道观了。

涂长望不禁睹景兴叹,钦天山观象台的兴衰,反映了中国科学由兴到衰的过程。在当前人民苦难深重、民族危机紧迫的时局下,竺可桢先生不遗余力来发展中国气象科学事业,这是多么不易呀。

涂长望看竺可桢的身材,比他想象的矮小,但竺可桢的精神比他想象的崇高。他对这里一切都满意。

涂长望在钦天山待了两天,便踏上了回武汉的船。

第二节 家乡畅叙骨肉情

涂长望从海外归来,回到他那白云黄鹤的故乡,正是深秋时节。长江两岸,天高气爽。

坐过几十天的海船,现在坐在长江轮上,感到特别平稳和舒畅。轮船溯江而行。在这熟悉的航道上,许多地方都能勾起他的回忆和想象。船过九江时,他想起七年前"八一"南昌起义的炮声,他在上海的大学里竟无所闻,到伦敦后才知道详情。现在又不知同志们向西转战到何方了。

第八章　金陵益学

船过武穴和蕲春曹河镇，涂长望又想起了和亲人相处的那些日子。

涂长望回到了武昌。他感到这座城市没有什么变化，只是觉得房子、城墙都不像以前那样高大了。他急急赶到博文中学，拜见双亲。

涂长望见到了日夜思念的父母。二老的鬓角上又增添了许多白发。他知道，这些年故乡的岁月难熬，1931年那样的大水灾难以缓过劲来。今年沿长江各省又有3.6亿多万亩农田遭受水灾。

涂含章、汪美珍眼里都涌出了泪花，也在仔细端详远游归来的儿子。看到长望身体结实，气色好，仪表堂堂，心里十分高兴。

10个子女中，汪美珍对长望最放心。涂含章有时还担心长望在国外吃不好，穿不好，脾气火暴，与朋友、师长相处不好，学业不顺利。江美珍说："你这些担心全是多余的，金榜会把一切都搞得很好。"今天一见，果然如此，岁月在儿子身上没留下别的，只留下了成熟，两位老人心满意足。

涂长望见到大哥、大嫂。大哥涂登榜即将去英国进修。大姐碧仙还在北平燕大幼师工作。二妹碧波在香港。她们也都能自立了。

三妹素安聪明伶俐，是涂长望最疼爱的。她在训女中学毕业后，为了家计，才 16 岁就远离亲人，到开封一所教会中学去教书。暑假回家还没返校，等着跟二哥相见。她和还在训女中学读书的五妹碧霞一起来到二哥身边。碧霞 15 岁，已经长高了。两个大姑娘，朴素的衣着掩盖不住她们的俊美。见了二哥她们好喜欢，不停地打听外国生活怎么样，有什么新鲜事儿。她们真想多听听他经历过的事情。

涂长望关心的是她们的学业，问了许多。他听说素安准备回开封去教书，便说："三妹，你赶快发信给学校把工作辞了。"他为她做出安排，从经济上接济她到华中大学读书。他问她想学什么专业，她说去考生物系。

素安最易动感情，与兄弟姊妹之间的情谊最深。她最关心二哥，问他有没有女朋友，因为他出国前，妈妈就想过要为他张罗的。涂长望说："这件事我还没考虑，今后走向社会，我会注意的。"

兄妹三人正在屋子里说话，院子里响起了男孩子嘈杂的脚步声。有人在喊："二哥回来了！"接着就进来三个男子汉，是三弟长爱领着两个弟弟。长爱在博文中学教书。16 岁的长安和 13 岁的长晟，都在博文中学读书，都长个儿了。长望把他俩拉到身边。

三兄弟都很爱二哥，但感情上各有特点。长爱只比长望小两岁，小时形影不离，长大了却各奔东西，生活道路很不相同。长安淘气，小时长望对他要求严格，有一回玩桥牌他耍赖，长望还揍了他。所以他怕二哥。小弟长晟跟他相差15岁，二哥在他心里如同偶像。长望回顾往事说："长安这么高了，我不会按住他打屁股了。"

长望谈起海外见闻，弟妹们都静静地睁大眼睛听。

他转过话题，问起弟妹们的生活。长晟说："发大水后这几年，全家好苦啊。二哥，你在国外没遭着罪。"

涂长望笑笑说："那年有好几个月国内没寄钱，我也差点要饿肚子。看家里情形，现在还很苦。"

长晟说："现在好多了。"

长望特别关心地问长爱，这些年过得怎样。说起来，他的大学念得很曲折。还真是英雄无用武之地。今年才从燕京大学教育系毕业，回博文中学教书。长望说："你一向成绩很好，念大学怎么念这么多年？"

原来长爱也是个爱国的热血青年，"九一八"后在北平无法安心读书，就参加了各界救国运动。他投笔从戎，加入了冯玉祥的抗日部队。1933年5月26日察绥抗日同盟军在张家口成立，长爱在司令部工作，心情特别振奋。可是，不久这支抗日部队就被国民党军队勾结日军搞垮了。冯玉祥被迫到泰山去休养，从军的学生只好又回到学校。谈起这支军队的往事，涂长爱心里遗恨未消。

离别许多年，各自境遇不同，而兄弟们感情相通。国家和个人，为什么都是这样多灾多难呢？今后，各自还要在自己的岗位上为祖国奋斗，与命运抗争。①

第三节　研究旱涝长期预报

冬冷夏热的金陵城，一年四季里，风光最好的季节是在春秋两季。在玄武湖滨，在钦天山上，春天争艳的是鲜花，秋天争艳的是霜叶。

涂长望开始科研生涯，正是金秋时节。金黄的公孙树，火红的枫叶，苍翠的松柏，把树木葱茏的钦天山装扮得七彩斑斓，不再是夏天那样一色的浓绿。优美的环境，使涂长望的心情十分舒畅。秋天贡献给人们的是甘美的果实，涂长望学成归来，要为祖国贡献出气象科学成果。

涂长望住在山上，八小时工作之余，拍摄了不少照片。气象研究所里年轻人不少，他们对涂长望的潇洒风度和学者气质羡慕不已，还以为他是流连于山水之美。其实，涂长望拍的是云的照片，天气现象的照片，以备研究之用。他还用从国外带回来的望远镜，白天观云，

---

① 根据辽宁大学涂长晟对当年情况的回忆。

晚上观星。

涂长望很快就和所里的同事处熟了。他对观测员们说:"看到特殊的云、特殊的天气现象,不要忘了叫我拍照片。"

在科研课题方面,他跟竺可桢所长商量,还是先研究雨量和水旱灾害。他脑子里印象最深的事情,就是家乡的大水灾。长江的大水是可怕的,黄河、淮河、海河、珠江又怎样呢,都必须弄清楚。为此,他选择的第一个题目是"中国雨量区域的分类"。

涂长望的目标是长期预报。在着手进行研究工作之前,涂长望脑子里已有一个长久的、增益学术的通盘计划,这就是:从雨量入手弄清旱涝的分布,从大气运动方面来探讨旱涝的原因,从全球天气气候变化来寻找引起旱涝的相关因子,先研究气象预报的问题,然后再进一步把气象、水文结合起来,研究洪水预报问题。为了实现增益学术的这些预想,必须进行大量的、开拓性的研究。

大量的研究工作,在中国气象史上都是前无古人的。

在那时,预报一天、两天的天气,很多人也是闻所未闻。要预报一年、一季的旱涝和洪水,真好比是登天一样。

但是,中国是个农业国,中国水旱灾害那么多,开辟旱涝长期预报这个领域，比别的国家更为重要。

涂长望觉得，自己已经从西方学回了最先进的大气长周期运动的理论，而且是国内第一个具有这方面学历的人，因此，有责任在发展理论认识的基础上，把长期预报技术这个最难的科学领域开拓出来。

300年来中国气象科学落后，需要向世界科学靠拢，急需开辟的领域很多，这就是竺可桢急于用人、急于培养人的原因。他觉得，不应辜负竺所长的期待。

他的朋友陈立曾对人说起，涂长望这人"静如处子，动如脱兔"。他好动，但确实又能静下心来埋头长久地读书、写作、做研究。一连许多日子，他都待在资料室里。统计资料，一坐就是好几个小时。也不觉累。有时钱逸云来帮忙，但她干一会儿就觉得累了，叫休息。

整理了一些日子资料，涂长望又去蹲图书馆。他也读中国书刊，但主要是读外文书刊。对于重要文章，他一边摘抄，一边翻译。这项工作，别人是帮不上忙的。

他在全身心地投入到科研工作里去时，就感觉不到时光的流逝了。

1935年的春节过去了。中国气象学会的总干事诸葛麒来问他："涂先生，我们现在开始筹备气象学会的年会了，你有没有论文要到会上去宣读？"

涂长望回国，这还是第一次要参加中国气象学会的年会。在英国，皇家气象学会的年会他倒是参加过两次。

学会开会，进行广泛的学术交流，这乃是学者的节日。对自己的学会更应重视。他对诸葛麒说："我刚写完《中国雨量区域的分类》，正要开始写《中国的水灾可以避免吗？》，如果来得及，我可以报两篇。"

诸葛麒说："这届年会本来应该在去年秋天开的，是中国气象学会成立十周年的纪念会，因为忙才拖延到现在。竺先生准备尽快开，接着开第二次全国气象会议。你来得及吗？先给你报一篇吧。"涂长望说："好。"

他虽是那样说，但还是尽量加快步伐写文章。他想，如能把问题在学术会上提出来，又把文章发表出来，让人们都来重视、关心和支持水旱灾害的长期预报，对今后开展这项工作将大有好处。他尽了最大努力，还是来不及了。只好在讨论时畅谈自己的看法，然后写完文章，登载在刊物上。

这次会议于1935年4月7日在南京召开，是中国气象学会成立以来最盛大的一次会议。到会50多人。上午的会在钦天山上气象研究所举行。下午把会场挪到山下中央大学科学宫。以前，1—5届年会每年只宣读1—2篇论文，6—9届年会每年只宣读4—5篇论文，这一次共宣读论文10篇。竺可桢在会上作了《十年来气象学之进步》的综合报告。会议选举竺可桢为会长，蒋丙然为副会长。涂长望被选为理事，还被选为总编辑。赵九章虽然要出国，也被聘为特约编辑之一。

此后开了几次理事会，把基本上一年一次的会刊改为出版《气象杂志》月刊。作为总编辑的涂长望，任务又加重了。

这是涂长望负责编辑出版的第二份刊物了。但负责学术刊物是第一次。

涂长望编的第一份刊物是政治性的，就是在伦敦为反帝同盟编《反帝》，常参考莫斯科的革命书刊。他回国到所里时，请伦敦第三国际的同志将莫斯科的革命书刊直接寄到气象研究所图书馆。直到1935年春，他还经常收到。《反帝》使涂长望赖以与革命运动保持着思想上与精神上的联系。

第四节　商榷中国人口问题

气象学家、地理学家关注人口问题，不是从涂长望开始。中国第一个以现代科学观点分析人口问题，并做出了正确结论的，可能就是气象科学、地理科学的一代宗师竺可桢。不过，涂长望注意人口问题，不是为了别的，而是要通过批判马尔萨斯的人口论，来驳斥一些错误的政治观点。他想的是政治，而不只是经济问题。

第八章 金陵益学

1935年上半年，涂长望集中精力于为中国长期气象预报打基础。他的政治热情是被压抑着的。他长于社交，喜欢交游这些特点也不能发挥。朋友少了，见不到同志，没有社会活动，他感到孤寂。他真想为人民的苦难、民族的危机大声疾呼，但没有地方表达自己的政见，宣传共产党的主张。

他在国内没有见到伦敦英共华语支部的同志，使他什么也不能做。从伦敦转的以学术团体名义寄来的莫斯科的革命书刊，也被邮局没收了，他与革命运动联系的唯一线索也就断了。他从此不能知道党对变化不定的时局的政治主张和策略，只能凭着自己的判断来行事。

涂长望在科研工作中，很注意借鉴他人的研究成果，为了随时掌握学术领域的新动态，他对国内外的学术刊物都广泛地收集，及时地阅览。

那天，胡焕庸从中央大学上山来，送来一本《地理学报》。里面刊载了清华大学张印堂先生的一篇文章。涂长望工作之余，就翻开这本杂志来看。张印堂的文章引起了他的注意。人口问题他没有研究过，但初到英国时读过一些政治经济学的书，包括马尔萨斯的《人口原理》，即中译的《人口论》。

马尔萨斯（T. R. Malthus，1766—1834）这个英国经济学家，是近代人口问题研究的先驱，他是1819

年成为皇家学会会员的。他揭示了人口问题的不少事实,但他的基本立场是资产阶级的,涂长望不能同意。尤其不同意所谓新马尔萨斯主义把失业、贫困都归因于人口过剩。因为这样一来,就掩盖了资产阶级剥削的罪恶。

涂长望读了张印堂的文章,回顾了几年前阅读马尔萨斯的认识,又找了竺可桢当年的文章来读。竺可桢《论江浙两省人口之密度》,刊载于1926年《东方杂志》第23卷第1号。竺可桢那时就认为,中国已人满为患,人民生活水平很低,如不振兴工业,生活程度断难提高。

涂长望觉得竺可桢的看法是对的,但还应该更深入一步揭示中国人民贫困的原因。被压抑的政治热情有了爆发的机会,涂长望打算写一篇文章,以无产阶级的立场来探讨人口问题。

涂长望认为,这个问题是当时中国革命的著作家们未曾注意的。而且,这个问题也是重要的。

他暂时停下了对气象资料的整理,先来构思关于人口问题的文章。几天就写出来了。题目为《与张印堂先生商榷中国人口问题之严重》。当即送到中央大学地理系去,刊载于《地理学报》1935年第2卷第1期的卷首。

涂长望在这篇文章中主要指出,中国人民贫穷的原因"不在于人口过多",而在于生产落后,不懂科学,内受土豪劣绅资产阶级的剥削,外受帝国主义政治经济的侵略。他这种认识是革命的、彻底的。

涂长望那时就把人口问题的解决视为政治问题。他说:"生产科学化,不是个人或小集团所能办到,必须铲除鱼肉人民的制度,打倒帝国主义的特殊势力,建设一个真正为大多数劳动人民谋利益的强有力的政府。"

现在我们读这些话,还能感受到它的革命气息。这多像一篇革命檄文。它是在一本学术刊物上刊出,尤为令人注目,其影响是深远的。

当时中央大学的地理学家们,以及张印堂先生,都对涂长望刮目相看,认为他真敢仗义执言。但也有人认为这位涂先生太年轻,说话太露了。还有人以为政治倾向太浓。

当时一些科学家已经对"科学救国"感到幻灭,觉得要救中国必须德、赛二先生并重,在科技界,也应把德先生请回来,回到"五四"传统上来。他们很赞赏涂长望的文章。

涂长望这篇文章中说的"帝国主义的特殊势力",是具体的有所指的,那就是当时已经形成的中国官僚资本主义。那时蒋、宋、孔、陈四大家族已经控制了中国经济,还包揽公债,以至独占金融。他们聚敛无度,而使亿万人民陷入了极端贫困之中,教育、科学、文化事业不得发展，每年几千万灾民也不得救济。这是知识界普遍都不满的。

涂长望是研究抗灾的，但是，他能用什么来抗灾？有谁来支持、鼓励他研究抗灾？

科学家们无力回天。他们只能够凭着自己的良知，互相关心帮助，为人民、为民族努力奋斗。

涂长望的文章，起到了比他预想的更好的效果。

第五节　友人作伐识回珠

那时候，南京城里有不少名门闺秀，文化界、科学界、教育界、卫生界里不少才女，都把择偶目标定在留学归来的年轻学者身上。钦天山下那些大机关里，就不乏这样的妙龄女郎。她们得知气象研究所有个刚从英国归来的研究员涂先生，见过面的很垂青，没见过面也慕名。钱逸云就有好几位这样的朋友，希望她能相助。她也是热心人，表示愿架鹊桥。但是涂长望觉得刚开始工作，一时还顾不上这件事。

吕炯回国了。他和涂长望也常到赵九章家去看看。赵九章去了德国，留下夫人吴岫霞带着女儿在家。有所里同事照看，生活还好。

从赵家出来，吕炯对涂长望说："你看赵九章，事业家庭两不误。你都快到而立之年了,不要再人单影只度时光了。"涂长望只是报以微笑。

涂长望有个湖北留英同学陈友松,见到涂长望,无意中对他说:"刘绍光家有个苏州姑娘,叫王回珠,人很好,哪天我领着你去看看。我看你们是天生一对好姻缘。"

刘绍光这个人涂长望知道,但不熟。陈友松说,他是协和医学院第一期毕业的高才生,在中央医院工作。他就是王回珠的姨父。王回珠在中央卫生署防疫检验系从事细菌、血清检验工作。卫生署在黄埔路,就在励志社和中央医院后面。她为上班方便,就住在姨父刘绍光家。

专门去相亲,涂长望有点不好意思。他善于交际,但真要从寻找终身伴侣的角度去结识一位姑娘,就有点犹豫了。他对陈友松说:"先去跟刘绍光先生交个朋友吧,熟悉之后便于交谈。"

涂长望还想找个高参,就对吕炯说:"请蔚光兄也一起去会会我们的朋友,好吗?"吕炯愿意陪他去。

这样,陈友松把双方都沟通好了。等着定时间。陈友松拿主意,定在礼拜天。

涂长望和王回珠相见,彼此都留下了良好、深刻的印象,两颗心都渴望互相了解。

这次见面之后,他们就经常相会了。更深一步的互相了解之后,感情进展很快。涂长望很理解她的身世。

王回珠是江苏省吴江县人。1910年1月出生。自幼父母双亡,她来到了上海的外公家。外公去世也早,外婆很穷苦,带着姨和舅艰难度日,又增加了小回珠。姨很好学,自己在澄衷中学读夜校,帮助外婆把回珠和小舅养育成人。回珠在上海读完小学和中学,又考进设在苏州的东吴大学,中途肄业,到卫生署工作,经济上才算自立了。

王回珠的不少女友早都成了家,但她对待自己的婚事特别慎重,一心要嫁个有学问的教授。遇上了涂长望,有一种天赐良缘的感觉。

1935年夏初,涂长望的事业和生活都一帆风顺。但在钦天山上,他第一次感受到了同事间的不和谐。

所里有几个国民党员,对涂长望以语言相讥,说他"受了赤化"。涂长望也不客气,说他们是"总理叛徒"。涂长望以为他们是由于看到他关于人口问题的文章才出此言。其实不然,实际是他们发现从伦敦寄来的出版物中夹有共产党宣传品,涂长望的言行也较"左",所以说他赤化。以后他再也收不到这种函件,事态也没有扩大,但矛盾加深了。

这期间竺可桢所长从泰山视察回来,和他谈心。竺可桢以为他关于人口的文章言词虽激烈,但说得有道理，并说："我也在写一篇文章。这些年的经验使我感到，所谓'科学救国'，跟曾国藩、李鸿章之流的'中体西用'一样是错误的。"

涂长望、竺可桢二人的思想有一些差别。竺可桢呼唤求是精神，主张坚持真理，"只问是非，不计利害"。涂长望要求给人民以民主，请回德先生。竺可桢重于思想建设，涂长望则切望改革政治。他们共同的认识是：只靠科学是不能救中国的。二人谈得很亲切。

涂长望说："这些天有人说我赤化，我不怕。"

竺可桢说："不要去计较，但同事间也要注意相处得融洽，不然会影响科研工作。"又说："我约你来谈，是有一件事情，想听听你的意见。"

涂长望问："是什么事？"

竺可桢说："清华大学地理系一直没有气象学教授。刘衍淮在那里执教，但他将到空军去工作。清华大学想借聘一位研究员去任教一年，我希望你能去。"

竺可桢作这样的安排，除了着眼于帮助清华大学培养气象人才，也是想缓和一下涂长望与所里某些国民党员的冲突。他是从内心爱护涂长望。

对于竺所长的良苦用心，涂长望心如明镜，很是感谢。不必说出来，心领就是了。

涂长望还想，做气象研究工作，如果能多经历些实际体验，也是好的。培养气象人才，也是当务之急。他想了想，这对自己也没有什么困难，就答应说："竺先生认为我能够胜任，我乐意去。什么时候去呢？"

竺可桢说："他们希望下学期就能开课，你现在把手头的工作整理一下，就可以做准备了。"

涂长望决定应聘，借调到清华大学去任教授。两个多月后就要去北平。这使王回珠小姐感到很突然，有些难以割舍，还有些不放心。因为华北现在已是政治冲突和民族矛盾的焦点，斗争激烈，她又了解涂长望那强烈的正义感和耿直的脾性，这更使她感到心里不安。当时他们虽然还只是朋友，没有确定关系，但她依然有些不放心。

涂长望理解她的种种心思，口里虽然没有说，但心里珍视她的感情。

第九章　北平救亡

第一节　故人重聚清华园

涂长望有计划地进行增益学术的研究，回国不到一年，就已开始了他的科学著述高产期。社会活动没有充分开展，但还是在京沪杭科学文化界结交了一些朋友。在他动身去北平时，在国外的邹韬奋等人也回国了。还没来得及找他仔细交换国内外情况，他就动身北上了。

涂长望在北平有亲人，他的大姐涂碧仙在燕京大学工作。涂长望到北平后第一个去的地方就是西郊的燕京大学。

他是第一次到北平，大姐领他到各处走走。中午有点热，姐弟俩就在校园林荫下漫步。涂长望觉得他家和这所大学好像有点缘分，三弟长爱也是去年才从这里毕业。在小径的那一头，迎面走来一位老人，大姐说他就是司徒雷登校长。他走到涂长望跟前时略停，觉得来到眼前的这个年轻人面孔陌生。碧仙就向他介绍说："他是我兄弟，从南京来，是中央研究院气象研究所研究员，借聘到清华大学来教书。"司徒雷登说："认识你很高兴，欢迎你常来，希望清华与燕京两个邻居加强合作与交流。"

老人进楼以后，碧仙告诉长望，他出生在杭州，一直住在中国，在中国人民与日本帝国主义的斗争中是站在中国一边的。这位年已六旬的中式美国老人，给涂长望的第一印象是不错的。

碧仙简单地谈了一些北平的情况。长望感到这里的民族危亡感比南方强烈得多。

涂长望到清华园，受到老朋友陈立的迎接。陈立回国后，就到清华大学来任教了。

涂碧仙关心长望的婚事，常约些女孩子跟涂长望他们郊游。有一回，她还请了两桌女孩，介绍给涂长望和他的朋友，其中有王回珠的同班同学。还有两姊妹，姐姐找陈立，妹妹找涂长望。涂长望没有向她们表示什么，他心里还想着王回珠。

在清华的教授圈里，涂长望、陈立这样的人不仅年轻，而且是最缺少朋友的"外来人"。因为他们出国前没在清华读过书，出国也不是由清华派遣，来到这里是人生地不熟。涂长望的到来和涂碧仙的热心肠，使陈立感到有伴儿，不再寂寞了。

涂长望一到，气氛就大变了。他不仅拉着他参加校内校外各种活动，有时还自己出头组织一些活动。不到两个月时间，他就和师生员工们混熟了。他本来不会打羽毛球，只会打网球，但他也常到健身房去打。打了几次羽毛球之后，涂长望便和陈之迈等人成了朋友。吴宓教授有个"西餐社"，经常研究交流学问，涂长望和陈立也去参加，成了积极分子。①

渐渐地，涂长望在北平文化界、教育界、科技界的朋友就很多了。

涂长望在博文中学曾有过教书的经历。在英国做研究生时，"九一八"后一段时间由于经济窘困，也曾担任过助教和讲师的工作。但独立地在大学开设气象课程，讲长期天气预报，在清华大学是头一次，对涂长望来说也是头一次。由于他北上前已做了准备，还由于他具有演说才能，所以他在清华大学开气象课也是一炮打响。他讲动力气象课程，采用的是最新的、勃郎特（D. Brunt）的《物理动力气象学》为教材，在中国气象教育史上是首次开设这样的课程。

清华大学地理系气象组学生很少，本年度的毕业生

---

① 陈立：《怀念老友忆当年》，《纪念涂长望》，气象出版社，1991年，第28页。

只有程纯枢、么振声（枕生）、汪国瑗等人。但是来听他的课的人却不算少。整个地理系乃至物理系都有人来听他的课。本专业的学生郭晓岚、张有年[①]、蒋宪端[②]，物理系的学生葛庭燧等，对涂长望的课程都很入迷。到校几个月，涂长望就成了清华大学里最受学生们爱戴的教授之一。

涂长望在教学工作走上正轨之后，又开始更多地参加社会活动。他听说留英的不少朋友如邢西萍等都到了北平。可是，他又没见到他们。

他进城到南河沿欧美同学会打听，所见都不是很熟悉的人。不能交流什么思想。他到北京饭店楼下的外文图书馆，随便翻翻国外报刊，看看有无重要新闻。忽然发现一份中文报纸，是法国巴黎出版的《救国报》。他很有兴趣地阅读。读了几张后，见到一篇《为抗日救国告全体同胞书》（即"八一"宣言），落款是"中国苏维埃中央政府、中国共产党中央委员会"。他兴奋得怦怦心跳。他听到党的声音了。他读了一遍又一遍，感到心明眼亮了。几个月前他就收不到伦敦寄来的刊物了，国际国内的情况都不清楚。现在知道了党中央的号召，就是不知道党在哪里。

[①] 参加革命后改名张乃召。
[②] 参加革命后改名蒋金涛。

从此以后，清华园里的朋友们发现，涂长望脸上的笑容增多了。跟人辩论起来，所陈述的观点也更能令人信服了。朋友们不明白，涂长望何以又增长了知识与智慧，说起话来"底气"也更足了。

涂长望又听人说见过邢西萍，还见过留英时的其他激进的朋友。于是，心急火燎地进城去找了好几次。他忘不了在伦敦分别时于炳然说的话："在国内，见到华语支部的同志，就找到党的组织了。"在上海、南京都没见到，在北平、南河沿也没见到。他不知怎样才能找到党。有幸的是通过外国刊物看到了党中央的宣言。这使他知道该怎么行动了。

有一次，他回到房间里，看到自己书桌上竟然放着一份油印的《"八一"宣言》。是从窗户外投进来的。他从头又看一遍。和在北京饭店所见的一字不差。他感到党就在身边，心里激动不已。他想，总有一天会认识这些同志的。无论能不能见到，现在他不觉得孤单，工作起来更有信心了。

第二节　清华大学的光荣

清华大学救国会在"一二·九"时的《告全国民众书》中说："华北之大，已经安放不下一张平静的书桌了!"清华园里的莘莘学子,再也不能享有潜心求学的安宁环境。他们在《"八一"宣言》的感召下,带头走上大街,响亮地喊出了全国人民抗日救国的心声。

清华园是中国近代教育的骄傲。她有着令世人向往的环境条件,聚集了众多杰出的教授学者。

涂长望初到清华园时,天气尚热。他到气象台去坐坐,跟同事们谈谈业务。又到校园各处走走。离开科学馆,又到生物馆、化学馆、图书馆、体育馆。他对图书馆和体育馆很有兴趣,经常去。空闲时,他到各学院去看看,又到学生宿舍明斋、善斋、新斋、平斋、静斋各处走走。

1935年清华大学学生1200名,其中女生120名。涂长望想看看学生们的生活。他先去了张有年、郭晓岚他们的男生宿舍。张有年1932年考入清华大学以来,就与进步同学在一起,接受了马克思列宁主义的基本思想。涂长望与他很谈得来。郭晓岚成绩优秀,很愿意向涂先生请教学问。

涂长望察看了男生生活,还想去女生宿舍看看蒋宪端。全校女生都住在静斋。那是绿荫丛中的一座三层的小红楼。红楼的后面,就是中文系主任兼图书馆馆长朱自清教授在《荷塘月色》里描写过的那片池塘。涂长望漫步池畔,已是深秋季节,也闻到残荷清香。是个星期天,也不知蒋宪端同学在不在。

蒋宪端在清华女生中也是个活跃分子。她组织的"海燕歌咏团",使"海燕向上,海燕抵抗……"的歌声传遍清华园。她还和几位女同学为女工开办妇女识字班,教她们识字,也教她们救国道理。"海燕歌咏团"为了团结更多人参加斗争,还聘请中间立场的两个男同学为她们弹钢琴。

蒋宪端曾经从邹韬奋的《萍踪寄语》里读到过涂、邹二人在英国的交往。涂长望到清华后,课程讲得好,使学生受益多,又平易近人,关怀学生生活、政治进步,所以很受学生敬仰。是她最崇敬的老师之一。她见他向静斋走来,就跑过来邀请:"涂先生,请到我们这里来坐一会儿。"

静斋正门楼前面有一座小山,苍松翠柏,绿杨垂柳,十分清幽。院中女生,有的在看书,有的在晒衣服,有的在打毛线。涂长望来了,她们让出椅子请他坐。有位女同学问他:"涂先生,学校是不是要迁往南方?"

多少天来,生物馆、化学馆、科学馆等处,夜里灯火通明,里面传出装东西、钉木箱的声音。联系到故宫宝物一批又一批地南运,卖国的《何梅协定》《秦土协定》的签订,河北省及平、津二市国民党党部取消,把军队、宪兵都撤退到保定以南,很显然,国民党政府是要把华北大片国土拱手送给日本人了。想到这些,涂长望脸上布满了愁云。他对女学生们说:"学校没有布置撤走,也许是为稳住人心,在悄悄进行。同学们,我们国家现在的处境危急得很了。"

他们说话时,大礼堂那边传来了钟声。要开大会了。

清华大学的学生分左右两派。左派人多,在大礼堂开会,称为大礼堂派。右派学生里有些是拿国民党政府津贴的,被讥讽为"饭团"学生,人数不多,在小礼堂开会,称为小礼堂派。小礼堂改名"九一八"纪念堂,日本人抗议,就叫作"同方部"(小礼堂)。

形势越来越紧急,斗争越来越激烈。校园处处都有"卖国有罪,爱国有理""停止内战,一致对外""打倒日本帝国主义"的呼声和议论。

1935年的冬天来得早,12月上旬就已很冷。当卖国的"冀察政务委员会"成立的时候,清华大学的学生们再也不能忍耐了。8日晚上,寒风凛冽,校园里却忙忙碌碌,热气腾腾。校方怕发生意外。梅贻琦校长找一些教授商议到半夜,也无办法。深夜12点,他叫人敲钟,把全校师生员工都召集到大礼堂,声泪俱下地劝学生不要上街游行,他对大家说:"同学们,你们上街,就会跟军警和日本兵发生冲突,是要流血的。"又说:"青年是国家的财富,作为师长我们要爱惜你们。你们爱国，我很同情。但是爱国也要爱校。你们这样闹下去，学校可能被迫停办，清华的传统就要中断了。"

学生中有救国会的负责人陈其五，走上台去对大家说："梅校长的话是出自好意，但是作为具有爱国传统的清华学生，我们不敢苟同。爱校首先要爱国。国家亡了，哪还能有学校。为了挽救国家民族的危亡，我们爱国青年不怕断头流血！"对这些话，同学们报以热烈的掌声。

拂晓，清华大学、燕京大学2000多名爱国学生，冒着寒风从郊外向城里进发。最前头的是30多辆汽车，载着愤怒示威的同学，高唱爱国歌曲前进。其余的年轻人是在寒风里步行。

涂长望目送学生队伍进城，为他们的爱国热情所感动，也为他们可能遭到反动派镇压而担心。他等待着从城里传来的消息，不时地向城里方向张望。遥遥看到红尾巴的日本飞机在城市上空盘旋，涂长望就想到斗争一定很残酷。果然，发生了流血事件。

涂长望在校门口迎接归来的学生们。又写信慰问受伤住院的学生。

"一二·九"运动得到全国的响应，涂长望深受鼓舞。但是，同方部的学生也猖狂活动，校内外反动势力互相勾结，对爱国学生的镇压、逮捕加紧了。学生们不屈不挠，准备在"一二·一六"掀起更大的抗议示威运动。

12月14日，校救国会在大礼堂开会，请北大教授许德珩来讲演。学生会主席黄诚告诉涂长望，是通过徐冰去邀请的。涂长望听了心里高兴。徐冰就是英共华语支部的邢西萍同志，一起去过苏联的。找到他就能找到党了。他在北平，可是，几次到欧美同学会怎么就没见到他呢？

许德珩和夫人劳君展一到清华园，就受到同方部学生反对。他们想阻止他演讲，但是没成功。许德珩在会上怒斥了当局镇压学生的暴行，赞扬了学生爱国的大无畏精神。他还高声地对大家说："'五四'运动北大光荣，'一二·九'运动清华光荣。"他的演讲获得清华左派学生热烈的掌声，而同方部学生则往台上扔鸡蛋和煤球。①

演讲完后，许德珩夫妇跟清华大学的进步教授张申府、涂长望等告别。涂长望问了他怎样才能找到徐冰。黄诚负责护送他们夫妇进城回北大。

---

① 参考《一二九运动回忆录》第一集，陈其五、许德珩等人的文章，人民出版社，1982年。

第九章 北平救亡

第三节 "一二·九"时参加党的活动

"一二·九"运动前后,中国共产党在平、津一带的地下党组织和党员所处的环境极其险恶,所面临的斗争极其复杂。他们要唤起民众挽救民族危亡,特别是迫在眉睫的华北沦丧。他们面对的是国民党、汉奸、日寇多重的血腥镇压,而自身"左"的干扰也造成重大损失和牺牲。

1934年8月,中共北平市委遭破坏,成员被捕。这时北平市只有十几个党员,无组织。河北省委决定,以团市委暂代,由彭涛、冷楚、王学明组成临时工委。"一二·九"运动就是由临时工委组织和发动的。在这之前,涂长望哪会有可能找到他认识的党员。他与清华一些进步青年常有接触,但也不便问他们是不是党员。

运动开展起来后,中共北方局加强了对运动的领导。刘少奇到北平来具体指导。先后派林枫、李雪峰为北平市委书记。原工委内部,彭涛与思想"左"倾的王学明发生分歧,林枫把他们都调走了。1935年以来,北方局与河北省委是一个机构、一套人马。这个时期杨秀峰、徐冰都在北方局,负责平、津、太原等地上层人物的统战工作。"一二·九"运动开展起来后,他们的工作重点都集中到了北平，而且以文化教育战线为主。①这时涂长望不用到处去找，也有可能碰到他们的。

这时杨秀峰在天津河北法商学院、北平中国大学、北平师范大学三所大学任教授。常在北平师大，有时也去东北大学兼课。他的夫人孙文淑曾留学日本，也是党员。为了便于领导救国斗争，杨秀峰小组的活动都是秘密地在他们家里进行。这个小组的成员除了他们夫妇，还有徐冰、黄松龄、严景耀、杨亦周等六人。后来涂长望见到了他们，也参加研究运动情况，发生了组织联系。

涂长望再到南河沿欧美同学会时，就见到了不少朋友，正在酝酿成立北平文化界救国会。其中就有在伦敦英共华语支部时的徐冰、杨亦周。见面以后，互相都非常高兴。涂长望当即参加进去，研究如何开展工作。

那时，北平进步组织不少，如以宋庆龄、马相伯名义发起的秘密组织"中华民族武装自卫会"，在北平就有不少会员。世界语协会有和平主义者，也有马克思主义者。自卫会还发起组织了黄河水灾赈济会。在国难当头时，各界人士纷纷行动起来救国救民。文化界救国组织的发起问题，早在党的《"八一"宣言》发表后，徐

---

① 郭明秋：《回忆"一二九"运动的党的领导》，《一二九运动回忆录》第一集，人民出版社，1982年，第58–69页。

冰就邀请陈豹隐、张申府、刘清扬、张小梅、许德珩、劳君展等人在玉泉山聚谈过。现在全国抗日高潮正在掀起，北平文化界必须尽快行动起来。

讨论中，大家意见很一致，决定尽快行动，建立组织，发表宣言，开展活动。

朋友们散去之后，涂长望跟徐冰单独相叙。他谈起回国一年多来，这才第一次见到英共华语支部的同志。跟伦敦的同志保持联系近一年，到北平来之前也收不到刊物了。涂长望不懂得恢复组织关系要履行手续，所以没有提出办理手续，只记得离开伦敦时于炳然说过，回国找到华语支部的同志，就联系上了。

徐冰在跟清华、燕京一些教授接触的过程中，已经大体地知道了涂长望回国后的情况。在伦敦的情况就不用说了。他欢迎他参加活动。

1936年1月27日，北平文化界救国会在北平大学法商学院召开成立大会。到会的文化界知名人士300余人。会上首先由白鹏飞报告筹备经过，再由马叙伦报告组织北平文化界救国会的意义和宗旨。然后讨论通过了《北平文化界救国会第一次宣言》。成立了组织机构。涂长望被选为常务理事。

涂长望在会上见到好几个伦敦英共华语支部的同志。有杨秀峰、徐冰、杨亦周。他感到亲切极了。他们都在宣言上签了名。签名的共有149位北平文化界的知名人士，杨秀峰党小组的人全在其中。

会后杨秀峰问涂长望：你在伦敦工作很好，知道要派你去苏联。后来我就走了，你是加入组织了吗？

涂长望说：加入了，是于炳然同志介绍的。

于是，杨秀峰就让他参加活动，他们每周都要在杨秀峰家里开会一次，研究运动形势发展，交流各校动态，讨论下一步工作。涂长望负责与清华大学学生救国会的领导人联系。涂长望见同志们交党费，自己也交，每月5元。①

清华的学生会，很早就被左派学生掌握了，涂长望知道"一二·九"之后学生会改为救国会，主要负责人是黄诚、陆璀、吴承明、陈其五、华道一、蒋南翔、姚克广（即姚依林）等人。其中蒋、姚二人是党内的领导人，在北平市委领导下工作，与杨秀峰的小组不发生联系。涂长望只负责跟黄诚联系。

涂长望在杨秀峰小组的活动进行了两个月后，就散了，党费也无从交了。随着斗争形势变得更加严酷，党的组织生活也更加严密。涂长望并没有正式恢复组织生活，有些活动他不能参加，已发生的组织联系又

---

① 据涂长望入党时写的《自传》，1954年。

一次中断了。①

涂长望在国外并没有过严密的组织生活，回国后也不在党的组织里，但他始终以党员的思想标准要求自己。

第四节 驳斥胡适"读书救国论"

胡适是五四运动的主将之一。当年他提倡文学革命，推进白话文运动，使他成为国际知名的学者。在年轻人中享有威望。但是，他的实用主义使他失却了继续推动社会进步的愿望，丧失了新文化运动健将的锐气。"五四"以来，他先是与李大钊和陈独秀发生主义与问题的争论，后来又与鲁迅、蔡元培在保障民权方面意见不合。"一二·九"运动显然是五四运动的继承和发扬，但此时他却不能站在革命的年轻人一边。

在北大，胡适召集学生训话说："你们成天这么闹，有什么用？我们几个大学，有我胡适，有蒋校长，有梅贻琦，有师大李蒸，我们都在那里坚持，天塌下来我们顶着。你们爱国就好好读书。"

他不仅想阻止北大的学生运动，而且想影响这次

---

① 杨秀峰的证明材料《关于涂长望同志的情况》说："1936在北京曾得到英国的中国语言组织同志的介绍，发生组织关系。"未提涂长望恢复组织生活。

抗日运动向全国发展。"一二·九"后第四天，即1935年12月13日，在天津《大公报》就刊出了胡适的文章《为学生运动进一言》。涂长望以为这位五四运动的著名学者，能对学生们的爱国行动给予赞扬和指导，便认真地细读了这篇文章。

涂长望觉得，胡适对于现实的描述，大体上都是不错的。比如他说："这几年中国国难之下青年学生的沉寂只是一种变态，而不是常轨。这沉寂的原因——一部分还是政治势力的压抑。"他说："一个开明的政府应该努力做到使年轻人心悦诚服地爱戴，而不应该滥用权力去摧残一切能纠正或监督政府的势力。——我们这个国家今日所缺少的，不是顺民，而是有力量的诤臣义士。因此，近年政府钳制独立舆论和压迫好动青年的政策，我们都认为是国家不幸的事。"他说："今年五六月之间，华北受了压迫，报纸不登一条新闻，不发一句评论，全国青年睡在鼓里，无声无息地几乎丢了整个华北！"他说："所以十二月九日北平各校的学生大请愿游行，是多年沉寂的北方青年界的一件最可喜的事。我们中年人尚且忍不住了，何况这些血气方刚的男女青年！"①

从这些话看，他好像是同情学生的。但是，接下来

---

① 中共北京市委党史资料征集委员会编：《一二九运动》，中共党史资料出版社，1987年，第427页。

第九章 北平救亡

他的态度像是一个局外人来点评这场伟大运动。他写道:"我从王府井大街往北去,正碰着学生游行的队伍从东安门大街往南来。人数不算多,队伍不算整齐,但我望见他们,真不禁有'空谷足音'之感了。"在胡适笔下,轰轰烈烈的斗争竟成了这样。青年人的怒吼,军警的水龙大刀,同学们在流血,反动派在捕人,这一切都不见了。

涂长望想,是胡适博士眼睛出了毛病吗?不是。

涂长望往下看,读到"鼓动罢课的少数人全靠播弄一些无根据的谣言来维持一种浮动的心理","这样的盲动,是纯洁的青年学生界的耻辱"。这些话把涂长望气愤得心里冒火,想要进城到北大去跟胡适当面辩论。

系里同事说,不必生那个气,他说他的,你说你的就是了。这样,涂长望就找学生会负责人做出安排,为学生们作了一次讲演。

涂长望在大礼堂发表演说,驳斥胡适"读书救国"的谬论,赞扬同学们的革命精神,勉励大家奋起救亡,获得了全场热烈的掌声。他在礼堂演讲,同方部的学生就在外面捣乱,张贴"打倒涂长望!"的大字报。不过,一会儿就被左派学生撕掉了。

涂长望对于右派学生的这些举动虽说气愤,但也不怕。这种事在清华园里并不罕见。饭厅前、图书馆前、大桥西边,到处是贴大字报的地方。张申府、许德珩等人也都被贴过。

第五节　借聘期满回南京

"一二·一六"以后,斗争形势更见险恶。杨秀峰小组每次开会,主要议题都是研究如何保护群众的积极性,同时保护群众的安全。各学校当局都准备采取提前放寒假的办法,来搞垮学生运动。那样一来,不少学生回家,就不会上街宣传了。各校的积极分子就势单力薄了,军警、特务就容易到学校来抓人。

同学们已经找到了对付学校提前放寒假的好办法,那就是扩大宣传。有组织地到广大农村去宣传,沿京浦路南下宣传。

涂长望汇报学生们提出这个办法时说,彭涛、黄敬他们是想像俄国民粹派那样深入民间。杨秀峰小组的同志讨论时,都认为这个办法很好。"五四"时的知识分子没能大量地到民众中去,现在在党的领导下,知识分子大量深入群众,能够推进革命事业的发展。要鼓励学生们这样做。另外,对于各校进步教授和文化界其他爱国人士,也要做好保护。

学校放了寒假,学生都离开了学校。寒风里的清华

第九章 北平救亡

园,暂时没有了那种火热情景。

涂长望还是第一次在这样冷的北方过冬。但是他能适应这寒冷干燥的环境。他的朋友如陈立他们,就不像他那样经常进行户外活动。

趁放寒假,社会活动减少,涂长望便抓紧时间来进行气象科研工作。他常到气象台去,整理资料,进行分析,一待就是大半天。他来这里当教授,是拿着中央研究院气象研究所和清华大学的双薪的。他不时还把科学论文寄回南京北极阁。

新学年开始的时候,学生们准备复课,同时继续进行救国斗争。在国难当头之时,教育必须改革。上海文化界救国会制定了国难教育方案。北平学联也拟定了非常时期教育方案。但是,2月21日南京行政院命令教育部禁止平、津学联活动。接着平、津当局就出动军警取缔学联,逮捕进步学生和共产党员。

在清华园,两派势力进行着激烈的斗争。同方部派组织了护校团来与救国会对抗。在白色恐怖环境下,一些学生的情绪变得激昂起来,喊出了打倒校长梅贻琦、打倒教务长潘光旦的口号。他们对于一些中间色彩的教授,也做出了过火的举动。

清华大学的斗争变得复杂起来。发生了师生间的严重对立。清华大学教授总辞职。涂长望心里很着急。他发挥自己的影响，劝朋友们理解学生的情绪，同时又做学生的工作，让他们知道教授中大多数是爱国的，要团结他们。

梅校长费了很大力气来化解师生间的隔阂，取得效果，决定于 2 月 29 日开始补考，以便进入正常教学。

他们哪里知道，这时候北平当局正在准备对各院校实行大搜捕。28 日夜里出动了大批军警，将各大学严密地包围起来，等到拂晓采取行动。天刚破晓，全副武装的军警就纷纷闯进了清华园。留 100 多人担任警戒，其余的分路直扑男女生宿舍明斋、善斋、新斋、平斋、静斋搜查。因为 8 点钟要大考，学生们已经陆续起床了。见到军警进了校园，便立即集合起来。一部分同学去追问校长、教务长，一部分同学去包围警车，从车中救出了被捕的姚克广、蒋南翔、方左英等同学，让他们到冯友兰教授家里躲藏起来。被激怒了的学生们，砸毁了 8 辆汽车和一些摩托车。军警未达目的，于 9 点半撤出了清华园。

当晚 7 点半，当局以更强的警力对清华大学进行了第二次搜查。这次大逮捕，在清华园一直折腾了个通宵，到 3 月 1 日早晨 5 点多。捕去学生 20 多人，还逮捕了教授张申府夫妇。

学校的教学又无法进行了。斗争形势更严酷了，活

第九章 北平救亡

动越来越困难。在这种情况下,共产党员的政策水平和斗争艺术显得尤其重要。这些日子,跟组织联系不上的事是常有的。这时候如何行动、行动的效果如何,要看党员自己。

涂长望最后一次参加杨秀峰党小组活动,是在"三三一"抬棺游行之后。那次游行,是有些学生情绪过激,在跟党组织联系不上的情况下,自行发动进行的。受到了挫折,把我们的主要力量也暴露了。一些同志要隐蔽起来,凡是可能暴露的同志都要转移。从这以后,涂长望就再也没能见到小组的同志了。杨秀峰同志家也已搬了。

这时候,涂长望又接到竺可桢来信,催他早日回南京。他想跟同志们商量,到南京怎样工作。进城多次,到北师大,到南河沿欧美同学会,都没见到小组的同志。

好在他已经知道了党的工作方针。在没有跟组织联系上的时候,他也知道应该做什么,怎样工作。

竺可桢要他快回南京,是由于研究所里人手又紧起来了。

"一二·九"运动的影响扩大到杭州,浙江大学的学生起来响应,遭到校长郭任远招来军警、特务镇压。于是,学生奋起驱逐郭任远。蒋介石亲临浙大也不能安定局面。需要一位浙江籍的学者来主持浙大。竺可桢难以推辞，答应出任浙大校长。这样，他只得放弃他心爱的气象科研工作了。气象研究所所长职务他还兼任着。他不可能长久地离开学校，所里工作暂时由吕炯代理。吕炯说自己不擅长行政事务。竺可桢答应让涂长望来帮助他。

这样，涂长望借聘到清华大学一年，期限一到。他就应召回了南京。

一年时间不长，但对于王回珠小姐来说，已是望穿秋水了。

第十章　成家立业

第一节　与王回珠结婚沪上

津浦线的列车向南行驶在华北大平原上。车中的涂长望心里还想着清华园。半年多来,一同奋斗过的朋友都分散了。清华解聘了张申府,北大解聘了许德珩、马叙伦、尚仲衣。学生们正在掀起挽救运动。自己刚找到了党,跟同志们一起斗争,可惜又断了联系。

但是,涂长望心里对党的事业的信念和理想没有变,而是更坚定了。几个月的斗争,使他感受到了蕴藏在中国人民、中国青年中的力量,虽然国内外的反动势力仍是那样强大,而人民的民主和民族的解放,前途更加光明。

涂长望一直注视着车窗外。绿色的青纱帐已经很茂密。他知道经过"一二·九"锻炼的青年,许多人已经深入到农村去发动群众抗日救国。但他还不知道他的学生张有年、蒋宪端等正准备要到陕北去。他想，到了南方以后，很难再见到他们了。

北平一年就这样过去了。涂长望在这一年，懂得了如何办大学气象教育，也懂得了如何进行国内政治斗争。

涂长望想，回国还不到两年，但对国内情况已经有了认识，可以应付各种事变了。这半年多在清华园经历了那么多斗争，也使他学会了在繁杂纷乱的环境里坚持科学研究。中国老一代气象学家都有这种功夫，后来竺可桢、赵九章在上海解放时的隆隆炮声中还开气象学术讨论会。这是在贫困社会、纷乱时势下发展科学事业所必需的，也许是时代对中国科学家的一种要求吧。

从这时起，涂长望进入了他一生著述丰富的时期。在清华大学气象台，他就在纷乱环境中整理完成了《峨眉山泰山国际极年观测报告》。那是竺可桢经过苦心经营才得来的，是中国最早用现代方法测得的高山气象资料，由他研究整理出来，是中国科学家对国际极年的贡献。第一次国际极年于1882—1883年举行，第二次国际极年于1932年8月1日—1933年8月31日举行，是当时最大的国际科学技术合作。

涂长望在清华园，还完成了《东亚活动中心与我国水旱灾害的关系》研究。论文中的活动中心，是指地球大气中大型、静止的高压中心和低压中心，它控制着外围天气系统的活动，决定着天气气候的变化，所以活动中心与水旱灾害的关系很密切。涂长望认识了这种关系，也就为水旱灾害的长期预报开辟了一条科学思路。

涂长望在北平教书育人一年，于人生境界增进了器识，于科研学术获得了成果，经济上由于双薪而有了积累。他回南京成家立业，自然是称心如意了。

涂长望回到北极阁气象研究所时，没见到竺可桢。竺先生在浙大，很少回南京来。吕炯见到涂长望回来了，科研任务能更好完成，所里工作也有人相助，很是高兴。

涂长望在宿舍，收拾他那蒙了灰尘的房间和行李。吕炯来帮忙，对他说："王小姐打听你两次了，问你怎么还没回来。她担心你在北平出什么事情。"

涂长望说："不会的。华北形势虽说危急，但是人民救国热情高涨，不用怕的。"

吕炯说："长望，你什么时候请我们喝喜酒？"

涂长望说："这个，我也说不好。"他拉他过来坐在床边，问道："蕴明兄，我跟回珠在一起的时间不是很多，对她的性格不大了解。你看我们在一起生活能合得来吗？"

吕炯说："她人不错，对你一片真心，会合得来的。你回来了，可以多接触。"涂长望点头。

回到南京后,他俩就经常在一起了。彼此都发现,分别一年来,感情上不但没有疏远,反而增多了思念。年龄都已不小,他俩商定在秋天结婚。还有一个多月时间,一切准备工作都要加紧筹办。

1936年9月8日,星期二,是个大好晴天。竺可桢上山来跟涂长望交谈。这是他们分别一年多来初次见面。涂长望说:"竺先生人都变瘦了,都是为了浙大。"竺可桢说:"当了校长就顾不上所里的事了,很累。研究工作也耽误了,所以催你快回来。眼下在北平,办教育更难。你在那里还好吧?"他见涂长望身体和精神都好,很放心。

涂长望向竺可桢报告了一年来的科研和教学成果,也谈了北平的形势和个人生活情况。当然,党的秘密他不会谈及。他们谈心到5点,又打了一小时网球。涂长望出了一身汗,洗了澡就下山跟王回珠相会。

他俩做结婚的具体准备工作,已经有了进展。王回珠说,她在舅舅家长大,那里是她的家,婚礼要到上海去举行。涂长望也觉得武汉太远,到那里太不方便。可以把父母接来,结婚后在南京建立起家庭,住在一起。

两家亲人对这门亲事都很满意。王回珠的姨妈最了解她的心思,现在她已经成为教授夫人了,就建议他俩到湖北去登个报。结婚登报需要50元钱,他俩有点舍

第十章 成家立业

不得,没有登。

天气凉爽起来时,他们在鼓楼附近找到一座小楼房。楼下住着房东,楼上三间租给他们。住在这里,他俩上班都很方便。他们做好了自己的窝,就双双到上海舅舅家。舅舅倪征燠和舅妈张凤桢都在上海当律师。

舅舅、舅妈已经为他俩做好了准备,布置了新房。舅舅与涂长望同岁,几年前就结了婚,一直盼望着他俩的婚姻早日完成。

他俩希望蜜月过得幸福,小天地属于自己,不喜欢过多的应酬,所以回来后把婚宴准备得很简单。不搞什么仪式。找了一个幽静的地方,在那里招待亲戚朋友吃一顿饭。涂长望的父母在大哥大嫂涂登榜夫妇陪伴下,从武汉来到上海。两位老人家在婚宴上,看到金榜有今天,心里的喜悦不亚于两个新人。女方的亲人有舅舅、舅妈。涂长望的朋友张国藩和王回珠的同学,也到上海参加了婚礼。

涂长望、王回珠婚后回南京,为答谢友人的祝贺而备办了补席,宴请姨父、姨妈和气象所的同事及各位朋友。吕炯、胡焕庸等人都到席。李振凡算是婚宴上唯一的政府官员,他在南京市政府工作,是头一年才随同现任市长石瑛到南京的。李振凡跟大家一样不满现状,议论时政。①

在婚宴上，涂长望结的是紫红色的领带，王回珠扎的是紫红色的丝带。有位朋友看了，就开玩笑说："我们的新娘子、新郎官身上都有点赤化。"另一位朋友说："老兄，这个玩笑可开不得哟！"涂长望笑着说："怕什么，赤化才好，就怕不赤化。"

涂长望都不避讳什么，朋友们更是开怀畅饮，非常快乐，大家尽兴而散。

第二节　为气象事业争庚款

涂长望和王回珠结婚后，在南京鼓楼建立了幸福的小家。父母双亲住在一起，是一个典型的美好家庭。涂含章、汪美珍老两口晚年有福。白天，儿子、儿媳分头去上班，老两口在家无事，除了买菜做饭，便到附近教堂去转转。

老人没有事业上的追求，幸福的日子长了也觉得单调。涂含章、汪美珍在武汉，膝前有孙子环绕，身边亲朋多，还有好几个子女需要操心。所以老两口不想在南京享清福了。住了几个月，不等过年，就要回武汉。

---

① 据湖北省博物馆李振凡对那次婚宴的回忆。

第十章 成家立业

涂长望顺从二老的心愿，送他们回去，并给家里和弟妹们一些经济支援。

自从回到南京以后，涂长望就进行着极其紧张的科学研究与著述。这期间，他完成论文《长期天气预告的物理基础》，还用英文写作《中国的气候区域》（The Climatic Provinces of China）等论著。

他的这些研究，是继续为开拓长期预报打基础。通过这些研究，来认识影响水旱灾害的气压系统、气候规律、雨量分布特点并从大气物理学的高度来认识长期预报问题。涂长望是要使中国的长期预报，从一开始就建立在严格的科学基础之上。

涂长望的活动也不限于科学研究。11月份所里又招收一批练习生，他还为他们讲授一部分课程。他也经常看《大美晚报》（Evening Post）、《字林西报》这些外国人办的报纸，以便从中了解被国民党封锁的消息。

涂长望已经觉察到，党的方针已经由反蒋抗日改变为逼蒋抗日了。他已经与组织失去了联系，不能再跟同志们讨论。他认为党的方针是正确的，只是感情上有些转不过来。因为就在这时，上海发生了逮捕全国各界救国会领袖沈钧儒、邹韬奋、李公朴、章乃器、王造时、沙千里、史良"七君子"的事件。其中邹韬奋是他很熟悉并引为师友的。

涂长望看到了北平救国会的教授们声援、营救七君子，可惜自己不能同他们一起斗争了。除了在南京的朋友中抒发愤怒之情外，没有能力进行有效的营救。

12月12日，发生了震惊世界的事变，张学良、杨虎城在西安对蒋介石进行兵谏。全国人民都注视着西安。到外国人过圣诞节那个夜晚，南京市街道上人山人海，举行提灯游行，庆祝西安事变和平解决。涂长望夫妇在鼓楼街头观看。

1937年到来时，全国抗战的局面初步形成了。涂长望始终怀疑蒋介石抗战是否真心。不过，从现在起，要努力为抗战搞好科研。

气象研究所的建设也是困难重重，经费不足。为了建造广播电台，无处筹款，便设法申请英庚款。

英、美等国退回的部分"庚子赔款"，除了用于派遣留学生和教育事业，还可用于其他科学文化事业。竺可桢让涂长望和吕炯赶紧起草中、英两种文字的请款书。提出计划，申请5万元用于建筑气象广播电台。

1月27日星期三，竺可桢回到南京。涂长望把请款书稿交给他，并提出建议说："竺先生，听说英庚款委员会主席杭立武要调任他职，接任的新主席是朱家骅。我看这件事情要先跟朱先生沟通一下才好。"竺可桢点头说："朱先生是中央研究院总干事，他来批款就好办了。"

第十章 成家立业

没等竺可桢去找,第二天中午朱家骅就把竺可桢等所长召了去。他告诉所长们,中央研究院准备造宿舍,但是军政部不准。说研究院处于军事区域,要把研究院迁移到城外。朱家骅说,不能在城里建房子,并让王显廷领着所长们,坐车到光华门外去看新所址。

竺可桢想,朱家骅说了不准在城里建房,他若接任英庚款委员会主席,气象所的请款计划就通不过了。得另想办法。回到家里,他就打电话和涂长望、吕炯商量,连夜修改计划。不写建广播电台,改为申请4万元用于购买无线电发报机。

第二天,竺可桢到山上把昨晚改写好的请款书交给涂长望、吕炯再斟酌一遍,然后交给张宝堃到新新公司接洽印刷。要在一天后印好中、英文各50份。

经过涂长望、吕炯、张宝堃终日的忙碌,一切都准备好了。

请款书及时送到了英庚款委员会,竺可桢还给杭立武写了一封信。到礼拜六,一切都就绪了。下午6点半,在明湖春饭店开气象学会理事会。会议决定在4月1日召开气象学会年会,分头做好论文、报告的准备。

涂长望作为气象学会的总编辑,要总结研究论著和通俗文章方面的情况。接着要开全国气象会议,涂长望负责全国气象测候所建设方面的准备。①

第三节　探讨长江洪水预报

2月11日是农历正月初一。涂长望夫妇成家后的第一个春节。由于全国抗战的局面正在形成，街头节日气氛比过去浓。涂长望回想起去年此时北平的情况，感到形势是大为好转了。

节日里他俩上街玩了一回，累人，后两天就不走动了。涂长望看中外报刊。2月3—5日的上海《大美晚报》连续刊载了埃得加·斯诺的文章，描述共产党在陕北的情况。党的中央机关已经从保安迁到延安；党的组织纪律严密；党的领袖与老百姓同甘共苦；共产党的军队里官兵平等；士兵十分之七识字；共产党区域的人民对政治有兴趣，农民都欢迎共产党的军队等。读到这些，涂长望感到特别亲切。只恨国民党控制舆论，不准许这些文字用中文发表。

涂长望对自己的研究方向更有信心了。他记得《"八一"宣言》提出国防政府的十项方针，第一项是抗日救国，收复失地；第二项是救灾治水，安定民生。他

---

① 竺可桢：《竺可桢日记第1册》，人民出版社，1984年，第85-86页。

第十章　成家立业

的研究是为救国救民服务的。

前年，他在关于中国水灾的文章中就认为，长江水灾难以避免，但可以预报和预防。他每年都有这方面的成果。今年的研究论文有《1931年的大水与1934年的大旱和远东活动中心的关系》《大气运行与世界雨量的关系》《长江流域雨量的相互关系》等。通过这些研究，涂长望已经把发生水灾的降水方面原因分析得比较清楚了。1931年的水灾和1934年的旱灾，都是受灾面积超过亿亩的大灾，使亿万人民苦不堪言。涂长望从远东大气活动中心的位置和强度方面找出了原因，开辟了一条认识途径，这也是中国长期预报的一项奠基性成果。这篇文章是用英文写的（篇名为：On the relation between the great flood of 1931, and the drought of 1934 and the centers of action in the Far East），可供国内学者看，也可进行国际学术交流。

关于洪水预报研究问题，涂长望还与水利方面的专家进行了交流与探讨。

4月1日上午，在钦天山上开中国气象学会第十二届年会。会长竺可桢、总干事吕炯、总编辑涂长望、会计卢鋈分别报告了工作。到会56人，收到论文20篇。下午会场移到中央大学科学馆地质教室，宣读论文到天黑才完。

第二天开全国气象会议。会议开得很热烈,收到正式提案和临时提案近百件。最重要的议案是建立一个中心气象行政机关,来统管全国测候工作。议定由中央研究院气象研究所、交通部航政司、经济委员会水科处、航空委员会和江苏省会测候所来促成其事。如果此事办成了,对建立全国气象测候网将大有益处。

涂长望负责增设测候所方面的议案,提出了增加长江流域雨量测候所。议案得到水利人员的支持。还议定在西沙岛设立测候所。

涂长望通过与水利科技人员交流,征询了水利委员会水利学家张含英等人的意见,完成了《预测长江水文之初步探讨》。气象学家研究水文预报问题,涂长望是最早的,开了气象水文结合预报洪水的先河。

第四节 研究全球大气运行

涂长望研究中国长期预报问题,不是只把眼睛盯着中国。他还时刻留意着世界同行的进展,汲取他们的好经验,借鉴他们的好方法。

一天,涂长望收到一本从欧洲寄来的刚出版的刊物,是一本《地理年鉴》(Geografiska Annaler),还带着油墨的香味。里面有安格斯充姆(Anders Angstrom)的一篇文章，篇名为《现时气候变化的遥相关》(*Teleconnections of Climatic Changes in Present Time*)，引起了涂长望的兴趣。安氏以北欧瑞典的乌普萨拉为基点，计算了该地与世界一些地方气温的相关系数。发现西欧气温受大气运行的调节，北纬35°以北与瑞典为正相关，以南为负相关。这激发起涂长望的探索欲望。于是他开始了对全球大气运行与全球气温关系的研究。

地球大气就像一部热力机。赤道地区是它的热源，南北两极是它的冷箱。大气在其中循环运行。30年代，人们尚未弄清这部热力机工作的详情，也没人注意大气运行与气候的关系。涂长望看到了这种关系对长期预报的价值，着手来研究这个问题。

大气热机运动的能源是太阳辐射。涂长望探讨地球上太阳辐射的分布情况，觉得辛普逊（G. C. Simpson）对这个复杂问题已经作了科学的探讨，有了圆满的成果。他引用这些成果，阐明了三点认识：一是南、北纬35°之间的热带地区，气温受大气运行强弱影响不大；二是大气运行加强时，35°以北气温升高，以南降低，减弱时相反；三是大气运行强时，南北气温均衡，反之南北气温各走极端。

涂长望觉得安氏只是用统计方法证实了他的零星认识，而且仅限于大西洋一隅。涂长望还觉得这些研究工作，自己的老师沃克爵士也做过许多，只是目的不同。沃克不是研究大气运行与气温的关系，而是研究大气浪动。

于是，涂长望把沃克的资料加以整理，进行补充，绘制了北大西洋、北太平洋冬季大气浪动与周围大陆气温关系图，又绘制了南半球冬、夏两季大气浪动与周围大陆气温关系图。从这些图中，涂长望发现了很有价值的一些事实：在北美洲，加拿大的气温与美国南部的气温呈反相关；在亚洲，西伯利亚的气温也与中国中部的气温呈反相关。

涂长望特别细致地计算和分析了东亚的气温，研究了夏季东南季风、西南季风与气温的关系，冬季风与气温的关系，得到了不少有价值的认识。

这项研究的资料工作量很大，而气象研究所的计算机条件远不如当年在柏林时那样好。为此他熬了不少夜。

研究中用到的一些概念和词汇，当时尚未引进。为了便于写作，他的这篇论文又是用英文写成。名为"Atmospheric circulation and world temperature"，是一篇长达3万言的论著。除了以英文刊载于气象研究所集刊，还译为中文《大气运行与世界气温之关系》，刊于《地理学报》。①

在这项研究成果里,涂长望从千头万绪中得出了一些基本的结论:世界气温与大气运行关系密切,大气运行使南北纬35°南北的气温呈反相关,并互相调节,但在季风区域这种关系不存在。洋流对大气运行和气温的影响都很大。

涂长望这些认识为今后的研究工作开辟了方向。全世界普遍重视这些研究并取得成果时,已是涂长望身后20多年的事了,离涂长望开辟这项研究则将近半个世纪了。

在取得了前述成果之后,涂长望就把目光转向中国气象科学的理论研究。

30年代,挪威学派(卑尔根学派)关于气团、锋面和气旋的理论,已普遍地被各国在天气预报中使用。这些认识如何用于气候分析和长期预报,那时还没引起人们注意。涂长望在开拓中国长期预报中,首先把这一理论用于中国气候分析。他有自己的打字机,在做理论研究时用英文写作较方便。他在计算、研究了全国的高空风、地面风、各种天气现象、气象要素,绘制气象图表之后,便开始作理论著述。论文题目是"A preliminary

---

① 中国近代科学论著丛刊编审委员会:《气象学1919—1949》,科学出版社,1955年。

study on the mean air current and fronts of China"。写成中文是"中国平均气流与锋面的研究"。

可以认为，经过这一段时间的理论研究，涂长望已经把中国长期预报的基础大为提高了。

第五节 完成旱涝预报研究

1937年的整个上半年，涂长望的研究著述十分繁忙。

这年春天，南京的天气气候很不正常，乍暖还寒，到3月25日，还下了好大一场雪。涂长望忙于写作，也没花更多工夫去分析这次天气过程。

他埋头于工作。大好春光快要过去了，玄武湖畔已是绿肥红瘦时节。王回珠看到涂长望工作太累，衣带渐宽，就拉他出去走一走。他总是很快就回来，不是做计算，便是打字。

5月1日，竺可桢回南京开院务会。这期间气象研究所、气象学会、地理学会有些事要研究处理，涂长望为社会活动而暂停几天研究和写作。这算是松弛一下，歇歇脑子。

天气已经热起来，北极阁的满山槐花已盛开，是初夏景象。5月4日，地理学会分组讨论议案。又开气象小组会。年轻朋友们到后湖去买樱桃，全湖竟没有一粒樱桃。原来3月25日的大雪把樱花全冻坏了。竺可桢说,杭州西湖的樱桃没冻坏。涂长望想,两地纬度相差不算很多,一次冷空气下来,植物受害程度竟有如此差别,农业气象问题也是十分重要。

涂长望报告了工作进展,竺可桢很满意,让他抓紧收集整理论文,准备出版。竺可桢回浙大后,涂长望又忙碌起来。

涂长望又开始了紧张的写作。他这次写的是一部长达5万言的专著,算是他开拓长期预报的一段总结,题目是"China Weather and world oscillation with applications to longrange fore-casting of floods and droughts of China during the suminer",就是"中国天气与世界大气的浪动及其长期预告中国夏季旱涝的应用"。[1]

这部专著的目的有两个:一是弄清中国天气与世界各地天气的关系,尤其是与东亚天气的关系;二是利用前述成果来做出中国旱涝的长期预告。

这项研究的意义极其重大,关系到几亿人口的生计。据郑子政当时的不完全统计,中国长江中下游每5年要发生3次旱灾和4次水灾,即5年7灾。预知灾

---

[1] 中国近代科学论著丛刊编审委员会:《气象学1919—1949》,科学出版社,1955年,第369页。

情，早做防备，十分重要。

几年来，涂长望已经对中国的雨区、中国雨量与世界天气等问题做了研究，打下了基础。现在他又补充资料，将全国划分为12个雨区，作为区域单位。时间单位是春、夏、秋、冬四季。研究了四季的规律，重点是预报夏季的旱涝。

计算方法是引用他的老师沃克爵士的方法。当年在英国做研究生时，就觉得计算量大，到柏林去利用那里最先进的电动计算机。现在，计算量更要大出许多倍，而计算工具只有算盘和计算尺。但是涂长望并不畏难，关键的计算都是自己做，部分是由统计员做。

涂长望继承沃克的研究，把世界大气运行的浪动分为息息相关的三大部分，即：南方浪动SO，北大西洋浪动NAO，北太平洋浪动NPO。想要建立起长期预报的数学方程，首先必须弄清楚三大浪动与中国气候的关系。

涂长望首先分季节地逐项计算了三大浪动与各地区气压、温度、雨量的关系，找出了一系列的预报指标。然后又分别计算了3个月前、6个月前三大浪动与中国各季的雨量、温度的关系，为在一个季度前和半年前做出长期预报找到了依据。

涂长望又寻找了中国12个雨区互相之间的关系，包括一季和半年前的互相关系。并研究了中国温度、雨量、气压之间的互相关系。

在研究了内部的、外部的、不同因素之间的种种联系之后,就可以考虑建立长期预报的数学方程了。涂长望就这样,利用自然规律中众多的相关,建立了一系列的长期预报的回归方程。并对这些预报方程式逐个地进行了检验和试报。

重庆夏季雨量的预报,用了重庆的春雨、上海一月的气压、澳大利亚达尔文春季的气压为预报因子。有43年资料,预报拟合率为70%。

武汉夏季雨量的预报,用了哈尔滨春季的温度、太原冬季的温度为预报因子。有28年资料,预报拟合率为86%。

涂长望建立了十几个预报方程来预报从黑龙江、黄河、长江到珠江各地方夏季的雨量,用了国内大量预报因子,国外从达尔文、伊尔库茨克、萨摩亚等世界各地选择了一些因子。预报拟合率最低为70%。

长期预报是复杂而困难的,涂长望初步攻克了难关,取得了成果,完成了研究。但他也清醒地认识到,为做好长期预报,还必须解决不少科学难题。主要是对于季风、台风以及大陆上的低压、雷雨的研究还有待深入。

涂长望还感到,以季度为时间单位是过于粗疏,希望将来有条件时，能按月份来做长期气象预报。按照当时中国气象台站网建设进度和气象科学发展及普及程度，在涂长望取得这一成果之后，若加紧努力，再用三五年时间，就有可能把长期预报业务试验初步地开展起来，从而部分地实现气象学家们减轻亿万人民的灾害的愿望。

然而，不幸的是由于日本人的入侵和中国的内战，使涂长望的科学成果几乎是在完成 20 年之后才得到使用。

涂长望还没来得及对这部专著做好最后定稿，抗日的烽火已经燃烧起来。

第十一章　内迁重庆

第一节　临危之际负重任

"七七"卢沟桥抗战刚过一个多月，日寇又在江南点燃了侵华战火。"八一三"上海抗战之后，南京的形势也危急起来。

自从抗战开始之后，军事部门就要求气象研究所停止公开的气象广播。竺可桢在杭州，吕炯和涂长望商量后做出决定，于7月末把气象广播停了。

但是，停止气象广播也使自己不方便。航空、交通、军事等部门首先受到影响。这时人员、物资都开始往后方疏散，交通运输紧张起来。于是，竺可桢又让涂长望和吕炯抓紧准备，用密码做气象广播。

中央研究院组织撤运物资。气象研究所买了一批木箱子，把仪器、图书装了40箱，交给院里统一运往南昌。可是，在运输途中发生了问题。

7月31日早上，竺可桢上山来，跟吕炯、涂长望、张宝堃谈所里情况。吕、涂二人都很着急，因为装仪器、图书的木箱是香烟箱，不结实，到南昌时都坏了。密码广播的事也无着落。竺可桢召开所务会研究，决定从8月1日开始密码广播，立即派宋楚白和卢鋈到交通部接洽，又派人到广播中心翻译密码。院里有人来告诉说，气象所坏了的木箱都已钉好，他们这才放下心来。

"八一三"以后，敌机天天来轰炸。工作秩序全打乱了。

竺可桢不放心所里的事，就离开杭州回南京。由于铁路拥挤、混乱，平常几小时的路程走了3天。8月17日中午，他上山来，见到所里状况，心里十分难受。除了观测、预报还坚持进行，别的工作无法开展了。

应航空当局要求，为防止敌人利用气象情报，决定从18日起不再在报纸上刊登气象报告。

人心不安，情绪涣散。地震仪室的门开着无人管，里面十分潮湿，墙壁结出水珠流淌。竺可桢问观测员金咏深，回答说是事务处的人开的。问庄敏球，回答说事先不知道会这样。

竺可桢感到，混乱状态给代所长吕炯增添了许多困难，所里事务很难办理好。幸亏有涂长望相助，尚能维持。他召开所务会议，劝大家安心工作，商量应付敌机

第十一章　内迁重庆

轰炸的办法。

敌人已经把北极阁列为轰炸目标，必须认真对付。地震仪室可以经受200磅的炸弹，对300磅的炸弹就难说了。

钦天山上不能再住了。8月20日搬到山下，借金陵女大的房子暂住。竺可桢做好安排后就回杭州去了。

竺可桢走后，所里就发生了分歧。两派争执不下，吕炯难以做出决定。负责天气预报的卢鋈、么枕生等主张留在南京，无线电员何清隐、樊翰章等则要迁往武汉。吵不出结果，张宝堃、宋楚白、何元晋、樊翰章四人便联名给竺可桢打电报，请他赶快回来解决问题。吕炯身体不适，写信向竺可桢告假，把气象所的事务托付给了涂长望，自己回无锡老家养病。

竺可桢在浙大忙得不可开交，一时也抽不出身来。这样，涂长望只好多劳了。

吕炯虽是有病，但他回老家主要是对所里状况不满、生气，大家也都心里明白。涂长望当然更理解他。①

担子落在涂长望身上，有人开玩笑说涂长望是代代所长。因为1936年竺可桢去浙大后，吕炯是由中央研究院任命为代所长的。涂长望不讲什么名分，也不管有

---

① 据南京气象学院陈学溶的回忆。

什么困难，所里同事在国家不幸时都望着他，他就认真地负起责任。

后来，吕炯在无锡遇上敌机轰炸，险遭不测，长久不回来，涂长望也就一直代理下去。直到吕炯回来，他可以集中精力搞研究了，但仍在所里事务中帮助吕炯，竺可桢也事事倚重于他。

涂长望说服了所里的同事们，决定分批行动。大部分人先迁往武汉，么枕生、陈学溶、曾广琼、卢鋈等人暂留南京，视情况再定下一步行动。

涂长望组织首批人员12人先赴武汉。因为南京实际上已经无法正常工作，大部分机关都已经往武汉迁移了。所以，涂长望要求先走的同事到武汉后，尽快把气象业务恢复起来，为抗战服务。

涂长望在武汉有很多亲戚朋友。他已托人在汉口扬子街为气象研究所找好了房子，并为气象人员找好了住处。因为很多单位都在往内地迁移，所以他把安排落脚点作为优先解决的问题。

涂长望派人买到了三北公司龙兴轮9月2日的船票，送走了首批赴汉人员。

涂长望临大难而镇静，忙完了公事，为同事们做好安排，他才来考虑自己的事情。小两口的家庭，需要带走的东西不多，主要是书籍、打字机等。他俩于9月5

第十一章 内迁重庆

日登上了去武汉的轮船。

船到江心时,涂长望心里对南京充满了怀念。他的事业和家庭,在这里都有了良好的开端。日本飞机的轰炸,把一切都打碎了。他心里希望着能够早日打败日本侵略者,重回南京城。

涂长望心里挂念着尚未撤离的同事们,理解他们不愿离去的心情,而不理解他们不愿接受南京保不住的现实。他已劝他们早日到武汉。

所里聘用了刚从清华大学毕业的郭晓岚,让他去武汉,并且让几位同事停薪留职。

涂长望寄希望于武汉。他觉得那里可以成为保卫国家、挽救民族的中心。他希望前方将士能够顶住敌人进攻,多打胜仗;气象科学事业能够在为抗战服务中做出贡献,获得发展。他没想到在武汉约住了4个月,而且发生了那么多的事情。

王回珠对于离开南京更是十分留恋。她是第一次去大江上游的婆家,对那里的自然风光、生活环境和风俗人情都不了解。她想象不出未来的生活是个什么样子。她怀孕已经两个多月了,想到了今后可能会吃苦,但有长望,她什么也不担心。长望给她一种安全感。

南京撤退的情形很混乱。船上人很拥挤,乱糟糟的。幸好他俩有舱位,两天航程尚称舒适。过去的岁月，涂长望曾在江上往来多少次，一路上他对她讲述了许多往事。

第二节 痛四弟长安为国捐躯

在武昌下了船，涂长望夫妇取出行李，雇了车直奔大东门外的博文中学。三弟长爱在那里当训育主任，父母住在他那里，外地撤退来的亲人也都集中在他那里。小时最亲密的哥俩，三年多不见面，互相都有很大变化，都有了家室。长爱已经有了两个孩子。兄弟俩都有一点没有变，那就是对国家、民族的关心和对政治的热情。

使王回珠感到满意的是，这里的房子又多、又好、又宽敞，比南京大学教授的住宅还好。来了那么多人，也不愁没住处。

涂含章、汪美珍老两口看到儿孙都聚集武汉，在战乱时期亲人能团聚，心里非常高兴。

涂长望把家安排好了，就过江到汉口去。气象研究所安顿在扬子街广东银行四楼。第一批到达的12个人，生活已经不成问题了，但工作尚未开展起来。涂长望一边抓紧整理内部，一边与有关单位建立联系，争取早日收报、发报、做预报。

第十一章　内迁重庆

书刊、资料都还未到,科学研究一时难以开展。涂长望便把没完成的著述工作拣起来继续完成。

武汉的社会生活,由于机关、人员的大批涌入而出现了短暂的景气。这期间各种抗日政治活动十分活跃。涂长望也经常参加一些社会活动。

他回到了家乡,反而不可能天天回家。只是周末才回到博文来休礼拜天。

涂长爱常常邀请一些社会名流到博文中学来讲演,他和长望商议过邀请八路军驻武汉办事处董必武、五四运动的宿将陈独秀。二人先后都到博文中学发表演说,激起该校师生强烈的抗战热情。涂长爱还把陈独秀请到汉阳训女中学去讲演。

那时邹韬奋、金仲华的《大众生活》迁到武汉来出版,共产党的《新华日报》也将在武汉创刊。武汉人民抗战情绪高昂,决心要保卫大武汉。

人民热情高涨,前线却节节败退。到年末,华北、华东不少重要城市都陷落了。11月20日,国民政府通告中外迁都重庆,武汉的景气就一扫而光了。

1937年冬,武汉人民是在敌机的疯狂轰炸下度过的。多少年来,一家亲人这时聚会最齐。刚从杭州笕桥航空学校第六期毕业的四弟长安,也随空军五大队移驻武汉,常到博文来看望亲人。他是第一批空军飞行员。

父母和全家亲人都特别高兴,并为家人中有这样一个英姿焕发的空军少尉而感到自豪。祝愿他能多打落敌机,为挨日本强盗轰炸的中国老百姓出一口气。

然而盛景不长,不久之后一家人又天各一方了。

大哥登榜在钟祥普爱医院当院长,那里地处鄂北山区,比较安全,父母、二妹碧波、小妹碧霞、小弟长晟都撤到那里去。钟祥县无高中,碧霞后来又跟着训女中学走。

涂长望万万没有想到,就在这时候四弟长安发生了不幸。

空军少尉涂长安独自去广州接收经由香港运来的新战机,于1937年12月25日由韶关飞回武汉途中,飞到湖南郴州邓家塘铁路桥时,被驻防军误为敌机击落殉职。家人惊闻长安牺牲的消息,莫不悲痛万分。这时长爱尚在武汉,他同空军有关人士前往出事地点,收集烈士遗骸遗物,归藏于武昌洪山。抗战胜利后,迁往南京航空烈士公墓。长安遗物中有一柄小剑"中正剑"是毕业典礼上颁发的,当时大哥登榜收藏它,留作悼念亡弟的纪念物。没想到30年后"文革"时,此剑竟成了"罪证",使他多受了许多苦。

涂长望的三弟长爱办完长安后事,不久也是拖家带口,随博文中学迁到四川万县。

第十一章　内迁重庆

聪明的三妹素安到重庆清华中学教书。

涂长望当时带领气象研究所一帮人,从武汉再迁重庆。这时候王回珠身孕已很明显,上船下船都不方便。她跟随所里同事一起走,有长望陪伴着,在纷乱的旅程中也感平安。

第三节　七星岗上生多伦

涂长望夫妇和气象研究所的同事们一起,乘船从武汉迁往重庆。两岸风光使他们激动不已。船入三峡以后,王回珠为眼前的壮丽景色惊喜,感到眼睛都不够用了。作为气象、地理学者的涂长望,他不仅欣赏祖国河山的壮美,还从科学角度来进行考察。

船出三峡来到万县,涂长望更惊叹四川农民的智慧,把梯式水田一直修到山顶,充分利用了这得天独厚的雨量资源。

船到重庆朝天门码头靠岸。走下趸船,就要登山。层层叠叠的房屋,从江边一直修到山巅。沿着石阶一级级地往上攀,当地人如履平地,"下江人"却感困难,对于怀有身孕的王回珠来说,走10来级就得停下来喘息一会儿。山城有两人抬的轻便竹轿——滑竿,他们初次看到,不敢领受。

初到山城的第一个感受是,这里的东西特别便宜,而且质量又好。1角钱就能买一大堆橘子。他们感到,在这里生活会不错的。

下江人的大批涌入,使山城顿时繁荣起来。住房也就变得很紧张。涂长望在七星岗找到了房子,把家安顿下来。

中央研究院院部迁到上清寺。气象研究所最初迁到兴隆街,后迁到上清寺附近的中四路139号颖庐。不远就是迁渝的国民政府,这一带有不少党政机关。周围电台很多,对气象所的收发报工作有很大干扰。吕炯和涂长望都苦无良策。

这半年多的两次迁移,损失不小,路费也花了不少,经费也成问题,只好等竺可桢来时再作计议。

涂长望感到七星岗离曾家岩太远,便开始在曾家岩附近找房子。吕炯也托他找一套,两家靠近,研究工作也方便。

这时王回珠的产期到了。七星岗护士学校就有医院,涂长望送妻子住进此院。1938年4月3日,王回珠第一胎分娩平安,产下一个男婴。夫妻俩给第一个儿子取名为涂多伦。

在王回珠住院的几天里,涂长望已经在曾家岩山坡上找到了三间房子,东边一间吕炯家住,西边一间靠近

第十一章　内迁重庆

厨房，涂长望住。涂长望高高兴兴搬完了家，才去接回珠母子回新居。

一周后，所里接到武汉测候所发来的电报，竺可桢所长将于4月16日乘水上飞机到重庆。那天天气晴朗，涂长望、吕炯打电话通知了中央大学的胡焕庸、徐近之，四个人一起到长江中的小岛珊瑚坝去迎接竺可桢。

那小岛是一个水陆两用的飞机场。他们等到中午1点10分，飞机降落了。从机舱里出来的人，他们认识两个：竺可桢和傅斯年。傅是中央研究院的代理总干事。很久没见面了，今日在陪都相会，倍感亲切。然后，他们过江到燕喜洞，雇车回曾家岩。

整个下午，他们都在研究所里的工作。回顾这次迁移，损失不小；商议了急需办的各种事情，也谈到需要选择新所址。

晚上，竺可桢跟涂长望谈心。他很感谢涂长望在搬迁中所做的一切。二人在分别后的半年多时间里，对全国的混乱和各部门办事效率之低，都深有体会，谈起来十分愤慨。

竺可桢对于涂长望四弟长安牺牲之事，表示了诚挚的慰问。竺可桢在江西时就知道了这事，很关心。他在武汉上飞机前，还去航空委员会找过钱大钧主任，谈落实抚恤金的事情。涂长望很感谢所长的关心。

第二天开气象学会理事会，决定《气象杂志》照常出版，所里补助50元经费，外加30元房租。有了经费支持，涂长望更能把事情办得很出色。

由于竺可桢要为浙大的事到处奔忙，他们在25日才去南岸寻找新所址。

这天下着细雨，竺可桢、涂长望、吕炯三人从储奇门过江，到海棠溪租马骑着上山。重庆南岸是风景名胜区，山色葱茏，林木蓊郁，是达官贵人们度夏的地方。环境虽好，但迁来也难。他们只好坐滑竿下山，过江回所。

第四节　邹韬奋闲坐话时局

1938年夏天到来时，五妹涂碧霞在训女中学高中部毕业了。五弟涂长晟也已在武昌博文中学高中二年级肄业，回到钟祥。他们留在湖北，升学、就业都无门径。涂长望发电报叫他们都到重庆来。

长晟来时已是年末，各校招生考试早已过了，入不了学。这时，恰逢教育部为收纳流亡入川青年学生而在江津白沙设立的大学先修班招生，涂长望就让他参加考试。他考取后，经过半年学习，又经统一会考，入西北农学院农化系。

第十一章　内迁重庆

涂长望和王回珠四处为碧霞找工作。碧霞也自己去闯荡。后来她去了昆明,到姨父家,找到了工作,认识了未来的妹夫胡国栋。

这时候,敌机已经加紧了对重庆的轰炸。曾家岩是敌人轰炸的重点。他们那里天天挨炸、跑警报。涂长望夫妇俩就在邻近看到好几起炸死人的惨状。

三妹素安在清华中学教英语。校址在胡家湾,离曾家岩有一小时的路程。那里有好房子,又很安全。素安对王回珠说:"二嫂,到我们那里去躲警报吧,我来帮你。"王回珠抱着孩子到胡家湾。涂长望仍在曾家岩,他们在所里自有办法。

在随时都会挨轰炸的情况下,人们难以安心工作。所里连书箱都没打开。只有涂长望和受他影响的一些同事,能够坚持工作并不断做出成果。作为气象学会的总编辑,涂长望也尽力使刊物能连续出版。

在战乱中,涂长望坚持工作,尽力收集资料,潜心研究中国气团的性质、分布、特点和影响。他用打字机写成了 *The Air Masses of China*(《中国的气团》)。这篇论文和他以往的有关工作,在20世纪30年代比较全面地论述了中国的气团和锋,对气团分类提出了新的见解。

郭晓岚两年前是涂长望的学生,现在是他的同事,但就其工作状况来说，相当于他的研究生。在这经常跑警报的环境中，郭晓岚也能和涂长望一样安安稳稳地进行科学研究。他们进行一项繁重的工程，把德国气候学家柯本（Koppen）的气候分类方法结合中国实际引用到中国来，对中国的气候做出科学的分类。

对于中国气候的区划，竺可桢早年已经做过研究，但那时资料没有现在这样丰富。现在，他们有条件发展竺可桢的成果，把这项研究推进到新的水平。涂长望、郭晓岚共同署名的论文是《Koppen范式之中国气候区域》。

涂长望不只是埋头搞科学研究，他始终保持着旺盛的政治热情，对社会活动有充沛的精力。到重庆不久，他就与一些老朋友联系上了。其中到他家次数最多的是邹韬奋。

7月6日，国民党政府在武汉召开了第一届第一次国民参政会。一届一次会议结束后，国民参政会迁往重庆。邹韬奋是参政员。蒋介石每周都要召集他们议政。参政会会址在油市街，邹韬奋每周开会路过曾家岩，都要到涂长望家坐一会儿。坐下来议论，话题都是关于时局方面的。

参政会里边，国民党势力占上风。议长是汪精卫，副议长是张伯苓，聘请了共产党参政员七人：毛泽东、林祖涵、吴玉章、董必武、陈绍禹、秦邦宪、邓颖超。林祖涵即林伯渠,是陕甘宁边区政府主席,吴玉章是边区政府文化委员会主任,他们和毛泽东没来开过会。其余几位是邹韬奋常见的。他知道他们是共产党领导人,但对他们在党内的职务不甚清楚。陈绍禹即王明,是中共长江局的书记。过去他是以"左"闻名的,邹韬奋感到他在参政会里倒不怎么"左",还较能合作。秦邦宪即博古,是中共长江局和南方局的组织部长。邹韬奋和董必武、邓颖超接触较多,他从中知道了共产党的政策和共产党人的奋斗,从而更深切地了解了国共两党的分歧。

涂长望很高兴、很欢迎邹韬奋常来家里坐坐。这样,他就能够更多地了解时局变化的真情。

10月21日武汉失守,25日广州失守,中国抗战又到了紧急关头。国民党内投降势力又膨胀起来,参政会里斗争激烈。邹韬奋每次到涂长望家小坐,谈起国民党的妥协投降政策,都非常气愤、非常担心。涂长望的心情和他一样,觉得他的担心不是多余的,而是有充分理由的。

果然,最使全国人民痛恨和失望的事情,还是在国民党内发生了。1938年12月18日,国民党副总裁、国民参政会议长汪精卫公开叛国投敌,去了河内。

国民党内派系斗争很复杂。日本人的电台广播汪精卫拉拢一批人另立组织，开除蒋介石。除了汪精卫等人，国内投降分子还大有人在。

1939年1月20日，蒋介石兼任国民参政会议长。但是，邹韬奋对参政会的作用越来越失去信心。

涂长望与邹韬奋在交谈中，感到互相的认识是很一致的。都认为抗日的坚定力量是共产党，只有依靠民众，抗日才能胜利。

第五节　轰炸声中研究高空气象

在经过许多锻炼之后，涂长望在纷乱环境下静心研究科学的本领增强了。

1939年到来时，日寇加紧了轰炸，国内社会政治混乱，气象研究所的小环境也很糟糕。涂长望在各种烦扰中，努力研究高空气象。

有些研究人员不做工作，已使竺可桢不满。偏偏是那些不做事的人，常常制造事端，干扰别人，嫉妒别人。有了这样的人，一个单位就不得安宁。

所里有个研究员，回国不到一年，就使所里很多人对他感到厌烦了。他还趁一位同事出国进修之际，插足其家庭，与其妻子的关系变得暧昧起来，所里的人都看

第十一章 内迁重庆

不惯。

涂长望疾恶如仇,为那位出国的同事抱不平。见到这种败坏了所里风气的人,很厌恶。他们二人的关系越来越紧张,互相争吵是常事。所里同事是围着一张大桌子用餐。有一次在吃饭时争执起来,动手厮打,把饭桌都掀翻了。

竺可桢在昆明开院务会时,对所里的混乱已有所闻。他准备到重庆后了解情况,作一解决。

1938年12月27日,竺可桢从昆明飞到重庆。吕炯、涂长望、张宝堃和宋楚白等都到机场去迎接,都想约时间谈谈。竺可桢只是劝大家搞好团结,当晚他要到蒋作宾家去商量别的事情。以后几天竺可桢才找所里的人谈话,化解矛盾。

年末,所里会餐,大家都高高兴兴。但竺可桢也感觉到,涂长望与那位研究员之间的对立情绪仍很深。

第二天元旦,晚6点半涂长望在国泰饭店请客。应邀到席的有竺可桢、吕炯、卢鋈、张宝堃、章元晋、宋楚白。很好一席川菜,大家酒足饭饱,都很满意。在喝茶时,涂长望酒兴仍旺,禁不住把想说的话都说了出来。张宝堃轻声地告诉竺可桢,今后再动手,情况会很严重,都准备了刀子。

竺可桢明白了,这事不仅涉及那个研究员和一对夫妻三人，还涉及打抱不平的涂长望、张宝堃等好几人。同事之间气氛已经恶化，不对所里人员进行调整，势必要影响工作的开展了。他觉得那位研究员辜负了他的希望，回国以来一直拿不出成果，还生是非，不宜再留在研究所里。

竺可桢最爱惜涂长望的才能，对他寄有厚望，感到目前重庆这样的环境，所里这样的状况，也难以发挥他的作用。竺可桢想把涂长望调到浙江大学去，但眼下浙大的环境也很不好，还是等等再看吧。

环境条件不好，敌机常来轰炸，涂长望照样出成果。

元旦期间涂长望也在加紧研究工作。他打完一篇用英文写的论文，请竺可桢审阅。竺可桢高兴地接受，顺便问他愿不愿意去浙大工作，涂长望表示愿意听竺先生安排。

涂长望请竺可桢审阅的论文是 *Results of Aerological Investigation of China*，即《中国高空探测的一些成果》。文中对多年来中国的高空观测成果作了系统总结。

当年德国为开辟欧亚航线，是花了不少钱来进行高空气象观测的，他们有很多成果。为了通过交流获得德国的高空科学成果，涂长望准备以自己这份研究成果与德国气象界作学术交流。这篇论文当即在德国发表了。

涂长望进一步利用高空探测资料，对中国高空大气的气候状况作理论探讨。这也是一项开拓性的工作,以往的气候研究都是就地面情况而进行的。研究了高空,才能更好地认识气候规律。他仍是用英文写作,题目是"A Preliminary study of the climatological condition of the free atmosphere of China",即"中国自由大气气候状况的初步研究"。

自由大气就是离地面一公里以上的大气。高空大气的运行,直接影响飞行。认识高空大气的规律,在航空方面有很大的应用价值,这是可以直接为抗战服务的。

涂长望希望,自己的成果能服务于中国抗战的年轻的空军,还有盟国苏联、美国支援中国的空军。他希望中国空军和盟军都能掌握和利用中国高空气候的规律,多打胜仗。

第十二章 执教浙大

第一节 大轰炸中离重庆

1939年4月初,竺可桢一心想把浙江大学迁移到云南建水,同时把气象研究所迁移到昆明。而吕炯、涂长望和研究院总干事任鸿隽却希望把气象所迁到北碚。建水环境虽好,但迁移计划实难实现,竺可桢只得放弃。

竺可桢在宜山,于4月11日致函任、吕二人,认为气象所以迁昆明为上策,如果迁移经费不够,迁到北碚也好。他最不满意的是维持现状。待在重庆,书籍都不开箱,在那里霉烂,实为下策。所里只有涂长望和他影响下的张宝堃、杨鉴初、郭晓岚等几个人有研究论文写出来。

对于涂长望,竺可桢觉得他留在所里,能力难以充分发挥,便决定把他调到浙江大学来,在史地系任教授,兼筹备中的史地研究所的副所长。4月15日,他给

第十二章 执教浙大

涂长望、吕炯各发去电报一份，调涂长望立即到浙大任教。

涂长望对于这种调动，心里早有准备。毋宁说他是期待着离开气象所的。但不少同事觉得突然，对他即将离去十分依恋。尤其是同他住在一起的代所长吕炯，想到他要走，从家里到所里，都会感到一种莫名的孤寂。

涂长望善始善终地完成手头的研究工作，交代好有关事项，便开始做去宜山的准备。

涂长望的家，要搬走也容易，没有多少东西，也没有什么珍宝细软。他家有一些银圆和银器，前些日子也捐献给国家用于抗战了。这是由青年会的积极分子带头向群众宣传的。

青年会就在曾家岩他家附近。涂长望常去那里，弟妹们来重庆时也是借宿在那里。他家还有行李在那里。

涂长望夫妇的宝贝儿子多伦，长得白白胖胖，十分惹人喜爱，小名就叫胖胖。他刚满周岁，会喊爸爸妈妈，能说一些单词儿，能在地上蹒跚行走，是最令人疼爱的时候。涂长望真想带着他们母子俩一起走，但夫妇二人商量后，又有种种顾虑。

涂长望知道，浙江大学还在迁移之中。迁往何处，去云南还是去贵州，学校和教育部还没能达成一致。对于那"宜山宜水不宜人"的瘴疠之地，是不是要让她母子俩也去领略一番。宜山离前线较近,也常遭到敌机轰炸。在作了多方面的权衡之后,他俩决定涂长望一人先去宜山,估计到了暑假时,学校去处定了,他找好房子,做好安排,再回重庆来接她母子俩。

1939年5月3日晚,涂长望把书籍、打字机等物都装了箱,到青年会收拾东西,整顿好行装。早早睡觉,以便第二天一大早登上去贵阳的汽车。到贵阳再换车去宜山。

次日早晨天色微明,涂长望告别妻儿,即上车出发。天亮时汽车驶过长江大桥,就听到警报声,不久敌机到了城市上空,开始投弹。汽车加速驶入山区。涂长望身在车中,心里挂念着重庆。

重庆、贵阳之间,行车尚称顺利。越往南,道路就越拥挤。停车、等车、换车,后车到达的人,不断传播着5月4日重庆大轰炸的消息,涂长望越听越气愤,越担心。

11日上午,涂长望经过几天奔波终于到了宜山。在乐群社暂住。竺可桢闻讯,下午即来看望。二人见面,互问平安。涂长望即谈起"五四"重庆大轰炸的惨景,以曾家岩青年会一带为最惨。听说那一带房屋完全毁坏了。头天晚上他还在青年会整理行装哩。也不知道气象所和自己家的房子会怎样,王回珠母子、吕炯和所里同事们安危如何。这使竺可桢也很担心。①

谈到大轰炸的人员伤亡,涂长望听说曾家岩一带就死了500多人。他未亲历,那天实际上惨死5000多人,伤万人以上。日本强盗又欠下了中国人民一笔巨大血债,这已经引起世界人民的公愤。竺可桢说,他日若发生当年那样的东京大地震,世界上将没有人同情他们。

涂长望初步适应了宜山的生活后,在米店的楼上租了房间。还不到放暑假,他就趁到贵阳去办事的机会,准备去重庆接夫人和儿子。

王回珠母子在涂长望离开当天,就经历了大轰炸的惨境。那天晚上,月光凄凉。她家的房屋幸存,但周围到处都是废墟。附近一带死了不少人。娘儿俩睡觉也心惊胆战。

大轰炸后不久,气象研究所就迁往北碚。吕炯家也迁走。王回珠母子面临的境况是既无工作单位,也无亲朋好友,涂长望也没有信来。她怎能孤孤单单地在这个挨炸的地方等待下去,于是带着刚满周岁的多伦,独自奔向宜山去了。

王回珠这趟旅行是极其艰辛的。她是第一次在警报声中坐着汽车过长江。过娄山关,那险峻的雄关漫道,

---

① 竺可桢:《竺可桢日记第1册》,人民出版社,1984年,第331页。

从山脚到山巅那多重 S 形的公路，她也是第一次领略。

王回珠和涂长望都没有想到，他俩会在纷乱的公路旅程中失之交臂。他到贵阳时，她风尘仆仆地到了宜山。

王回珠带着儿子到标营去找涂长望，正好放学了。年轻的教授王淦昌站在校门口。她不认识他，向他打听涂长望。王淦昌不需问已看出她是涂夫人。他告诉她，长望已去贵阳，即将去重庆，必须赶快打电报追他回来。

王回珠经过长途跋涉，已经囊中羞涩，便向王淦昌借点钱住旅馆。他微笑着说："不借。"他已经想好了如何安排她娘儿俩好好休息，等待长望回来。

王淦昌让夫人到自己的房间住，倒出她的房间给王回珠母子住，直到涂长望回来。

黄秉维也热情邀请王回珠母子去住。几位年轻教授，为她母子安排好了一切，使王回珠一来就感觉到，涂长望在这里同年轻的教授们相处得十分融洽。

第二节　少壮派意气风发

浙江大学史地系主任张其昀教授，是竺可桢早年在南京高师及东南大学时代的高足。他很理解竺可桢千方百计为浙大聚集贤才的努力。浙大在患难中也能吸引一大批著名学者，涂长望来到史地系，使他十分高兴。

第十二章 执教浙大

张其昀热烈欢迎涂长望,召集史地系师生在宜山文庙举行欢迎会。

文庙的环境十分优雅,是那时浙大最好的校舍。其余大部分房屋在标营,都是些大草棚。张其昀对涂长望了解不深,怕他不能在这简陋、艰苦的环境里久留。其实,涂长望对浙大的情况是心里有数的,他来浙大是要与竺可桢和全校师生同甘共苦的。

张其昀和涂长望走进教室时,史地系师生起立热烈鼓掌。他们打量新来的教授,中等身材,素色西服,鼻梁上戴一副圆圆的眼镜,眉宇间透出智慧,嘴角上漾着微笑,一见面就使人感到十分亲切。

张其昀介绍说:"涂先生曾留学英国,回国后在中央研究院气象研究所工作,又曾在清华大学任教。他在国内外发表了许多出色的学术论文,是国际上知名的气象学家。"张其昀向大家展示了刚收到的一份德国科学刊物,上面刊登着涂长望今年才写的《中国高空探测的一些成果》,让大家看,然后继续说:"前次我们请来了著名地理学家叶左之教授到系里任教,现在涂长望教授又来到我们史地系。他们二位,一个管地,一个管天,是学校的大幸。"①

---

① 施雅风:《涂长望教授的教学、科研和民主革命斗争的几件事》,《纪念涂长望》,气象出版社,1991年,第52页。

涂长望很高兴能结识比自己年长的叶左之教授。从此他们就成了好朋友。他们旁边还有一位年轻的教授黄秉维，也是地理学家，他跟涂长望一见如故。张其昀讲完之后，叶左之接着讲话，系里各位教授、副教授、讲师、助教、学生，都热情地讲话对涂长望表示欢迎。涂长望十分感动，站起来谈了自己的心情并表示了谢忱，还谈了自己的希望和打算。

涂长望说，他计划在浙大开设五门课程：气象学、气候学、中国气候、天气预报和大气物理。他希望浙江大学研究生院和史地研究所能尽快成立。

涂长望是在文庙遇见王淦昌的。他们于五年前在伦敦认识。二人对于那次在中餐馆的相会，至今都保持着良好记忆。这些年涂长望没有见到王淦昌，以为他还在国外搞核物理研究，没想到他已经到了浙江大学。

王淦昌也忘不了涂长望，没想到能在宜山见到这位有着英国皇家气象学会会员头衔的、性格豪爽、待人热情的朋友。久别重逢，异常高兴。

不久，涂长望的好朋友陈立也来到了宜山。清华大学迁往昆明，与北京大学、南开大学合并成为西南联大。陈立没去昆明，而是接受了竺可桢的聘书。宜山的处境比昆明艰难得多，但这里有那么多好朋友，使他感到愉快。

第十二章 执教浙大

竺可桢校长很喜欢年轻的教授们，常和他们郊游，并对他们寄予厚望。

涂长望到宜山后的第三天，即1939年5月14日，是个星期天，天气晴朗，竺可桢约了涂长望、王淦昌、何增禄三位教授到家里聚谈。然后一同去游小龙江，把9岁半的彬彬（竺安）也带着去。徒步游览于青山绿水之间，心情畅快。他们到达小龙江渡口时，已经10点多了，热起来了，于是大人小孩都跳下水去游泳。饿了到树林里去野餐，在林荫下午休，悠游闲谈。到下午两点，总务主任沈鲁珍乘着小船溯江而上，来接他们到沙滩，去视察校舍建设情况。直到夕阳西下，5点多钟他们才回到宜山城里。

竺可桢希望年轻的教授们都能发扬"求是"精神，追求科学真理。他曾提出把"求是"作为浙大校训，半年前校务会议已通过。他希望他们能带头实践，使浙大的学术空气活跃起来，引导学生刻苦读书，同时关心国家前途、民族命运。他说："不管社会上是什么情况，在浙江大学校园内，思想、学术都有充分的自由。"

那时蒋介石国民党政府又要加强思想统治，竺可桢认为思想不能统治。

涂长望不仅思想上跟竺可桢很合拍，事业相同，而且在喜欢郊游登山这些方面也志趣相投，在追求真理的

"求是"精神方面二人也很一致。涂长望的精神品格和个人魅力，不仅使年轻教授们愿意和他交朋友，也使学生们对他十分爱戴。

黄秉维谈起他与涂长望的交往说，他原来不爱参加活动，是涂长望使他发生了改变。他本是"两耳不闻窗外事，一心只读圣贤书"，涂长望启发他有了政治热情，积极参加社会活动。半年前黄秉维初到宜山，听竺可桢在欢迎新生的会上发表演说，对当政诸公多有不满，认为是少数坏人当官祸害了国家，以为只要官是好官，一切就能走上正轨，实现国富民强。他说，任何制度都可以有贤明之治，廉能政府，关键在于当权者的德才是否相称。当时黄秉维听了热烈鼓掌，现在说给涂长望听，涂长望听过之后笑了。也不急于下结论，而是逐一谈了他在英国、德国、苏联这些国家的见闻，用它们过去、现在的政治来作比较，说明竺先生无意间谈的看法，是一种好人政治思想。涂长望认为好人政治是行不通的。不好的政治制度，会排挤掉好人，使坏人得势，制造出坏人。涂长望的看法，使黄秉维感到茅塞顿开，愿意一道参加争取社会政治进步的活动。①

在王回珠母子来到宜山前，涂长望就结识了好几位

---

① 黄秉维：《卓越的人民科学家和社会活动家》，《纪念涂长望》，气象出版社，1991年，第36–37页。

新朋友,他们就常到涂家来玩。不只是这些少壮派,张其昀比他们年纪大,介于老学者与他们之间,也常来涂家。他喜欢小孩,多伦小名"胖胖",他说"胖胖真活泼,上电影多好"。

秋天,又来了一位地理学者任美锷。他是7月份才离开英国的。他单身一人,住在涂长望隔壁,不便开伙,就在涂家入伙,他们很快成为好朋友。

涂长望的学生郭晓岚,也想跟着涂长望到浙大来。他先是在6月份寄了《南京雷雨状况下之空气分析》等两篇论文来向竺可桢请教,10月初又亲自到了宜山。他到涂长望家,要当涂长望的研究生。他才能出众,当研究生没问题。但是,浙大研究院和史地研究所都还没成立。涂长望很愿意留他在身边,就给他出主意说,暂时先当助教,明年再做浙大的首批研究生。这使郭晓岚很高兴。于是,晚饭后,涂长望和王回珠领着郭晓岚,一起到竺可桢家去拜访。竺可桢晚上还很忙,总务主任沈鲁珍正在他家谈话,但他仍然热情地欢迎他们。叙谈之后,竺可桢答应了他们的要求。

在少壮派们意气风发干事业的时候,抗战形势却不容乐观,而国民党又加紧了对大学的控制。11月初,教育部发来密函,由张其昀、苏叔岳、郭洽周三位国民党员教授组成了浙江大学区党部。

从今以后,浙大校园的激烈斗争更是难以避免了。

第三节 紧要关头知劲草

浙江大学校园里的斗争还未展开,日寇的压迫就已降临。

1939年11月中旬,敌军侵入北部湾。日本人在北海、钦州登陆后,对南宁狂轰滥炸,宜山也经常挨炸,浙大难以正常上课了。到下旬南宁陷落,难民不断涌来,校内校外更是人心惶惶。许多事情忙坏了,也难坏了竺可桢校长。

涂长望这时尽其所能来为竺可桢分忧,就像前年南京大撤退临危之际担负重任一样。

11月28日,学生罢课来要求学校搬迁。涂长望和少壮派的年轻教授们,都和竺可桢一样处以镇静,劝学生们不要惊慌,做好准备,听从学校安排,有计划地搬迁。

浙大经受着学生和教育部上下两方面的巨大压力。教育部长陈立夫不同意浙大搬迁,不给搬迁经费,又设置障碍,说浙大搬迁必须取得广西省政府主席黄旭初的谅解。这些方面涂长望和年轻教授们帮不了竺可桢,他得一次又一次派说得上话的人到教育部去请求,自己到桂林去见黄旭初。黄不仅支持浙大搬迁,还愿意为浙大的事劝说教育部。

这天下着雨。卢鋈从蓝靛村武汉测候所过江来,想要找竺可桢,不得见,于是就到涂长望家来商量所里的事。说起来,涂长望已经不是气象研究所的人了,对气象所下属测候所的事更不必去管。但是他对气象事业感情很深,又是个热心肠,对同事重感情,所以愿意为卢鋈出主意、想办法。

卢鋈想起南京撤退时,自己是不愿意走的一派,在那纷乱的情况下,竺可桢顾不上所里的事,涂长望的处置很正确,挽救了气象研究所,使之没有溃散。现在他真心实意要听涂长望的主意,武汉测候所往哪里迁?怎样才能生存下去?

涂长望也为故乡的气象事业忧虑。周密思考之后,他认为当初的想法就是要跟着竺可桢所长,追随浙大而来,今后也只有跟浙大一起,才能坚持下去。

这样,又提出了一个问题,在小龙乡新建的所址还要不要继续进行。看来要停工,或者把房子建成后再转卖给人。涂长望知道,浙大在小龙乡沙滩建的校舍是不可能住了,竺可桢已经在考虑把那些房子建成并转让出去。

这些事都得请竺可桢拍板。在办公室找他是排不上号的，涂长望让卢鋈等着，中午一起到他家里去找他。

竺可桢中午也不休息，在家里接待他们。三个气象学家在一起，心里想的都是在战乱中坚持发展气象事业的事。没等来人开口，竺可桢就对卢鋈说："温甫，南宁陷落，宜山这样紧张，武汉测候所的小龙江工地是不是继续进行？"卢鋈回答说，他和涂长望正是来请示此事的。他谈了他们二人的意见，然后要求让武汉测候所跟浙大一起搬迁。

这事竺可桢心里同意，但又很为难。在频繁的警报声中和纷乱的难民潮里，浙大实际上已不可能上课。全校上下都要求赶快搬迁，但教育部一直不同意。浙大行止未定，让武汉测候所迁到哪里去？他想到中央研究院心理研究所在三江，如果浙大迁移，武汉测候所可以迁到三江去。浙大是准备往贵州迁，但校址都没能确定。等到校址定了，武汉测候所就可以移过来。三人谈到下午4点钟，竺可桢要去开校务会议了，涂长望和卢鋈才告辞。

到了12月，形势更危急。一些教职员纷纷离去。5日这天竺可桢统计，告假的教员就有16人，其中文科9人，理工农各科2—3人。这使他感到文人更胆小些，有些人在紧急关头不辞而别。竺可桢叹道："古人说，疾风知劲草，世乱识忠臣。到紧急关头方知谁是谁。"

第十二章 执教浙大

浙大于1939年12月6日开始向贵州迁移家属。以后又开始迁移图书、仪器。再往后学生也以各种方式向贵州进发了。但是直到16日,浙大的教授仍接到重庆来信,说教育部不同意浙大迁校。27日下午,竺可桢还接到教育部的电报,说"战局转佳,暂可不移"云云。

这期间,校外谣言纷纷,说浙大已经解散了。校内姜伯韩教授说,据教育部方面的消息,有派顾一樵来当浙大校长的意向。

以涂长望为首的少壮派教授充分理解和支持竺可桢,尽可能地为他分忧,做学生的工作,照顾病人和家属。浙大师生的处境是很不幸的,除了敌人轰炸,行政压迫,还遭到严重天灾,有三分之一的人身染疾病。

这个冬天特别冷。但浙大的学生是好样的,很多人是冒着凄风冷雨,翻山越岭徒步去贵州的。他们在苦难中,还组织战地服务团,为前线将士服务,做救护工作,作抗日宣传。

不幸的事也落到了涂长望身上。在这不能生病的时候,病魔偏偏缠上了他。病重时,他得卧床休息,医生告诫他不要出门。

1940年元旦,竺可桢邀约一些教授同游九龙岩,探九龙洞。他们是来向这里的山川告别的。他知道涂长望是最爱郊游登山的,见他不能去,便劝他好好养病。竺可桢他们出发以后，涂长望下了床，不时地遥望青山。中午时曾有警报，不过敌机的目标不是宜山而是柳州。朋友们郊游，可以尽兴。

在频繁的警报声中，卢鋈又来涂长望家。他说，他曾找过竺可桢，要求让武汉测候所跟着浙大走，不去三江心理所那里，竺先生不允许，怎么办？卢鋈有点等不得，急于想动身。涂长望笑着说："竺先生没有痛快地答应你，是因为浙大的校舍还没有着落，他哪有工夫来为你找房子。要是我能够走动，也可以帮他的忙，同时也为你们安排个地方。偏在这时，我这身体不争气，病了。你不用着急，做好迁移的准备就是了。"卢鋈还是有点担心，不往心理所靠行不行。涂长望说："可以的，你要相信竺先生，他不会不管你们。"

卢鋈只好等着。果然，1月11日中午，竺可桢吃完午饭就过江到蓝靛村，跟卢鋈谈迁所的事。他说："我明天就要离开宜山了。等我到了贵州以后，再告诉你怎样迁移。"

后来，竺可桢经过许多周折和艰辛，终于把浙江大学迁移到遵义和湄潭。他为武汉测候所在湄潭找到一个好地方——玉皇阁。竺可桢把自己的家最后定在遵义碓窝井9号一座宅院里。涂长望的家在仙龙巷一个小四合院。两家人隔街相望。

完成这次大迁移，浙江大学的存亡经受了一次严酷考验，而浙大的教授一下子全都变成了穷人。学校给的搬迁津贴，单身是50元，有家眷者100元，实际一个人的迁移要花千元以上，大家只好变卖家产和借债。涂长望原有的一点积蓄耗光了，也要卖掉一些东西。

第四节　科学社桃李竞芳

浙大迁移到遵义、湄潭后，有了一段相对安定的时期。师生共同努力，在山沟里建成了以学术成果丰富而闻名于世的"东方剑桥"。这里的学术空气很浓，各种学术思想可以争鸣。学校生活也富于文采，校园里管弦之声不绝于耳。老学者们都兢兢业业做学问，年轻教授们更是努力攀登。

到遵义后，少壮派教授们在一起的活动增多了，涂长望渐渐地成了核心人物。这个圈子里的主要人物有陈立、王淦昌、黄秉维、任美锷、钱令希、钱钟韩、祝伯康、黄翼等。他们几乎每周都有活动，以座谈会的形式交流学术，议论时局。较大的活动每月一次，轮流地在每家举行。

跟涂长望交往最密切的陈立、王淦昌、黄秉维、任美锷这几个人，年龄相近，志趣相同，稍有闲暇便聚在一起，每周都得交谈几次，很少两三天不见面的。

年轻教授们每个礼拜天轮流到一家聚会，打桥牌玩，夫人们话家常，孩子们游戏。当值的一家备午餐，由这家夫人操办拿手好菜。

到遵义后，浙大的进步学生组织十分活跃。积极活动的有黑白文艺社、铁犁剧团、塔外社、保民卅一级会等，史地系有一些学生参加，还做领导工作。涂长望积极支持他们的活动。国民党加紧了对学校的思想统治，教育部发密函给浙大，指责这些团体是共产党的组织，并点名说几位负责人可能是共产党员，要学校监视。竺可桢不愿意在学校搞思想统治，对教育部的密函不以为然，对国民党浙大区党部的人说"这些学生喜欢信口雌黄，并非共产党"，把这类事情搪塞过去。涂长望他们不知道这些秘密事情，但对竺可桢关心青年深有感受，衷心拥护，积极配合，在浙大造成学术繁荣、思想活跃的局面。

到了"知天命"之年的竺可桢，在朋友们的撮合下又娶了续弦夫人。他是在浙大度过危机，在遵义安顿好了之后，利用去重庆开会的时机，于春天与陈汲（允敏）完婚的。当他俩回到遵义时，教授们的女眷都去看望和祝贺。涂长望伴着夫人王回珠过街去竺家。这时王回珠怀孕已经7个月。竺可桢出门迎接，作了介绍之后，就禁不住和涂长望谈起学校的事情来。两位夫人也是一见如故，唠起家常。允敏见王回珠肚子大，就说："涂太太快坐月子了吧，有事要帮忙，别客气，来找我。"从此以后，两家人来往就更多了。

1940年7月，王回珠生下了长女涂多林，是请就近卫生所的助产士来家接生的。在月子里，竺可桢和夫人允敏几次来涂家看望。一次，允敏拉着胖胖说："我们到屋里去看你妈妈和妹妹。"竺可桢和涂长望在外屋里谈话。这次谈得很久。

竺可桢感叹道："唉，到浙大几年，我把气象科学荒疏了。国外的刊物都没工夫读。前些日子你送来美国《气象月刊》，有的文章我都读不通了。气象学进展很快呀！"

涂长望说："目前我们很难发展地面、高空的气象观测网，科研条件不可能改善，能做的只是努力研究，培养人才，加强国际交流。"

竺可桢的想法跟涂长望一致。二人的话题转到了史地研究部和史地系。史地系是竺可桢到浙大后即开设的，四年来已经人才济济，颇具规模，在各大学中堪称一流，是令人欣慰的。但是，研究部（后称研究所）到遵义才办成，教育部只拨给2000元经费。张其昀为史地系主任兼研究部主任，涂长望为副主任。张其昀兼职多，竺可桢希望涂长望在教学上，尤其是在培养研究生方面多做些工作。涂长望欣然同意，并谈了尽量多带些气象学研究生的设想，表示要因陋就简把工作做好。史地研究部和史地系条件不好，办公地点是租用遵义公共体育场的"南庐"。但是教育和研究工作都搞得有声有色。

二人谈了部里、系里的工作，又谈起学术活动和学术团体。涂长望已经参加中国科学社的活动。同时，学校里还有不少中华自然科学社的社员，很分散，涂长望和朋友们正在把他们组织起来。竺可桢对学校师生的一切活动都表示支持。他说过，在浙江大学，共产主义、三民主义都可以讲。他只希望不要引来社会上对浙大的干涉。

竺可桢很支持涂长望在遵义把中华自然科学社的活动开展起来。涂长望趁此谈了进行活动的设想。

谈到学校的训育工作，竺可桢觉得国民党员的训导长总是跟学生闹矛盾，应该选一位能爱护学生、能以德才服人的教授来当训导长。他告诉涂长望，他已选好了无党派的费巩教授，并已做好了工作，过几天就可以宣布。听说这事，涂长望对竺可桢的大智大勇顿时产生了无限的敬佩。他知道，教育部明令规定训导长一职须由国民党员担任。竺可桢这样做，在全国高校中是绝无先例的。他不知道这样做会招来什么后果，但他认为这样

第十二章　执教浙大

会使学校的民主空气变得更浓烈，各个团体的活动会更自由。

有学校当局的支持，涂长望和少壮派的教授们就劲头十足地活动开来。

8月25日下午，在柿花园街一号开清华同学会。到会的20多个人中有竺可桢、王季梁、胡刚复、陈立、涂长望、黄翼、江超西、王淦昌、郭晓岚、周明衡等。老学者感慨话当年，少壮派慷慨谈奋斗。王季梁谈起1909年首批清华留美生47人，由唐开森带领出国的情形；胡刚复补充1910年第二批清华留美生50人，由胡敦复等带领出国的情形。由于清朝教育官员的糊涂，首批留学生到美国后进了中学，所以竺可桢他们第二批学生反而先取得学位。会上推选王季梁为会长，江超西、黄翼、王淦昌等5人为干事。会后，涂长望利用少壮派教授聚会，跟大家商量，正式把中华自然科学社遵义分社成立起来。

从此，浙大就有了两个科学家的团体。

中国科学社是中国最早的现代科技团体。它于民国四年（1915年）由留美学者任鸿隽、赵元任、杨杏佛、胡明复等人在美国波士顿建立，1918年迁回国内。社员都是有名望的学者，影响很大，一般的科技工作者不能成为它的社员。该社成立后不久，竺可桢由赵元任介绍参加该社。

中华自然科学社的社员更要广泛一些。它是1926年在东南大学由一些四川、湖南籍的学生发起的，发展到全国，会员达到2000多人，以长江流域为多，在美、英、法、德等国也有分社，相当多的年轻教授都在这个组织里。涂长望是这个组织的常务理事，遵义分会成立后，许多活动，大家都要同他商量，听他出主意。

涂长望觉得，现在放假了，在10月7日开学之前，有时间可以做些科学研究、考察和实验，在学生中举办讲座，组织抗战宣传，搞演出和讲演。年轻的教授们很踊跃，根据自己的专长，报了讲座的选题和计划。

年轻的教授们在学生中颇有影响，各种活动搞得有声有色。到遵义后的第一个暑假，浙大师生就过得很有意义。

第五节　高才生投师门下

年轻教授们给浙大带来一片生机，竺可桢非常高兴。他到涂家，对涂长望说："大家辛苦了，假期还是要玩一玩，找个日子我们去登金顶山，你看怎么样？"

这还用说，登山是他俩的共同兴趣。当即确定了日子：9月23日，秋分这一天。一共邀约七位教授，除了

第十二章 执教浙大

竺可桢校长、李振吾院长二人的年纪较大，其余的涂长望、陈立、李旭旦、任美锷、张荫麟五人都是30多岁的少壮派。涂长望出头来做安排。竺可桢特地向体育教授苏鸿借了一张轻便的行军床，涂长望找校工潘炳生运送。为了在山上的食宿，他还请了三个挑夫背东西。

那天是个阴天。竺可桢早晨6点就起来了。约好在8点钟会齐，他一边等着，一边读章乃器的文章《物价问题之症结》。物价上涨，已经威胁到每个人的生活。今天本来是要放松一下，想到物价，心情又沉重起来。

涂长望领着年轻教授和工友们来了，竺宅的空气才顿时变得活跃了。已显身孕的允敏夫人，目送他们这支11人的小小队伍出发。

十多分钟后，他们出了遵义北门。不久，这支旅游小队就消失在黔北的崇山峻岭之中了。

秋天，山分五色，风景宜人。曲曲弯弯的石铺山路，在山间绕来绕去。竺教授缓步行走，不觉得累，也不出汗。过了高桥，高石坎，前面又见一山。时届中午，大家便在老鹰岩下小憩。在四围山色间，有一片片金黄的稻田，农民正在收割。全都是冬水田，在水里打谷。涂长望和两个年轻教授去访问，说是今年只有七成收获，日子又不好过。继续前行，过了下场、新场，1点半钟到达半边街，有卖茶水和饮食的，他们便停下来吃藕粉，用点心。摆摊的主人面色蜡黄，问他是不是吸鸦片，他说以前吸的，在浙大的帮助下已经戒绝了。教授们感到，浙大在黔北推行戒烟运动，救了不少老百姓。

涂长望等年轻教授想到，这一带几年前曾经是红军出入的地方，便问："你们见过红军吗？"回答说："我们都见过。"又问："共产党好不好？"那个小贩说："又好又不好。"涂长望说："你说的啥子嘛，什么叫又好又不好？"回答说："他们不损坏东西，用东西都给钱，可是这些钱现在都不能用了。先生，你们有办法帮忙兑换吗？"教授们听了，摇头，笑笑。涂长望感到，群众还精心保存着红军的货币。

他们缓步登山。下午3点到达玉佛寺，便不再走了，在这里住下。跟寺僧商定，在寺庙的前楼住一宿，借寺里锅灶做今晚明早两餐饭，每人交1元钱。和尚们乐于接待。这里满山竹木，郁郁葱葱。本来叫九龙山，只因30年代初期统治贵州的军阀周西成送给庙里一尊玉佛，才改此名。原是十方丛林，现在只剩和尚六个。住持方丈浅云法师出门去了，一切都由知客和尚云开来接待。这个云开是个颇能使人开心的妙人。问他从这里到金顶山有多远，他说上山15里，下山10里。问是不是有好几条路，他说只有一条路。他还说他曾云游四海，到过太华、普陀，数本山最好。又说他懂得英国、法国、日本三国语言,只可惜不会说美国话。七个教授听他吹,不时地乐得捧腹大笑。晚饭后,教授们到寺后山泉洗了脚,竺可桢早睡,涂长望等还跟和尚们聊天。

第二天早晨,他们吃了宁波年糕就出发。天气仍然很阴凉。七教授缓步穿过竹林,先下一片坡,然后再上山。一路上,经过供奉地藏的报恩寺,供奉财神的如意殿和万福寺,就到了紧靠金顶的大殿。在这里见到了一群浙大学生,他们10多人昨天出发得早些,夜宿大殿里。见到校长和教授们,都围过来问候。师生们谈起旅途见闻,都忘不了玉佛寺那个吹牛的云开和尚。昨天学生们到达时,云开以为他们是陆军大学的,他就大吹法螺,列队迎接。听说是浙江大学的,他又说,我跟你们校长很熟。学生问,你看我们校长身体怎么样?云开说,个子很高,身材魁梧,有点发福了。学生们大笑,云开也跟着笑。他根本不会想到,竺可桢校长是个又矮又瘦的老人。竺可桢对学生说:"旅行是最好的学习。"涂长望补充说:"能见识到各种各样的人生。"

从大殿到山顶,只需走十几分钟。山顶高度1460米。极目四望,苍山如海。教授们尽兴后便踏上归程。下山走得较快,涂长望回到家里时,还不到下午5点。这次登山是暑假期间的最后一游。回来后,涂长望就开始为史地研究所和史地系下学期的教学和研究工作做准备。①

为了培养研究生，涂长望跟张其昀商定，编印一套《浙江大学史地教育研究丛刊》。竺可桢校长很支持，于是就动手编第一辑《地理研究法》。涂长望带头写文章。他早先已完成《气象研究法》一文，现在又抓紧为另一篇文章《气候学研究》定稿。这两篇文章共约两万言，可使研究生学会气象科学、气候科学的研究方法，其中有不少是涂长望自己的经验之谈，这对于初学者极为宝贵，对于老学者也可引为借鉴。

涂长望继续研究中国的气团和锋。在1937—1938年那颠沛流离的岁月，他曾让郭晓岚、杨鉴初帮助作统计，么枕生帮助绘图，完成了洋洋5万言的《中国之气团》。他感到意犹未尽，还可以引出一些能够直接用于天气预报的结果。于是，他写了《气团分析与天气范式》，刊于系里出版的《史地杂志》。所谓天气范式，就是现在的天气模式，是广大气象预报员每天都必须应用的。在当时，则是中国天气学的开山之作。

1940年10月11日，浙大正式开学的前三天，史地研究所开师生谈话会，竺可桢亲自来参加，到会的教授有王季梁、顾谷宜、谭其骧、叶左之、张荫麟、黄秉

---

① 竺可桢：《竺可桢日记第1册》，人民出版社，1984年，第455页。

第十二章 执教浙大

维,已报到的研究生有沈昌玉、王爱云。张其昀和涂长望分别报告了所里的工作,谈了许多人想来报考本所研究生,以及科研、教学、出版情况,经费情况,今后打算等等。竺可桢对张其昀、涂长望的合作表示很满意,他说:"史地系以四年时间,有如此规模,真不容易。教育部以两千元办一个研究所,更是笑谈,目前也简直无设备可言,但是二位却把事情办得如此吸引人,真是大有希望。"

到史地研究所跟涂长望攻读气象学的第一个研究生,是清华大学1937年毕业即到中央研究院气象研究所、又跟着到浙江大学的郭晓岚。他已有成果文名,是竺可桢校长特别赏识的学生。他早就是涂长望的助教、助手。

自郭晓岚以后,清华高才生来了好几人。一两年间,到遵义涂长望门下的研究生有谢义炳、叶笃正、谢觉民等。这些人后来对气象科学大有贡献,成为中国、美国、世界的著名学者。

第十三章　浙大风云

第一节　校务会上斥贪婪

1940年秋,浙江大学开学后,注册学生1335人,还有一些新生没有到齐,留在浙江的龙泉分校约有200人不在其数,共设文、理、工、农、师五个学院。本年度按教育部新的选举办法产生校务会议。

12月1日选举校务会议成员,10人当选,其中有年轻教授涂长望、黄翼等。从此,涂长望要参加校中重大事务的议定。第一次校务会议定于14日召开。①

这期间竺可桢又有许多烦恼的事,涂长望帮不上忙。费巩教授任训导长,受到师生拥护,但因他不是国民党员,教育部、中央党部都向竺可桢施加压力,要撤掉费巩。校内的国民党员和特务学生也制造是非,使费

---

① 竺可桢:《竺可桢日记第1册》,人民出版社,1984年,第470页。

巩无法工作。

费巩被迫辞职，竺可桢想让张其昀接替。张其昀以史地系和史地所离不开为由，坚持不接受。其实浙大史地方面有涂长望、叶左之、张荫麟等教授支撑着，可以减轻张其昀的负担。他只是不愿意对学生进行思想统治，不愿意因为政治的纠纷而耽误自己做学问。这事使竺可桢很为难。

这时候，浙大一年级所在地永兴区的国民党党部也无端制造纠纷，硬说浙大强借南华宫，撕毁党旗，有共产党人煽动。这些指责受到贵州省党部的支持，使竺可桢伤透脑筋。校内又起事端，学生自治会要求换教务长，一年级学生反对分级考试，事务处发现贪污盗窃行为，等等。

竺可桢在处理这些烦恼事情之余，想要松快一下，就去找年轻教授，常常是找涂长望聊天或郊游。

12月4日下午，竺可桢来到涂长望家。正好任美锷也在涂家闲聊。王回珠放下多林来送茶，问道："竺先生，允敏夫人快要生产了吧？有事来找我，不要客气。"竺可桢表示感谢。

交谈了一会儿，涂长望见竺可桢面带倦容，便说："竺先生，你需要多运动，我们去打一会儿网球吧？"竺可桢说："自从离开杭州，有三年多没打过网球了。

好，打几场去！"

网球场在子弹库，校办公室的前面。三人走去，竺、涂二人先打。涂长望、任美锷等一般年轻教授常玩，技巧不错。竺可桢则有些生疏，不是触网就是打得太远，有时打不着球，抽球更不得劲儿。涂长望和任美锷，打得很激烈。休息时，涂长望对竺可桢谈起，学生对学校总务工作有些议论，具体都有什么事实，还不清楚。对这种事，竺可桢主张彻底查清，但不要随便议论。

12月14日上午9点，在柿花园一号开校务会议，涂长望见竺可桢十分疲乏。原来允敏夫人半夜腹痛，请王禹昌太太接生，凌晨生下女儿竺松，小名毛毛。他没能休息就来开会，会上讨论的事项又很难办，涂长望就把关于总务的一些问题压下没有说，准备等下次会议再提，也可以把事实弄得准确些。会议讨论了经费预算、建校问题、迁校问题，都很难。原来设想，湄潭环境清幽，风景好，物价廉，把全校都往那里集中。但是，教职员工都很穷，经不起再来一次大搬家了。

再开校务会议时，已是1941年2月1日了，农历正月初六。竺可桢报告了校舍问题，然后讨论经费预算。涂长望起来发言，说到"大部分行政经费，都落到了某些个人的腰包里"时情绪很激动。竺可桢知道，这是指事务处几个人,但这样的情绪使他很不高兴,起来责问有什么证据。

这是人们第一次见到竺、涂二人红着脸说话。二人有同样的求是精神,同样的疾恶如仇的性格,把具体事实讲清楚,彼此便能谅解了。事务主任王伊曾曾经向竺可桢报告过,仓库里的柴油桶,打开一看,里面装的是水。还有姚某负责从海运物资80多箱,夹带了60多箱走私物品,都用浙大名义,他已支去了薪水,还想报运费。竺可桢决定,对这一件件事情都要查个水落石出。竺、涂二人在会上互相解释清楚,认识就一致了。竺可桢宣布散会,已是晚上8点半了。①

涂长望走出柿花园一号,大街上迎龙灯正热闹。遵义习俗,从正月初六耍龙灯,直到元宵节。

第二节　缙云山中议发展

郭晓岚向涂长望请示,研究工作中需要一些资料,遵义的浙大气象测候所、湄潭凤凰阁武汉测候所都不能提供,需要到北碚气象研究所去抄录。为节省旅费,涂长望说:"等几天吧。"

---

① 竺可桢:《竺可桢日记第1册》,人民出版社,1984年,第482页。

从 2 月中旬到 4 月中旬，竺可桢将要去重庆开会，并在北碚住一段时间。涂长望让郭晓岚搭竺可桢的车去，这样，不仅可以省钱，而且可以随时向竺先生求教。郭晓岚对导师这种安排非常满意，竺先生已经多次为郭晓岚审阅过论文稿。他实际上有了两位导师，对于研究工作更加信心十足了，积极准备，等待出发。

1941 年 2 月 12 日下午 2 点，浙大"国 1935 渝"字号小校车司机章宝兴接了郭晓岚，开到小十字请竺可桢上车。这次离校时间较长，涂长望、校长秘书诸葛麒、允敏夫人和孩子们都来为竺可桢送行。除了司机，坐车的只有竺可桢、郭晓岚二人，他们将翻越娄山关去重庆，车子开动的时候，竺可桢回头对涂长望说："开理事会时，你早点至北碚。"

涂长望感觉到，竺可桢有话想跟他说，有事想同他商量。

到 3 月初，涂长望即动身去重庆，住在上清寺聚兴村 8 号。这里是中央研究院办事处，是科学家们落脚之处。他到达不久，赵九章也从昆明飞来了。赵九章不是中国气象学会本届理事，是应竺可桢邀请来讲学和商量事情的。

涂长望和赵九章互相交流西南联大和浙江大学的气象教学、气象科研情况。赵在昆明，忙于培养航空气象

第十三章 浙大风云

员和嵩明气象台的工作,涂在遵义则是培养本科生和研究生。

中央大学气象学教授朱炳海也从沙坪坝来了。他也是很久没见涂长望了,这次相见,格外亲切。系主任胡焕庸没来,涂长望感到很可惜。他若来相会,中国大学气象教育的主将就差不多到齐了。他们都有一种感觉:中国气象人才太少了,不能适应抗战需要。

3月5日,涂长望、赵九章、朱炳海三人一起乘研究院的车到北碚。竺可桢非常高兴,决定明天游缙云山,后天开理事会。此山竺可桢已登临多次,每次游兴不减。但对涂长望来说,这还是第一次,所以兴趣更大。

第二天吃了早饭,竺可桢、涂长望、赵九章、朱炳海、张宝堃、郑子政六人,带着两个气压表从气象所驻地象山出发。旅行时带着仪器测气压(算高度)、温度,是竺可桢的老习惯。张宝堃熟悉道路,由他带路,从小路上山。一路上,在李子岭、阿氏沟、马鬃店等地都测了高度。9点50分到达缙云寺,这里比气象研究所所在地象山高490米。气候晚于山下,碧桃、玉兰刚吐芬芳。他们在此休息半小时,到藏经楼一游。然后向狮子峰顶攀登,历一个多小时,爬了120米的高度。到达顶峰,极目四望,川东丘陵如诗如画,嘉陵江水澄碧如练,山下竹木莽莽苍苍。

下山时，他们走另一条路线，经牌坊而直往北温泉。下山轻快，竺可桢跟涂长望边走边谈。

竺可桢谈起分别一个月来，对发展气象事业的思考，对气象研究所的整顿。他对所里的工作很不满意，气象观测、绘制天气图等工作才恢复起来；高空观测至今还没着手进行；所里仪器还不如一个三等测候所，一天观测八次也有困难，自制温度计和湿度计都不灵。他决定把武汉测候所没开箱使用的仪器先调到这里来。这里外国书刊也收不到，要查对给美国 G·E·S 书店汇款及他们发货的情况。谈到全国气象测候所的管理，问题更是不少。

谈起全国测候网，涂长望认为很不适应抗战需要，必须有较大发展。这事靠气象研究机关来管，也不是办法。对此，涂、竺二人的想法完全一致。战前在南京就酝酿过促进中央气象局的成立，竺可桢说，这次有可能办成此事。他还说，他不在所里，很多事都停顿了，再有一个月时间，也未必能整顿好。

涂长望感觉到，竺可桢是想摆脱浙大。那样，对发展中国气象事业会有极大的好处，但未必能实现。研究所的领导很需要加强，如果中央气象局能成立，人事也需安排，这都是明摆着的。竺可桢欲言又止，分明是没有拿定主意。涂长望没有想过这些事情，而且这涉及气

第十三章 浙大风云

象所、气象局的人事安排问题,也不便随意表态,所以也就不去深问。

谈话间,已经到了北温泉。肚子饿了,六位气象学家就在温泉旁边的精诚西餐馆吃西餐。饭后在北泉公园、乳落洞等处散步,然后在温泉里游泳,下午5点多回到所里。

3月7日,开中国气象学会第四十一次理事会,研究了会务工作以及筹款、编辑、今冬明春开年会、评史镜清奖等项议题。开完会,涂长望在重庆办了些事情,就回遵义去了。

几天后,竺可桢到重庆开中央研究院评议会。从行政院得知,根据最高国防委员会交议,已决定成立中央气象局。过了两天,黄厦千来见竺可桢,看到中央气象局组织法,表示出很有兴趣,有跃跃欲试之意。这时竺可桢就产生了一种想法:如果自己能辞掉浙大校长的职务,气象局可以由研究所代办;如果不能摆脱浙大,便把研究所交给赵九章代理,而让黄厦千担任中央气象局局长。因为赵九章已同意到研究所工作,只是暂时还不能离开嵩明气象台。

中央大学的气象教授们得知此事,时间较晚。过了一周,朱炳海从沙坪坝到上清寺来找竺可桢,推荐涂长望为中央气象局副局长。他们以为正局长无疑应是竺可桢。其实，竺可桢既甩不脱浙大，也不会当局长。他笑着对朱炳海说："晓寰，这事如果我有权决定，我会交给黄厦千。"

竺可桢已经仔细考虑了人事问题。为使浙大在气象教育与科研方面不落后于中大、联大，唯一能依靠的人只有涂长望。他要把涂长望留在浙大，所以推荐黄厦千为中央气象局局长。

中大的朋友们关心、信任涂长望，涂长望本人不知道。

这期间在重庆还发生了一件事情，对涂长望会有影响，他是后来才知道。那就是蒋介石委员长在家里宴请了张其昀，给张其昀5万元，办一份刊物《思想与时代》。其目的显然是加强思想统治，这也意味着张其昀必须更深地参与国民党政治。而涂长望对国民党政治强烈不满，并一直怀疑蒋介石抗日是否真心。

如此，浙大史地系的和平气氛，不知还能保持多久。

第三节　遵义城里起风云

涂长望收到五妹碧霞来信。她从昆明经河内到香港，想考皇家护士学校或去北平协和医院，都没成功，又回到了昆明姨父饶志安家。她的未婚夫是资源委员会

第十三章 浙大风云

中央机器厂的青年人胡国栋,他们厂在昆明茨坝。他俩将要结婚。

涂长望想,抗战以来家人分离,父母、大哥远在火线那边的湖北钟祥,自己没有照顾好这个最小的妹妹,由她四处闯荡。现在她要成家了,只有自己能帮助她。于是和王回珠商量,不能去主持碧霞的婚礼,就寄300元钱给她办婚事。他俩省吃俭用,能寄这么多钱,也真不易。

碧霞感激二哥二嫂的一片手足深情,说他俩就等于是父母,对他俩的关怀终生不忘。①

涂长望还关心着他最小的弟弟长晟。他已经考进了西北农学院,在陕西武功。他常寄钱去。么枕生要去武功,涂长望就请他关照一下小弟。

涂长望自家几口人,物质生活节俭,待亲人、待他人则尽其所有来共同分享。

涂长望、王回珠都好客,喜欢人们到家里来坐坐,顺便吃顿家常便饭。涂长望的研究生谢觉民、谢义炳、叶笃正、周恩济等是经常来的几个年轻人。王回珠做的粉蒸肉,他们最喜欢吃。当她下厨房忙碌时,叶笃正就来抱多林玩。

---

① 大连理工学院涂碧霞、涂长望夫人王回珠对当年情形都记忆犹新。

涂长望的个人品格和学术贡献，在浙大师生中显示出很大的凝聚力。这也促进了中华自然科学社遵义分社的工作，开展得十分活跃，深受师生欢迎。年轻教授们很积极，陈立就主持过两次学术讲座：一次是苏步青讲数学，一次是蔡堡讲生物学。

为了支持他们的活动，竺可桢校长还在百忙之中亲自参加讲座，用一整天时间做准备，在何家巷15号教室演讲。他演讲的题目是"近代科学之精神"。竺可桢首先引用了英国科学家贝尔纳（Bernal）的话："以中国谨严之态度，忍耐之精神，中庸之德性，将来对于科学之贡献决不在西洋之下。"他把科学精神归结为"求是"二字，就是不顾利害以求真理，去除成见以就理智。竺可桢认为，中国人具有中庸的德行，如果近代科学力量为中国掌握，世界就不会像现在这样多战争。

竺可桢想要把浙大办成一所学术充分自由、生活充分民主、抗日斗志高涨、积极造福地方的大学。但贵州省是国民党的"模范省"，蒋介石是想把浙大办成思想统治的典型。他让张其昀出版《思想与时代》，是想在科学的高层次上阐发"三民主义"。层次高些，和师生的矛盾可能会少些。但左派学生说这是"反动刊物"。涂长望不参与。竺可桢认为，如果真正能有助于实现民权、民族、民生，那当然是好事。他支持张其昀组成有钱穆、朱光潜、贺麟、张荫麟、郭秉和参加的高水平的杂志社。张其昀提出边疆、气象、南洋、东北4项研究内容，他认为很好。竺可桢认为这为教授们提供了一片交流的园地，他还想为学生提供一片交流园地，于是，找《浙大学生》总编辑刘操南谈恢复出版工作，学校每月补助400元，使它能复刊。

7月2日，在水垌街3号开史地研究所茶话会。张其昀和涂长望分别报告情况，现有九名研究生，每个人都已经着手进行专题研究。竺可桢很满意，认为研究院应发展，要扩充到每个院系。竺可桢还建议史地研究所为遵义、湄潭各作一部地方志，地形、气候都有现成材料，农产、水利、土壤、矿业等等，也不用费多大力气就能完成。

在学术研究和教学工作中，涂长望和张其昀跟往常一样，互相配合得很好，但思想感情上却不是那样融洽了。思想立场上的不同，使他们感到越来越陌生，彼此敬而远之，除了商量系里工作，一般往来大为减少。尤其是张其昀接替费巩当了训导长，又把"中国国民党浙江大学区党部"的牌子挂到训导处大门口的时候，涂长望心里产生出一种义愤。现在是国共合作，共产党的牌子怎么就不许挂出来。

在贵州，共产党完全被镇压到地下，不允许生存，地方报纸经常报道镇压共产党人的消息。涂长望不相信这些造谣消息，以为制造这些恐怖，是为统治人们的思想。

涂长望明白，竺可桢要求不在学校搞党派斗争，提倡思想自由，是不现实的。他不能限制国民党、三青团，也限制不了共产党及其影响下的进步青年。

浙大确实有共产党员，但涂长望不可能认出来，斗争需要也不允许他自行去与党员发生联系。史地系的新生吕欣良（即吕东明）就是共产党员。他虽是吕炯的远房叔辈，但较吕炯年轻十六七岁，生活困难。涂长望受吕炯之托，领他见过竺可桢，为他安排了工读的工作，并让他住在新城的教师宿舍。但涂长望和吕炯都不知道他的共产党员身份。

1941年12月18日，敌军在香港登陆。一些要人，包括国民党几个中央委员都没能撤出，而孔祥熙的太太宋霭龄却用飞机把女佣、箱笼和六七条狗都运回重庆。这事引起社会震动。1942年1月份消息传到昆明，西南联大学生举行了声势浩大的"驱孔游行"。1月16日，浙大学生响应联大的"驱孔"运动，也要到遵义街头游行。一大早，何家巷3号院子天井里就挤满了学生，群情激昂，准备出发。

竺可桢怕学生与军警发生冲突遭到牺牲，就带领各院长、教务长、训导长到台阶上来劝阻。张其昀在劝阻时竟说:"孔庸之先生是好人,为党为国有功,你们不要轻信谣言。"这些话反而激起了学生们更大的愤怒。竺可桢婉言相劝多时也不见效,为了学生安全,便说:"你们既然要游行,我来领队。但必须排好队伍,保持秩序,勿与军警冲突。"

遵义的倒孔运动,在大后方造成了很大影响,也使蒋介石恼火,使浙大后来得到"民主堡垒"的称呼。竺可桢为此受到了极大压力,曾提出辞职。外间有张其昀已代理浙大校长的谣言。关于竺可桢有危险的消息也传到了北碚,吕炯特地发来电报:"竺先生,除夕将至,所中同仁切望所长来北碚小憩。蔚光。"

涂长望对竺可桢不顾巨大压力,坚持正义,保护学生,心里十分敬佩。在最艰难的那些日子里,他和王回珠到竺家串门的次数增多了,经常带去年轻教授、学生、家属对竺先生的问候和崇敬。谈起张其昀则说:"晓峰他不应该为孔祥熙开脱。"竺可桢说:"难怪他,去年末,他就跟我谈到此事,并表示不满。他公开说那样的话,是出于他国民党浙大区党部成员的身份。"

竺可桢明显地感到,政治思想的差异,正在使浙大最有才华的这两位教授疏远起来。

第四节　史地所内生摩擦

还是在去年秋天的一个星期天，竺可桢和允敏夫人到涂长望家来闲坐。他带来刚从重庆寄到的学术审议会送审的论文，请涂长望审查。这是一项自动风向计的发明，要求尽快审完寄回。学术审议会将在明年春天开会，讨论科学文化界的学术成就大奖。竺可桢又说："这次征集授奖项目人选，中大报了肖堂（即胡焕庸），本校报了你，都已列入候选名单。"竺可桢相信二人能为中大、浙大争光，也为中国气象界争光。涂长望觉得没把握。

1942年4月17日，在重庆教育部召开的学术审议会上评奖，甲等奖金1万元，获奖者有冯友兰、华罗庚二人。乙等奖金5000元，获奖者有涂长望、胡焕庸、金岳霖、杨树达、陈启天、张宗燧、许宝禄七人。丙等奖金2500元，获奖者有杜德三、卢前、邵祖平、曹禺等人。①

竺可桢的估计没有错，著名的气象教授涂长望、胡焕庸光荣地列入了对抗战建国有贡献的10余位学者的名单之中，而且名列前茅。

---

① 竺可桢：《竺可桢日记第1册》，人民出版社，1984年，第594页。

第十三章 浙大风云

浙大史地系教授得奖,学生也得奖。本年度学业竞赛全国共有91人获奖,以浙大为最多,计10人,其中地理、数学是连续两年获奖。浙大成了真正的名牌大学。

艰苦的斗争环境容易锻炼出人才。在学校里,品学兼优的学生大多集中在左派里,在官办的三青团团员里,平庸、无用的人较多。三青团发起搞夏令营,学校给钱,党部也给钱,还是搞得冷冷清清。而左派学生的营火晚会,基督教团契,热火朝天,歌声不断。竺可桢要求夏令营多作抗日宣传,帮助农民干活,三青团员们都做不来,而把主要精力用来做体育运动和骑马练习,使竺可桢生气。竺可桢把谱好曲的校歌交给三青团员们咏唱,他们好久也唱不会,结果被左派学生把曲谱拿去,很快就在第二天的音乐大会上演唱。竺可桢对这些三青团员学生的评价是:提不起来,不中用。

不仅如此,三青团干部、国民党员、特务学生之中的一些劣迹,也被左派学生揭发出来。他们有的贪污义演款,有的贪污学生伙食费,有的用公章开具函件搞走私活动。这些都在《生活壁报》或其他小报上张贴出来,使得国民党、三青团在浙大威信扫地。竺可桢最恨这种行为,都做了严肃处理。

张其昀对三青团员素质之低也很不满意,利用他的威望和地位,尽量来拉拢品学兼优的学生入团。进步势力与国民党党部争夺青年的斗争，在暗暗地进行着。

涂长望身边团结着那么多年轻教授和学生，这使张其昀改善三青团素质的努力难见成效。这样，史地系、史地研究所内的摩擦就很难避免了。

涂长望活动能力强，做起演说来很能抓住年轻人的心，这方面张其昀比不上他。涂长望获大奖，在年轻教授和学生中威望更高了。张其昀就想法限制他的活动，对他的所谓"过激言行"设置障碍或进行干扰。

在史地所的领导位置上张是正、涂是副，在学校里张是校长之下鼎立而三的训导长，涂只是在校务会议上才有点发言权。搞起摩擦来，张其昀的地位有利多了，但涂长望并不是那种畏惧困难和屈从于压力的人，所以从1942年春夏之交开始，浙大史地系里就摩擦不断。

竺可桢对这些情况看得很明白。他理解，他早年的高才生张其昀是个书生型的学者，只是参加了国民党，就忠心地为他的党尽力尽责。

竺可桢更理解涂长望，是个勇于坚持求是精神的科学家，觉得张其昀不应该那样处处限制他，浙大应该允许他充分发表自己的思想政治见解和学术观点。竺可桢不止一次地说过，在浙江大学，三民主义、共产主义都可以研究。他支持中华自然科学社遵义分社多开展活动，而且直接为涂长望提供活动机会。

6月1日星期一的"纪念周",竺可桢就邀请涂长望在庆华园讲《世界大战之目的》。

在这次演讲中,涂长望认为德国和盟国打仗的目标都在随着时间而改变。拿德国来说,它进行战争最初的目的是为撕毁《凡尔赛和约》,后来是为扩大生存空间,现在是为打倒世界共产主义和世界资本主义。英国作战的目的也在变化。涂长望说,战争不能解决任何问题,想要达到世界大同,只能靠建立国际组织,促进普及教育。涂长望有一个想法越来越明确,就是要把眼光扩大到全世界,很多问题的解决都需要国际合作。

竺可桢听了涂长望的演讲后,走上台来补充说,战争与和平问题,最终只有科学能解决。解决的办法有两个,一是使世界懂得把科学用于人类幸福健康;二是用科学制造杀人武器使人类同归于尽。

人们都没想到,这次演讲是涂长望教授对浙大师生的最后一次演讲,一个月后他就要离开这里。

第五节　愤然离校到綦江

蒋介石总裁侍从室主任陈布雷打电话给浙大校长竺可桢,说蒋先生对张其昀所编《思想与时代》中的每篇文章都看。意在给张其昀鼓劲,同时想在校内扩大影响，让学校多加支持。涂长望对这份刊物本来就不以为然。而张其昀则要研究生们都成为这份刊物的热心读者、积极撰稿者，并要他们参加他提出的四项研究，其中就包括气象。

涂长望的研究生周恩济，心里有些活动了，想在完成自己学业和研究工作之余，参加思想与时代社组织的气象研究。涂长望就告诫他说："你要扎扎实实地做好研究工作，要做得更深入些，水平更高些，不要去搞那些没有意义的事情。"其实，参加张其昀的气象研究也并非没有意义，涂长望是不希望自己的学生跟着国民党走。这些日子他见张其昀同周恩济谈话多次，心里有些急，所以对周恩济谈话的口气较重，效果未必好。

张其昀加紧拉拢培养周恩济，是想让他成为三青团员，并提拔为骨干。张其昀一直想法提高三青团员的素质，但总是不见成效。不仅如此，在年初那场倒孔运动中，一些三青团员都站在左派学生一边去了，有的团干部还走在游行队伍前头当指挥。这些人受了处分后，浙大三青团正缺少干部。他看中了涂长望门下那些高才生，想从他们中选些人来，拉入三青团，并选拔一人为书记长。他看中并要争夺过来的首先是周恩济。他知道了涂长望对周恩济的告诫后，就找周说："多做工作是抗战建国的需要，不要听他的，你就跟我当研究生吧。"

第十三章 浙大风云

涂长望脾气火暴,听说张其昀要拉走自己的研究生,就到系里跟他说理。张其昀还是第一次在众同事面前受到这样的严厉斥责,也很生气。二人争得面红耳赤,都拍了桌子。大家把他两个分开,劝走。

涂长望回到家里,王回珠见他气色不对,几位年轻教授来相劝,她才知道了发生的事情。大家劝涂长望说,别把这事情闹大了,他下不来台,会跟你来个"特务相见"。涂长望说:"怕什么,他要是引来特务,我就跟他拳头相见!"这当然是气话。张其昀不至于跟特务勾结,涂长望也不会像20来岁的年轻人那样容易动起手来。

但是,涂长望真心不愿在浙大待下去了。到哪里去?跟哪个大学、研究所事先都没有打过招呼,不能贸然就去。他想起上次在重庆资源委员会见到叶渚沛和孙京华的情形。

叶渚沛与涂长望志趣相投,对政治和时局很关心。当时他问涂长望:"在遵义过得怎样,那可是模范省,天无三日晴咯。"涂长望说:"在浙大有竺可桢,不错的。"孙京华说:"将来如有不测风云,随时欢迎你到我们这里来。我们这些搞工业的人容易相处。"涂长望说:"多谢了。"当时只是随便说说的,现在看来,走走这条道也未尝不可。王回珠见他这些日子常常生气,觉得换换环境也好。

涂长望过街去，向竺可桢告别。走到门口却又停下来。竺先生这些日子身体不好，发烧，还在为"质与能自然科学社"的演讲做准备。他不想去烦扰他，而且怕他挽留，自己拉不下面子来拒绝，那就走不成了。

他从碓窝井竺宅转过身来，到叶左之家去告别。老学者的毕业生施雅风也在那里，师生对涂长望都非常留恋，不愿他走。涂长望说："我这次是想到工业部门去，为工人们谋福利，也比在这里陷在摩擦之中好些。"

涂长望离开遵义之后，王回珠才去见竺可桢夫妇。竺可桢近几个月一直在设法弥合涂、张矛盾，此时才知自己的努力没有起到作用。他很失望，现在能做的只是请王回珠夫人写信劝涂长望回来。送走涂夫人，他又找张其昀来，商量如何才能把涂长望找回来。然后，又往北碚打电话找吕炯，往中央大学打电话找胡焕庸，要他们劝说涂长望回校。

张其昀按竺可桢的意见办，提前往涂家送去聘书，写明为特级教授，月薪450元。这种待遇，相当于教务、总务、训导三长而仅次于校长。王回珠按照长望临走时留下的话，"不能为五斗米折腰"，没接受张其昀送来的聘书。

涂长望到达重庆那天是中国共产党的生日"七一"。

第十三章 浙大风云

他计算自从在北平失去与组织的联系,转瞬已经六年,不能再被承认为共产党员了。但是,共产主义的信仰不能变,思想政治上与党的一致性不能变,为社会进步、人类福利的斗争不能变。他这样一想,就感到离开浙大、丢了工作职位也值得。失业只是暂时的,朋友们会帮助自己。

到重庆,涂长望习惯住在上清寺中央研究院办事处,在这里也便于与朋友们相见。他打电话到资源委员会找到叶渚沛,对他说:"阿沛吗?我是长望,离开浙大了,能不能到你那儿找口饭吃?"叶渚沛说:"不是开玩笑吧,你在哪里?莫出去,我马上去看你。"涂长望说:"你别来,我一会儿就到你那里。"

叶渚沛是资源委员会冶金室主任,兼任重庆炼铜厂厂长、电化冶炼厂总经理等职务,办公地点在牛角沱,离上清寺不远。涂长望放下电话就到他那里去。

涂长望到牛角沱时,在门口迎接的不只是叶渚沛一人,孙京华也在。孙是电化冶炼厂厂长。厂址在綦江,有事常来重庆。

三人进屋相叙,叶、孙二人都对涂的气节表示敬佩。商量为涂安排什么职务,更高的职位二人无权做主,需要请示翁文灏。涂长望说不必去找他了。于是,只能在二厂之内由涂长望自己选择。涂长望本着为工人谋福利的想法，选择了电化冶炼厂的副秘书长兼福利科长一职，待遇不错，薪水不比大学教授低，时间暂定一年。孙京华有些过意不去地说："暂时屈就，有了更适合的职位，随时可以高就。"现在就算到任了，本月开始支薪。

过些日子，孙、涂二人同去綦江厂里。

涂长望回到上清寺，就接到胡焕庸从沙坪坝打来的电话。胡焕庸先是按竺可桢的意思劝他回浙大。涂长望说明了不能回去的原因。胡焕庸便说："中大欢迎你来，让我们一起干，好吗？"涂长望说："我愿意到中大，但是现在不行，我已经答应在资源委员会工作一年。"胡焕庸说："也好，你什么时候来，我们都欢迎。"

第二天，吕炯从北碚来了。他也是按竺可桢授意来劝涂长望回浙大，如果不行，就接回北碚气象研究所。涂长望说，已经决定了要去綦江一年。吕炯说："反正所里聘你为研究员，你什么时候来由你了。你没回所里之前，从现在起就算是兼职研究员，希望你常来看看。"涂长望说："感谢朋友们的美意，那就算是个兼职研究员吧。"

中央大学刚毕业的黄仕松也来到上清寺。是他的老师朱炳海介绍来的。他正在找工作，想当涂长望的研究生。涂长望一向乐于帮助青年，对黄仕松说："我可以介绍你到气象所工作,但是我要到綦江一年,一时不能帮助你。"黄仕松没想到涂长望这样年轻,又这样热情豪爽,心里更希望能受到他的指导了,就说:"涂先生,我到气象所等你,你在綦江也是我的兼职导师。"①

涂长望到綦江,是第一次见到大工业。电化冶炼厂范围颇广阔,10里厂区有炼铁、炼铜、炼锌、炼钢等事业,一切都刚上轨道,工人的福利设施未齐备。他写信报告竺可桢,要一年后才能回所。

竺可桢接到涂长望的信已是7月17日,吕炯已把中央研究院的聘书寄到他手里,他立即给涂长望转去,并劝他早日离开行政工作。他认为涂长望干这种工作是浪费人才,而且搞不好。

浙大有车送毕业生到綦江、重庆工作,学生们来帮王回珠搬家。涂长望就把她们母子3人安顿在綦江乡下。他俩的家,与邵象华、王晓云夫妇为邻。邵象华留学比涂长望晚,攻冶金,回国后在武汉大学任教,前年调到资源委员会。一次钱昌照请客,涂、邵二人认识了,没想到会在这里共事。

涂长望在电化冶炼厂,既关心职工的物质生活,也关心职工的精神生活。他像在学校一样,搞宣传,搞讲

---

① 黄仕松:《怀念敬爱的老师——涂长望先生》,《纪念涂长望》,气象出版社,1991年,第59页。

演，办科学讲座。这里离重庆近，他经常活跃在两地之间。

涂长望在这里接触到了真正的产业工人，对他们的艰苦和力量有了认识。他真心实意地为他们谋福利。他对朋友、同事、全体职工有充分的爱心。但涂长望太书生气，不懂经营，不会识别那些善于应酬、会说好话的人。用人不当，出了差错。他任命的合作社经理，对工人态度不好，而且还有贪污行为。涂长望很生气，发火，为了纠正手下某些人的不良行为，他甚至跟人吵架、动手，心里很不痛快。

对厂里的工作没做好，待下去也没味道。涂长望就和夫人商量，还是到重庆去。去气象所还是去中大，他们选择了中大。

涂长望感到对不起孙京华，说没有把事情办好。孙京华禁不住笑了，说你真是太书生气，搞经济出这点差错算个什么，纠正得也不错嘛。他理解涂长望的心思是要做学问，就说："你什么时候去中大，厂里为你搬家。路不远，我们常有车去。"

第十四章 初到中大

第一节 中大迎接新教授

1943年元旦期间,涂长望在重庆参加文化学术界的各种活动,又见到了竺可桢和浙大的一些朋友。

元旦上午,他到黄家垭口参观了中苏文化协会的图片展览,下午又到中美文化协会参观。美国图片展览元旦才正式开幕,参观的人不少。

在这里,涂长望意外地见到了当年在沪江大学时的老师葛德石。师生见面,喜不自胜。葛德石是美国文化协会派来帮助中国的学者。他告诉涂长望,英国文化协会早已派来了牛津大学钦定希腊文教授陶育礼(B. R. Dodds)和剑桥大学生物化学副教授李约瑟(Joseph Needham),可以引见给你认识。涂长望说,已经见过这两位英国朋友了,又说:"李约瑟跟我一见如故。他是英国科学家中唯一能用汉语讨论中国哲学的人,他告诉我,他在伦敦时就知道我是皇家气象学会第一个中国籍会员。"葛德石说:"这太好了,希望我们今后经常见面。"

1月3日,涂长望整天都和竺可桢在一起。开完科学社社友会,又和竺可桢、胡刚复、李振吾到沙坪坝对岸的磐溪聚餐,参观中央工业试验所。过江回来,吃过晚饭,涂长望送别了其他人,就陪竺可桢去中央大学胡焕庸家。这时,涂长望俨然是中大的一员了。

原来中大地理系有重要活动,正在举办成果展览,晚上还开纪念会,庆祝胡焕庸任系主任13周年,并欢送他去新疆考察。涂长望和竺可桢到达胡家时,胡焕庸已经离家去会场了。于是二人赶快去地理研究所,即中大第16号教室。他俩走进会场,全场起立热烈鼓掌。系里教授、讲师、助教和70多个学生都到会了,把教室挤得满满的。中大地理系是20年代初由竺可桢创立的,20多年来,培养了不少著名的学者。张其昀、胡焕庸、吕炯等都是他的学生。大家欢迎"太老师"竺可桢讲话。他回顾了当年钦天山下、六朝松前艰苦创业的情景,又对志愿随胡焕庸赴新疆的四个学生表示赞扬和鼓励。

纪念会开到晚上10点才散。中央气象局在沙坪坝,局长黄厦千陪竺可桢到局里去住。涂长望在中大教师宿舍已经有自己的房间。送竺可桢走出大门后,胡焕庸对涂长望说:"你有在清华和浙大两校的教学经验,这是我们多数气象教授都不能相比的。你来了,是中大地理系的幸运。"涂长望说:"肖堂兄这样讲,就见外了。让我们共同努力谋求气象教育事业的发展吧。"胡焕庸接过话题说:"这是势在必行。我们一直在争取以地理系气象组为基础,分出来成立气象系,你来了,力量和条件成熟了,要努力争取在明年实现此事。"涂长望说,这不成问题。

他们一边走,一边谈,不觉已经过了胡焕庸的家门。涂长望要往回送,胡焕庸止住了他。走几步又回头说:"新年你没和夫人、孩子在一起过,你就早点结束綦江的工作把家搬来吧。"涂长望说:"我会安排好,你把去新疆的准备工作做充分些吧。"他知道,新疆之行是相当艰苦的。

当晚11点多涂长望才入睡。第二天,他又早起,到市中区去。浙大的年轻朋友在等他。他到上清寺见到了黄秉维、范祖珠。三人终日寻师访友,四处交游。

晚饭后,三人又一同去见竺可桢,陪他到中央图书馆,听董作宾讲甲骨文。没想到,在这战乱时期来听这古老学问的人还不少,很拥挤,竺可桢说,这回不听了，过些日子请董先生专门为气象人员讲一次。①

寒假两周，过得很快。涂长望准备新学期一开始时就开课。在浙大几年，他开了5门课程：气象学、气候学、中国气候、天气学、大气物理学。初来这里，不可能一下子开课太多。他决定先开3门：气候学、中国气候、理论气象。以后根据需要再陆续开其他课程。

新学期开始了，学生们回到学校，听说系里来了个国际知名的新教授，都想早些见到。在地理系的迎新晚会上，他们见到涂长望这么年轻，才36岁，都钦佩不已。涂长望简单讲几句，谈新开的课程和来校的打算。这便引起了对他的课程的浓厚兴趣。

那时的气象科学是一门新兴科学，不仅地理系的学生都来选涂长望的课，物理系、数学系也有学生来听课。有些学生本来是学物理的，后来也改学气象，成了气象学家。

涂长望教授讲课，从来不拿厚本子，不抱来书本。只拿几页讲稿，从容潇洒、面带笑容地步入教室，站在靠窗户的一侧，开始一堂课的讲授。他讲课慢条斯理，口齿清晰，重点之处缓慢地重复一下，使你能充分领会。重要词汇和公式都作板书，图表则边画边讲。很深

---

① 竺可桢：《竺可桢日记第1册》，人民出版社，1984年，第639–640页。

的理论，他也能让你听明白，并来得及做好完整系统的课堂笔记。学生们想到，有的老师不擅于演讲，上课时整版整版地抄写，画图时长时间背对学生，讲解时又记不下来，比较起来，听涂先生的课就成了一种享受。涂长望在课堂上，还注意观察学生理解程度，提出问题启发学生思路，以适当的时机、适当的方式，把自己的研究和国际上的最新成果都传授给学生。

正因为他的课程始终保持着高水平和新颖性，所以，他的学生中不少人后来成为国际知名的气象科学家。[①]

第二节 科学座谈会添骨干

在中央大学的教师宿舍里，涂长望住在第三室，梁希住在第四室。过去涂长望只知道梁老先生是中国林学界的权威，到中大后，很快发现他思想非常进步，于是结成了忘年之交。

梁希告诉涂长望，他之所以能了解抗战的全面情况，知道延安方面以及八路军、新四军的消息，是靠了潘菽跟《新华日报》牵线搭桥。于是，涂长望又结识了比自己大九岁的中大心理学教授潘菽。

---

① 王鹏飞：《最喜丹贞托红日》，《纪念涂长望》，气象出版社，1991年，第62–63页。

潘菽本名潘有年,是新华日报社社长潘梓年的二弟。他常去报馆长兄那里,结识了章汉夫、吴克坚、石西民、熊瑾玎、乔冠华、于刚等共产党人。中大一些进步教授如林学家梁希、农学家金善宝等,非常关心抗战前途。知道了潘菽同《新华日报》的关系后,就常向他打听延安方面的消息。几个人就决定,约个时间在一起谈谈。每周碰头一次。第一次是在李士豪教授家,因为他住单身房间,地点僻静。第二次碰头时,涂长望就参加进来了。第三次开会时,又增加了林学家干铎。

自从涂长望参加进来,中大这些教授的碰头会就有了活力。交流完消息,都要进行座谈,气氛也更热烈。连热心学习马克思学说的梁希教授也觉得,涂长望对于共产党和社会主义的知识颇为熟悉。他们都不知道,涂长望曾经是共产党员,在社会活动中始终坚持党的思想立场。

重庆大学工学院的谢立惠教授,兼任着中大、复旦的教授,是中大毕业的老校友,也来参加座谈会。他是共产党员,但大家不知道他的身份。

沙坪坝一家工厂的总工程师钱保功也来参加座谈会。厂里有会议室,有食堂,较方便,有时就到那里去开会。几年间,先后参加过这个座谈会的共有20来人,但经常参加的只有梁希、潘菽、涂长望、谢立惠、李士

第十四章　初到中大

豪、干铎、钱保功等七八人。[①]

涂长望想起在遵义时，也是每周都和年轻的教授们座谈、交流，无话不谈，话题以时局为主，谈国民党也谈共产党，但总有一种隔岸观火的感觉。在现在的座谈会里，才感受到是处于严峻的斗争环境之中。

座谈会的成员，常被邀请到化龙桥虎头岩新华日报社去参加纪念会、联欢会、座谈会。报馆周围，特务密布。到报馆必须经过化龙桥，桥头那间茶馆里就坐着特务，监视着从那条小路出入报馆的人。但是科学家们并不怕这些"狗"。

一进入报馆，涂长望就感到像是进入了解放区。在那里空气自由，心情舒畅，说不出的兴奋和愉快。涂长望在那里结交了潘梓年、章汉夫、石西民等人，并建立了经常的联系。往来次数多了，涂长望也学会了摆脱狗尾巴盯梢，在从沙坪坝到化龙桥之间的路途上，有的是脱身的机会。

有时，重要的纪念会、庆祝会，是由周恩来、董必武发出邀请，请座谈会的教授到曾家岩第十八集团军驻渝办事处去参加。涂长望就是在那里会见了周恩来、董必武、王若飞、邓颖超等领导同志。通常情况下，周恩

[①]《潘菽自传》，九三学社中央研究室编《中国科学家回忆录》第一辑，光明日报出版社，1988年，第18-19页。

来对科学家们工作的了解、关心、帮助，对他们提出意见和要求，是通过潘梓年来转达。

中大教授这个小小的座谈会，受到了中国共产党南方局领导的重视，便取了个正式的名称："重庆自然科学座谈会"。还用这个名称在《新华日报》上发表过文章。但是，这个组织的成员不公开。内部也没有什么组织机构，没有成文的规章，但团结友好，工作学习很有成效。作为核心人物的涂长望、潘菽、梁希等几个人每周开一次座谈会，很少间断。

开始他们只是交流消息和讨论时局，有了党的领导后，增加了几项任务。一是在讨论时局时，结合国内外形势，学习党的文件、小册子、《新华日报》社论或专论，提高对抗战形势的认识水平；二是学习马列著作，唯物辩证法，自然辩证法，提高理论水平；三是研究如何完成周恩来同志交给的任务，潘梓年同志布置的工作。

座谈会的成员中，学习马列最积极认真的是梁希，与党的领导联系最经常的是潘菽，接受《新华日报》任务参加编辑《自然科学》副刊工作最多的是谢立惠，而同国内外科学文化界人士交往协作最多的是涂长望。正因如此，后来座谈会按照党建立统一战线的要求，为团结更多科技工作者而创建了"中国科学工作者协会"。涂长望是其中最积极而富有成效的活动家之一。

第三节　师生双双获奖励

1943年春天,王回珠又有身孕了,再住教师宿舍不方便,涂长望就开始找房子。干铎帮忙,在沙坪坝合作新村一带平房中,找到一套两间住房。房屋十分简易,房前有个小院落,进门是前后相连的两小间居室,一家四口就挤住在这里。本校教授干铎和文学家曹靖华是涂家的邻居。

涂长望精力充沛,每周除了在沙坪坝松林坡中大图书馆参加自然科学座谈会,还经常到市中区去活动,不时地还去北碚气象研究所,履行他兼职研究员的职责。

还是在年初,在卡尔登开科学社社友会时,竺可桢在最后讲话中就曾提出,科学社应该出面联合各个科学团体,成立科学协进会,为抗战服务。但是,后来此事并未由科学社来主持,而是由教育部来召集。定名为"国防科技协进会"。委员多是来自中央研究院、兵工署、航委会、交通部和各个科学团体。名誉会长蒋介石,会长翁文灏,竺可桢、叶企孙、茅以升等科学家和一些官员为委员。涂长望以中华自然科学社常务理事的身份,作为社里的代表参加了协进会的工作。他希望能为抗战做点贡献,担任了这个组织的刊物《国防科学技术》月刊的编委。每次开会都积极参加。为刊物写过一篇文章《气象与滑翔》。

通过将近半年的工作，涂长望发现在国防科技协进会这个组织里，科学家的意见并不起什么作用。原来一切都由陈立夫控制着。于是，涂长望就退了出来，并表示中华自然科学社不再参与这个组织的活动了。

这期间，涂长望在浙大时的研究生郭晓岚也到重庆来了。他准备报考清华官费留美，还打算申请中美基金。考试在5月底以前举行。他已经毕业了，将回到北碚气象研究所工作。如果考取了留美，暑期就要经印度去美国。涂长望对自己这个学生心里有数，对他说，你一定能考中。

5月份竺可桢来到重庆，参加中央训练团和各种会议。涂长望在地理学会的理事会上见到了他。会议决定于7月19日在北碚召开年会，推定胡焕庸、吕炯、涂长望、黄海平、李旭旦等五人为筹备委员，涂长望等三人为司选委员。筹备工作要为经费问题伤脑筋，而选举工作则需广泛与科学家们接触、沟通。还有两个月时间，一切准备工作都要加紧进行。

竺可桢向涂长望表示祝贺，祝贺他和郭晓岚师生双双获奖。

原来竺可桢参加了中华教育文化基金会评奖会。天文气象地学组评出特等奖一人,即涂长望,奖金5000元;乙等奖一人即郭晓岚,奖金3000元。另外,还发给获奖者每人每月生活津贴900元。[①]

涂长望对于这次获奖,并无太大喜悦,物价飞涨好几倍,与去年的获奖相比,对生活的改善不起多少作用,只是再增加一些名誉罢了。

7月19日,六个学术团体的联合学术年会,是抗战以来科技界为数不很多的盛会之一。可惜竺可桢没来北碚参加。会议由联合年会名誉会长翁文灏主持。六团体包括老资格的中国科学社和中国动物学会、中国植物学会、中国地理学会、中国气象学会、中国数学会。到会的科学家200多人,收到学术论文400多篇,以动物学会为最多。气象学会有论文33篇。

在遵义的最后一年,涂长望曾完成了《中国冬季温度之长期预告》的研究。这是气温长期预报的第一个研究成果。涂长望还写了论文《何以贵州高原天无三日晴》,来探讨云贵高原的独特天气。在这次学术年会上,涂长望又提交了进一步研究的成果,用英文写作的对抗战大后方航空有价值的论文 *Air Masses Fronts and Wave Disturbance of S. W. China*(《中国西南的气团界面与扰

---

① 竺可桢:《竺可桢日记第1册》,人民出版社,1984年,第677页。

动》)。对大西南的气团、锋面以及湍流进行研究,这乃是开山之作。他真想和竺可桢进行探讨。但是,竺可桢没来,他只好把文稿寄到遵义去。竺可桢事忙,两个多月后才开始读这篇文章的第一部分。

涂长望到了陪都重庆后,活动的天地比遵义广阔多了。涂长望成了社会活动家,但这并没有影响他的教学和科研工作。他的学生都成才,而他自己在科学研究上也不断取得进展。1944年前后,是涂长望又一个著作丰收的时期。

第四节 季风研究结硕果

中国大部分国土处在东亚季风气候区。四季分明、雨热同步的良好气候,使华夏文明数千年来以发达的农业闻名。传说大舜在与民同乐时,弹着五弦之琴唱的那一首《南风歌》里,就曾唱道:"南风之时兮,可以阜吾民之财兮!"(南风准时来到,可以增加我老百姓的财富)。可见我们的祖先对于季风,早就十分重视。季风对于农业的重要性,在于它关系到气候的冷暖旱涝,很需要用现代科学来研究它,认识它。涂长望在中央大学和气象研究所,就和他的研究生选了这方面的课题。

涂长望在遵义,曾指导研究生谢义炳完成了《清代水旱灾之周期研究》。统计了清代 1643—1911 年共计 265 年间的水、旱灾害情况。分黄河、长江、珠江三大流域来计算。旱灾情况是：黄河流域是 10 年 7 旱，平均每次 8.3 县；长江流域也是 10 年 7 旱，平均每次 8.8 县；珠江流域是 4 年 1 旱，平均每次 0.9 县。水灾情况是：黄河流域是 10 年 8 次，平均每次 15.1 县；长江流域是 10 年 9 次，平均每次 15.9 县；珠江流域是 3 年 1 次，平均每次 1.6 县。水旱灾害严重地影响到国计民生。采用舒斯特（Schuster）方法来进行周期分析，以 10 年左右的周期为最明显，3 年、8 年、11 年、19 年、34—36 年等周期都存在，黄河流域的周期较长。

到重庆后，涂长望想把这种研究持续进行下去。他和他的学生张汉松一同来翻阅古籍，收集资料，进行分析，完成了《明代（1370—1642）水旱周期的初步探讨》。他们发现明代这 272 年间干旱特别严重，受灾面积很大，而且持续时间长。分析水旱灾害的地区分布规律和周期规律，则明清两代仍有相近似的地方。

对 500 多年旱涝灾荒做这样详尽而系统的研究，在当时世界上是少见的。这得力于华夏文明文化典籍的丰厚、地方史志的完备，同时也靠科学家对华夏文明的深厚底蕴，以及他们的辛勤工作。涂长望和他的学生们的这些成果，为今后的研究开辟了道路并奠定了基础。

涂长望1943年最重大的成果，是他和他的学生黄仕松共同发现了东亚夏季风的跳跃现象。

黄仕松1942年才从中大毕业，是朱炳海的学生，与涂长望并无师承关系，出于对涂长望的敬仰，他坚决要求当涂长望的研究生。涂答应介绍他去北碚气象研究所，自己却去了綦江。半年后涂长望到了中大，以兼职研究员身份常去北碚做些工作，他们才真正成为师生。随即，就开始一起研究东亚季风。

涂长望和黄仕松确定了选题之后，他即对黄仕松进行精心的指导和帮助。师生一起选择了全国36个气象测候所的资料，进行计算和研究。

在涂长望和黄仕松的成果出来之前，国内外科学家对东亚夏季风的认识有许多是模糊的、表面的甚至是错误的。如菲律宾气象学家佘瓦列（Chevalier）认为，3月份夏季风即在渤海湾和山东半岛盛行，4月份到达长江流域，5月份到达台湾海峡及南部海岸。华伦斯基特（W. Werenskiold）则认为夏季风3月开始于渤海湾，4月转向海参崴，5月推进到库页岛。国内也有著名学者认为，夏季风开始于山东半岛海域，同时向南向北两个方向推进。涂长望指出：认为3—4月份夏季风就在中国北方出现，是错误的，时间过早，地点也不对。以往学者们所说的这种"夏季风"，并不是真正的夏季风，只不过是西伯利亚大陆气团里的气旋活动所造成的风向变化,而不是大规模季风的开始。

涂长望认为,所谓季风,不只是看一段时间风向的转变,而要看所带来的气团的属性和来源。他指出,夏季风不只是西南风和东南风,而且它输送的是热带海洋气团和赤道海洋气团。冬季风则是极地大陆气团活动造成的。涂长望的这些观点,廓清了对季风的模糊认识和表面认识,揭示了季风的本质。这些认识是经典性的,在人们了解世界季风方面的认识价值、对此后季风科学研究中的指导意义,都是无可估量的。

涂长望在分析东亚季风时,借鉴了国际上最先进的经验和方法,从熵变化的角度进行热力学分析,利用湿球位温的保守性,采用它来做气团分析的指标。根据涂长望以往的研究成果,以湿球位温20℃为热带海洋气团的平均值,24°为赤道海洋气团的平均值,根据这两个指标来判断夏季风的开始、进退和结束。

通过严格的科学分析和检验,涂长望阐明:中国的夏季风只属于热带海洋气团和赤道海洋气团。夏季风出现时间不是在3月间,而是在4月初;结束时间不是在9月,而是在10月下旬。夏季风首先出现的地点不是在渤海湾和山东半岛并分别向南北推进,而是首先出现在西南和华南海滨然后向北推进。

涂长望阐明中国夏季风进退的规律是：4月初出现于华南沿海，中旬前后达到华南各省及云南高原，5月中旬抵达长江流域一带，6月中旬越过黄河达到华北，7月上旬抵达辽宁、吉林东部边缘，8月份控制东北及内蒙古。7月上旬到8月中旬是夏季风极盛时期。过了8月中旬，夏季风就开始撤退，9月中旬前后撤退到黄河以南，10月初撤退到长江以南，10月底则完全退出中国大陆。

涂长望阐明中国夏季风活动的特点是：季风的北上和南撤是跳跃的；北上从开始到最盛要经历4个月时间，进展较慢；撤退从最盛到完全退出只需2个多月，速度很快。这与印度夏季风活动的情况相反，印度夏季风来势迅猛，称为季风爆发，撤退则较缓慢。[①]

涂长望阐明中国夏季风活动与降水的关系，总的来说，夏季风给中国带来雨泽，冬季风给中国带来干旱。但夏季风强弱对雨量的影响，南方和北方情况不一样。夏季风越强，北方雨量越大，而南方雨量越小。涂长望计算夏季风的风力与北京、上海两地降水的相关系数，分别为：+0.583，−0.634，即夏季风强度与北方雨量呈正相关，与南方雨量呈反相关。

---

① 涂长望、黄仕松：《中国夏季风之进退》，中国近代科学论著丛刊编审委员会编：《气象学1919—1949》，科学出版社，1955年，第533页。

涂长望对季风规律、特点、影响的阐述，在理论上经过历史检验被证明是正确的，在实践上已经成为气象预报的可靠依据。

涂长望和黄仕松师生的这项成果，具有经典性，得到国内外气象界公认，为长期预报提供了重要理论依据，对气象业务和防汛抗旱工作具有指导意义。

季风雨带的推移，始终都是中国工农业需要重视的问题。季风跳跃现象的发现，对于降水和旱涝的预报实践，具有无可估量的价值。

涂长望爱惜青年，善于发现他们的才华。1944年，涂长望见到他的助教陶诗言擅长做研究工作，便把他推荐给刚任气象研究所代所长的赵九章。陶诗言从此走进了中央研究院，成为一名研究实习员，并在气象研究方面取得重要成果。

第五节　贫病交迫沙坪坝

1943年秋天，物价飞涨，已达到战前的100倍，公教人员叫苦连天。

那时王回珠怀孕已经8个月。一天，涂长望突然病倒了。躺在床上，发着高烧，额头烧得烫人，面颊潮红，眼结膜充血，全身疼痛，头痛厉害，表情兴奋惊惧，身体颤抖，开始谵语。王回珠看到病情这样严重，自己腆着个大肚子，不知如何是好。幸亏朱炳海来帮忙，把长望送进了离家 25 里远的高滩岩医院。

医院确诊，涂长望得的是斑疹伤寒，是由莫氏立克次体所致。传染源是鼠类和病人，通过鼠蚤对人的叮咬而感染。在一般市民区，尤其是贫民区，这种病是很厉害的。

特重的病人，需要亲人的陪护。王回珠每天早出晚归，走几十里去陪伴长望。山城道路崎岖，她怕坐黄包车颠簸造成早产，就慢慢地步行。不能把 5 岁的多伦，3 岁的多林小兄妹俩带到医院去，放在家里无人照看、无人管午饭也不行，只得雇了一个保姆来带他们。

夜里，王回珠拖着疲惫的身体回家，在小小桐油灯那豆大的光焰下，招呼孩子们就着咸菜吃饭，洗了碗，又为他们洗脸、洗手、洗脚送上床。忙碌完了喘口气，坐在床头又发愁。长望病那样重，不要让他知道家里钱已用光，米又涨价了。

其实，涂长望在病榻上，对家里的情况、妻子儿女的艰难完全明白。他也知道自己的朋友们，那些教授、学者，家家都是入不敷出，许多人的境况还不如自己。为了节省开支，他决定尽可能早些出院。

涂长望住进医院，经一段时间治疗，烧退尽了。身体刚开始恢复元气,还很虚弱,就要求出院。陈院长是涂长望的朋友,不忍心让他这样出院,只好特别叮嘱他要注意调养。

黄包车把涂长望从医院拉到沙坪坝合作新村。他下车时弱不禁风,王回珠扶他进屋上床。他让她坐在床边,夫妻俩细细地商量:住院费不能欠着人家,第三个孩子快要出世,为了渡过眼前的这道难关,只好把那台打字机卖了。

那台打字机是当年他从德国买回来的,多少年来一直当成宝贝带在身边。在大撤退的混乱岁月中,在重庆、宜山、遵义之间的艰难旅程里,都一直精心保管着它。涂长望的学术论著,有很大一部分是用英文、德文写作的,全靠了这台打字机。用机器写作惯了,就感到机器也有灵性,使用时觉得它是自己脑子和手的延伸。几天后,王回珠为它找到了新主人。当来人把打字机从家里拿走的时候,病床上的涂长望心里难过,就像是剜走他的脑子、割走他的手臂一样。[①]

在家静养半个多月后,涂长望身体恢复了。他又回到了教学和科研的岗位上,又活跃在社会活动中。

1943年12月28日,星期二,潘菽告诉涂长望、金

---

① 王回珠:《怀念长望》,《纪念涂长望》,气象出版社,1991年,第90页。

善宝等人说:"周恩来先生邀请我们到新华日报社吃午饭,我们早点走吧。"

从沙坪坝中央大学到化龙桥,大约有六七里,他们几个人一起步行前去。一路上他们互相猜测,一定是有什么重大事件发生。秋季以来,国际、国内发生的大事不少:9月份意大利法西斯投降。10月份毛泽东为延安《解放日报》写了社论《评国民党十一中全会和三届二次国民参政会》,全面揭露了蒋介石搞投降、打内战、实行专制独裁统治的政策。11月召开了开罗会议,12月初发表《开罗宣言》。这些事件座谈会都讨论过。这回又有什么重要事情呢?

走进新华日报社食堂,只见摆了两桌宴席。客人就是他们座谈会的七个人,主人和作陪的有周恩来、董必武、邓颖超和潘梓年、熊瑾玎、章汉夫、石西民、于刚。气氛很隆重。除了酒菜之外,桌子上还引人注目地陈设了寿桃。大家正在纳闷,周恩来面带微笑亲切地说:"今天是个喜庆的日子,是梁老60大寿的寿辰。他是我们自然科学座谈会中的长者。特请大家聚会,一起为他祝寿。"

原来是这样,七教授顿时感到无比温暖,梁希教授两眼已充满了泪花。周恩来代表共产党对科学家们表示关怀,不是一时一事,而是经常的、多方面的。更重要的还是政治上的关心。今年春夏之交，蒋介石发表了《中国之命运》后，又利用第三国际解散之机来掀起反共高潮。一些进步科学工作者感到在重庆做事很困难，无用武之地，想到解放区去。周恩来就召集大家谈话，说无论什么工作，首先要服从革命需要。现在你们在重庆工作，也是革命斗争的需要，抗战的需要。困难再大，也要坚持下去。周恩来的谈话，能使大家在困难中看到希望，提高勇气。①

周恩来请大家入席。宾主坐定之后，他亲自为梁希夹菜、敬酒，谈笑风生，十分亲切。又和每个人交谈，询问工作、学习情况。与涂长望交谈时，特别问起病情和气象研究。周恩来同志日理万机，还关心着自己，使涂长望极为感动。祝寿宴会进行到3点多。他回到家里，绘声绘色地把周恩来为梁希祝寿的事讲给王回珠听。

过了3天，1943年12月31日，涂长望的第二个女儿多彬出生了。王回珠没有进医院，而是请了她在卫生署实验室的一位同事来家里接生。

由于多彬出生在新年前，新年这几天涂长望有许多社交活动不能参加了。这几天，竺可桢到了重庆、北碚，他也没能去相见。过了一些日子，他去北碚，吕炯

---

① 潘菽：《忆梁希同志》，《梁希纪念集》，中国林业出版社，1983年，第11–15页。

告诉他所里的变化。吕炯坚持不再当代理所长。竺可桢也不想再挂所长之名,但朱家骅不同意。竺可桢推荐涂长望和赵九章为所长,朱家骅考虑到戴季陶的关系以赵为代所长。

涂长望在北碚住了两天就回沙坪坝。在中大放寒假期间,常到市中区。他到中美文化协会去看望葛德石。葛德石对中国政界十分不满,说已作了几次讲演,还写了文章,斥责国民党政府腐败无能,抗战不力,人民、士兵苦不堪言。涂长望补充说,蒋介石实行独裁统治,制造摩擦和挑起内战,知识界都为国家前途担忧。葛德石听着,点头赞同。

涂长望到中英科学馆去看李约瑟。李约瑟也拿出他的文章给涂长望看。是他的一篇讲演稿,已经译成中文,题目为《国际科学》,刊登在《时事新报》,《科学》月刊还准备转载。文中介绍了美、英两国与中国的科技合作,讲到中国抗战未能充分利用科学,提出战后应加强国际科技合作,强调成立国际科技合作组织的必要。他不仅是写文章,而且还在筹划着国际科技合作的活动。涂长望很同意他的意见,也支持他采取行动。李约瑟表示感谢,希望中国科学家也行动起来。

李约瑟向涂长望介绍了他的夫人桃乐赛(Dorothy Needam),三人谈起了伦敦、英国。他俩谈到,皇家学会总干事之一的希尔（A. K. Hill）不久就要来中国，英国文化协会还将派罗士培教授来中国工作五六年。

涂长望听说自己当年的导师要来，心里十分高兴。想不到在中国人民艰苦的抗战中，自己的美国老师葛德石、英国老师罗士培都会到中国来，跟中国人民一起抗日。

他期待着导师的到来。

第十五章　呼唤民主

第一节　在美军战略情报处

在1943—1944年间，美国朝野对蒋介石国民党政府的腐败无能、消极抗战颇有不满。舆论界的批评很多。不少人寄希望于中国共产党领导的抗日人民武装。美军的高层人士，也希望与共产党建立联系。

早在1943年6月，中缅印战区美军总司令史迪威将军的政治顾问戴维斯，就向美国国务院建议，在延安设立领事馆，并向共产党地区派遣军事代表团。半年后，戴维斯再次向罗斯福总统助理霍普金斯提出，立即派一个政治和军事观察团到共产党地区，并认为这件事情通过寻常外交途径不能解决，应由总统直接提出请求。这时已是1944年1月。

中共中央于1944年1月9日，给驻重庆的董必武发出指示：如史迪威总部愿意建立电台联络延安，我们可给予协助。

但是，美国的一切要求和建议，都遭到了蒋介石的拒绝。

1944年4月，日寇向蒋战区发起河南战役，国民党汤恩伯的精锐部队40万人不战而溃，郑州、洛阳等38座城市相继沦陷。罗斯福为稳定局势，派副总统华莱士率国务院中国司司长范宣德、驻国民政府顾问拉铁摩尔到重庆。多次会谈，6月23日蒋介石才不得不同意派美军观察组到延安。①

毛泽东在美军观察组首批人员飞抵延安前表示：放手与美军合作，处处表示诚恳欢迎，是我们党的既定政策。

历史学家认为，中共国际统一战线的开展，是中国人民外交的开始。

在这方面，涂长望的活动是完全符合党的要求的。他并没有恢复党的组织生活和接到党的具体指示，只是凭着自己的信仰和思想认识，做到了与党保持一致。

那是初夏时节，葛德石把美国军事代表团的泰勒（Taylor）上校和林堡（Lineburg）上尉介绍给涂长望，并说："涂，中国抗战到了紧急的时候，需要美军与中

---

① 参见司徒雷登著，程宗家译：《在华五十年——司徒雷登回忆录》，北京出版社，1982年。

国人民一道作战。美军需要科学家的帮助,你是最能提供这种帮助的人。"

涂长望不知老师说的帮助是怎么回事,便同两位军官进行交谈。大家的想法很一致,都是要打倒日本军阀。对当前中国军队的作战情况不满意。上校说话谨慎一些,讲得较有分寸。年轻的林上尉则毫无顾忌,对国民党政府和军队的腐败无能极为愤慨,还表示同情延安,暗示联军登陆后要与八路军、新四军联系。

泰勒上校和林堡上尉请涂长望写一份关于中国沿海天气、气候、登陆条件等方面的学术报告,主要是从杭州湾到山东半岛一段海岸带的情况。

涂长望明白,联军是想在华东沿海一带寻找登陆地点。当时山东、苏北一带,正是八路军、新四军控制的范围。美军若要在那一带登陆,与共产党领导的抗日军队的合作,是完全必要的,势在必行的。自从太平洋战争爆发以后,中国知识界对美国罗斯福总统的政府开始抱有希望,涂长望也是如此。他认为美国有可能与共产党合作。如果那样,就能很快打败日本侵略者,早日结束中国人民的苦难。

涂长望欣然接受了这个任务。分析华东沿海的天气、气候,对于一个中国气象学家来说,不用费多少力气。他还请中大四年级的学生陈璐、邓静中二人来做。

共计两万余言，两个多月就完成了。可惜没有了打字机，手抄文稿费事多了。

美国军事代表团对中央大学涂长望教授的工作非常满意。

这时，泰勒上校产生了一个想法，即请涂长望教授参加美军战略服务部门的工作。

当时，美军代表团有个文职机构叫OSS（Office of Strategic Service），可称为战略服务社或战略情报处，驻地在重庆市中区。搜集到日本本土、中国东北以及敌占区的大量日文经济情报资料，苦于不能利用，急待译成英文。泰勒是想从中央大学请人来工作。他的建议获得批准，于是派林堡上尉到沙坪坝去找涂长望教授。

林堡坐着吉普车到了中央大学，在学校没找着涂长望，便找到合作新村他家里去。

林堡在涂家，对来意作了简要说明。涂长望感到对工作的内容和性质不清楚，谈起工作数量和条件，林堡上尉又不能做主。于是二人到美军战略情报处（OSS）驻地，作具体的会谈。

OSS负责人让涂长望看了那些日文书籍、刊物、报告、文件，说任务简单，只是把它翻译成英文，准确可靠就行。涂长望提出一些问题，都获得满意答复。涂说不懂日文，答复说可以聘请两位懂日文的先生共同工作。涂说负有教学任务，每周工作时间有限，回答说每周来 3 次即可，你月薪 150 美元，日文副手月薪 125 美元。涂长望说："这些条件容我考虑一下，因为这不是我个人的事，还涉及两位同事。"OSS 负责人表示理解，并说："我期待着你们，最好能早些来开始工作。"

那时 150 美元，可以很好地改善家庭经济状况，在物价飞涨的形势下能免除后顾之忧。从经济上说是大好事，但政治上有无不妥之处呢？协助盟军，打击日本，是服务于抗战，应该说是没有问题。但这事涂长望一个人搞不成。

当自然科学座谈会的朋友们在松林坡聚会时，涂长望把这事提出来议论。大家都认为，做这样的工作没有错，可以干。

涂长望最熟悉的中大教授里，干铎和林中二人会日文，就请他两人参加这项工作。开始，干铎觉得堂堂中大教授，到外国人的非学术机关做工，面子上有点不好看。座谈会的朋友说做得，他才同意了。

涂长望他们开始去工作，已经是 12 月份了。

OSS 只是临时聘请他们工作，但为了出入方便，给他们发了"美国联合编译局"的证章。就像那里的正式工作人员一样。

涂长望他们每有空余时间，就到市中区 OSS 去。干铎、林中翻译日文资料,摘录出工厂、企业的资金、产品、地址等。这些都是用于选择战略轰炸目标。涂长望则把这些资料翻译成英文,制成卡片,使用起来极为方便。

这项工作,他们一直干到日本投降前为止。

第二节 "民主科学座谈会"结新友

1944年下半年,各界人士要求结束国民党一党专政。成立民主联合政府的呼声,在重庆一浪高过一浪。

9月14日,中共代表林伯渠,在国民参政会第三届第四次会议上报告国共两党谈判经过,提出改组国民政府及统帅部,结束国民党一党专政,成立民主联合政府。共产党的主张立即得到广大人民的拥护,重庆各界、各党派、各阶层都行动起来。

10月1日由宋庆龄、郭沫若、张澜等72人发起的几千人参加的邹韬奋追悼大会,成了争取民主自由,向法西斯斗争的动员会。当初,作为国民参政员的邹韬奋,是被国民党的新闻统治和法西斯特务逼迫,才流落香港、上海。邹韬奋是7月24日在上海病逝的。

涂长望为失去这位朋友心里十分悲痛,曾向熟悉邹韬奋的朋友表示痛惜。后来,经王炳南介绍,结识了当年《生活》周刊的另一位朋友金仲华。金是为民主自由而斗争的斗士。

自然科学座谈会的朋友们，也积极地投入了这场斗争。在他们中间起联络作用的，还是潘菽。

潘菽到许德珩、劳君展家。他俩跟潘菽谈起，周恩来曾向他们表示，毛泽东主席和他本人都希望文教界、科技界的朋友们能组织起来，参加人民民主的斗争。他俩是想让潘菽和他们一起，联络有关人士。潘菽有经验，向许、劳夫妇建议搞个座谈会。

许、潘二人在"五四"当年，同是北京大学学生，在火烧赵家楼时一同被军阀逮捕过。此时他们首先想到要把当年一起为迎接德、赛二先生而斗争过的朋友们发动起来。黄国璋是武汉大学地质学教授，现在到了北碚，以后可以到市区来。税西恒是重庆大学工学院院长，在沙坪坝，同时又是重庆市自来水公司的总工程师，在市区有厨师，吃饭也方便。座谈会以聚餐形式进行，开始时在许德珩家，后来就到税西恒的公司里。

这个座谈会开了几次后，潘菽就把涂长望、梁希、金善宝等人也领来参加。涂长望跟许德珩夫妇战前就认识。黄国璋、税西恒是新结识的朋友。一个经常聚会的组织，人多起来了，就感到需要有个名字，许德珩提议叫"民主科学座谈会"，有继承发扬"五四"传统的意

第十五章 呼唤民主

义。大家都同意。

自然科学座谈会的成员,大部分都陆续参加了"民主科学座谈会"。但两会的性质不同。后来前者发展成为具有国际影响的学术性群众团体——中国科学工作者协会,后者则发展成为中国知识界的政治性团体——九三学社。

涂长望是这两会的骨干和出色的活动家,因此,他在中国知识界内结识了很多新朋友。"民主科学座谈会"以中央大学为中心,向大后方各地扩展。在北碚对岸的上海复旦大学,有卢于道、张志让、吴泽、潘震西等教授来参加。沈钧儒领导下的上海法学院院长褚辅成以及张西曼、王卓然、张雪岩、笪移今、侯外庐、黎锦熙等许多人也加入了。

涂长望有OSS的工作,加上两个座谈会活动范围的扩大,他在市中区的时间增加了许多。除了中大有课程,其余时间天天都到市里去。除了座谈会的活动和OSS的工作,他还常去中英科学馆,中美文化协会,中苏文化协会。经王炳南介绍认识金仲华后,还去美国驻华大使馆新闻处。金仲华在那里做新闻编译与综述的工作,与美国新闻记者白修德(Theodore White)和贾安娜(Anna Jacoby)都熟悉。到各机关去会会朋友,增加交往,使涂长望可以及时得到国内外的许多消息,这对于有效地开展活动大为有益。

那天，涂长望到了他的美国老师葛德石的办公室。葛德石拿出一份刚打好的文件交给涂长望，说道："涂，我起草了一份致各界人士的《公开信》，你是第一个读者，看看怎么样？"

涂长望接过信来看，这信很长。信中对中国当前的政治、教育、工业、财政进行了全面的批评，表示强烈不满。尤其是对中国政治越来越走向独裁，说得很严重。葛氏认为国民政府初到南京时尚趋向于光明，而近两年则一味地学习纳粹。他认为中国大学教育也没能为抗战尽力，哪怕是四分之一的学生牺牲于战场，而能换来民主主义的胜利，也未必不是好事。许多美国远征军所做的事，中国人都行动迟疑。葛德石对于中国人能接受一党专政十分不解。谈到经济建设，葛氏主张优先发展铁道、重工业、农业和出口物资四项。

信中涉及的方面很多，涂长望来不及细致思考，对所谈各点都提出自己的意见。总的来看，觉得老师是关心中国前途，并站在中国人民一边的，是为人民说话的。涂长望有些激动，站起来说："谢谢你写了这封公开信。它一定能启发各界人士，为中国民主自由的前途而斗争。"[1]

---

[1] 涂长望在1953年9月一份履历表的《自传》中谈了葛德石的言行，此信内容还见于《竺可桢日记》，人民出版社，1984年，第765页。

第十五章 呼唤民主

涂长望告诉自己的老师，他和他的朋友们，正在努力团结全中国和世界科技工作者来共同奋斗。

葛德石把新近收到的几期美国《地理学报》《地理学家汇刊》和一些农业刊物送给了涂长望。

近几年中国人民生活极苦，吃不饱饭。李约瑟 2 月间在中华农学会讲过《中西之科学与农业》。葛氏的信也主张发展农业。在这方面，他们的想法是一致的。涂长望在《经济与建设》年刊发表了《华中气候与农业》。他和学生方正三完成了《华中之重要农作物与气候》。他还和学生毛汉礼完成了《我国气候对于数种疾病死亡率影响之初步研究》。这些在当时都是空谷足音的开拓性工作。在那时候的中国，农业气象学还没有引起人们的注意。

涂长望多次去看望他的英国老师罗士培，英国皇家学会总干事希尔和朋友李约瑟。

10 年前涂长望离开英国时，罗士培还未结婚。记得邹韬奋曾跟他笑谈罗士培，头朝天花板看不见身边的漂亮姑娘。现在罗士培到中国，却是带着夫人来的。他对中国能团结抗日感到高兴，对抗战前途绝对有信心，但认为中国的政治要达到先进水平，尚需时日，中国人民的苦难实在太深重。他很理解涂长望他们的斗争，也知道涂长望和贝尔纳、赫胥黎、李约瑟一样"左倾"。

10月末，李约瑟夫妇访问了福建，又访问了设在遵义、湄潭之间的浙江大学，回到重庆来了。他告诉涂长望，见到那里一些很了不起的教授，又说那里学术空气极浓。他认为中国科技工作者如能有良好的组织，不只是钻研科学而且能够关心社会，将会前途无量。他向涂长望介绍了英国、美国、加拿大都有科学工作者协会，认为中国科学家也应组织起来。

李约瑟说，他正在致力于组织国际科技合作。下个月将回到伦敦去，大约明年2月返回中国。他希望中国科学工作者也能积极地参与国际合作。

涂长望对于李约瑟所谈各点都有同感，并提出一些具体工作问题来互相探讨。

李约瑟找了一些英、美等国科学工作者协会组织的会刊、通讯和一些小册子，交给涂长望一阅，以沟通信息，作为参考。

涂长望告诉他，中国许多知识分子已开始关心社会，不再是"两耳不闻窗外事，一心只读圣贤书"。他们会很快组织起来，和人民在一起，和世界科技工作者一道，为自身的权利和人民的福利而斗争。

李约瑟站起来，和涂长望紧紧握手："我相信你和你的朋友们，一定能做到。"

涂长望说："你到伦敦后，代我问候沃克爵士。祝你此行一切顺利,明年再见!"

第三节 中国科协问国是

自然科学座谈会一直是个不公开的组织。随着形势的发展,斗争的需要,必须建立起科技人员的群众性团体。周恩来离开重庆时曾指示《新华日报》的负责同志,要帮助科学家们组织起来。座谈会的教授们也有这种愿望,他们积极地进行工作。

涂长望介绍了国外一些科技群众团体的情况,谈了以贝尔纳(Bernal)教授为首的英国科学工作者协会(BASCW)。这时国际上科学家自称为"工作者"(worker),是向工人阶级靠近的表现。协会和学会也不同,不是单纯的学术团体,而是积极参加争取社会进步的群众斗争,促进科学技术正确发展,为人民谋福利,并以集体力量保障科技工作者自身权益的团体。

涂长望还介绍了李约瑟的活动,战后的国际科技协作和国际科技群众团体的合作。这些情况,以及他平时经常跟英、美、苏文化界人士的联络,座谈会的同志们都清楚,而且从中获得不少启发。

建立科协组织,加强国际合作,这在当时盟国科技界是一种潮流。自然科学座谈会的教授们一致同意,发起组建"中国科学工作者协会"。

1944年12月,涂长望和梁希、潘菽、谢立惠、金善宝、干铎、李士豪开足马力工作,起草了《中国科学工作者协会总章(草案)》《组织中国科学工作者协会缘起》《宣言》等文件,并铅印出来,然后分头征集发起人。

1945年1月24日,周恩来再次飞到重庆,跟国民党谈判。在繁忙工作之中,他关心起科协工作,还亲自动员著名科学家来参加。①

涂长望利用自己的影响,邀请到浙江大学、西南联大、复旦大学、武汉大学以及资源委员会等单位的许多著名教授、学者为发起人。中大是中心,参加的人最多。浙大参加的人也不少。

涂长望特别把文件寄给浙大的老朋友、当年少壮派教授中的陈立,请他一定要说服竺可桢参加。他是怕竺可桢太忙,不愿多参加组织,所以没直接给他寄文件。其实陈立并没费什么口舌,竺可桢就同意了。

竺可桢仔细看过涂长望他们起草的《总章》。其中阐明的五条:一是,科学技术没有国界,没有阶级性,它可用来造福人类,也可被用于残害人类;二是,科学家不能超政治,科学工作者应该站在人民的立场,用自

---

① 参见阚孔璧:《周恩来重庆统战纪事》,重庆出版社,1985年。

己的知识为人民谋福利,不要自觉或不自觉地成为压迫人民、残害人民的帮凶;三是,以往所谓"科学救国""教育救国"等都是骗人的,在封建落后的社会里,科学技术不受重视,科学家无用武之地,科技工作者的生活都没有保障,不能自救,何言救国;四是,要认识科学与社会的关系,积极参加抗日斗争和反封建的民主运动,科技工作者要成为一支争取民族解放和推动社会进步的力量;五是,个人力量是有限的,科技工作者要团结起来,组织起来,发挥集体的巨大力量。

竺可桢在10多年前就写文章批判过"科学救国"的思想。所以,他很赞成这五条。这表明涂长望他们几个人拟订的关于"中国科协"的指导思想,是代表了许多科学家的心愿的。科学家的求是精神,是容易跟共产党人的世界观相通的。

涂长望他们几个人的工作很有成效。一个多月后,就征集到竺可桢、李四光、任鸿隽、丁西林、严济慈等100多位著名科学家为发起人。以自然科学座谈会的核心人物为主,在中央大学成立了中国科学工作者协会筹备会。

1945年7月1日,中国科学工作者协会在重庆沙坪坝中央大学正式成立,选举了领导机关理事会和监事会,通过了《总章》和《宣言》,决定出版《科学新闻》

月刊。竺可桢被选为理事长,李四光被选为监事长,涂长望为总干事,谢立惠和干铎分别为负责组织和事务工作的干事,潘菽为总编辑,理事还有梁希、吕炯、黄国璋、卢鋈、朱炳海等。

在此以前,中国的科技群团都是纯学术性和纯技术性的。大都主张"科学救国",在活动中不问政治,其成员都说"莫谈国事"。中国科协是第一个关心国事的科学家团体。它的成立标志着中国科技人员的新觉醒。

涂长望努力使它成为一个具有更大广泛性的团体。不只是科学家参加,还要吸收一般科技工作者,尤其是年轻人。他认为只有这样,工作才能有活力。

中国科协成立一个月后,涂长望在浙大史地系的学生吕东明来到重庆。他是地下共产党员,是来向南方局汇报工作的。他到沙坪坝合作新村来看望涂长望老师。涂长望就向他介绍中国科协的宗旨、情况,并拿出一些铅印的文件,让他回去后动员浙大校友们参加。对他说:"现在参加进来的都是一些中老年学者,但我们同样欢迎年轻人,欢迎从事科学、教育、工程技术、农业、交通、医药等各方面的科技人员都来参加。中国科协不只是科学家的协会,而是所有科学技术工作者的协会。很多事情,都需要青年人深入到各部门去做。"

吕东明表示很愿意参加,愿意做发动工作。

第十五章 呼唤民主

涂长望又说:"我们这个团体,所追求的就是继承发扬'五四'的科学和民主精神。工作者一词,西文就是工人或劳动者,科协也就是科学家的工会,还要为争取改善科学工作条件和改善科学工作者生活而斗争。"

从涂长望的谈话中,吕东明深深感受到涂先生对知识青年的关心,对组织科技界人士投入民主斗争的热情,很受鼓舞,当即表示,乐于为此而奋斗。

涂长望正患湿气,瘸着脚送吕东明走出小院门口,见小吕衣服破旧,便说:"你等等。"回到屋里,让王回珠找出长裤、衬衣各一件送给吕东明。又问:"你有地方住吗?"吕东明到重庆没有住处,是找朋友家东一处、西一处"打游击",在山城的坡坡坎坎间奔走。他把实情对涂老师讲了,涂长望就交给他一把钥匙,说:"我在中大有一个单间宿舍,是我备课和午休的地方,你就住在那里吧。"

吕东明住进涂长望在中大的宿舍。里面有桌椅、床铺、脸盆等生活用具,十分方便。桌上有各种进步书刊,有共产党的内部刊物《群众》周刊等。一些书本里,不少文章都打上了红杠、蓝杠,还做了不少眉批。这使吕东明感到,涂先生是跟党在一起,而且学习十分努力。他以地下党员的警觉性注意到,离开房间时必须锁好房门。

吕东明见到施雅风同学，谈起中国科协，说涂长望先生很进步。施雅风说，年初在红岩八路军办事处参加《新华日报》成立7周年纪念会，看见涂先生也在场。吕东明更确信，涂先生跟党有某种联系。他不知道，涂长望这几天刚见过毛泽东。

吕东明向南方局有关负责同志汇报工作，谈起中国科协问题时，才知道这是在党的关怀下、周恩来同志指导下建立起来的组织，可以放手发动群众参加。

吕东明在重庆期间就做这件事情。他先后介绍了十几个年轻人参加中国科协，领到沙坪坝去见涂长望。涂长望每次见到这些年轻人，都详细介绍科协的工作，宣传科协的宗旨。

这期间陪都人民正在庆祝抗战胜利。全国都在欢庆声中。人们最关心的是国家的前途，是战是和。涂长望要求参加科协的年轻人，积极投入争取民主，反对内战，建设和平民主的新国家的斗争。①

9月上旬，中国科协在中央大学召开了第一次会员大会。涂长望、潘菽、谢立惠代表理事会分别就科协的任务、宣传组织工作和事务工作作了报告。并进行了热烈的讨论。会后，争取和平民主，反对内战成了科协活

---

① 吕东明：《涂长望为中国科学工作者协会奋斗事迹的片断》，《纪念涂长望》，气象出版社，1991年，第46–51页。

动的中心。

10月1日,涂长望、赵九章、吕炯、黄厦千、朱炳海、朱之荣等气象学家被邀请到了化龙桥红岩嘴美军总部,商量统一全国气象网问题。竺可桢也来了。美国陆、海、空军有代表参加。科学家们敷衍了一阵,没有结果。涂长望趁这次跟竺可桢见面,向他详细地汇报了科协的工作,提出请他利用来重庆的机会,召开一次理事会,研究中国科协今后的工作。竺可桢同意,但具体事项要涂长望安排,并做好准备。

10月10日,中国科协理事会在沙坪坝高家花园中央气象局召开,到会的有竺可桢、梁希、涂长望、潘菽、吕炯、黄国璋、卢鋈和朱炳海。涂长望提出了努力发展组织,积极开展活动,在各国建立分会,加强海外联络和国际协作的一些安排。涂长望谈到了跟李约瑟、罗士培、葛德石和中苏文化协会联络的一些情况。特别谈到李约瑟正在促进联合国教科文组织,他希望中国科协能参加发起"科学与人类福利大会"。

这些情况竺可桢了解。罗士培30年代初来华时,他们就认识;李约瑟主张把联合国教育文化组织(UNECO)改为联合国教育科学文化组织(UNESCO),曾征求过竺可桢意见,竺可桢表示过同意。所以,竺可桢对涂长望的意见和安排都很同意。理事们也同意。

大家都感到活动条件困难，但要尽力争取，完成国内、国外各项组织工作。理事会寄希望于涂长望总干事和其他几位干事。

第四节　九三学社争民主

1945年8月15日，日本政府宣布无条件投降，十四年抗战终于胜利了。中华民族的危亡成为历史了，全国人民都在欢庆。同时全国人民也都在担心，中国是走向和平民主，还是走向内战的深渊。中国的命运系于国共两党。

8月14日、20日、23日，蒋介石3次电邀毛泽东到渝共商国是。于是，陪都重庆，议论纷纷。蒋介石及其谋士们认为此着最高，他们估计毛泽东不会来，这样就在舆论上占了上风，可以把内战责任转嫁给共产党人。

涂长望和中国科协、"民主科学座谈会"的朋友们，见面议及此事，心情比较复杂。一方面希望国共两党的最高会谈能实现，从而使中国走向和平民主，发展工业建设，成为世界强国。另一方面又为毛泽东主席来渝的安全担心。尤其是涂长望，他根本不相信蒋介石会有诚意，以为再三电邀，必定心怀叵测。

第十五章　呼唤民主

没想到3天后延安就做出了回答，5天后，即1945年8月28日，毛泽东、周恩来、王若飞等人已经飞到了重庆。山城舆论热烈欢迎，大后方人民十分高兴，以为中国从此有了光明的前景。涂长望和中国科协、"民主科学座谈会"的朋友们的心却悬起来，放不下了。

两天后，即8月30日，潘菽接到新华日报馆的口头通知，毛泽东要接见中国科协、"民主科学座谈会"的几个核心人物。由潘菽传达。

潘菽高兴极了。以往周恩来、董必武等领导同志在报馆约见大家，都是他做传达人。会见毛泽东，这还是第一次。大家都是第一次去见这位心中最崇敬的领袖。

潘菽就近先找到了梁希、金善宝，又到合作新村找到了涂长望、干铎。五人出发，到化龙桥报馆又增加三人，共是八人，一同到曾家岩桂园去见毛主席。

毛泽东在重庆40多天所住的桂园，是张治中为他精心选择的，安全有保障。园址在上清寺与江岸之间，坐落在靠近嘉陵江畔的一个小山丘上。四周绿荫环绕，环境十分清幽。这里房舍建筑，精巧雅致。

涂长望等八位教授学者到达时，在门口迎接他们的是他们熟悉的王炳南。见面自然而愉快。只是梁希和涂长望禁不住向园外各处环视，担心什么地方有特务潜藏。他二人不知道毛泽东住在这里是否安全。

王炳南领着八人来到一间长方形的客厅，毛泽东、周恩来、王若飞等人都来相迎。周恩来将八人一一向毛主席作介绍。开始他们有点拘束，八个人都坐在同一边的沙发里。梁希最先说："毛主席，您到重庆来，对蒋介石可要有十分的警惕。"涂长望接着说："毛主席，我看蒋介石未必是真心的，您要有所提防。"

毛泽东仔细地倾听教授们的想法，关心地问及他们的工作和生活，爽朗地微笑，诙谐地插话，风趣地回答大家提出的问题，使拘束气氛很快就烟消云散了。谈话变得轻松愉快，亲切诚挚。长方形的客厅里，不时传出爽朗的笑声和热烈的掌声。

学者们的问题海阔天空，毛泽东、周恩来对科学家们也是无话不谈。自然，中心问题是时局，是国共两党的谈判。

涂长望心里揣着一个问题：实现和平、民主、团结的希望大不大，我们应该怎么做？这也是在座的人都关心的。

毛泽东娓娓而谈，对大家作了生动的说明。指出现在苏联、美国、英国都不赞成中国打内战，世界需要和平，中国人民需要和平，我们提出了和平、民主、团结三大口号，又到重庆来和国民党共商团结建国大计，有可能把反动派的内战阴谋挫败下去。但我们的努力也可

第十五章 呼唤民主

能会落空,要做两手准备。无论出现什么情况我们都要用和平、民主、团结来唤起群众,形成一种包围反动派的汪洋大海。

见过毛泽东之后,涂长望和潘菽、梁希等人都感到心里豁亮多了,也更懂得如何斗争了。

4天后,即1945年9月3日,是庆祝日本投降签字的日子,"民主科学座谈会"借用七星岗黄家垭口中苏文化协会的会场召开会议,并决定命名为"九三座谈会"。出席的社员比以往都多。涂长望和梁希、潘菽等人在讲话中,虽然没具体谈在桂园见毛泽东的事,但把毛主席对于形势的分析和共产党的方针政策都讲了。使大家很受鼓舞,目标也更明确了。

涂长望建议把"民主科学座谈会"改名为"九三学社",来纪念今天这个世界人民反法西斯彻底胜利的日子,同时表明我们的组织不是学术群团,而是科学文化界的争取和平、民主、团结的政治团体。

与会人员都同意涂长望的建议,并于1946年1月成立了"九三学社筹备会",推褚辅成、许德珩、张希曼等筹组九三学社。

"九三学社筹备会"在积极参加反对内战的斗争中,经过4个多月的筹备,于1946年5月4日在重庆正式召开了九三学社成立大会。大会通过了《九三学社缘起》《成立宣言》《基本主张》《对时局主张》几个主要文件以及《致美国会电文》，涂长望与潘菽、张雪岩、褚辅成、许德珩、税西恒、吴藻溪、黄国璋、彭饬三、王卓然、孟宪章、张西曼、李士豪、笪移今、张迦陵、严希纯等人为理事，卢于道、詹熊来、刘及辰、何鲁、侯外庐、黎锦熙、梁希、陈剑鞘等人为监事。

第五节　边区气象寄深情

中国人民气象事业，于 1945 年发祥于革命圣地延安。最初，是为适应世界反法西斯战争需要而与盟军协作的一项科学事业。第一个气象台——延安气象台，是从美军观察组接收过来的；第一个负责人张乃召，是涂长望当年在清华大学时的学生。

美军观察组包瑞德上校于 1944 年 7 月 22 日到延安后，受到中共中央和毛泽东、朱德、周恩来等领导的接见和欢迎。他提出要在延安建立气象台并在解放区建立气象观测网。在我方的同意和帮助下，当年 9 月就把气象台建成了。1945 年 2 月叶剑英参谋长找张乃召谈话，把建立解放区气象事业、与美军进行气象合作的任务交给了他。

张乃召即与美军观察组接触，在清凉山窑洞里办起

第十五章　呼唤民主

了气象训练班。气象仪器和通讯器材由美军提供。3月开学，5月结业，在杨家岭小礼堂举行毕业典礼，叶剑英到会讲话。学员们分赴各地，进行气象观测，向延安美军气象台发报。6月张乃召到该台工作。8月为毛泽东飞渝做了气象服务。9月商定接收美军观察组气象台事宜，为此又在凤凰山举办一期有学员10人的气象训练班。10月11日，毛泽东结束重庆谈判回延安，张乃召参加值班保障飞行。美国人急于回国，10月底气象训练班即结业，中央军委办公厅主任杨尚昆主持毕业典礼，叶剑英到会讲话并发结业证书。张乃召带领从延安自然科学院抽调来的毛雪华、邹竞蒙、曾宪波、周鲁女、陈涌珉（女）等气象员，接收美军气象台，在凤凰山建立了延安气象台。毛泽东主席将自己的藏书《自然地理》赠送给延安气象台气象员们学习，朱德总司令来视察，诙谐地称这些年轻人是人民气象的老祖宗，说将来我们要有自己的海军，自己的空军，要有气象保障，你们要为创建我军的气象工作而努力。不久又从军委三局调来清华大学毕业的湛亚选协助张乃召工作，调傅涌泉、苏中、张丽、杨丰年到延安气象台工作。①

涂长望当年在清华大学的学生中，还有女生蒋金

---

① 参见《延安时代的气象事业》编纂委员会：《延安时代的气象事业》，气象出版社，1995年。

涛,也是早期到延安的知识青年之一。此时她正在重庆十八集团军驻渝办事处,为延安的气象事业缺少技术资料发愁。她想起了老师涂长望教授,知道他在中央大学任教,便请示领导,要去找涂先生帮忙解决。办事处领导批准她的计划,派了一位同志保护她前去沙坪坝。

蒋金涛在合作新村那一趟平房里找到了涂长望的家。她留下陪她的同志在外面观察放哨,自己进了小院去敲涂家的门。

时隔九年多,师生相见,十分欣喜。她打量涂先生的家,堂堂中央大学教授,生活竟是这样清寒、简陋。小小两间平房,住着全家五口人。一张桌子一张床,几乎占满了整个房间。他的衬衣、领口和肩头都打着补丁。

她向老师谈起延安气象工作的情况。说张乃召在那里负责气象工作。从美军观察组那里接收来的仪器十分先进,有光学经纬仪、无线电探空设备、测风经纬仪和常规观测仪器等。但只有一套。张乃召培训了两批气象员,但要建立一批测候所也很困难,主要是仪器缺乏,图书资料基本上没有。

涂长望听了心里很着急。他想,全国各解放区已有2亿人口,在广大农村,生产和军事都离不开气象。人民气象事业急需发展,自己能为解放区做点什么呢。他与蒋金涛商量,仪器设备没能力运送,但图书资料可以设法弄一批去,只要有人传递就能办到。蒋金涛说,可以想办法。

涂长望十分想跟解放区的气象工作者建立经常的联系,但是这实际上是不可能的。涂长望心里很不平静,他跟英、美、法、苏等国的科学家都能经常联系,但跟国内的战友却不能来往。整整八年国共合作,就是这样的格格不入。看来,要实现和平、民主、团结,将是十分艰巨的。

涂长望希望蒋金涛经常来,并说:"我不怕特务光顾,等我到北碚去弄齐了资料,亲自送到你们办事处去。"

蒋金涛很感谢老师。但为了不给他增加麻烦,她以后再也没去涂家拜访。①

蒋金涛的来访,在涂长望心里勾起了一个十分强烈的愿望:到解放区去,参加实际斗争。于是就去找老朋友徐冰。他知道他又从延安来重庆,是做统战工作的。"一二·九"时他俩在杨秀峰的党小组两个多月,后来失去联系。分别这么多年,在重庆见面后,同志情谊一如当初,有话可以跟他述说。

---

① 参见蒋金涛:《悼念涂师》,《气象通讯》,1962 年第 7 期。

涂长望对徐冰说:"西萍,去年你叫我把科技人员组织起来,这个任务我们几个人已经完成了。中国科协已经活动起来,九三学社筹备会也成立了。现在,我想提个要求。"

徐冰从30年代初在英国跟涂长望开始交往,知道他乐于助人,但很少提什么个人要求。便说:"你有什么想法,讲讲,看我能不能帮你。"

涂长望说:"我想到北方去,在解放区从事实际工作。"

徐冰觉得奇怪。抗战最艰苦那几年,很多知识界人士对国民党非常失望,想去延安,周恩来同志曾劝大家坚持在大后方。胜利后,还没人这样要求过。于是反问道:"你是觉得现在的工作没有实际意义?"

涂长望摇摇头,谈起了蒋金涛说的解放区的气象工作情况。徐冰明白了,涂长望心里挂着的是人民气象事业。他不了解,眼前在解放区绝不可能抽出力量来发展这项事业,只能在很小范围进行。徐冰作了详细解释,劝他说:"你不知道,北方条件差,发展科学文化事业的条件还不具备,你到那里不能发挥作用。"

涂长望同意徐冰的意见,放弃所提要求。然后谈起中国科协在国外办分会的事。英国分会可以委托在伦敦大学帝国理工学院的徐尔灏,美国分会可以委托在芝加哥大学的叶笃正、谢义炳，法国分会可以委托在居里夫妇实验室的钱三强、何泽惠夫妇。涂长望又谈起，英国科协的贝尔纳、李约瑟已约请中国科协、美国科协、法国科协等共同发起"科学与人类福利大会"，并建立世界科学工作者协会，我们召开理事会，决定积极参加这些活动。徐冰对科协工作达到这种程度，对涂长望做的各种安排都很满意，祝他们取得成功。

涂长望抽时间到北碚气象研究所，找了一些有价值的气象期刊、书籍，又找了一张空白天气图，包起来，带回家里。

第二天，涂长望进城，他不顾特务的盯梢、监视，把一大包气象资料送到了第十八集团军驻渝办事处。蒋金涛外出了，他交给办事处的同志转交。

蒋金涛回来见到这些资料，深深感谢老师对人民气象事业的一片心意。

工作人员把这些气象资料送到周恩来的办公室。周恩来对涂长望热心关注边区气象工作，弄来这些珍贵资料，十分满意。他细心地展开那张天气图，看上面印有国内外各地气象台、测候所的代号。这图本身就是气象机构分布图，是一种情报信息。周恩来拿起笔来，在图上批注道："这张图纸不要丢掉，可能有用。——周恩来。"

不久到了苏联十月革命节，第十八集团军驻渝办事处给涂长望夫妇送来请柬,邀请他俩参加庆祝招待会。他俩在红岩村门口签名时,有不少便衣特务围观、威胁,很气人。周恩来、邓颖超同志出来迎接,使大家深受鼓舞,增添勇气。

当时涂长望知道,周恩来派人把那包气象资料送回延安了。但是想不到,东西还没送到延安,共产党中央机关已经撤离了。延安气象台先到瓦窑堡,后来又到山西。解放区气象员领受到涂长望教授的一片心意,时间很晚,但他们不会忘记国统区科学家的深情厚谊。

第十六章　出游欧美

第一节　双重使命飞伦敦

1945年12月初,中央研究院接到英国气象局函件。英国气象机构乐于接受各国同行的美意,召集本次国际气象会议,按照事先联络做出的安排,会议定于1946年2月25日在伦敦召开,通知各国有关气象机构派员参加。

中央研究院总干事萨本栋看完函件,就去和院长朱家骅商量该通知哪些单位,派谁去。朱家骅说,中国的气象机构只有气象研究所和中央气象局,那就派代所长赵九章、局长吕炯去吧。他又想到,中国气象事业实际上是竺可桢主持,所以他必须参加,而且他也表示过想得到出国机会。这样,就决定通知竺、赵、吕三人准备去参加这次国际气象会议。

竺可桢因为浙大事忙,已经两次放弃了出国机会。

作为中国气象事业主要的开创者和奠基人,他还没有参加过一次全球性的国际气象会议。这次他真心想参加,但是,他还得第三次放弃。浙大要复员,要迁回杭州;气象所要复员,要迁回南京。在这样的时刻,把责任推给别人他不放心,他必须亲自主持浙大的复员,关心气象所的复员。

竺可桢拿起笔给朱家骅和萨本栋写信,有些犹豫。想起10月间在沙坪坝开科协理事会时,涂长望提出过建立国外分会和开展国际合作的计划与设想。那是很需要作一次国际旅行的。想到这一层,他不再犹豫,立即落笔,让研究院派涂长望代表自己去英国参加国际气象会议。

也是在这期间,涂长望收到了贝尔纳的信。当年在伦敦大学帝国理工学院时,涂长望是沃克爵士的研究生,贝尔纳是学院的讲师。涂长望见他常参加左派组织的活动,知道他是英国共产党党员。贝尔纳也知道涂长望政治态度"左倾",常参加第三国际的活动,但他不知道,涂长望后来也成了英国共产党华语支部的党员。回国后互相没有联系,很快就完全忘了。近年来由于李约瑟牵线,互通科协活动信息,他们之间才又开始有了交往。贝尔纳在信中对涂长望说,"科学与人类福利大会"定于1946年2月15—16日在伦敦召开,希望中国

第十六章 出游欧美

科协给予支持,多派一些著名会员参加。

这事使涂长望感到很难办。他和科协的几位核心人物商量,想法也都一样:科协会员中有的是著名学者,去一批人是不成问题,但是,路费没法筹集,出国护照和签证很难办理,只怕一个人也去不成。

涂长望怨自己是个无能的总干事,如果中国真是一个人也不能去,那在世界面前太没地位了。

涂长望想到了国际气象会议,竺可桢将会参加,不知人员和时间定了没有,于是到中央气象局去问吕炯。

吕炯告诉涂长望:"时间是明年2月25日,萨本栋已经通知让竺先生、赵九章和我参加。但是,我没办法去。中央气象局没有经费,又要复员搬迁,还有不少烦人的事情,也离不开。我是不能去参加这次国际气象会议了。"

看来,国际气象会议中国只能去两个人。涂长望知道,赵九章平时不大参加科协的活动,也没被选为理事,不知能不能劝他参加。竺可桢能去,那么他作为中国科协理事长,代表中国科协去参加科学与人类福利大会是不成问题了。

涂长望到了北碚象庄,准备和赵九章交谈并跟竺可桢通电话报告情况。他刚到,赵九章就对他说:"你来得正好,昨天接院里通知,决定派你和我出席国际气象会议,让我们加紧准备,尽快出发。我正要去找你,你就来了。"

这是涂长望没想到的,问道:"派我去?只是我们两个,那么竺先生不去了?"

赵九章说:"竺先生为浙大复员搬迁的事忙不过来。特意让你代表他去参加的。"

涂长望听到这话,心里全明白了。他知道竺先生非常想出国看看,并一再因工作而放弃了出国机会。这次让自己代表他,说明他对自己的信任与期待。

涂长望感到自己肩上的任务变得很重了。国际气象会议的任务,尚有赵九章和自己分担,要在各国筹办中国科协分会、发起和筹备世界科协、开好科学与人类福利大会,这些任务更艰巨,又只能自己一个人去做,而且,时间也很仓促。万幸的是,中国科协有机会走向世界了。10月间还只是一些设想,现在可以由自己来加以实行了。困难再大,也要努力办好。

他和赵九章商量如何做准备工作。最难的是办理护照和签证二事。春天黄仕松、叶笃正、郭晓岚办理去美国留学的手续,一直办到夏末。按这种速度,肯定要错过开会时间了。二人都很发愁,涂长望更担心拿不到护照。得找门路。

赵九章说:"实在没有办法,就只得去找他了。"他,

第十六章　出游欧美

就是戴季陶,是赵九章的姨父。赵九章平时很少找他。

涂长望说:"那就这样办吧。只要拿到了护照,签证的事包在我身上。"

签证的事涂长望说得这样有把握,是因为李约瑟、罗士培都还没离开重庆。由他们帮忙,英国大使馆不会为难。但要快办,因为他们一旦离开,难度就会增加。

经费方面也很困难。中央研究院只发给二人旅费,装箱费和其他费用全部自理。国内的科技团体难以自筹经费。涂长望准备为发展中国科协作一次环球旅行,只能向国外科技、教育、学术团体或学校、科研单位联系,接受邀请参加会议、讲学等活动,从中获得补助。

涂长望要花自己的心血,来发展国际科技协作,提高中国科协的国际影响和中国的国际地位。

涂长望和赵九章对出国的各种细节都做了商量,然后分头准备。争取用半个月时间完成,明年1月中旬动身。

当天涂长望就回到沙坪坝。他把即将出国的事告诉夫人王回珠。无钱添置衣服,从箱底翻出了当年留学时的西装。一直舍不得穿,还是半新旧的,10多年了也不显得过时,可以凑合,这大约是西服的妙处。家里也没有像样的皮箱,便到旧货摊上买了一只便宜的手提箱,就算万事俱备了。①

最使涂长望放心不下的是家庭的复原。中央大学何时迁回南京还没确定。要长途搬家，找房子，还拖着三个年幼的孩子，都只能靠王回珠自己来处置。他顾不上家了。

涂长望又忙着向中国科协理事会通报情况。来不及开理事会了，有关问题只能和见得着的理事们商量。他在国际会议上，以及在各国建立分会的活动，就以总干事的身份，全权代表中国科协来进行了。

1946年元旦过后不久，赵九章办来了他们二人的护照。涂长望拿到护照后，很快到英国大使馆办好了签证。因为李约瑟飞回伦敦前先已跟工作人员说过了，办得十分顺利。

涂长望去中英科学合作馆向罗士培告别。谈起李约瑟正忙于联合国教科文组织的事，日程排得很满，将在2月20日前后飞回重庆，又准备在3月初去北平，然后经苏联到法国。教科文组织总部设在那里，叶渚沛也将去那里工作，是李约瑟的副组长。

涂长望感到惋惜，自己开完会后不能到巴黎去看他们，而要到美国去。

---

① 王回珠：《怀念长望》，《纪念涂长望》，气象出版社，1991年，第92页。

第十六章 出游欧美

罗士培请涂长望代他向贝尔纳教授致意,祝大会成功。

出国手续全了,涂长望和赵九章订了飞机票,经印度飞往伦敦。

第二节 出席科学与人类福利大会

涂长望飞到了阔别10多年的伦敦。

伦敦没能变得更美好,而是被战争破坏得千疮百孔。城市被轰炸的惨景,比山城重庆好不了多少。伦敦的物价没像重庆那样飞涨,但市民的生活同样很苦。婴儿得不到牛奶喝,餐桌上没有牛肉、鸡蛋、鱼,面包也不多,而且又黑又硬又酸。

涂长望和赵九章住的旅馆算是不错的,但早餐的牛奶像清水一样,面包也是黑的,没有鸡蛋,吃不饱。他们到街上餐馆也吃不到好东西。水果很少,橘子更是稀罕物。

在伦敦的大街上,人们的衣着也不如战前了。妇女们没有漂亮的衣裳,没有高跟皮鞋,一些姑娘也只有旧衣裙和木底鞋。穷苦的人们,更是面有菜色。

世界大战的灾难结束了,伦敦处处在恢复建设,进展比中国快,但人们要达到往日的幸福与繁荣,还需假以时日。

涂长望想得很多。他觉得，英国人民的苦难，没有中国人民那样深重、那样多。又想，在这次科学与人类福利世界大会上，作为中国，实际上也是东方的代表，我应该讲些什么呢？

涂长望反复推敲自己的演说稿。他想着重讲3个问题：反对使用原子弹，反对战争、保卫和平，用科学为人类谋福利。为了实现这些目标，需要全世界科学工作者团结起来，与全世界人民共同奋斗。

那时在国内，国民党极力夸大原子弹在促使日本投降中的作用，贬低人民抗战的决定作用和苏联出兵的影响，制造恐美崇美的情绪。中国科协的会员们，从一开始就认为原子弹的使用是对科学的滥用，会给无辜的人民带来巨大的痛苦与不幸。战争狂人们把人民作为牺牲品，必须受到正义的审判与惩罚。涂长望准备在大会上，着重阐明中国科协会员们的这种思想观点。

中国科协认为科学无国界，无阶级性，任何人都可以使用，但是，正直的科学家应该站在人民大众一边，为人民谋利益。中国科技工作者不仅反对在战争中使用原子弹，而且反对不义的一切战争，主张发动人民起来保卫世界和平。

涂长望还准备在演说中强调，现在世界人民苦难很

第十六章 出游欧美

深,如果各国都用科学来为人民谋福利,可以做许多事情。如果裁减军备用于人民福利,则人民生活可以成倍提高。

这次会议的东道主是英国科学工作者协会(BASCW)。贝尔纳教授热情地迎接各国客人,十分忙碌。李约瑟以联合国教科文组织自然科学组组长的身份到会,也以东道主的身份招待客人。西方国家到会的科学家很多,欧洲大陆许多著名学者都到伦敦来了,开大会时人数达到1000多人。

这是一次世界科学家的盛会。会前会后,还有一些小会、预备会沟通情况。

原来这次大会酝酿于 1945 年 6 月间,在苏联科学院建立 200 周年纪念会期间,世界各国科学家相聚于莫斯科,中国也派了郭沫若、丁西林参加,那时大家就商定要召开这次大会,并建立世界科学工作者协会(WFSCW)。

在有发起国中国、英国、苏联、美国、法国、荷兰、澳大利亚、加拿大、南非以及其他各国代表参加的筹备会上,决定正式成立世界科学工作者协会,基本宗旨是:"为科学在促进人类的福利与和平上,能达到最充分的利用而努力。"

筹备会决定:总办事处设在伦敦。利用 1946 年 7 月份在伦敦召开牛顿 300 年纪念会之便,召开成立大会，通过协会章程和建立执行理事会、局等。

大家推定勃拉盖特教授（Prof P. M. S. BIackett）为会议主席，渥斯特尔博士（Dr W. A. Wooster）为秘书长，然后开会选举出常委会。法国约里奥·居里（F. Joliot-Curie）当选为会长，英国贝尔纳、苏联莱蒙诺夫（Lemenov）当选为副会长，中国涂长望、印度萨哈（Saha）、美国道提（P. M. Doty）当选为常务委员。①

后来涂长望在从美国回国的途中，得知7月份开会时选举理事会的结果，涂长望为代表远东的理事，钱三强为个人理事。

2月15日召开第一次千人大会。会议安排涂长望第一个发言，主席热情洋溢地致辞说："让我们欢迎在这次世界大战中历时最久、牺牲最重的中国人民的代表，中国中央大学的长望·涂教授首先讲话！"

涂长望在热烈的掌声中发表演说。准备充分，气氛和谐，他临场发挥极佳，使人钦佩他的演说才能和英语水平。他富于逻辑性的、令人信服地说明：全世界科学工作者要与人民大众团结起来，反对原子武器，保卫世界和平，为人民谋福利。他的这些观点体现了大会的宗旨，表达了科学家的心声，数次获得如潮的掌声。

---

① 竺可桢：《竺可桢全集第10卷》，上海科技教育出版社，2006年，第231页。

第十六章　出游欧美

这次大会受到舆论界的普遍重视。中国涂长望教授在大会上的讲话，第二天即在《泰晤士报》等英国各大报上以显著地位登出，英国广播电台也来录音作了广播。新闻单位的稿酬已足够他半年多的旅行了。同时，涂长望也成了英、美、欧洲大陆各国学术单位邀请的对象，只是他没有到欧洲大陆的日程安排。

涂长望和赵九章刚到伦敦时，曾履行例行公事，到中国驻英国大使馆去拜访，谈过在英国期间的日程安排，并请多加关照。中国的教授在世界科学舞台上大显威望，颇出乎他们的预料，所以使馆的新闻部门也把大会情况和涂长望的演说写成电讯稿，发回国内。这些电讯稿在国内的遭遇涂长望不得而知。

开完大会之后，涂长望才抽出时间来，到沃克爵士府中去看望年迈的老师。

沃克虽说年迈，精神仍像10多年前那样健旺，只是行动没有以往那样敏捷，而思维和语言还较清晰。老人见到涂长望，心情十分激动。

涂长望首先向老师表示道歉，到伦敦好多天了，因忙于大会的事，今天才来看望。老人说，先公后私，是应该的。

涂长望向老师报告大会盛况，老人说，知道了，你讲的我都听到了，讲得好！讲得好！

涂长望向老师汇报了回国后的事业，研究中国长期预报才两年，就开始了艰苦的八年抗战。老师也叹息英伦三岛饱受战争之苦。10多年过去了，师生情谊仍然十分诚挚，师生的心仍然是相通的。

涂长望又邀赵九章一同去访问自己当年的母校，伦敦大学帝国理工学院。学校遭到战争破坏，一时还恢复不到战前水平，条件艰苦，但师生教学热情很高。不少学生是刚脱下军装的军人，学习很吃力，但很用功。涂长望和赵九章到气象系，在这里见到了中国研究生兼助教徐尔灏。徐尔灏喜出望外，因为他也正在想法找他俩。

原来，徐尔灏刚收到竺可桢寄来的一封航空信。竺可桢用英文写了一份中央研究院气象研究所概况，担心国际气象会议开会前送不到赵九章手里，所以让徐尔灏尽快转交。

竺可桢的信是1月26日寄出的，2月10日到了徐尔灏手里，也算快捷。这样，在国际气象会议上可以更全面系统地介绍中国的气象研究所及其工作情况了。

离开帝国理工学院时，涂长望跟徐尔灏约定，在会后邀集几位朋友座谈，落实在伦敦建立中国科协英国分会的事。他一定要在英国逗留期间，把英国分会正式建立起来。

涂长望在科学与人类福利国际大会期间，已经请钱三强、何泽惠夫妇协助留法学者,正式把中国科协法国分会建立起来。

第三节 参加气象科学国际合作

国际气象合作的历史,可以追溯到1872年的国际气象组织。但那时只有欧洲少数工业化国家建立了气象台站网,广大殖民地国家的气象事业是他们的附属品,其他落后国家没有气象事业,本国的气象情报由列强任意窃取。若干年一次的国际气象会议,只是列强的专利。

旧中国的气象事业,经过竺可桢、涂长望、赵九章等科学家的努力,才逐渐地在国际上有了一席之地。

在第二次世界大战中,由于军事的原因,气象情报成为十分重要的秘密,气象广播都加密,盟国之间也难通畅,国际气象合作几乎间断了。

由英国出头召开的这次国际气象会议是多少年来第一次。这次会议形势大变。中国第一次有两位代表参加;而且,在苏联代表的鼎力支持下,取得了应有的地位。

会议于1946年2月25日开一天。但是,许多活动及其所做的决定、安排是在会前及各次预备会谈中达成协议的。

参加会议的代表共有85人,来自41个国家。东道主英国15人,美国、苏联、法国、意大利各5人,其余国家都是1—2人。表决时不是按人数,而是按那个国家到会的机构数。中国由于吕炯没来,中央气象局就算没参加,涂长望、赵九章都是中央研究院的代表,所以在表决时中国只有一票。

这次会议的主席是挪威的赫塞贝格,副主席是英国的纳尔逊爵士,苏联的费奥多罗夫将军和美国的雷契特弗尔。一些著名的气象学者如古尔特、辛普逊、罗斯贝、彼特逊、阿格斯特朗等都到会了。

在一般性发言中,各国气象学家都介绍了本国的气象事业概况,在反法西斯战争中的贡献,并谈了对未来气象国际合作的意见。总的认为,过去的国际气象组织范围太狭小,要建立起世界气象组织,最好是在联合国内使所有国家和地区都参加。

会议决定成立国际气象委员会,选举委员和由7国组成的常务委员会。中国虽然只有一票,但在苏联和美国代表的支持下被选为常务委员。下设几个专门委员会,也选举了中国气象学家为委员,其中竺可桢为气候委员会委员,涂长望为农业气象委员会委员,吕炯为海洋气象委员会委员,赵九章为出版及文献委员会委员,朱国华为天气预告委员会委员。这样,中国在全球气象事务的各方面都有了发言权。

会议还决定，下一个年度的常务委员会主席为费奥多罗夫将军，在春天或秋天在华盛顿举行常务委员会，并成立亚洲区域委员会，具体事宜会后再进行联系和磋商。

这次国际气象会议取得了预期的成功，对中国气象界来说也很满意。涂长望不禁想起战前1937年1月的远东气象会议，原拟在安南（沦为法国殖民地时的越南）河内召开，因交通不便改在香港。英国、法国在远东各殖民地国家的气象工作需要依靠中国的气象台站，他们有求于我们。可是，远东气象台台长会议的会长布鲁松（Bruzon）和香港总督郝德杰（Caldecott）两次在宴请会议代表时竟把中国气象学家和殖民地暹罗人排在末席。气得竺可桢率领中国代表退出了会议，并宣布：如果下次会议在河内或香港开，中国代表决不出席！

八年抗战和气象工作者的努力，已使中国气象界的国际地位大为改善了。涂长望想，如果竺先生在这里，他将十分高兴。于是，涂长望提起笔来给竺可桢写了一封长信。时间是3月3日。竺可桢收到这封信是3月15日。他同浙大学生谈话时，就几次引用这次会议的成功来勉励学生们。①

国际气象会议的活动结束之后,涂长望陪伴赵九章在伦敦进行了一些学术访问。在英国皇家气象学会作了交流,学会主席热情地招待了这位外籍会员和他的同事。他们又去参观了格林尼治天文台等学术机构。

他们两人都接受了美国同行的邀请,到一些大学和科研单位去讲学。二人到美国的目标不同,所以从伦敦就分道而行了。赵九章飞美国,头一站是芝加哥,而涂长望则是飞纽约。

涂长望在伦敦待的时间要久一些。虽然罗士培教授还在中国没回来,他还是到了利物浦,去看望他在英国的第二母校。这个学校在他最困难的时候帮助了他,对他的革命活动十分宽容,他结识邹韬奋也是在这里。

涂长望从利物浦回来时,徐尔灏、周慧明、黄新民等一群留英学者、学生已经在等着他。他以中国科学工作者协会总干事的身份参加他们的会议,热烈祝贺中国科协英国分会正式成立。

涂长望对中国科协英国分会工作提出的要求是:推进国内民主、团结、和平的实现。他说明了这是国内最紧迫的事情,只是没有说出这是毛泽东在重庆时对他们

---

① 竺可桢:《竺可桢全集第10卷》,上海科技教育出版社,2006年,第68页。

说的。在国际上,则要努力团结各国科学工作者,反对殖民主义,保卫世界和平,为人民谋福利,即努力贯彻科学与人类福利世界大会的精神。

涂长望离开英国时,已是 1946 年 4 月,伦敦和纽约都是春暖花开的季节了。

第四节　胸怀祖国辞聘请

涂长望一到纽约,就感到这里跟伦敦是另一个世界。

这里人们的生活,极尽奢华之能事。美国人像是不知道什么叫物资匮乏。最新式的漂亮汽车,像流水一样,在大街上川流不息。到了夜间,大街上红红绿绿的霓虹灯,令人眼花缭乱。涂长望感到,这里一切都像是在显示着它的富有。《纽约时报》星期版也是厚厚的 20 多页,可以看的不过两三页而已。中国、英国和美国生活上的差异,也使涂长望看到战争带给人们的苦难。

涂长望在纽约,在美国文化协会的朋友的陪伴下,参观了自然史博物馆、大都会博物馆,游览了一些名胜,便独自去华盛顿。

涂长望认识两个贝克尔。英国地理学家贝克尔(J. L. Baker)在伦敦,在英国地理研究所跟他交流过世界气候的新认识。到美国后,涂长望首先要见的是农业地理学家贝克尔（O. E. Baker）。涂长望在华盛顿的活动由他来安排。

贝克尔把涂长望接到了华府。在这里见到了胡焕庸。二人在国外相见，喜不自胜。他们是胜利前一年就分别，已经两年多没见面了。胡焕庸情不自禁地问起国内情况，中央大学气象系和地理系分开以后，办得怎么样？中大是否迁回了南京？胜利后国内生活一定好起来了吧？涂长望很遗憾地告诉他，国内情况仍然很黑暗，中大气象系还可以，他出国时中大还没复员，而人民生活毫无改善。更糟的是内战的烟云越来越浓。

胡焕庸说："难怪，竺先生写信劝我在美国再留一年。"

原来胡焕庸有回国的打算。正好贝克尔约请他为华府绘制中国气候图，并担任远东地理教授。他拿不定主意，便写信向竺可桢征求意见。竺可桢劝他再留一年，以为一年后时局会变得好起来，中国会出现和平民主的新希望。

1946年初，政治协商会议在重庆召开，通过了《和平建国纲领》，曾给予人们一种乐观情绪。但科学家们不会想到，四大家族既得利益集团，他们并不关心人民疾苦和国家前途，死死不肯放权。一个多月后，国民党六届二中全会就把政协决议全部撕毁了。

第十六章　出游欧美

涂长望关心地问起胡焕庸在美国的生活。胡焕庸说，在这里从事科学研究和教育工作，由于环境和设备条件好，容易取得成就，有了成就也容易受到奖励。优胜劣汰，竞争激烈，人才不会被埋没。大学教授一般年薪1万多美元，而一年的消费1000美元就够了。胡焕庸听从竺可桢的劝告，接收了贝克尔的聘请。

贝克尔也希望涂长望能留下来与胡焕庸一起工作，把任务完成得更快、更好些。胡焕庸也来挽留。涂长望说："肖堂兄，这里工作有你就足够了，加上我就是一种浪费。"

涂长望这样说，只是一种托词。他没有动过留美的念头，一心想的是在这里建立科协组织。

涂长望在华盛顿访问了各个气象、地理研究机构和一些学术团体，见了不少学者。他在浙大时的研究生谢义炳，在芝加哥大学气象系攻读博士学位，有事到华盛顿。师生分别多年，在国外相见，更感到亲切。涂长望详细地询问了他们几个人的学习、生活情况。郭晓岚和叶笃正在芝加哥参加罗斯贝的研究工作，他们的情况，在伦敦开会时罗斯贝就跟涂长望谈过。涂长望告诉谢义炳，他已接受了罗斯贝的邀请，日程表上有芝加哥，下个月就能见到他们。

涂长望的老师葛德石在华盛顿。师生见面时，葛德石对涂长望的美国之行提出了好些建议，主要是希望他在美国能作长久的逗留。

战后的美国，对亚洲比以前更关心了。各名牌大学都努力提高亚洲地理学研究和教学水平。自然就找到葛德石这位曾在中国待了很久的地理学权威，要求他推荐一些著名教授到校任职。他推荐了一些人，又推掉了一些学校，只选了条件较好的锡拉丘兹大学（Syracuse University），准备推荐涂长望到那里去。他知道涂长望不想在美国久留，但竭力劝他到那里去讲学两周，报酬从丰。他希望在这两周时间里，涂长望能对那里良好的环境产生兴趣，并被学校的热情所感动。当然，他没把这种意图向涂长望表露，只是代表校方盛情邀请。

涂长望对老师的一番美意难以推却，而且增加一笔收入也不错，便把日程安排得更紧些，少作些参观游览，以便到那里去讲学两周。

涂长望离开华盛顿又返回纽约，会见一些留学生和参加小型讲座。然后前往他在美国东部访问的重点城市波士顿。

涂长望原拟在波士顿多逗留一些日子。计划的项目很多。参加麻省理工学院的气象讨论会和哈佛大学的地理讲座，参观兰山气象台，会见更多的中国留学生。现在需要把日程紧缩一些，但主要的事还得办完。

第十六章 出游欧美

在波士顿剑桥等地的中国留学生颇多,单是来自清华大学的就有五六十人。他们都很关心国内的事情,涂长望跟他们座谈,带去不少祖国的消息,很受大家欢迎。

那时美国社会舆论对于中国的国、共两党报道都很多,大多数人士倾向于支持共产党,认为国民党太腐败,没有前途。但社会舆论好比是风,会变来变去的,涂长望要求留学生们要深入了解国内实情,提高认识,站在人民的立场,为祖国的和平、民主、富强而努力奋斗。

涂长望向留学生宣传中国科协的宗旨和目标,希望大家积极参加活动。涂长望在剑桥参观了兰山气象台。这是竺可桢早年实习的地方。

涂长望结束了在波士顿的活动,便到纽约州的锡拉丘兹去。

锡拉丘兹位于纽约州中部,奥农多加湖的南端,是一个风景如画的中等城市。有锡拉丘兹大学、勒曼纳学院、奥农多加社区学院、纽约州立大学北部医学中心、环境科学和农业学院等高等学府,还有埃弗森艺术博物馆。是纽约州农产和物资中心,纽约州博览会每年在此举行。依利运河通过这里把北美五大湖与大西洋连接起来。如果你想悠闲地乘游艇长途漫游,可以向东穿过莫霍克谷地的山峡,到达哈得孙河上游的奥尔巴尼,再南下，顺着哈得孙河就到了纽约，进入大西洋了；也可以向西经过安大略湖南岸的水网区，到达美、加边境的名胜地尼亚加拉瀑布城。如果你有急事要办，这里有四通八达的公路、铁路、航空交通网任你选择。涂长望观察了一番，这里除了纬度较高：环境真是相当于中国的苏杭了。

锡拉丘兹大学创立于1870年，有全日制学生14000多人，藏书200多万册。学校对于涂长望来校讲学十分重视。校长在作介绍时突出地提到涂长望是英国皇家气象学会会员、世界气象组织农业委员会委员、中国中央大学著名教授的头衔，引得学者、学生们非常崇敬。

涂长望讲的是东亚气候、中国天气、水旱灾害、中国地理这些轻车熟路的学问，毫不费劲，但这对美国年轻学者、学生来说却是很大的收获。涂长望的英语水平和演说才能，也使他们兴奋不已，听讲时毫无障碍，听得津津有味。

这样，学校非常感谢葛德石的引荐，提出要以优厚的薪俸、最好的教学、科研条件聘请涂长望留下来任教。

涂长望并非毫不动心，如像竺可桢建议胡焕庸那样，在美国逗留一两年，对个人是有好处的。但是，涂长望觉得，抗战胜利了，而祖国的命运未确定，在这样的历史时期，自己应该投入争取民主、和平、团结的斗争。热爱祖国、热心政治、献身人类社会进步事业是涂长望一生的追求。他动过心,但是毫无后悔地谢绝了锡拉丘兹大学的热情聘请。①

对此,有些朋友不理解。他们不知道,涂长望是以共产党员的标准来要求自己的。他离开锡拉丘兹时,心里想的是此次出国的双重任务:为祖国的气象事业树立国威,为中国科协扩大国际协作与影响。眼下要继续完成建立中国科协北美分会的任务。

第五节　周游北美建分会

涂长望离开美国东部,准备以芝加哥为基点,在中西部访问一段时间。这时他到美国已经一个多月,已到五月中旬了。他当年的学生郭晓岚、叶笃正早就等待着他来这里,跟主持芝加哥大学气象系的罗斯贝探讨学问。赵九章和罗斯贝也盼望他早些来,实现他们在伦敦国际气象会议上约好的这次相聚。

这次相聚,是中美两国著名气象学家对重大气象学术问题的一次充分交流。

罗斯贝介绍了他提出的绝对涡度守恒原理和关于大

---

① 涂长望在《自传》中特别提到了锡拉丘兹大学的聘请。

气长波的理论。赵九章对涡度发展、变化的原因做出了解释。这些对于天气预报有巨大意义。

涂长望讲了他关于季风研究的新发现，包括东亚、南亚季风的不同，南亚季风的爆发和东亚季风的跳跃现象等。这对于降水与旱涝关系极大。世界季风气候区只占全球陆地面积的20%，而人口占世界60%以上，稻米产量占世界90%以上。所以，涂长望的科学发现十分有助于人类福利。

这一年的5月，这几位世界著名的学者，不仅互相进行了高水平的学术交流，还为研究生和本科生们做了精彩的讲座。

涂长望完成了气象学术方面的活动，同时更广泛地接触了各方面的中国留美学者、学生。比较起来，他感到对科协活动积极性最高的，要数葛庭燧和何怡贞夫妇。

葛庭燧原是清华大学学生，1935年在"一二·九"运动中跟涂长望相识。在芝加哥一次清华校友的小型聚会中，涂长望畅谈中国时局和世界大事，希望留学生们关心祖国命运和前途，组织起来开展各种活动。葛庭燧发现涂先生仍和10年前"一二·九"时一样，内心里有火一样的革命激情。他对涂长望的讲话感到鼓舞，愿意积极参加中国科协的活动，盛情邀请涂长望到家里去作客，研究开展工作的事宜。

第十六章 出游欧美

葛庭燧和何怡贞在家中像迎接亲人一样招待涂长望。他们分析,在美国的工作跟在英国和欧洲大陆各国都不同。美国幅员辽阔,中国留学人员十分分散,流动性大,组织全国性的科协分会需要有一个过程。涂长望教给他俩斗争经验和工作方法,不能性急,可以先组织小型座谈会,逐步扩大到中西部及全国。这是他在浙江大学和中央大学行之有效的方法。

涂长望下一步要去美国的西海岸一带活动,请葛氏夫妇介绍那边的情况。

美国西岸城市主要集中于南、北、中三群,华侨和中国留美学生、学者也就集中在这三处。南部以洛杉矶为中心,包括帕萨迪纳、长滩、里沃赛德、圣迭戈等大城市;北部以西雅图为中心,包括埃沃雷特、塔科马等大城市;中部以旧金山为中心,包括伯克利、奥克兰、圣何塞、萨克门托、弗雷斯诺等大城市。涂长望准备从旧金山登船回国,并以那里为活动基点。

1946年6月上旬,涂长望到了旧金山。哈克夫妇到车站迎接他,到他们的家里去住。他俩的家在离海港码头不远的半山腰上,是欧洲侨民一个小社区里的一座洋房。①

---

① 根据涂碧波回忆,她1947年曾到此地。

哈克夫人又将去中国。她准备跟涂长望同行。涂长望笑了，觉得这也是一种缘分。当年他们不期而遇，一同航行了地球的那一半，10多年后又将一同航行地球的这一半。

涂长望到旧金山后，就开始在各文化学术机关和华人社区活动，先熟悉一下情况，然后开展科协工作。旧金山的华人社区是亚洲以外华人最多的社区，有好几万华人，七个华侨学校，五家中文报纸。有国民党办的《国民日报》，倾向于共产党的《侨生报》，还有民宪党办的《世界日报》等。涂长望一到，就有记者来采访，问他来美国的感想，到加州后的日程，等等。

涂长望在旧金山计划先北上到西雅图，再南下到洛杉矶，最后由旧金山登船返回上海。

但是，事情发展不如人意。他到这里不几天，铁路工人因劳资纠纷而罢工了。不能去西雅图，华盛顿州、俄勒冈州一些学术团体的邀请也就无法赴约了。非常可惜，也不能跟那些地方的留学生们见面了。涂长望只好把在北方开展科协工作的任务委托给葛庭燧，他写了一封信：

庭燧兄嫂大鉴：

前在芝承盛意招待，并聆教益，至为感激！我

第十六章 出游欧美

国之留学生对于国是，大多漠不关心；一部分则感情用事，对于问题鲜有深刻之了解；另外一大部分则自命清高，等待投机，所谓学术救国、研究第一，不过是和尚道士的袈裟道袍而已。藉清高而投降统治阶级，藉研究而稳固既得利益。足迹遍英美，只找着了几位同道，而道中则以兄嫂二人最为积极。为了中国穷苦的老百姓，还望二位继续发挥领导作用。美国分会的工作祈多多促进。弟以铁路工人罢工，未能赴C、I、T一行，现行期已延迟至7月上旬，故下周准备南下。C、I、T方面朋友祈多多介绍。

专此敬颂

俪安

弟　长望　敬上

1946 年 6 月 12 日

芝加哥方面同道祈一一候好。①

信中 C、I、T 是指北方华盛顿州的西雅图、埃沃雷特、塔科马这三座城市。写信时，涂长望心情有些激动，对留美学生的批评较为严厉，要求嫌高。这也说明

---

① 此信的复印件由葛庭燧提供。

提高知识分子的觉悟，发展科协组织，是一件十分艰难而细致的工作。

涂长望在美国期间，正赶上美国舆论大多倾向于支持中国共产党的时候。虽是如此，开展科协工作也不容易，在他奔走了几个月，将要回国的时候，仍不能亲自看到中国科协北美分会像英国分会那样成立起来，他是禁不住性急起来了。

涂长望感到需要大声疾呼，才能唤醒人们。半年来，他在英美两国作过多次演讲，参加过很多座谈，都是从正面谈论国内形势，很少批评过国民党政府。现在他感到，不这样不能提醒人们注意。

7月初，涂长望到了帕洛阿尔托，访问著名的斯坦福大学。这所由铁路大王斯坦福丁1885年创办的大学，有12000多名学生，有440多万册图书贮藏在几个以著名教授的名字命名的图书馆里。其中，最著名的图书馆是研究战争、革命与和平问题的胡佛研究所图书馆。涂长望应邀在这所大学作公开演说。他在这次演说中，比较深刻地触到了国民党的痛处：领导集团腐化变质，四大家族聚敛无度，政治上专制独裁，已经跟法西斯蒂无异，国民党军阀内战内行，外战外行。

涂长望的演说论据充分，富于逻辑性，多次引用了史迪威将军和一些美国记者的话。那位为蒋介石所不容

第十六章　出游欧美

的盟军统帅史迪威上将，3月份到旧金山来任司令，他的言行已为加州乃至全美国的人们所熟知。涂长望的演说引用他的言论，产生了很大的说服力。涂长望为中国和平、民主前途的担忧，深深引起留美华人的共鸣。

涂长望这次演说，地方报纸有报道，消息传到了国内。他回到南京后，曾受到国民党官员的责问。但他不怕，也不后悔。当时他想，如果多作这样的演说，如果再有一些时间，中国科协北美分会也就可以早些建立起来了。

涂长望登上轮船回国了。旧金山一些朋友来送他，哈克也来送他的夫人，送涂长望。

在告别北美的时候，涂长望心里很不平静。哈克夫人见他在想心事，也就没去找他聊天。他在回顾半年多来的欧美之行，又在想着重庆的家。他脑子里对抗战胜利后的南京没有印象，不知回到南京会看到什么情况。

涂长望感到，在美国的学术活动还不错，但建立中国科协北美分会的任务，没有完成自己的预定的目标，很是遗憾。

涂长望在美国，虽没看到中国科协北美分会建立起来，但他已为中国科协在这里播下了火种。

留美科协后来在葛庭燧、丁儆、侯祥麟、丁瓒、计苏华、薛宝鼎、冯平贯、陈立、罗沛霖等学者的发起下建立起来。这里的陈立不是涂长望的老朋友陈立,而是学生陈立。

美国留学生的科协组织,做了很多工作。他们出版刊物,开展宣传,进行各种活动,介绍新中国情况,发动回国参加建设,出具回国手续。由于美国法律不允许外国的组织在美国设立分支机构,所以不能用"分会"的名义,但留美科协实际上起了分会的作用。

但是,美国政府不久就开始迫害进步留学生,朝鲜战争发生以后,留美科协实际上不能活动了。

九三学社人物丛书

涂长望 传

（修订版）

下册

温克刚　主编

学苑出版社

目 录

引言 // 1

第一章 宗教家庭 // 5
 第一节 涂长望的祖籍与家世 // 5
 第二节 汉口大通巷三号涂家 // 7
 第三节 涂长望的母亲汪美珍 // 11
 第四节 涂长望出生时的千湖之省 // 14

第二章 少年时代 // 18
 第一节 在福音堂小学萌发了反抗精神 // 18
 第二节 大哥带着"五四"消息到钟祥 // 22
 第三节 进入古板而洋气的博文书院 // 26
 第四节 青春结伴回钟祥 // 29

第三章 高中求索 // 34
 第一节 大哥赴香港临别赠言 // 34
 第二节 蕲春城里的学生军 // 37
 第三节 接受无政府共产主义思想影响 // 40
 第四节 声援"五卅"学潮 // 43

第四章 大学生涯 // 48
 第一节 细读黑格尔和世界史 // 48

第二节　入城去会北伐军 // 52

第三节　学地理师承葛德石 // 55

第四节　探亲蕲春悲四妹 // 59

第五节　大学毕业回武汉 // 61

第五章　留学英伦 // 67

第一节　官费留英登金榜 // 67

第二节　几经周折离国境 // 71

第三节　经过饿乡到伦敦 // 74

第四节　认识费边社会主义 // 77

第五节　半路转学攻气象 // 81

第六章　树业闻道 // 86

第一节　考察研究到柏林 // 86

第二节　天灾国耻临困境 // 91

第三节　皇家气象学会添会员 // 94

第四节　反帝救国结同盟 // 97

第五节　旁听议会争公道 // 100

第七章　加入英共 // 104

第一节　在利物浦结识邹韬奋 // 104

第二节　"五一"观礼访苏联 // 108

第三节　加入英国共产党 // 114

第四节　应竺可桢聘请回祖国 // 117

第五节　海程逾月到金陵 // 121

目 录

第八章　金陵益学 // 127
　第一节　初次来到钦天山 // 127
　第二节　家乡畅叙骨肉情 // 132
　第三节　研究旱涝长期预报 // 136
　第四节　商榷中国人口问题 // 140
　第五节　友人作伐识回珠 // 144

第九章　北平救亡 // 149
　第一节　故人重聚清华园 // 149
　第二节　清华大学的光荣 // 153
　第三节　"一二·九"时参加党的活动 // 159
　第四节　驳斥胡适"读书救国论" // 163
　第五节　借聘期满回南京 // 166

第十章　成家立业 // 171
　第一节　与王回珠结婚沪上 // 171
　第二节　为气象事业争庚款 // 176
　第三节　探讨长江洪水预报 // 180
　第四节　研究全球大气运行 // 182
　第五节　完成旱涝预报研究 // 186

第十一章　内迁重庆 // 191
　第一节　临危之际负重任 // 191
　第二节　痛四弟长安为国捐躯 // 196
　第三节　七星岗上生多伦 // 199

第四节　邹韬奋闲坐话时局 // 202
第五节　轰炸声中研究高空气象 // 206

第十二章　执教浙大 // 210

第一节　大轰炸中离重庆 // 210
第二节　少壮派意气风发 // 214
第三节　紧要关头知劲草 // 220
第四节　科学社桃李竞芳 // 225
第五节　高才生投师门下 // 230

第十三章　浙大风云 // 236

第一节　校务会上斥贪婪 // 236
第二节　缙云山中议发展 // 239
第三节　遵义城里起风云 // 244
第四节　史地所内生摩擦 // 250
第五节　愤然离校到綦江 // 253

第十四章　初到中大 // 261

第一节　中大迎接新教授 // 261
第二节　科学座谈会添骨干 // 265
第三节　师生双双获奖励 // 269
第四节　季风研究结硕果 // 272
第五节　贫病交迫沙坪坝 // 277

第十五章　呼唤民主 // 284

第一节　在美军战略情报处 // 284

第二节 "民主科学座谈会"结新友 // 289

第三节 中国科协问国是 // 295

第四节 九三学社争民主 // 302

第五节 边区气象寄深情 // 306

第十六章 出游欧美 // 313

第一节 双重使命飞伦敦 // 313

第二节 出席科学与人类福利大会 // 319

第三节 参加气象科学国际合作 // 325

第四节 胸怀祖国辞聘请 // 329

第五节 周游北美建分会 // 335

第十七章 向着新中国 // 343

第一节 复员安家在南京 // 343

第二节 在"小民革"里的活动 // 349

第三节 壮大中国科协队伍 // 354

第四节 《新民报》上办《科学》// 360

第五节 中大校园火焰高 // 366

第十八章 胜利到北平 // 372

第一节 科学促进会调查人才 // 372

第二节 美国大使馆兼任编译 // 378

第三节 隐蔽上海度寒冬 // 384

第四节 脱离险境赴香港 // 390

第五节 欢庆胜利到北平 // 396

第十九章　受命办气象 // 404
　　第一节　科学大会倡团结 // 404
　　第二节　政治协商议国政 // 411
　　第三节　受命组建气象局 // 415
　　第四节　出任军委气象局局长 // 424
　　第五节　气象事业发展定大计 // 429

第二十章　坚实打基础 // 436
　　第一节　鸿飞海外聚贤才 // 436
　　第二节　广辟渠道育新人 // 439
　　第三节　恢复发展台站网 // 449
　　第四节　联合管天结硕果 // 458
　　第五节　京郊崛起气象科学城 // 465

第二十一章　几度赋欧游 // 470
　　第一节　中国科联走向世界 // 470
　　第二节　急促赴伦敦庆祝"十一" // 475
　　第三节　从容到华沙保卫和平 // 481
　　第四节　从维也纳到柏林反对细菌战争 // 487
　　第五节　热心社会活动致力人类幸福和平 // 496

第二十二章　建设高潮 // 505
　　第一节　贯彻毛泽东周恩来转建命令 // 505
　　第二节　服务是气象工作的唯一目的 // 514
　　第三节　技术革新学苏联 // 526

目 录

　　第四节　农业气象天地广 // 532

　　第五节　专业服务布局精 // 536

第二十三章　规划蓝图 // 542

　　第一节　光荣加入中国共产党 // 542

　　第二节　农业《纲要》增条款 // 547

　　第三节　远景规划展宏图 // 554

　　第四节　进军科学缚苍龙 // 563

　　第五节　群英会聚中南海 // 574

第二十四章　国际交往 // 583

　　第一节　气象事业反封锁 // 583

　　第二节　建设成就惊世界 // 593

　　第三节　五国会议获成功 // 600

　　第四节　国际地球物理年竞贡献 // 607

　　第五节　日本学者访中国 // 616

第二十五章　鞠躬尽瘁 // 622

　　第一节　九三学社秘书长 // 622

　　第二节　党籍问题受委屈 // 630

　　第三节　心力交瘁任劳怨 // 638

　　第四节　蒙晋一月见真情 // 649

　　第五节　心血凝成《建议书》// 659

　　第六节　全球变暖先立说 // 680

　　第七节　英年早逝志未酬 // 686

尾声 // 695

大事年表 // 701

主要著作 // 717

再版后记 // 723

第十七章　向着新中国

第一节　复员安家在南京

涂长望出国后，1946年的春节就到了。在物价飞涨的重庆，王回珠和三个年幼的孩子度过了一个孤单而清苦的除夕。大年夜，山城处处鞭炮声。多伦问妈妈："爸爸现在在哪里？"王回珠说："已经到伦敦了。""伦敦放鞭炮吗？""不放。""不放也过年吗？""别烦了！"

从这时起，孩子们就盼望着爸爸回来。从冬盼到春，从夏盼到秋。

中央大学从春天开始迁回南京，计划秋天在南京开课。大家都忙得很，气象系的师生在百忙中不时来关心王回珠母子。尤其是朱炳海，常来她家照料。

南京校舍破毁，宿舍、教室都在抢修中，到南京后到哪里找住处，王回珠心里也无数。

5月5日，国民党政府颁发了还都令后，许多机关、企业、事业单位和老百姓，都要从西南山区下山，迁往东南沿海原籍。轮船票、火车票、汽车票、飞机票的票价都猛涨起来。搬迁费用也使王回珠发愁。

从经济和安全的角度考虑，王回珠选择了从水路到她那太湖边上的老家去。虽然她自幼父母双亡，但故乡还有远亲近邻。丈夫归期未定，别的亲人没联系上，这是她最好的决定。

王回珠决定行止以后，便准备与中央大学气象系的教师们同行，坐船东下直到南京，然后回故乡。

王回珠收拾好涂长望的书箱，捆好简单的行李，抱着3岁的多彬，牵着8岁的多伦，5岁的多林，从沙坪坝雇黄包车到了朝天门码头。朱炳海来帮助他们母子，走下高高的山坡，登上了由重庆开往南京的民生轮的驳船。

中大教师和家属们包的这艘拖驳，是艘没有篷的货驳，由前面的轮船拖着行驶。船板下面装货，上面住人，临时搭起篷布难遮蔽风雨。一个系划一片地方，用帆布围起来，每人睡觉的铺位只有半米宽，十分拥挤嘈杂。王回珠带着三个小孩，七件行李，跟气象系同事挤在一起。饮食不好，卫生很差，江风又大。上船后不长时间，船还没有出川，多林、多彬两个孩子就病了。一会儿发冷，一会儿发热，浑身颤抖，是疟疾。可能是在

第十七章 向着新中国

沙坪坝时被蚊子叮咬，传染上的。王回珠看着孩子受罪，心痛极了。她守着三个小孩，不知到哪里去找药。幸亏有朱炳海，在船上跑前跑后照顾她们母子，系里一个女助教也来照顾他们。

船到武汉装货、卸货，停一个礼拜。王回珠母子带着铺盖上岸，找到了涂长望的好朋友卢镜澄医生家，在那里得到了很好的休息，恢复了精力。

卢医生找到民生轮的一个船长，委托他照管好王回珠母子的旅行。四人经过长途奔波，回到了她阔别多年的娘家吴江县。这是江苏省最南端的一个县，在太湖之滨，与上海相邻。王回珠领着孩子到了黎里镇，找到亲戚，住在她长大的老屋，等待涂长望归来的消息。她乡居数月，得知涂长望的归期，就把女儿留在乡下，带着多伦到上海去迎接。

涂长望坐海轮从美国回到上海，下船后见到了夫人和儿子，离别大半年，就像分别多年似的。这期间，王回珠历尽了艰辛，涂长望受尽了劳碌。

涂长望夫妇与孩子们团聚于黎里镇，几天之后，就全家去南京。这时已经是9月份。他初回国内，一时找不到房子，只得到中大总务处要一套集体宿舍。

涂长望只要到一间房子，在成贤街，一家五口这样挤着住。没有厨房，只能吃食堂。碰巧，这回又是跟干铎做邻居。这时大哥登榜从湖北钟祥来信,说那里靠近来回拉锯争夺的战场,社会秩序混乱,准备把父母送到南京来。看来,必须想法找套房子,才能安顿好一个家。

复员安家的事没有完成,涂长望就开始忙碌各项工作了。中大的教学倒是轻车熟路,不费多少精力。他主要忙中国科协的工作和中国气象事业。

9月20日,涂长望得悉竺可桢从杭州来到了北极阁气象研究所,便急忙上山去相见。

胜利后相会钦天山,对涂长望来说这还是第一次。伦敦国际气象会议的情况,涂长望3月份写的信竺可桢早就收到了,所以一见面,竺可桢就很满意地对涂长望和赵九章出色地完成了任务表示祝贺,说他俩为国争了光。

涂长望谈起出国的感想。英国食物定量分配,做衣服困难;而美国物资丰富,生活奢侈。涂长望从美国回来,没有买什么贵重东西,主要买了些书。他把罗素著的《西方哲学史》送给竺可桢,竺可桢很喜欢这本书。

二人又谈起美国气象界的情况。美国气象事业的组织,气象局虽属商业部,但已经成立了美国联合气象委员会,以便统一整个行业的工作。①

---

① 竺可桢:《竺可桢全集第10卷》,上海科技教育出版社,2006年,第210页。

第十七章 向着新中国

竺可桢询问赵九章何时回国,涂长望说可能要等年末,并简单地汇报了他们在芝加哥与罗斯贝等美国气象学家的交流。

涂长望的大哥送父母到达南京时,是三弟长爱开着励志社的车到码头上去迎接的。长爱原在成都双流空军招待所供职,随单位复员来到南京。他家居住条件较好,要父母到他那里去住。涂长望和王回珠商量,把母亲接过来同住,让父亲住长爱家。

抗战以来,祖孙相聚这还是头一次。中国家庭历来有隔代相亲的风习,爷爷对孙子的爱是胜过儿子的。三个孩子围在两个老人膝前,天伦之乐无言描绘。虽然,这简易的活动房屋里能见到星星,雨都能飘进来,一家老少依然十分快乐。

但是,南京也不是个安乐窝,儿子的社会活动常使老人担惊受怕,南京夏季的气候胜似"火炉"。想到这些,登榜、长望兄弟商定,共同出资到庐山牯岭买一套房子,送父母到那里去住。子孙们也可在假期去陪伴他们。

在这期间,国内和平的希望完全破灭了。10月11日国民党军队占领了张家口,蒋介石为他的胜利冲昏了头脑,悍然下令于11月16日召开"国民大会",通过"宪法"。他声称要在"五个月之内打垮中共军"。16日这天，中共代表团团长周恩来在南京举行了最后一次记者招待会，3天后飞回延安。

斗争形势变得更严峻了。但是，涂长望他们在九三学社、中国科协的活动，迎着困难进行得更频繁了。同时，国民党特务的干扰、破坏也更频繁严重了。很多活动都得隐蔽地进行，这就需要有安全的活动场所。

中央大学在丁家桥有一个研究所，地点隐蔽，有大房子，可以用科研、学术活动名义，召开秘密的会议。涂长望就选择这里作为一个活动的地点。来的次数多了，对周围住宅的情况也熟悉了。他在这里找到一所住宅，是联合国救济总署提供的活动房，每家住一楼一底。他把家搬到这里来，住的是靠近马路的一家。

在西北农学院教书的小弟弟涂长晟，从陕西武功到南京来看望父母和兄长，想另找工作。涂长望就把他介绍给沈其益教授，参加中国科学促进会的筹备工作。

涂长望把家搬到丁家桥后，家庭复原的任务算是完成了。从此可以全身心地投入工作。

这期间，竺可桢来到南京，开中央研究院评议会、院务会和联合国教科文组织中国委员会，然后将去巴黎参加联合国教科文组织会议。巴黎会议之后，世界科协将要开常务理事会，涂长望这次不能代表中国去参加了，他希望竺可桢能去。竺可桢是中国科协的理事长，可以代表常务理事国参加会议。

涂长望找到竺可桢，提出了自己的建议，详细汇报了世界科协的情况，介绍了世界科协的主席、副主席、常委。常委有：法国的居里、英国的贝尔纳、苏联的莱蒙诺夫、美国的道提、印度的萨哈。

涂长望除了忙九三学社、中国科协的事情，还参加了"小民革"这个具有特殊作用的组织。

第二节　在"小民革"里的活动

在近代中国政治舞台上，中国国民党革命委员会是个颇有影响的政治团体，人们简称为"民革"。但很多人不知道中国还有个"小民革"。

"小民革"全名"中国民主革命同盟"。成立于1941年夏天，正是在国民党顽固派制造了"皖南事变"、掀起了第二次反共高潮的时候。

那时中国人民的抗战进入了极其艰苦的岁月。坚持团结、坚持抗战，反对分裂、反对投降，是最为紧迫的任务。中共中央南方局领导人周恩来积极关心、支持，推动了"小民革"的建立。这是一个为发展统一战线而奋斗的党的外围组织，在周恩来领导下秘密地工作。王若飞、习仲勋、于炳然等同志都参加过"小民革"的活动。金仲华到美国大使馆新闻处，是受习仲勋指示，与王炳南联系的。在一次活动中，王炳南把金仲华介绍给涂长望。这使涂长望在继邹韬奋之后又有了一位新闻界的重要朋友。

"小民革"组成人员包括一部分中共党员、爱国民主人士、国民党左派和在国民党政府担任较高幕僚职位的革命人士。主要负责人是王昆仑、许宝驹。

在重庆时，涂长望有时也参加"小民革"的活动，但不经常去。周恩来每次从延安回重庆，都要邀集他们谈话，分析形势，传达中央新的方针政策，研究今后努力方向。周恩来把他们当成自己党的同志，称他们为党外布尔什维克。

1946年秋，内战形势已难挽回，周恩来在离开南京前的记者招待会上深情地对朋友们说："我们还会回来的！"代表团撤离之后，反动派进一步加紧了对民主运动的迫害。涂长望感到，为了更有效地开展斗争，必须加强与党的联系。党撤走了，此时继续保持联系的办法，就是经常参加"小民革"的组织活动。

涂长望回中大后参加"小民革"的活动，他们小组的成员，多数仍是当初自然科学座谈会的人，有梁希、潘菽、李士豪、干铎、金善宝、许宝驹和谭惕吾、汪季琪夫妇。

第十七章 向着新中国

中央大学里的国民党反动势力、特务分子加紧了对民主力量的监视。有人造谣说涂长望在英国、美国讲演,攻击国民政府。

教育部的一个国民党党棍曾找涂长望进行质问:"你不应在英国发表演说,攻击政府。部里对你提出警告。"

涂长望料定他们是捕风捉影,拿不出证据,理直气壮地给予反驳:"我在英国只发表过一次公开演说,没有攻击。那是在千人大会上,你可以去查英文报纸,大使馆新闻官员也发回报道,你都可以去查。"那党棍自讨没趣,扭头走了。

涂长望有什么事都跟"小民革"的同志们说。他谈了驳回教育部党棍警告的事。让大家提高警惕,以后工作要注意方式,讲究实效,尽量利用合法性,不使敌人抓住把柄。

中央大学的"小民革"小组,实际上是中国科协和九三学社的实干家和骨干分子组成的,是这两个团体的领导核心。国民党把反对伪"国大",不承认伪"宪法"的民主党派都打下去了,九三学社也被迫转入地下。但对中国科协他们无法取缔,找不到借口。而且,中国科协里有许多处在重要岗位上的重要人物,有很大的国际影响。中大"小民革"小组研究,要扩大这种影响,争取更多的高层人物。

汪季琪是地下党员,他参加小组活动的次数少些,但中大的情况他都了解。小组的意见由他的夫人谭惕吾告诉他,而他的意见也由她转达。

有时,地下党组织也跨小组、跨团体地邀集一些民主人士开秘密座谈会。

有一次,在一个朋友家里,开了一个有一二十人的座谈会,参加的有汪季琪、涂长望、张惕君、孙晓村、王昆仑、曹孟君、孙克定等。会上研究扩大反内战、反饥饿运动,在大学里发动挽救教育运动;传达党中央撤出延安后毛泽东、周恩来仍留在陕北进行斗争,以及解放战场的发展形势,党中央决定加强城市工作等。①

这些情况很快就传达给"小民革"和中国科协的同志们,大家又分头在知识界、在学生中广泛传播。

这时已是1947年5月上旬,国统区民不聊生,杭州、无锡、合肥、成都、上海、南京等城市都相继发生了群众抢米的风潮。公教人员和学生生活更苦。中旬,中央大学的学生首先行动起来,举行罢课、反饥饿、反内战。5月20日,南京、上海、杭州、苏州等地学生代表5000多人聚集在南京,举行挽救教育危机联合大游行,遭到军警特务镇压,造成血案。有123人受了伤,

---

① 据汪季琪等为涂长望入党写的证明材料,1950年。

28人被军警特务抓去。

"小民革"的教授们,个个奋不顾身,声援学生正义斗争,看望和慰问受伤同学,分头奔走,要求学校和教育部当局尽快释放被捕学生。

北平学生邀请许德珩、袁翰青、樊弘等教授集会,抗议取缔华北学联,反对伪国大和伪宪法。北平国民党当局派军警包围会场,并扬言要做"关麟征第二",即要重演关麟征在昆明"一二·一"运动中制造血案,杀害闻一多、李公朴的事件。涂长望知道这件事后,义愤填膺,当即以中国科协的名义,致函《观察》周刊,公开支持北平学生运动,揭露和谴责北平国民党当局企图制造暴行。他把这封公开信同"小民革"的同志商量、推敲之后便发出。

涂长望作为中国科协总干事,在处理各种事务中,注意征询"小民革"的意见,以便做得更妥善些。

涂长望对于科技界一些重大的国际事件,都代表中国科协发表意见,和世界进步力量站在一边。

美国众议院非美活动委员会对当时的美国标准局局长康顿博士进行迫害,美国移民局对法国科学家居里夫人访美进行留难,涂长望都以中国科协名义发表严正声明,提出抗议。他还把这些函电刊登在《科协会讯》《科学时代》等刊物上,让科学工作者们都来关心国际、国内的正义斗争。①

第三节　壮大中国科协队伍

早在抗战末期，各大学的一些进步学生毕业后，继续联合奋斗，他们组织起科学时代社，在十分困难的条件下筹集经费，在重庆出版《科学时代》杂志。

复员以后，科学时代社的社员们主要分布在南京、上海、杭州等地。社员人数众多，活跃在社会的各个领域，是一支生气勃勃的力量。他们的刊物《科学时代》的编辑部是登记注册的，公开合法的，但是，他们这个人数众多的团体，却没有取得合法地位，因而活动要受到限制。

科学时代社的一些骨干分子是涂长望的学生。他关心着这支队伍。他在遵义浙大时的学生吕东明，是中共地下党员，1月份到南京来，公开的身份是长江三峡水力发电工程处工程师。他来拜访涂长望，谈了一些情况。涂长望向他谈了出席国际气象会议和科学与人类福利大会的情况，还把世界科协的会讯给他传阅。因为他是中国科协的会员。

---

① 吕东明：《涂长望为中国科学工作者协会奋斗事迹的片断》，《纪念涂长望》，气象出版社，1991年，第51页。

第十七章 向着新中国

1947年"五二〇"事件后的一天，涂长望让吕东明邀施雅风一起来商谈，准备开个小会，研究如何加强科协工作和吸收新会员，使工作更加活跃起来。吕东明想到了让科学时代社社员加入中国科协。涂长望早就希望中国科协能多吸收一些生气勃勃的年轻人。师生想法是不谋而合。吕东明建议开会时让陈志德、张长高也参加，这两人都是地下党员，也是年轻的工程师。

这次小型会议在中大农学院梁希教授家召开，参加者有：涂长望、梁希、潘菽、吕东明、施雅风、陈志德、张长高。大家一致的意见是，为了更广泛地团结科技工作者，尤其是活跃的年轻人，需要促成南京、上海、杭州等地的青年科技社团"科学时代社"的成员全部加入中国科协，以增强中国科协基层的骨干力量。决定由吕、施、陈、张四个人分头去做科学时代社南京分社的工作，动员全体社员参加中国科协，壮大力量后，成立中国科协南京分会。

中国科协有很多上层科学家参加，名望很大，有国际影响，在当时情况下还能公开活动，主要领导成员是年轻人的师长，对于不能公开活动的年轻人来说，是有吸引力的。科学时代社的社员们都踊跃地参加到中国科协里来。极大地增强了中国科协基层的力量。这样，成立中国科协南京分会的事就水到渠成了。

6月末，涂长望事情很多。他先到了北京路30号英中文化协会，沉痛吊唁他的老师罗士培逝世，慰问罗士培教授的夫人。罗士培因心脏病去世，使罗士培夫人一直很悲伤，叹息当初他俩是双双来中国，此后只能独自回英伦。她把罗士培的两件遗物送给涂长望作纪念。

看望了老师后，涂长望就着手准备召开中国科协理事会的有关事项，包括汇报工作情况，分析形势，研究开展活动，召开年会等。又考虑筹备上海分会的事。

涂长望先写信给黄宗甄、解俊民等人，通报南京科学时代社社员全部加入科协，准备成立南京分会的情况。他打算以后再抽时间到上海去细谈。

中国科协理事会于7月3日晚在丁家桥中央大学的一间实验室举行。参加的人有竺可桢、梁希、涂长望、潘菽、吕炯五人。涂长望扼要地汇报了一年多来的情况，谈到有必要吸收科学时代社来加强基层工作，增进与其他团体的协作，联合召开年会等。接着大家交流情况，发表意见。一致同意接纳、欢迎科学时代社的年轻人入会，同意和各团体联合召开年会。

梁希最先发言交流情况。他谈到今天中午朱家骅在教育部请客，又一次对他说："现在学生们很不安分，希望长辈要帮小辈的忙。""五二〇"后朱家骅亲自到梁希家里来说过类似的话。这分明是对支持学生运动的教授们的警告。

竺可桢对梁希的话作了证实，朱家骅请客他也到席的。竺司桢认为，无论是学生运动或科协活动，都要特别注意方式，避免造成不必要的牺牲。

谈到 8 月底中国科学社、自然科学社等七团体的联合年会，中国科协的理事都是这些团体的骨干成员，大家都要参加，中国科协是否作为一家并列其中。

大家认为一定要把这次年会开好，完成我们要做的事，列名不列名倒在其次。我们春天都已经加入了中国科学促进会，这也算是一次联合行动。

中国科学促进会由中国科学社、中国科学工作者协会、中华自然科学社联合组成。涂长望是三个团体的重要成员，而且是后两个团体的领导成员。涂长望提出，这次年会上要阐述中国科协的一贯主张，反对战争，保卫和平，反对使用原子弹，用科学造福人类。竺可桢同意，愿亲自在会上作演说，并动员有影响的人士也来参加。

理事会研究会务工作，大家仍推举竺可桢为下届理事长。怎么劝，竺可桢也不愿担任。只好确定在下次会员大会上提名他为监事候选人。会议大致议定了监、理事候选人名单。

7 月 20 日，中国科协南京分会在四牌楼中央大学举行成立大会。大会选举中央医院院长姚克方为理事长。决定以南京分会名义出面组织演讲会、座谈会等各种公开的群众活动。从此,中国科协总会的涂长望、梁希、潘菽、金善宝、干铎等同志以及丁瓒、吕东明、施雅风、冯秀藻、汪季琪、张楚宝等同志则经常进行秘密的活动,举行小型会议,互相交流信息,传阅内部刊物,研究开展各项工作。

这样,对于总干事涂长望来说,就减少了许多具体事务,南京的工作可以放手让分会的同志去做了。他可以多考虑总会的工作,全国各地分会的工作,国际活动,与有关方面和有关人士的联络。这样,就可以更好地把中国科协的历史任务担负起来了。

1947年7月,中国人民解放军从战略防御转为进攻。蒋介石举行"国务会议"下了"戡乱"总动员令,进步人士的活动更困难了。但涂长望更加强了中国科协的活动。

8月末,涂长望到上海,参加年会和筹备上海分会。他到上海后,首先找到了中国科协在上海的知名成员吴觉农、卢于道、张孟闻等人,鼓舞他们的斗志,介绍南京分会的经验,然后商量筹建上海分会的办法。

开始大家不明白南京分会那样做的必要性,经过涂长望介绍南京分会成立后,极大地加强了力量,仅两个多月，就开展了大量工作，会员们才认识到吸收科学时代社社员的重要性。

另一方面，涂长望又跟上海科学时代社的负责人胡永畅、黄宗甄等人交谈，商定了科学时代社社员全体加入中国科协，作为上海分会的基层骨干力量，配合上层人士，并努力开展各种活动。

8月30日，中国科学社、自然科学社、气象学会等七个学术团体举行联合年会，地点在枫林桥中央研究院大礼堂，到会400多人，把屋子都坐满了。大会由任鸿隽担任主席，上海市政府也来人致辞，然后是翁文灏演讲，谈他的欧洲之行。接着是竺可桢演讲《科学与世界和平》。这是他在理事会上承担的。在联合年会期间，竺可桢还跟科学时代的社员们谈话，讲过去创办科学社的困难，讲与其他团体合作或合并的必要。

这次年会有翁文灏、竺可桢、任鸿隽等大批著名学者主持，影响很大。商务、中华、正中三家书局，商会联合会、银行业联合会、保险业联合会等五个团体，都先后设宴招待。这为科学团体的活动大造了舆论，提高了人们对科学的认识，有利于科协工作的开展。

上海的事情有了着落，涂长望本准备去杭州。但总部的工作很多，他得回南京去。杭州的工作只得仰仗在浙江大学的老朋友陈立了。他给陈立写信，要求陈立把杭州的中国科协会员组织起来，仿照南京的做法，吸收杭州的科学时代社社员，发展壮大基层科协力量，早日建立起中国科协杭州分会。

沪、杭两地的分会发展得很快，都在1948年1月正式建立起来。

中国科协上海分会以交通大学理学院院长裘维裕为理事长，吴觉农、张孟闻为常务理事，开展了很多工作。

中国科协杭州分会的负责人是浙大教授陈立、过兴先、任雨吉等。竺可桢校长在百忙中，亲自为他们演讲，说科协这种团体是世界性的，讲英国、美国科协和世界科协的工作在于提高科学工作人员自身的社会地位、待遇，为人类谋福利，促进科学技术进步，普及科技知识。竺可桢还讲了科技人员的调查工作，科学促进会李振翮作的调查等。

这时，国内很多城市都已有了中国科协的分会，如重庆、成都、兰州、北碚、武功、北平等分会，而且都积极地开展了多种多样的活动。

第四节　《新民报》上办《科学》

南京《新民报》是当时最受市民欢迎的一种报纸。此报创办于1929年9月，有日刊、晚刊，还曾在北平、

第十七章 向着新中国

上海、重庆出版。复员后它更受人们喜爱,这是由于它说实话,倾向进步,而副刊又办得很出色。每天有副刊(某月号),有大观园、评事街栏目,每周有两次《半周艺丛》,对科学文化界的事情也报道得不少。涂长望很欣赏,但又觉得不足。

于是,他通过新闻界的朋友,跟《新民报》的负责人进行联络。报馆领导乐于听取涂长望教授的意见,感谢涂长望提出的建议,当即将他介绍给副刊部的同事们。

涂长望建议《新民报》最好能增加《科学》副刊。这种设想也为副刊部的朋友们所赞同,此事就定下来了。接着开始商量具体办法。报馆方面感到人手有限,科学知识水平不高,因而出版的篇幅不能太大,周期不能过频,并希望科学家们多帮助。涂长望表示这些都不成问题,中国科协愿意鼎力相助,《科学》副刊可以由新民报社和中国科协合办,中央大学的几位教授都可以参加编辑工作。副刊部的朋友又担心稿源、稿子质量能否有保证,涂长望说,中国科协的科学家们可以作后盾,必要时中央大学的一些教授可以多多供稿。

于是决定下来:《新民报》出版《科学》周刊,在每周一见报,半版篇幅,1947年10月27日刊出第一期。由中国科协组稿供稿,新民报提供版面负责出版。

中国科协除了自办刊物，现在又增加了一个重要阵地。用好这个阵地，任务落在几个主要成员肩上。总干事涂长望负总的责任，梁希、潘菽等几位中大教授也都义不容辞地积极工作。

《科学》周刊第一期，需要发一篇带理论性的文章来阐明办刊宗旨，同时要发一篇实践性的文章来提出具体要求。涂长望安排前一篇文章请潘菽写，后一篇亲自写。

潘菽的文章为《抓牢科学》，写成后，找涂长望帮助推敲。涂长望看后觉得很不错，建议稍作增改，并加上副题《(代发刊词)》。这篇文章一开头就强调："当我们现在这样艰难困苦，环境险恶，面对着历史上巨大无比的时代任务的时候，科学是一盏可以替我们照彻上下的明灯，是一条不怕风云而可以带领我们破浪前进的渡船。"文章呼吁人们，牢牢掌握科学这个可以改造世界的革命武器。

涂长望发表这类文章，都是用笔名。所用过的名字现已不易考察，大致有余致力、水、余志真等，都是取"涂"字的左右一半。涂长望写的文章是代表编辑部的，写出后与报馆副刊部的朋友作了推敲，以"读者和编者"名义刊出，共有5条：

（1）科学是许多人垦植出来的花朵，所以这个园地

第十七章 向着新中国

自然是每个读者的,我们自己虽是农人,但也极愿别人在这儿撒下好的种子。

(2)科学是为人服务的,我们也愿先向读者开支票,如有疑难问题,我们努力作答。

(3)科学为求真,所以我们不怕责难和批评,更希望提出"问题"来大家讨论。

(4)编者的力量是有限的,尤其是科学,唯读者才是力量宝藏,愿彼此常常在此握手,为了科学。

(5)凡寄给我们的信或稿,请写明新民报科学周刊。

《科学》第一期还发表了辛浩的《谈黄土》。涂长望看着新到的报纸,心里的感觉就像是农民开垦出了一片新土地。从此,涂长望组织会员们充分利用这片园地,用科学来武装民众,直到1948年秋南京《新民报》被封为止。

中国科协总部通过《科学》副刊抓科学。各地分会也努力跟当地报刊合作,开展科技宣传。上海《文汇报》在中国科协上海分会科学家合作下开辟了《新科学》,重庆、成都等地的报纸也开辟了小型的科学副刊。

南京《新民报·科学》周刊抓科学,不只是普及科学知识,而且注重宣传树立科学世界观,报道科技活动和科学动态,维护科技人员权益,捍卫国家科技利益。

以"水"为笔名署名的《科学家的宪章》,介绍了世界科学工作者协会正在拟定的《科学工作者宪章（草案）》。目的在于使科技工作者了解自己的权益与责任，努力为人类福利和社会进步做贡献而不至于祸害人类。《宪章》的序言说："在20世纪，科学已经成为世界各地人类生活中一个主要的因素。现在科学的事业已不再是少数深居简出的人的职业，而已成为全世界56万男女所从事的一种重要职业，有的在大学里从事教育与研究，有的在生产单位或政府部门，这个新兴的科学工作者职业的崛起，如此迅速，以至没有充分时间发展出相当于较发达的医药和法律两种职业那样的、在无形中发展而成的那种关于权利和责任的规约。"

《宪章》草案的具体条款在讨论中有所变化，《科学》周刊都作了介绍。最后准备提交布拉格会议通过的草案稿计有7节31条。7节是：1.科学工作者的社会及世界责任；2.科学工作者的选拔；3.科学工作者应有的就业机会的便利；4.科学工作者应有的条件；5.科学工作者自由权利的保障；6.科学工作者的社会地位；7.未发展国家科学事业的特殊需要。

中国科协作为世界科协的常务理事单位，涂长望作为世界科协的常务理事，把《宪章》草案的内容发表出来，是为了广泛征求意见。

涂长望已经被推荐为出席在捷克首都布拉格举行的

第十七章 向着新中国

世界科协大会的代表,他除了准备修改意见,还要准备在大会上发言和提交提案。

中国科学工作者目前的社会地位、工作条件、权利义务的保障等方面的状况,也都要调查清楚,并让大家来认识,让世界都知道,同时也让大家知道世界上的情况。这是抓科学的又一个方面的工作。

在《科学》副刊出版期间,科技界一些人幻想借助美国人来发展科学,受了"原子笔大王"雷诺的欺骗。涂长望组织了好几篇文章来揭露"雷诺事件",并发表短论《休矣!雷诺》。这些文章提醒人们:洋财主不会无缘无故到中国来布施,中国科学也不能依靠少数外国人的支持来发展。发展科学必须依靠人民,服务人民,只有当人民热爱科学的时候,科学才有它的前途。

《科学》还发表文章《抗议纳粹科学》,称竺可桢先生曾沉痛地说:本年5月9日美国ABC广播电台广播,美国政府已请到200多位有制造火箭经验的德国人,给予自新的机会和做美国公民的资格,奖励他们继续研究火箭,并给予2亿美元巨款来做这项工作。竺先生说,按照Wiener的理论,这些火箭专家都是屠杀人民的刽子手。

《科学》还发表了《美国原子科学家的呼吁》,反对原子武器,主张和平利用原子能。

在 1948 年初,《科学》副刊编者发表了《算旧帐,话新年》,指出:"在黑暗的社会,科学是一盏明灯。作放射光芒的火花,这是本刊所抱的宗旨,也是许多科学爱好者的信念。所以我们发刊之初,开宗明义提出一个目标,现在在科学园地工作的人,要抓牢科学,要传播科学种子。"

《科学》是完成了它为科技人员指路的任务的。后来的事实表明,涂长望和中国科协的活动家们的努力没有白费。

第五节　中大校园火焰高

1947 年 11 月,九三学社已经转入地下。斗争环境变得更为险恶了。

涂长望既参加九三学社、"小民革"的秘密斗争,又从事中国科协、中国科学社、自然科学社、中国科学促进会等团体的公开活动。除了在上层人士中活动,还活跃在基层科技人员和大学生之中。

有些活动是在丁家桥涂长望家里或中大实验室进行,而更多活动还是离家较远。肚子已经很大、快到预产期的王回珠,有时就对孩子们发牢骚:"你爸爸把这个家当成旅馆、饭店了!"

第十七章 向着新中国

要是上半年,小弟涂长晟在中国科协,还常到二哥家,帮二嫂照看侄儿、侄女,在王回珠看来,那些日子他为这个家做得比长望还多些。现在,她只能自己忙。

11月16日中午,王回珠觉得腹中阵痛难忍。涂长望把她送进中大医院,办了手续,就急匆匆地赶回家去了。

原来这天下午要在涂长望家里召开一个重要的秘密会议。是习仲勋指示金仲华,让汪季琪通知"小民革"小组成员,传达党中央10月27日发出的必须将革命进行到底的指示,研究如何在各个群众团体中去贯彻落实。中央大学"小民革"联系的团体颇多,具体落实的任务很重。会议开到很晚才散。第二天大家又分头去忙碌。

王回珠独自一人在医院里经受做母亲的最大苦难。女子临产最需要丈夫关怀的力量,她却没有亲人在身旁。幸好医院还有熟人,她当年在中央卫生署的同事金宝善手下的一个护士小姐在这里,她能给她一些安慰。

有位邻居也是中大教授,夫人也在这几天临产。他一直守候着她,等到婴儿出世才回家去。不久送来热腾腾的鸡蛋和炼乳,看着她吃完,然后才离开。可是,涂长望下午没再来,夜里也没来,第二天上午没来,下午没来,整个白天都没来。人间最难熬的就是盼望和等待。

看着别人,想着自己,王回珠心里好生委屈。第二天晚上，涂长望才急匆匆地赶来，送来了她最爱吃的东西。她看他疲倦不堪，知道他为革命劳碌奔波，又要照顾几个孩子，心里的委屈全消了，反而又从心里对丈夫十分怜惜起来。

　　涂长望心里对夫人怀着深深的歉疚，当晚准备多陪陪她，明天还有一些事情，要到下午才来。说话间，也禁不住直打瞌睡。王回珠就劝他，不要久留，回家好好睡一觉。她让护士小姐把孩子抱来喂奶，也让当爸爸的看看。这是他们的第三个女儿，早已取了名字叫多原。

　　王回珠出了月子以后，生活艰苦、斗争复杂的1948年就到了。物价飞涨，大学教授的薪水已很难维持一家六口的生计，而涂长望又天生一副热心肠，经常帮助贫困的朋友和学生。他俩又开始变卖家里较为值钱的东西。涂长望把他喜爱的用于观星测云的望远镜也卖了。

　　1948年上半年的斗争，多为秘密的和上层的。在白色恐怖下，公开的大规模的群众斗争不多。但在红五月，校园里的斗争仍十分红火。

　　中央大学学生为纪念五四运动29周年，各种活动从5月1日就开始了。在5月4日举行的纪念大会上，通过了《纪念"五四"，保障人权，保障教育，抢救民主危机》的宣言。下午2时，借四牌楼中央大学大礼堂开"自然科学座谈会"，九位教授讲话作指导，300多名青年科学工作者参加,以中央大学、金陵大学在校学生提出的问题为议题,畅谈看法。

第一个登台发言的是头发斑白的森林系教授梁希,他慷慨激昂地要求年轻人发扬"五四"传统,做科学、民主的斗士。

接着发言的是金大理学院余光朗教授,他对科研经费不足表示看法,说全国教授的研究经费加在一起不如一个旅的军费。

中大机械系范从振教授说,只有靠集体,才能有成就。

中大农艺系主任金善宝强调,一切成果都要依靠人的力量去推动。

涂长望发言是从中国科协总干事的角度来谈科学与社会、科学工作者的问题的。他说:"科学与社会利益应当平行一致。科学工作者对于研究的成果应负责任,对于成果的分配也有权过问。所以科学工作者不应关在象牙之塔里,应该管现实问题,尤其在还没有科学环境的中国。"

涂长望要求年轻的科学工作者走向社会,关心人民疾苦、国家前途,而又不松懈自己为科学的努力。

涂长望特别强调:"科学工作者不应太看重环境的困难,自己应特别努力研究,尤其要守住科学岗位。没有科学,民主是假的。在中国科学人才这样稀少的情况下，科学工作者不应抛弃科学岗位，全力去管现实问题，而应该是在不影响科学工作的情况下，尽力去管现实问题。"

涂长望讲完后，还有四位教授继续讲。

地理系主任李旭旦说，要做到科学大家搞，必须采取与一般民众接近的文学与语言。

心理系教授潘菽说，科学工作者在消极方面应与豪门、买办、军阀所持的科学采取不合作的态度，在积极方面要争取研究。

医学院教授吴襄说，不应盲目崇拜美国科学。

最后，土木系教授梁治明发言，提出三点：一、要改善科学环境，科学工作者必须过问政治；二、现在的环境比"五四"时代更加恶劣，应当注意宣传工作，唤起大家觉察现实；三、应当努力做好本职工作。①

"自然科学座谈会"开了三个多小时，同学们深受鼓舞。散会后，学生们就去准备"五四"营火晚会。"小民革"的教授晚饭后还要碰头，商量一些事情。

开完小会后，涂长望对梁希、潘菽说，我们去看看同学们的营火晚会。他们来到中央大学操场，只见眼前已经是一片人的海洋、歌声的海洋。各校聚集到这里的

---

① 蜀华：《记自然科学座谈会》，《新民报·科学》副刊，第27期，1948年5月10日。

学生，多达1万多人。虽然有特务捣乱、破坏，扔石块，砸气灯，但干扰不了晚会的热烈气氛，反而激发了高昂的激情，使更洪亮的歌声飘荡在南京上空：

>……向着法西斯蒂开火
>让一切不民主的制度灭亡
>向着自由　向着太阳
>向着新中国
>发出万丈光芒

同学们唱着《团结就是力量》《山那边好地方》《古怪歌》等革命歌曲，使反动派胆寒。

同学们见教授来了，热烈鼓掌欢迎。涂长望对学生会负责人说："五四"时年轻人高举科学民主大旗，内惩国贼，外争国权；"一二·九"时年轻人高举科学民主大旗，挽救民族危机；今天我们继续高举科学民主大旗，要为和平民主的新中国而奋斗。

同学们要求教授们讲话，梁希对大家说："同学们，天色快要破晓，光明就要来到！"

学生们十分担心教授的安全。涂长望他们离开时，都有学生严密护送。

第十八章　胜利到北平

第一节　科学促进会调查人才

中国科协参加发起中国科学促进会，通过它开展各种活动，是经过"小民革"研究，得到中共地下党赞同的。

中国科学促进会于1947年元旦正式成立，是有其政治背景的。它的推动者和总后台是当时蒋介石国民党政府的行政院长宋子文。宋子文那时已经感觉到蒋家王朝气数将尽，想要在中国政治舞台上拼凑第三种力量，企图以抓科学来扩大政治资本。但宋子文没能达到他的目的，他本人也于4月份下台了。

抗战胜利前在重庆曾有过国防科学促进会的组织，涂长望曾以中华自然科学社常务理事身份参加工作。不久发现这个组织被陈立夫所操纵，对抗战不能有所作为，便退了出来。这回却是有意要参加进去。当时是出

第十八章 胜利到北平

于这样的考虑：参加科学促进会能确保中国科协以公开团体的身份大力开展各种活动，能接触高层人士做分化工作，能获得公开的经费支持来完成某些秘密任务。而且参加科学促进会的团体，其组成人员和领导骨干多为纯正的科技人员，活动起来比较顺畅，有事都好商量。利用宋子文的企图来完成我们的任务。后来的事实表明，"小民革"的上述估计是正确的，取得了预期的效果。

国民党的派系很多。当时在一定程度上得势的政学系，搞第三种力量的幻想注定是要破灭的。国民党顽固派也不容许。后来南京国民党政府不肯在八条协定上签字，全国性的和平绝望了，一些地方当局还想取得局部的和平，如梁希的朋友浙江省主席陈仪，想与共产党谈判和平，遭到蒋介石杀害。

中国科学促进会由中国科学社、中国科学工作者协会、中华自然科学社三团体联合组成，在中央研究院礼堂举行成立大会。会上推举教育部次长杭立武为会长，中国科学社社长任鸿隽、中国科协总干事涂长望、自然科学社秘书长朱章赓三人为总干事，组成日常工作班子。这个班子有很高的威望和较大的权力，能调动人力做不少工作。

由于杭立武任会长，中国科学促进会便具备了"官办"的性质。会址设在南京市北平路69号。活动十分方便。

杭立武在国民党政府里管着教育部的事，又身兼英庚款委员会主席等多种要职，所以在科学促进会只是当领导，不做具体事情，具体工作全由三个总干事去做。科学社资格老，威望高，多少年来，常能申请到英庚款或得到社会捐赠，这种优势也带到了科学促进会。

三个总干事中，老资格的任鸿隽只管学术领导，不爱活动。朱章赓的活动则主要在医学方面。这样，中国科学促进会的社会工作就基本上是由涂长望来掌握了。也可以说，已经把中国科学促进会变成为扩大了的中国科协，只是杭立武紧紧掌握着促进会的财权，不肯放手。但涂长望容易说服他拿出钱来，开展必要的活动。

涂长望利用科学促进会的各种条件，大力开展多种多样的活动，举行学术交流，召开大大小小的座谈会，出版刊物，搞大规模的人才调查等，所使用的干部是中国科协的会员。

涂长望的小弟涂长晟，在陕西时曾协助那里的科协组织发展过一批会员。到南京后，还与他们保持着联系。科学促进会成立后，沈其益教授代表自然科学社在那里任干事。涂长望就安排涂长晟到沈其益那里工作，协助他整理会员名册，发展组织，与会员进行通信联

第十八章 胜利到北平

系。5月份涂长晟去了北京大学,涂长望便把这些工作安排给吕东明、施雅风来继续进行。

有意义的是那些座谈会。这是中国科协、九三学社成员在重庆初创时期就习惯使用的办法。科学工作者们都能敞开心扉来交谈。谈科学与政治的关系,谈科学工作者所负的社会责任与历史使命,谈科学研究要依靠集体、依靠人民群众的实践,谈繁荣科学事业的社会保障,谈科技人员的工作和生活条件,等等。由对现实的强烈不满,自然而然地渴望了解解放区的政策、战场上的真实情况、如何看待时局等等。这使处在黑暗中的科技人员心明眼亮,不仅提高了对当时活动的兴趣,也为选择将来的人生道路提供了精神准备。

涂长望在进行这些活动的时候,还利用了他是官办的中英科学促进会理事的身份。

这个机构的负责人也是杭立武。杭立武重视涂长望,是由于涂长望在英国、美国的学术界有很多朋友,在国内科技界也联系广泛,能出色地完成中英科学促进会、中国科学促进会的任务。涂长望对于科学技术活动有什么建议,他都放手让他去干,并给予人员、经费等方面的支持。①

---

① 吕东明:《涂长望为中国科学工作者协会奋斗的事迹片断》,《纪念涂长望》,气象出版社,1991年,第50页。

解放军转入战略反攻之后,解放全中国只是时间问题了。调查科技人员状况,储备科技人才资源,为新中国建设事业做准备已成为十分必要的课题。"小民革"讨论了这个问题,并做了安排,任务落在涂长望肩上。

涂长望到教育部同杭立武商量说,自科学促进会开展工作以来,由于对科技人员的基本状况不很了解,活动缺乏针对性,而且很不全面。

杭立武不明白涂长望的意思,问道,开了那么多学术会,出版了刊物,比以前活跃多了,你怎么还说不全面?

涂长望说,我们的活动还只局限于中央研究院各研究所,以及一些大学,除了京、沪、杭等地,还有全国其他地方,还有各厂矿、企业、事业的科技人员,我们都不了解,也没请他们参加活动,复员以来,未曾全面系统地调查过。

杭立武听了,点头说,是啊,是啊,岂止是复员以来没调查过,中国从来都没作过这种调查。外国都能说出,1万人中有多少个医生,1000人中有多少个大学生,我们从来都说不清楚。这些年出国的留学生,回国的有多少人,是什么专业,都在哪里工作,都不清楚。

二人商量的结果,都认为有必要对全国科技人员状况作一次全面系统的调查。这是一项庞大的工程,需要

第十八章 胜利到北平

有个机构、有若干人员专门来做此事,而且还需要一笔经费。

中国科学促进会及其成员中国科协、中国科学社、中国自然科学社三个团体,都没有经济实力,也缺乏活动场所。杭立武决定利用中英科学促进会的房子作办公室,从他们的活动经费中拨出专款来作科技人才调查费,并要涂长望提出计划,组织工作班子来完成此事。涂长望故作推辞,说要杭立武答应亲自主持、亲自过问才肯接受。

杭立武不可能具体来管这事。涂长望这样要求,是为了经费能更有保证。杭立武答应了。

科技人才资源调查组的事就这样取得了公开、合法的地位,并得到了经费来源。

涂长望在组建调查班子的时候,主要推荐了中国科协的人员去工作,也请了另两个团体的开明科学家,如请了李振翮教授来负责工作。李振翮很认真负责,取得成果时就及时向各团体负责人通报。竺可桢1948年3月23日在中国科协杭州分会的讲话中,就引用了科学促进会李振翮的调查,说中国科技人员极为稀少,大学助教以上人员只有3700余人。这个数字还不很完备,是初步的统计。

在人才调查的过程中摸到了许多重要情况。掌握了一些重点人物的自然状况，学历、经历、工作、生活情况，思想政治倾向等，为后来的工作打下了基础，为反对搬迁，争取科技人才留大陆做了准备。不仅是完成了人才资源调查，做了争取、利用科技人才的工作。被推荐去的中国科协会员还利用中英科学促进会的活动场所、车辆、电话，兼做中国科协联络事务，开展科协的活动。

第二节　美国大使馆兼任编译

1947年12月，毛毛（多原）满月不久，涂长望抱着她在屋里踱步，对王回珠说："你才出了月子，就要多辛苦你了，现在我又多了一份工作。"

王回珠问："什么工作？"

涂长望说："到美国大使馆上班。"

"你这么左，司徒雷登能让你去？"

"事情都已经定下来了，年前就要去开始工作。"

她没有往下问，只当他不辞辛苦多做事是为了能养家。她不知道，这件工作是"小民革"派遣的。

从抗战胜利前开始，美国驻华大使馆新闻处的编译工作，就有进步人士参与。在重庆时，是金仲华领着一些人在做。复员到上海以后，习仲勋让金仲华等继

第十八章 胜利到北平

续做美国新闻处在上海方面的工作。南京方面也需要开展这项工作。美国使馆新闻处负责人费正清（John Fairbank）就请金仲华物色人选。

金仲华为使这个工作继续掌握在进步人士手中，于是就找中共地下党员、"小民革"成员汪季琪商量。

那时，美国支持蒋介石扩大内战，反内战的斗争一浪高过一浪。国民党政府加强了镇压措施，一向暴露在外边的文化界左派人士在南京已很难立足。涂长望是个科学家，在一般人眼里政治色彩还不是很浓，美国大使馆方面有可能接受。所以，汪季琪向金仲华推荐涂长望。

二人有了初步意见，汪季琪就到中央大学找"小民革"小组的几位教授商量。大家赞成，涂长望本人也同意去。

金仲华到大使馆找费正清，向他报告物色新闻处编译室主任人选的情况，正式推荐中央大学气象系教授涂长望兼任此职。

费正清觉得很合适，当即陪着金仲华去见司徒雷登。大使馆文化专员、费正清的夫人费慰梅（Mrs. Wilma Faibank）正在大使办公室报告教育、科学、文化界的情况，也在旁边听金仲华对涂长望的介绍。她跟竺可桢很熟悉，并经竺可桢介绍认识了涂长望。金仲华刚介绍完她就接着说:"我见过涂长望教授,他是英国皇家气象学会会员,他的英语讲得非常好。"金仲华立即说:"我推荐的就是他。"

司徒雷登觉得涂长望这个名字很熟,但怎么也回忆不起来跟涂长望有过何种交往,摇着头叹自己老了。其实他跟涂长望只见过一次面,那是战前。1935年夏天,在燕京大学校园里,涂长望正同大姐碧仙在林荫下散步时相遇过。此后再无交往。他觉得很熟,是因为英、美两使馆的人员,特别是两国在华的学者,经常提到涂长望的名字。他听完费正清夫妇和金仲华的介绍后,当即说:"你们都称赞他,我也同意,那就麻烦金先生请他尽快来使馆工作。"

涂长望来到上海路84号美国驻华大使馆。在费正清夫妇陪伴下去见司徒雷登。涂长望觉得这位老人比战前更苍老了,但精神仍然很好,态度仍然很和蔼。寒暄几句之后,司徒雷登谈了对新闻工作的要求,希望能向美国和世界全面报道中国。然后就让费正清为涂长望安排工作室,具体布置任务,跟手下的工作人员见面。

他们早就在大使馆里,为涂长望准备了一间很宽敞舒适的办公室。电话、打字机、写字台、沙发、茶几俱全。几个月后涂长望还利用这间房子开过几次秘密会议。朋友陈立、二妹碧波都去过那里。

第十八章 胜利到北平

当时费正清问涂长望还需要什么？涂长望对工作环境表示满意之后，费正清便把另外两间屋里的几位小姐和男青年叫过来，向他们介绍说，这就是你们编译室的主任，中央大学的涂长望教授，希望你们紧密合作。

年轻人作了自我介绍。几位小姐是报务员，她们的任务是收听中央电台、共产党电台的电讯稿并记录下来。几位男青年是英文翻译，他们把重要的电讯稿、报刊文章翻译成英文。全部都送交涂长望处理。

涂长望的任务是从报务员送来的电讯稿中选出重要的，交给年轻人去翻译；从南京各报刊中选出重要的评论和重要的新闻并圈出来，交给年轻人去翻译。涂长望自己不做翻译工作，只是对译好的文稿作些必要的校改。他要每周写一篇新闻综述和评论摘要。对特别重要的新闻评论稿的译文，要作认真的校改。这样的工作，对涂长望来说是容易做的，而且也是有兴趣来做的。

涂长望之所以产生兴趣，是由于通过这项工作，可以及时了解解放区的情况，包括党的方针政策，对时局的评论，军事形势和战场的真实情况等。这些都是国民党进行严密封锁的，是蒋管区知识界和学生、群众所迫切希望了解的。

过去涂长望只是通过"小民革"从地下党员那里得到一些解放区的消息，而且多是迟到的消息。现在他从大使馆里可以及时得到这些消息,并传送给"小民革"小组的同志们。

两年前涂长望在英、美讲学和筹建中国科协分会时,就曾亲身感受到两国朝野及舆论界对国民党蒋介石集团的专制独裁、腐败无能十分不满。现在,他在选择蒋管区的新闻中,特别突出国民党对民主党派和学生运动的镇压,官员贪污腐败,物价飞涨,学生市民反内战、反饥饿、反迫害的斗争。在揭露国民党统治的黑暗、混乱,让美国人士正确了解中国,造成美蒋矛盾方面,起了较明显的作用。

美国朝野对中国的了解,基本的信息来源是靠大使馆新闻处提供的消息。这些消息的采集,在首都南京是通过涂长望,在上海是通过金仲华。

当时美国朝野对中国的态度,从司徒雷登的回忆录《在华五十年》中可以窥见一斑。他说,1947年"整整一年,美国对华政策表现得犹豫不决"。"中国学生是极其爱国的,可以巧妙地利用他们美好的动机去达到某种政治目的"。他说,1948年"二月初,在美国纽约进行的公开辩论中,斯坦利·霍恩贝克执拗地认为,帮助蒋介石的军队恢复战斗力是不可取的。纳萨尼尔·佩福则坚持主张我们应全部撤出,不以任何形式干涉中国内政"。他还说,1949 年"10月国务院召开专家会议,主

第十八章 胜利到北平

席菲利浦·杰塞浦建议讨论承认共产党政权,因而好几位与会者强烈主张承认和援助新政权,少数反对"。他认为,"如果不是朝鲜战争,美中关系可能开始"。①

1948年5月1日中共中央发布纪念"五一"国际劳动节口号,提出各民主党派、人民团体,各社会贤达迅速召开没有反动分子参加的政治协商会议,成立民主联合政府;5月4日,中国国民党革命委员会、中国民主同盟、致公党、中国农工民主党、中国人民救国会、中国国民党民主促进会、三民主义同志联合会等民主党派和其他民主人士,通电拥护召开新政协。所有这些信息,涂长望都立即从美国新闻处得到了,而且向各方面秘密传播。那几天正是蒋介石召开伪国大选举他为总统、李宗仁为副总统的日子,对前述消息封锁特别严格,却发现有很多消息没法封锁得了。

消息封锁不住,国民党中央党部开始怀疑美国大使馆。

这时上海方面,由于政治环境更加险恶,金仲华在外边编辑刊物被美国人发现了,并对他提出询问。金仲华当即辞了职,离开上海到香港去了。

涂长望在南京美国大使馆里也已引起了国民党的注

---

① 参见司徒雷登著,程宗家译:《在华五十年——司徒雷登回忆录》,北京出版社,1982年。

意。他们发现大使馆里有共产党员，捉去一个华侨出身的报务员小姐。从此，大使馆外日夜有特务监视。到8月份，涂长望也离开了在大使馆的工作。

第三节　隐蔽上海度寒冬

1948年7月13日，涂长望召集了中国科协理事会与上海、南京两分会负责人的联席会议，研究会员大会的事宜。按会章规定，今年应该召开会员大会。但是，目前处于内战时期，会员大会很难召集。协会组织发展很快，国外美、英、法等国的分会已经成立，国内各地分会组织也已不少。很多会员都难以赴会，所以，以举行代表大会为宜。决定代表大会的筹备工作由常务理事会负责。

中国科协的第一次代表大会，经过涂长望、梁希、潘菽等人的紧张筹备，于1948年9月19日在南京举行，会址在中央大学气象系的教室里。当时有多少会员，全国及国外有多少分会都无法统计，只知总会有会员705人，研究机关138人，学校378人，行政机关81人，厂矿64人，公用交通29人，医学15人。北平分会的代表严济慈、饶毓泰因天气原因没能赶到。国内外一些分会限于条件，也没能派代表来。到会的有：杭州分会代表过兴先、任雨吉；上海分会代表胡永畅、黄宗甄、张孟闻、勾适生；南京分会代表涂长望、梁希、潘菽、干铎、龙叔修、许健（许锡瓒）；英国分会代表徐尔灏。总会常务理事吕炯和干事朱传钧也参加了会议。

大会由涂长望、张孟闻主持，吕炯代表竺可桢理事长致开幕词，涂长望报告工作。鉴于当前时局，大会决定的工作方针是：加强团结联系，致力于建国工作。就是要求会员团结互助，渡过难关，迎接新中国。大会号召会员"多多举行研究会、学术讨论会、联谊会、野餐、演讲、辩论，尤其是职业的互助、福利的互助"，团结奋斗，冲破黎明前的黑暗。

大会还决定：总会和南京分会合办；恢复会刊并定名为《科学工作者》，各分会推选一两人为通讯员；进行中国科学事业和各分会会员调查；推举涂长望、潘菽、尹赞勋三人起草《中国科学工作者宪章（草案）》。关于选举，由于代表人数不全，决定以通讯选举方式进行，于12月20日完成。选出的理事为：涂长望、袁翰青、钱三强、曾昭抡、张孟闻、严济慈、卢于道、潘菽、李四光、丁瓒、黄宗甄、梁希、黄国璋、吕炯、侯德榜；候补理事为：周建人、姚克方、吴觉农、裘维裕、干铎。选出的监事为：竺可桢、卢作孚、任鸿隽；候补监事为：张含英、林可胜。

被选入理事会、监事会的人,大多是国际知名的学者,身负重任而又分散各处,在当时战乱环境,会也开不起来。这一点在大会上也是估计到了的,所以,在那样的环境下还要坚持出版会刊,才能保持联络。

会刊每月 1 日出版。从 1948 年 11 月,到 1949 年 4 月,在这最艰难的岁月里,起到了团结鼓舞科技人员的作用。①

开大会那天正是阴历八月十七,中秋的月亮尚圆,而涂长望和夫人、孩子却难以团圆了。一个月前他不能再到美国大使馆工作时,国民党特务就已注意到了他。从那以来,他每次上街都得注意身后有没有尾巴。

地下党组织告诉中央大学"小民革"小组的同志,他们的名字都已经上了国民党党部的黑名单,要注意隐蔽。

代表大会的第二天晚上,在丁家桥涂长望的住宅周围,在他们经常开会的那间中大的实验室周围,都发现了特务。夫妇二人正担心会不会发生事情,就见门外来了一辆轿车。从车中跳出一个人来,直奔涂长望家中。

原来是黄秉维。当年在宜山、遵义时浙大少壮派教授中的好朋友。黄秉维现在资源委员会,他听朋友说涂

---

① 许锡瓒:《中国科学工作者协会与〈科学工作者〉》,《南京党史资料》第 1 辑,1986 年,第 58–61 页。

第十八章 胜利到北平

长望有危险,需要转移隐蔽,就弄来车送他离开南京。黄秉维说:"趁特务还没准备对你动手,赶快走吧,跟嫂夫人和孩子们暂时分开一下。"

到哪里去?最好的去处还是上海。那里人多、人杂,容易流动,容易隐蔽,也容易联系。那里亲戚也比南京多。这样,涂长望就抛别妻儿,匆匆离开了家。

黄秉维秘密地把涂长望送到火车站,让他安全地去上海。[①]

涂长望到上海,较长一段时间是住在向阳路,他五妹涂碧霞的家里。妹夫胡国栋在闵行一家公司里任处长。两年前从国外回来时带回一台电冰箱,当时感到在国内用它太奢侈了,没等打开封条就把它卖了,然后用这笔钱在向阳路买了一层楼的二间房子还带一个亭子间。碧霞收拾好一间房子,供二哥住。

涂长望一到上海,就跟张孟闻、姚克方联系,在上海分会进行他中国科协总干事的工作。中国科协的总会和各分会,都一直坚持工作,始终团结不散。涂长望避居上海期间,各种活动一如往常。《科学工作者》按计划出版,10月11日十团体的学术年会照样在南京召开,杭州分会欢迎监事王淦昌从美国归来,竺可桢也出席讲话。

[①] 吕东明:《涂长望为中国科学工作者协会奋斗的事迹片断》,《纪念涂长望》,气象出版社,1991年,第51页。

在复旦大学的中国科协总会理事卢于道，将和夏康农经香港到华北解放区去，涂长望希望他能够联络上北方的科协会员，设法参加将于1949年4月在巴黎举行的世界保卫和平大会。

世界科协会讯报道了9月份在捷克斯洛伐克首都布拉格召开的世界科协首届代表大会。涂长望是筹委会的常务理事，又被中国科协推选为代表，他已做好了准备，尤其是对《世界科学工作者宪章（草案）》，通过报刊、会讯、座谈等方式广泛地收集了意见，以便在大会上进行讨论。但国内形势使涂长望无法出国去参加这次大会。因为这时他如果去办护照，就等于是自投罗网，而且出国经费也是问题。所以，只好把有关材料寄到巴黎，由在居里夫妇实验室的钱三强代表出席了。

涂长望没能去参加，但世界科协主席居里仍建议选举他为代表远东区的理事。大会决定发起召开世界保卫和平大会，以世界科协为核心，广泛发动各国各界人士参加。

后来，涂长望得到消息，中国解放区由中国科协等团体派出了以郭沫若为团长的代表团参加世界保卫和平大会。代表团秘书长丁瓒、团员卢于道、钱三强都是中国科协理事，其余团员有裴文中、郑振铎、洪深、曹禺、徐悲鸿、戴爱莲、程砚秋、张奚若、许德珩等。

第十八章 胜利到北平

后来又得到消息，到了开会的时候，法国政府不让中国和东欧一些国家的代表入境，大会便决定以巴黎为主会场，在布拉格设立分会场。

在涂长望避居上海期间，中国人民解放战争进展迅速。辽沈、淮海、平津三大战役相继结束，世界东方已经升起了曙光。

当淮海战役的炮声响起的时候，即1948年11月初，涂长望主持下的中国科协总会及时向各分会发出了三点重要指示：一、会员们要坚持在自己的岗位上，并团结同事，反对迁移和遣散；二、护校护厂，保护好图书、仪器和生产设备；三、在生活上团结互助，渡过难关。

当初搞人才资源调查时，对于哪些人员、物资、财产要做到必保，都有数了。现在曙光在前，中国科协会员都尽力配合地下党组织做好工作，为新中国建设事业做好准备。

1949年到来的时候，上海天气奇寒，人民经受着黎明前的寒冷。6日早晨，最低气温达到零下5℃，屋里洗脸毛巾结冰。元旦以来一周时间，上海冻死588人，其中小孩520人。科协会员们互赠衣物。涂长望把妹夫胡国栋的衣服穿上了。

第四节　脱离险境赴香港

涂长望在上海小妹碧霞家过元旦。家宴上，碧霞和国栋还想起他俩在昆明茨坝结婚时，二哥二嫂鼎力相助。于是思念王回珠和孩子们在南京，是苦寒孤单而又担惊受怕。

听蒋总统《新年文告》，说什么中央政府愿意和平，只要共产常有诚意，蒋某个人进退可以不计。

战犯告饶，这是头一回。对于那些话，涂长望不相信。他拨动收音机，听新华社的新年献词，是毛泽东写的《将革命进行到底》。

但是一般知识分子听到蒋介石那样表态，还以为他真的不计个人地位，国内和平有了一线希望。1月8日，国民党政府要求美、英、法、苏四国干涉中国内战，遭到四国政府拒绝。14日毛泽东发表《关于时局的声明》，揭露蒋介石"和平"建议的虚伪性，提出了和平谈判的八项条件。

21日，蒋介石通电"引退"下野，由李宗仁任代总统。李宗仁宣布开始和平谈判，当即派出了邵力子、张治中、黄绍弘、彭昭贤、钟天心五人为谈判代表。

由于有了前述种种变化，29日过春节，上海处处都

第十八章 胜利到北平

热闹起来，庆祝蒋介石下台，和平有了希望，解放军进入北平。学生中有耍狮子、跑旱船、舞龙灯的，呈现出近几年少见的节日气氛。

人民的美好心愿，看来快要实现了。但是涂长望心里清楚，在通往胜利的征途上，还有一段艰苦的路程。学生在欢庆，教师却仍然愁眉苦脸，为一家老少无衣无食、为国家前途战和未决而忧心忡忡。

在谈判期间，国民党为配合和平攻势，作了不少姿态。在报纸上宣布释放政治犯，停止特务活动，各大城市解严，查封了的报刊恢复出版。涂长望曾想过回南京去活动。动身前见到各学校的特务依然如故，而且，据反映他们的活动更为隐蔽、凶残。涂长望明白了，斗争一点也不能松懈。他不能回南京去，只写了信给王回珠。又跟中央大学"小民革"小组的同志们联系，如何提高警惕，加强斗争。

实际上蒋介石仍然牢牢地控制着大权。他在浙江奉化老家准备作最后的顽抗。在国民党政府宣布释放政治犯、停止特务活动20天后，中国科协上海分会会员钟泉周被国民党特务捉去，并于2月17日惨遭杀害。涂长望冒着危险，和分会的一些朋友去看望、慰问钟泉周的夫人胡馥英。和大家商量提出抗议，并在即将出版的《科学工作者》《上海科协》合刊发表致胡馥英的慰问信。

从此以后,上海的会员们为保护总会的总干事涂长望,就劝他尽量减少外出,不公开露面。

这期间,吕东明曾来到上海,到胡国栋家看望涂长望。涂长望关切地问起南京的朋友们的情况,科协的工作,护厂、护校、反搬迁斗争的情况等等,希望大家团结互助,渡过难关。涂长望请吕东明转告朋友们,他在上海很好。

但是,在向阳路小妹家住得久了,又怕难免被特务发现。涂长望就准备转移住处,他有好几处地方可去。

涂长望的堂叔涂自谦,是涂羽卿之弟,排行第三,称三叔,在上海一所学校教书。平时来往不多,但患难时能热心相助。三婶家很有钱,在贝当路的"匹卡迪"公寓,买了一层很漂亮的洋楼居住。

涂长望的姨妈汪翠珍和姨父饶志安在上海一家圣公会教堂,他们的家也是涂长望落脚的好地方。

涂长望从碧霞家搬进了匹卡迪公寓。三叔三婶见到多年不见的侄儿,心里非常高兴。

涂长望说:"叔叔,婶婶,我是躲避特务才到这里来的,会不会连累你们?"

涂自谦虽然只是默默无闻地教书,但他心里有很明确的是非感,知道长望的左派革命立场,平时难以尽到

第十八章 胜利到北平

叔侄情分,这次十分愿意相助。他对长望说:"你回到了家里,还讲什么连累不连累。你在我这里住下,是最安全的。我们这个地方特务还从没来过。"

在三叔家里,涂长望一下子闲得无事了。在三叔的书房里,除了读书、看报、听广播,没有别的事好做。自己安全了,他想到别的同志,想到妻子和儿女。他想,他们还在时时担惊受怕。他写信给王回珠,让她带着孩子到上海来,这里亲戚朋友多,总有办法住下来。

自从到了贝当路以后,涂长望除了跟科协委员吴觉农保持联系之外,跟其他科学文化界人士几乎不再接触。他只是不时到妹妹家、姨妈家去看看,王回珠和孩子们到上海来了没有。社会上乱糟糟,也许她没收到他的信。

涂长望从广播里听到,3月25日,中共中央和解放军总部已经迁到了北平。又听到党中央已派周恩来、林伯渠、林彪、叶剑英、李维汉、聂荣臻为代表,于4月1日在北平与国民党代表谈判和平。

但是,就在4月1日,国民党特务、军警又一次制造了南京惨案。这天南京学生上街游行,遭到收容总队镇压,打死3人,打伤109人,逮捕48人。

这时,中共地下党南京市委书记陈修良接到上级指示,尽早把中大教授涂长望、梁希、潘菽安全护送到北平，参加新政协的筹备工作。事关建国大计，陈修良抓紧办理。她立即找了分管学委的市委委员王明远、学委大专分委书记盛天任来商量。

原来地下党组织学委、中央大学总支的同志，正在为"小民革"小组的涂长望、潘菽、梁希等人担心。因为他们都上了国民党党部的黑名单，据情报分析，已经布置了特务，准备动手。对此，学委和中大总支也在计划转移这三位教授。这跟上级的要求正好相符。于是，王明远、盛天任向陈大姐汇报了他们的安排。陈修良同意，并准备了金条作三人的路费，决定由学委副书记饶展湘和蒋祖瑜同志具体办理，尽快让三教授安全离开南京，去上海，转香港，到北平。

梁希对蒋祖瑜说，涂长望同志已在上海，但他的家属还在南京，也很危险，请组织想法送他们离开。蒋祖瑜说，党组织会安排的，你们要赶快走。

南京形势紧张，使涂长望更为家属和朋友们担心。这时，吴觉农来告诉他，梁希、潘菽一起到了上海，涂夫人和孩子们也将要来到。正在联系船只送大家去香港。

听了吴觉农的报告，涂长望放心了。于是，开始做赴港的准备。需要准备的事情有两项，一是安排秘密送人的船，二是办理从香港过境的手续。找船的事由吴觉农承担，而办理过港手续的事，则需要涂长望来帮忙。

第十八章 胜利到北平

他可以找到跟英国驻沪总领事馆官员较熟悉的朋友,由他们出面去办这件事。朋友们热心相助,大约一周之后,就为大家把过港的手续办好了。这时,就等着开船的日期了。

4月9日傍晚,吴觉农来到贝当路涂自谦的寓所,找到涂长望。他发现这里也有特务,绕了几圈摆脱尾巴,才进匹卡迪公寓来的。他来告诉涂长望:"船已找好了,是一艘荷兰运煤船,准备11日起航去香港。"

涂长望说:"手续也办好了,不光是我们几个人的,还有家属和其他同志的。"

吴觉农说:"您的夫人和孩子来不及一起走了,这次只能上你们几个人,别的人下次再走。"

涂长望问:"他们几个人都来了吗?"他是指梁希和潘菽。

吴觉农说:"潘先生来了,他和他的公子同梁老一起,是昨天由周慧明同志护送来的,住在胡国栋先生家。"

涂长望是为了更安全,才从妹夫胡国栋家搬到三叔家来的。于是,打算明天就去把梁希他们接到这里来。

吴觉农也感到,这里虽然也有特务,但不像外面那样乱,要安全些,支持涂长望建议,后天一起上船也方便些。

涂长望跟叔叔、婶婶提起这件事，他们也十分愿意接待这些革命的朋友，并积极做好安排和准备。

第二天，涂长望就到向阳路妹妹家，把梁希、潘菽及其公子接到贝当路来。

吴觉农陪着他们来，问他们还有没有什么事情要办。离开时说："你们要尽量少出外，没事就待在屋里。准备好，明天上午早些上船。"

梁希告诉涂长望，不要为王回珠和孩子们担心，周慧明同志说过，组织会尽快安排他们秘密来上海，去香港。涂长望很感谢组织上和朋友们的关怀。只觉得太苦了回珠母子5人了，逃难躲险，她怎么来照看那么多不懂事的小孩子。

贝当路并不安全。11日上午他们离开涂自谦的寓所，下午就有特务去光顾，问这问那，幸亏他们早走了几个小时。

第五节　欢庆胜利到北平

王回珠在地下党组织的安排下，秘密离开南京去上海。她把家扔在那里了，只带了可以随身携带的一点财物和衣服。拖着四个孩子：11岁的男孩子多伦，8岁的女孩子多林，6岁的女孩子多彬，1岁的女孩子多原。

第十八章 胜利到北平

是黄秉维派了车来,把他们母子五人送到车站。

孩子们想念爸爸,吵着要看爸爸。当他们到达上海时,爸爸坐的轮船已经航行在海上了。

王回珠在上海,有好几家亲人:她的姨妈、舅妈、婶婶。涂长望逃亡在外,他们母子五人担惊受怕,到了姨妈家,就像进了避风港。亲人相见,泪如泉涌。

今后怎么办?王回珠决心去香港追赶涂长望。姨父刘绍光见她赴港心切,就建议她把孩子们暂留上海亲戚家,独自一人去,才便于经受旅途中的纷乱与风险。这话正合王回珠的心思。

舅舅、舅妈来看王回珠一家五口,当时就说好要把多彬领回家去。多林依偎在姨姥姥的怀抱里,说她就在姨姥姥家,等爸爸妈妈回来。孩子们不愿意离开妈妈,王回珠骗他们说,很快就会找到爸爸,回来接他们。

王回珠抱着毛毛(多原),领着多伦,到贝当路去看三叔。把毛毛寄托在三爷爷家。毛毛才学会走路,只学会用简单的词儿来要东西和表达情感,是很难带、最不能离开妈妈的。所以后来亲人们提起这事,都说是三爷爷三婆婆救了毛毛,哺育了毛毛。三叔婆喜欢毛毛,想要她。当时毛毛还不懂什么叫离别,三叔婆抱着她,让她跟妈妈再见,她还笑着摇她那小手,以为妈妈待会儿就会来。大一点的孩子也不会懂得,妈妈是在逃避一场危险。

三婶告诉王回珠，长望他们前天上午走了，下午就有一群特务来找麻烦。真是上帝保佑，他们要是晚走几个小时，一场惨祸就要发生在家里了。

王回珠把三个女孩托付给舅、姨、叔三家后，还想过路途有风险，要不要把儿子托付给小姑家。想到男孩太淘气，留给人家太让人操心，于是改变主意带着他走。她到胡国栋、涂碧霞家，看望了他们夫妇，便领着儿子准备离开上海。

大约就在王回珠母子在地下党组织安排下登上去香港的船的时候，涂长望、梁希、潘菽他们在香港离船上岸了。

地下党组织安排涂长望、梁希、潘菽等九三学社和中国科协的领导人离宁赴港，是奉中共中央指示进行的。他们三人抵达香港，即受到潘汉年的热情欢迎。潘汉年在香港已经为他们做好了一切准备，让他们在香港休息几天，然后再由他和张执一陪同他们北上。

自从1月底北平和平解放，前几年受国民党取缔、迫害的各民主党派、人民团体负责人和无党派民主人士，都在这两三个月离开香港，到北平设立了办事机构。所以，涂长望、梁希、潘菽他们到香港后，没有什么社会活动，也不需做什么工作。

第十八章 胜利到北平

自抗战以来,共产党就先后在香港、九龙、澳门等地设立转运站,以便把大后方、国统区的青年学生、进步人士、爱国华侨等送到抗日民主根据地、解放区。许多人都是这样,到安东(今丹东)、大连进入东北解放区,到烟台、青岛进入山东和华北解放区,当时涂长望等人是要从这里到天津,去北平。在香港的总负责人是潘汉年,接待、租船、护送他们安全离港北上。

香港市区在香港岛的北部和九龙半岛的南端。涂长望他们在岛上游览了几天后,潘汉年告诉他们,过两天北上的船就要从九龙起航了,涂先生的夫人和公子已经到了九龙,你们可以到那边去了,那边也有一些可以游览的地方。

涂长望离家东藏西躲已经半年多,想见亲人的心情迫切,当天上午就渡海到了九龙。九龙转运站负责人沈其益和曹日昌接待涂长望,询问了旅途情况,为他安排了住处。沈其益说:"涂先生,你来晚了一点儿,和你夫人、公子失之交臂。"

涂长望听了不由得吃惊:难道回珠母子二人不等见面就先期北上了?曹日昌解释说:"涂夫人和公子到香港游玩去了。"

原来沈其益夫人是个热心肠,她觉得香港这地方,好的去处多,而王回珠母子停留的时间又少,只有两天，所以一大早就带了她的儿子陪伴王回珠母子渡海去香港那边了。

傍晚，王回珠母子和沈夫人母子才回来。胖胖眼睛尖，一下渡船就看见爸爸在码头接他。急忙扑过去紧紧抱住爸爸，就像怕他再离去。王回珠见了丈夫，眼泪立即涌满了眼眶，当她听到长望说"这些日子，你和孩子们受了不少苦……"时，泪水就再也禁不住落满了衣襟。涂长望说："好了，好了。一切危险都已成为过去，等到全国解放，就可以和平幸福地建设新中国了。"

在回住所的路上，涂长望问："多林、多彬、毛毛她们在哪里？冬天那么冷，没生病吧？"王回珠说："都还好，我把她们寄放在姨妈、舅舅和三叔家。"涂长望听了，放心了。

他们在九龙又待了一天，便登上一艘空载的挪威运煤船，北上天津。船上的知名人士有涂长望、梁希、潘菽、潘汉年、张奚若、张执一、邓季惺等，知名人士家眷有涂夫人和孩子、黄炎培的儿媳、潘菽的孩子、张执一的夫人、邓季惺的儿子等，还有一些进步青年和学生。老、少、男、女都有，还是年轻人多。

在船上，就像到了解放区，大家心情非常舒畅。

涂长望跟张奚若和邓季惺也很谈得来。邓季惺是《新民报》的老板，回忆起以往的合作奋斗，觉得愉快。

第十八章　胜利到北平

因为年轻人多，好几天的海上航行生活也不寂寞。人们一登上船，都感到进入了新天地，呼吸到了自由空气，都禁不住要放声高唱，尽情歌舞。年轻人自由地结成了合唱队，大唱革命歌曲。唱的歌曲有《团结就是力量》《解放区的天》《咱们工人有力量》，还有《山那边好地方》等，唱了一曲又一曲，歌声不断，不知疲倦。

1949年4月24日，他们的船在塘沽码头靠岸。早有同志在岸上等候，接他们上车，送他们到天津市内的"旅顺德"饭店下榻。

这时天津街头，处处红旗招展，鼓乐喧天，人们走上大街，欢庆南京解放。涂长望他们也融入人群，庆祝推翻了国民党政府的老巢。

涂长望要在天津待一些日子，要休息一下，参观几天。潘菽兄弟俩第二天就离开了天津，梁希等人在5月上旬去了北平。涂长望准备多留几天，会会多年不见的老朋友张国藩、杨亦周、杨秀峰等。

涂长望先到天津大学去看望了老朋友张国藩，算起来有10多年没见面了，各人的经历都可以谈一大堆。

他们离开天津大学，又到河北省政府去看杨秀峰、杨亦周。他们也是才来不久，正在筹建政府，将要担负起河北省人民政府主席、副主席的重任。工作忙得很，当前主要是恢复生产，支援前线，安定人民生活，控制物价飞涨。

正好这时涂长望的小弟弟涂长晟,也到天津来接二哥二嫂。

涂长晟 1946 年到南京省亲,曾协助沈其益教授筹建中国科学促进会并任干事,后又参与中国科协的工作,1947 年 5 月他应聘到北京大学农学院任教后,涂长望让吕东明接替了那些工作。由于涂长晟有在南京的那段经历,又在北大积极参加学生运动,思想进步很快,被北大农学院的讲师助教会推选为主席,北平解放后,响应北平市军管会号召,积极参加接管北大的工作。他从报纸上看到梁希、涂长望、潘菽等人经香港到达天津,又见梁希到了北平,便打电话问梁希,二哥住在哪里。梁希说还在天津。于是,涂长晟就到天津杨亦周家来迎接二哥二嫂。

涂长望听弟弟谈了分别近两年的情况,心里很高兴,说还要在天津待几天,继续看一些朋友。

杨亦周设家宴迎接涂长望和他的兄弟、妻子、儿子。席间,杨亦周回顾起当年从伦敦同去莫斯科观礼的情景,恍如昨日。涂长望说,他特别注意看莫斯科的情况,因为出国时路过那里,曾见到情况不好,没想到几年间变化那样大。于是,他们满怀信心地谈到,解放战争结束后,有苏联的经验,中国一定会恢复和建设得很快。

第十八章 胜利到北平

涂长望夫妇到北平,受到中共中央组织部、统战部的热烈欢迎。初到时住在翠明庄饭店,梁希说分散了讨论事情不方便,于是就搬到北京饭店。一直到工作有了眉目之后,把家落在地安门皇城根中国科学院的宿舍里。那是一座老院子,曾是李莲英的书房。跟竺可桢等同住,请一个厨子做饭,由王回珠来管理,直到竺可桢接来家眷后,他们才分伙。

第十九章 受命办气象

第一节 科学大会倡团结

涂长望夫妇到达北平时,解放战争各战场捷报频传,进入北平不久的中央领导机关一片忙碌。中央军委正忙于指挥向江南、西南、西北进军,组织部、统战部正忙于召开新政协。

陆定一、齐燕铭、李维汉、徐冰等同志在看望涂长望夫妇的时候,都转达了周恩来副主席、邓颖超同志的问候和党中央领导同志对涂长望的要求:团结科学技术界的爱国民主人士,组织起来参加政协工作,迎接新中国的诞生。

老朋友徐冰告诉涂长望,去年"五一"提出召开没有反动分子参加的政治协商会议,当时就受到各民主党派、人民团体和无党派民主人士的拥护。那时估计今年年底可以实现。由于解放战争进展迅速,南京政府已被推翻，新中国政府应该尽快成立，所以政协会议比预想的时间提前了，定在9月份召开。准备工作十分紧迫。

和徐冰长谈之后，涂长望即加紧活动。初步确定于7月10日前后召开中华全国第一次自然科学工作者代表大会筹备会议。筹备会以党中央名义主持召开，由中国科学社、中国科学工作者协会、中华自然科学社、东北自然科学会等四个团体发起。涂长望任筹备会的主任秘书，负责各项具体准备工作。有事及时同徐冰、齐燕铭联系，向党中央请示。

在四个发起单位中，涂长望是中国科学社的成员，中国科协的总干事，中华自然科学社常务理事，对这三个团体的情况都了如指掌。中国科协又曾搞过大规模的人才资源调查，等于是为利用中国科技人才准备了一份"联络图"。由涂长望来筹备科学大会，是最适合的了。参加筹备的另一个科学家曾昭抡，也是中国科协的理事。另外还有来自解放区的科学工作者。涂长望对党的政策比较熟悉，懂得解放区同志的艰苦，对解放区的科学工作者十分尊重，这对他做好工作非常有利。

涂长望等客观、公正地提出了出席大会代表的建议名单，在筹备会讨论后，交中组部和统战部研究决定。

1949年6月15—19日，党中央在北平召开新政治协商会议筹备会，共产党和各民主党派、各人民团体、各界民主人士、国内少数民族、海外华侨等23个单位，134人参加会议。会议的第一天，毛泽东主席到会讲话，提出会议的任务是："完成各项必要的准备工作，迅速召开新的政治协商会议，成立民主联合政府，以便领导全国人民，以最快的速度肃清国民党反动派的残余力量，统一全中国，有系统地和有步骤地在全国范围内进行政治的、经济的、文化的和国防的建设工作。"

毛主席说："必须打倒帝国主义、封建主义、官僚资本主义和国民党反动派的统治，必须召集一个包含各民主党派、各人民团体、各界民主人士、国内少数民族和海外华侨的代表人物的政治协商会议，宣告中华人民共和国的成立，并选举代表这个共和国的民主联合政府，才能使我们的伟大的祖国脱离半殖民地的和半封建的命运，走上独立、自由、和平、统一和强盛的道路。这是一个共同的政治基础。"

毛主席还说："我们所反对的只是帝国主义制度及其反对中国人民的阴谋计划。任何外国政府，只要它断绝对于中国反动派的关系，不再勾结或援助中国反动派，并向人民的中国采取真正的而不是虚伪的友好态度，我们就愿意同它在平等、互利和互相尊重领土主权的原则的基础之上，谈判建立外交关系的问题。中国人民愿意同世界各国人民实行友好合作，恢复和发展国际

第十九章 受命办气象

通商事业，以利发展生产和繁荣经济。"①

涂长望听了报告，更加明确了眼前工作的重要，对党和国家的内政、外交政策有了认识，对如何工作心里有数了，对于开好科学大会的迫切性感受更深了。当天上午，涂长望就给在上海的竺可桢和吴有训发了电报：

竺可桢、吴有训先生大鉴：

华北科学界欣悉公等平安渡过战事，祈早日命驾北上，主持中华全国第一次科学会议。

涂长望　6 月 15 日 ②

竺可桢当天下午就收到了这份电报。当晚，上海市政府宴请十几位著名科学家，陈毅市长代表党中央邀请这些科学家参加将于北平举行的科学会议。

从中央到地方，各级党政领导都很重视这次会议，这使涂长望感到无比快慰，工作特别起劲。

6 月 19 日政协筹备会结束那天，在报纸上公布了中华全国第一次自然科学工作者代表大会筹备会将于 7 月 10 日前后在北平召开的消息，以及邀请出席筹备会的代

---

① 毛泽东：《在新政治协商会议筹备会上的讲话》，《毛泽东选集》第四卷，人民出版社，1991 年，第 1463—1464 页。
② 竺可桢：《竺可桢全集第 11 卷》，上海科技教育出版社，2006 年，第 46 页。

表254人的名单。

当时曾计划，正式大会拟在筹备会后40天即8月20日前后召开，代表名额700—800人。后因时间太紧迫，应以保证政协会议为主，于是便决定正式大会推迟到明年再召开，筹备大会完成预定任务后，成立了筹委会来作为日常工作机构。

参加筹备大会的254名代表，来自解放区的人数不多。大多数人是从旧社会走来，前中央研究院自然科学方面的院士，能到会的全部都邀请了。大家从五湖四海走来，有各种各样的思想倾向，有各种各样的派别。要把他们团结起来，把他们的思想统一起来，这不是一个简单的任务。

在这时候，涂长望得到了一件有力的武器，可以用于增进科技界人士的团结。那就是6月30日纪念中国共产党成立28周年时，毛主席发表了《论人民民主专政》。对于来到北平的代表，涂长望就发材料，建议他们学习。通过共同学习、讨论，来提高认识，来达到思想上的统一。

对于学习，来自解放区的代表非常有兴趣，积极热情地进行讨论，有的同志达到废寝忘食的程度。

从刚解放的城市来的代表们则很不习惯，他们觉得这样的集体学习是不可思议的事情。真正学习起来的时

第十九章 受命办气象

候,他们对有些概念又弄不懂,不理解。为此,涂长望就反复地跟他们作解释,帮助他们了解一些社会科学知识。

涂长望还向他们介绍一些善于学习的榜样。他亲自看到过,竺可桢一有空闲,就到书店去买马列主义的著作来学习。梁希早在重庆时就努力学习辩证唯物主义。他在跟朋友们谈心时,就对他们说:"在政治学习和思想改造方面,藕舫先生和叔五先生都是我们的好榜样。"

有的学者思想方法有片面性,他们对于把民主与专政连在一起搞不通。涂长望从不轻视他们,而是认为一个人思想的进步,有早有晚,有快有慢,但"条条道路通罗马"。他用自己思想变化的历程,耐心地启发那些思想后进的朋友们。

涂长望在南池子欧美同学会办公。常向一些朋友谈起自己早年曾对无政府共产主义感兴趣,到英国留学后,开始是拥护费边社会主义,就是反对暴力革命。后来看到蒋介石屠杀革命人民,又两次考察苏联,才明白一个道理:对手里拿着杀人武器的反革命,不用暴力不行;对劳动人民,不讲民主不行。如果我们站在人民的立场看问题,就会懂得民主和专政两者都是必不可少的。

涂长望认为,从思想政治上增强团结,这是最根本的,对于从旧社会走过来的中国知识分子,应该允许他们有一个自我学习的过程。

旧知识分子的一些毛病，也影响到科技界的团结。这些毛病包括几千年形成的文人相轻、自命清高以及自由主义、生活散漫等，也不是一朝一夕就能改掉的。涂长望尽力做好工作，使之不至影响团结，贻误工作。中华自然科学社有位秘书长，因故耽误了工作，向报社发稿时拿不出来，涂长望只好以该社常务理事的身份代劳了。这样的事，给涂长望增添了许多劳累，还有人不理解，认为他是多管闲事。

由于津浦路遭受暴雨洪水破坏，南京、上海方面的60位代表不能及时到达，会议延期到7月13日举行。会场设在中法大学礼堂。等华东的代表一到就开会。

涂长望和曾昭抡等几个人，领着三辆大客车，到永定门火车站去迎接华东代表。火车8点整到站。涂长望见到了从包厢里下来的几十位朋友。有同来北平又南下的梁希、潘菽等。气象学家竺可桢、吕炯、赵九章和李宪之等，更是久违了。大家上车，到会场已是9点钟了。卢鋈、钱三强、黄海平等代表，在会场门口迎接竺可桢等人。

大会于上午10点开始，吴玉章、徐特立、叶剑英、李济深讲了话，然后合影，午餐。

整个下午，是请中共中央周恩来副主席作报告。报告主要谈三个问题：科学与政治，理论与实践，组织与计划。

以后几天的会议，分为大会和理、工、农、医四组的小会，交叉进行。大会推选产生了科技界出席新政协的代表，又选举产生了全国自然科学工作者代表大会筹备会的常务委员，还听了董必武的讲话，请贺诚报告老解放区科学工作概况。

会议完成了预定的任务，于18日结束，梁希致闭幕词。

第二节　政治协商议国政

涂长望找老朋友徐冰，报告了科学大会工作情况。徐冰说，中央领导对会议成功表示满意。科技界参加政协会议的代表选出来了，筹委会成立了，科技界人士初步知道了怎样参加建设，但今后的具体落实，要做的工作还很多，任务还很艰巨。

涂长望提出了恢复组织生活的问题。他感到，要完成艰巨的工作任务，时刻离不开党组织的力量。作为为党工作了多年并互相较为了解的同志，对此是深有感受的。

徐冰支持、鼓励涂长望提出的要求。他对涂长望说，你虽然长期跟党保持着联系，但并不在组织里，所以像你这样的同志，都必须重新履行入党手续。

涂长望明白这个道理。但他现在的工作单位科代大会筹委会还没建立党组织，而且工作很忙，所以只好等待机会。

涂长望的办公室设在南河沿欧美同学会里，他的电话是：5局1897号。这里是涂长望与各界人士进行联络的处所，也是他与朋友们相会的地方。涂长望筹备新中国的气象事业，也正是在这个地方。

涂长望按照领导的要求，准备以科代会筹委会常委、主任秘书的身份，分行业地召集委员们座谈，为该行业的恢复、创建、发展向中央提出建议。

科代会筹委会结束的第二天，即1949年7月19日，上午9点钟涂长望在他的办公室里召开了一次小型的气象人员会议，研究气象事业的恢复、发展。这是他以筹委会常委、主任秘书身份分行业地召集委员们开的第一个会议。

为了准备这次气象学家的会议，涂长望早在大会期间就曾利用会议间隙跟卢鋈和张乃召作过交谈，有了初步看法后，由卢鋈起草一份建议稿，以便大家讨论。

涂长望5月份跟卢鋈在北平初次相见，就是在欧美同学会。他知道卢鋈在北师大任教授，又谈起北平的气

第十九章 受命办气象

象人员情况。了解到华北气象台已经由华北军区航空处接管,具体组织接管全国气象台站的是张乃召。涂长望在重庆时曾听蒋金涛说过,张乃召在延安负责气象工作。蒋金涛此时在哪里,还没打听到。这样,北平气象方面参加科学大会的代表就邀请了卢鋈、张乃召。他们二人是在涂长望的介绍下认识的。

现在在小型的气象人员会议上,张乃召跟竺可桢、赵九章等人也熟悉起来了。

气象方面的七位委员,对卢鋈起草的建议稿进行了讨论,补充修改,定名为《气象工作者对于恢复当前气象事业的建议》,中心内容有三点:一、指定北平气象台为临时的全国气象中心机构;二、在各军区建立气象工作系统;三、对天气情报、预报的传递要加密,以防被敌人利用。参加会议签名的有:卢鋈、赵九章、涂长望、竺可桢、李宪之、吕炯、张乃召。

会后,涂长望就把这份建议交打字员,打印出来正式上报给中央。这些建议全部被采纳了。

大会之后各位代表都回到原单位。竺可桢又参加了两天教育大会,然后参加由科学家组成的参观团,到东北去参观。8月8日返回途中,在锦州遭遇暴风雨,铁路被毁,乃回头再访大连,到8月29日才回到北平。

当晚涂长望以科代会筹委会名义设宴招待参观团。

他告诉竺可桢："竺先生,你已经由教育大会推选为政协代表,不久就要开会,暂时不要回上海了。"

涂长望自己也是政协代表。九三学社、中国科协不少朋友都已被选为代表,有的是在九三学社这个党派里被选出,有的是在科学大会或教育大会被选出。涂长望和竺可桢,后来都被选为政协全国委员会委员。

9月3日召开科代会筹委会常务委员会,由曾昭抡主持,袁翰青报告了财务预算。在讨论中,涂长望提出了一个迫切问题:中国科协号召会员响应祖国召唤,在国外的分会正在动员大批留学生回国参加建设,如何接待他们,还请大家考虑,提出意见和建议。

1949年9月7日,政协召开预备会议。会议由林伯渠主持,周恩来就中国人民政治协商会议共同纲领、中国人民政治协商会议组织法和中华人民共和国中央人民政府组织法三个草案作了说明,然后进行广泛的讨论,征求意见,以便修改,提交正式会议通过。

9月11日,涂长望请科代会筹委会常委中的政协代表,到欧美同学会来讨论共同纲领。竺可桢等对发展自然科学、设立科学院为国家最高科学机关等方面,提出了补充和修改意见。

9月21日晚,中国人民政治协商会议在北平中南海怀仁堂正式开幕。周恩来召集开会,请朱德主持会议,毛泽东致开幕词。涂长望在会堂里听着，禁不住热泪滚滚。大厅里，不时响起海涛般的掌声。大厅外，北平城里，从20点20分起，真的下起了雷雨、冰雹，像是大自然也来为中国几千年的黑暗社会送行，迎接人民世纪的到来。相继发表讲话的是各团体的代表刘少奇、宋庆龄、何香凝、张澜、高岗、陈毅、黄炎培、李立三、赛福鼎、张治中、程潜、司徒美堂等，开到23点才散会。

从政协开幕以后的十几天，是中国人民革命的千年节日，直到10月1日中华人民共和国成立，达到全国欢庆的最高潮。

第三节　受命组建气象局

10月12日，陆定一和钱俊瑞来找竺可桢，谈科学院和气象局的人选。竺可桢当浙大校长13年，伤心透了，不愿再搞教育工作，得悉自己的工作在科学院，心里很高兴。关于气象局的人选，竺可桢对陆定一说，由涂长望来主持是最理想的。陆定一点头微笑，没想到这位科学家的看法，同周恩来和统战部的意见这样一致。

13日上午，陆定一代表政务院领导找涂长望谈话，委托涂长望筹建气象局。中央气象局（筹）暂由政务院管。待科学院有了眉目后，归科学院领导。

涂长望从陆定一那里回来，下午就到北师大去，找卢鋈商量组建中央气象局的事。不久，竺可桢也来了。竺可桢通报了昨天和陆定一谈科学院、气象局工作的情况后，涂长望报告了上午陆定一向他转达的中央领导的要求。互相沟通了情况，三人就按照中央领导的要求，商议筹建气象工作的事宜。

涂长望说，我们先要提出一套具体方案，报请领导批准后执行。主要讨论气象局的建制问题。涂长望认为，气象局建制归军队为好。因为现在大西北、大西南、沿海岛屿的解放战争还没结束，气象事业要为解放全中国服务，才能获得发展机会。

卢鋈同意涂长望的看法。

竺可桢一贯认为，气象事业应有统一领导，由中央气象局来统管整个行业；同时认为最好不要归军部。这主要是由于竺可桢与人民军队尚少接触，而根据对旧军队的印象，感到军人与科学家是难以相处的。涂长望说，在共产党领导下，军队和老百姓的目标一致，任何事情都是好办的。这一点竺可桢相信，所以三个人很快统一了认识。不过，在中央没做出决定前，现在的气象局（筹）仍归政务院建制，由科学院代管。

还有一件事，涂长望认为无须商量，那就是党的领导。中央气象局必须有坚强的党组织。他希望懂气象的

第十九章 受命办气象

党员干部，都能到气象局来，共同搞好党的气象事业。他知道张乃召正在组织力量到已经解放的各个地方去接收那里的气象机构。他必然是中央气象局的重要成员。他已经打听到了蒋金涛，她在蔡畅同志那里工作，应想法把她请到气象局来工作。

10月15日，全国政协常务委员会公布了政务院各部、委领导人员名单，中国科学院院长为郭沫若，副院长为竺可桢、李四光、陶孟和。中央气象局的组建工作，暂时由竺可桢副院长来具体管。

10月19日，竺可桢来到南河沿25号欧美同学会。这里是全国自然科学工作者代表大会筹备委员会办公室，也是中央气象局（筹）的办公室。涂长望身兼这两个单位的职务。竺可桢是来要新近回国的留学人员的名单，物色科技人才来充实中国科学院。

涂长望更是急于用人。中央气象局的架子还没搭起来，他想了三条进人之道：一是请中央调配一批干部，二是从刚接收过来的基层气象台、站、所选用一批技术人员，三是召回国外留学人员。涂长望跟竺可桢商量，这事要请示郭沫若院长，寻求具体可行的办法。当前困难不少，接待问题、住处问题都不容易解决。

涂长望曾从南来的朋友那里知道，竺可桢的夫人、孩子已从杭州到了南京。半年来经历了巨大的变化，竺可桢几次想早些南归，这次接受陆定一、钱俊瑞建议，陪同郭沫若夫妇和其他副院长走访调查北平研究院各所，把科学院的事情理出个眉目之后才能回南京，大约要到10月底了。

涂长望说也打算在10月底回南京。还有10多天时间，可以就中央气象局的筹建做些安排，写了给政务院和科学院的报告和请示，自己跑组织部要求派送干部，到统战部要求推荐人才。

涂长望抽空回南京搬家。在这深秋时节，43岁的涂长望感到了收获的喜悦，大地向人类奉献的喜悦。他首先到中央大学去向同事们告别，中大已经改名为南京大学。8月以来，他担负着校务委员会常委的空名，老朋友潘菽主持南大，有劳他多出力了。

涂长望忙于在南京、上海会见中国科协的朋友们、气象界的朋友们。看望亲友，感谢他们照看三个孩子，并把孩子们都接回南京来。

还在北京时，涂长望就接到父母的信，说他们住在牯岭，看病不方便，现在和平了，想下山来住。涂长望便到庐山去，把二老接下山来。二妹碧波、蔡镏生夫妇的小儿子也跟外公外婆住在一起，涂长望也把他带回南京家里，准备带到北京。

涂长望到南京后，得知江苏省成立了气象学会，徐

第十九章 受命办气象

尔灏、冯秀藻、刘匡南、廖铁生、章震越、史延庆、陶诗言、束家鑫等8人为理事。他感到这里有技术力量可以利用。他先约了冯秀藻到家里来谈,告诉他国家已经决定在中国科学院组建气象局,希望他能和自己在11月中旬一起到北京工作。冯秀藻表示愿意去。但这件事情还得通过南京军管会和有关机构党组织的负责人。

过了几天,涂长望告诉冯秀藻,已经跟施雅风和军管会谈过了,让他做好准备,16日一起北上。①

14日涂长望到北极阁气象研究所跟赵九章等老同事告别,希望气象所到北京后加强协作。竺可桢也上山来了,他和陶孟和坐16日夜车回北京。

1949年11月16日,涂家一大早就收拾起程。只花公家30万元(相当于人民币改革后30元)搬家费。为了节省,除了书籍带走,全部家具、用品都贱价处理了。

长望夫妇、二老双亲、四个孩子再加一个小外甥和刚聘请的冯秀藻先生,老少共计10人,过江到浦口坐火车北上。为了给国家省钱,涂长望和冯秀藻把卧铺让给了老人,他们和王回珠三个大人和五个小孩都坐硬座。

他们乘坐的火车准时、平安到达前门车站,黄宗甄等在站迎接,送他们到中国旅行社招待所。

---

① 冯秀藻:《巧妙的斗争,重要的抉择》,刘英金主编:《风雨征程:新中国气象事业回忆录第一集(1949—1978)》,气象出版社,2006年,第11页。

11月20日是星期天,周恩来总理在百忙中召见涂长望,了解中央气象局的组建情况。涂长望扼要汇报了前一段的工作,有关人员讨论的意见,特别是关于建制、组织、工作、人员方面的一些问题,认为早定下来就可以早见成效。周总理详细听了汇报,大致同意涂长望的意见,又提出一些问题做了研究。最后让涂长望尽快写个简短的书面报告,以便他请示毛主席、党中央决定。

涂长望向周总理报告了工作之后,心里更有数了。当天,他哪儿也不去,在住处先整理出一个提纲。

第二天,涂长望召集张乃召等同志到他的办公室进行座谈。然后,亲自动手简明扼要地写了给周总理的书面报告。

22日,竺可桢察看了西皇城根的科学院宿舍,这曾是李石曾的住宅。后决定竺可桢、涂长望、陶孟和三家先搬进去住。

23日,涂长望以个人的名义,递交了呈周恩来总理的报告如下:

一、职奉命筹办全国气象事业,于本月20日到京。现航空及其他方面迫切需要气象情报,中央气象机构急应早日成立。以是拟请准予指定晋谒日期，俾便请示一切，以利工作开展。

二、查原国民党气象机构系统，庞杂纷歧，计有中央研究院气象研究所、中央气象局各省市测候所、空军、海军、中国航空公司、中央航空公司及民航空运大队7个机构，共有台、站、所371，气象工作人员约2000人。现伪空海军气象仪器多被撤往台湾，其他各机构也颇有散失。估计器材尚可维持70个完备台站。人员则以空海军1200人大部迁往台湾，余亦星散，估计尚有800人可资调用，目前大部已由各军区航空处接管。

三、气象业务系多方面为人民服务的事业。军事、交通、渔捞、农林、水利、建设等均需气象资料和天气情报与预告的密切配合，但为避免经费、人员和器材的浪费，以及严格执行技术标准的划一，故气象业务系统，必须一元化和有高度的组织性。至于隶属问题，拟请考虑下列各点：

1. 照顾面的需要，但应有重点地发展，航空安全和天气变化关系最密切，所以气象网的建设，首先要配合航空的建设。

2. 灵活通信网的配合，是气象建设中不可缺少的一面，否则不论气象台站设置得如何多，天气情报不能迅速集中和发布，特别影响天气预告的准确度，而无法完成气象业务所应负的任务。

3. 气象情报，关系军事活动，对海军和空军尤其重要，在现阶段中，尚须保持相当的机密，以免为反动派所利用，因此在人事方面，有严格管理的必要。

4. 气象测报网的设置，因为台站数量多，经费（尤其是设备费方面）必须相当充裕，才能够配合各方面建设事业的进展。

5. 气象学到现在为止，还是一门新兴科学，在应用方面，虽需要迫切，但它本身确还没有达到成熟阶段，为了提高天气预告准确度，研究工作也是气象业务上的一个重要项目。

四、关于气象业务的组织和系统，根据各地气象工作者座谈会的综合意见，大要拟如次：

（见附页——略）

谨呈

周总理

职　涂长望

1949 年 11 月 23 日

这份报告的附页，是"中央气象总署"的机构设置，直属机构有各委员会、研究室、办公厅、气象区台和器材、业务、技术、天气等4个处。其中办公厅设会计、总务、人事、秘书、测政等5科,气象区台设预报、通讯、测候、秘书等4科以及下属各气象站,器材处设设计制造、修理校定、购置分配等3科,业务处设军事气象、水文气象、航海气象、航空气象等4科,技术处设农业气候、训练、编审、统计等4科,天气处设观测、通讯、预告等4科。

涂长望这四条报告,极其简明扼要地讲清楚了开展气象工作的迫切性和当前的各种重要问题。在第一条里,他就表示了希望早日面见毛主席和周总理请示一切。报告递上去后,涂长望就等待着毛主席和周总理的最后决定了。

涂长望知道毛主席、周总理工作极忙,但感到新中国气象事业的创建,不久就会有眉目了。于是开始做搬家的准备,收拾房子,添置简单家具。

25日,吴玉章召开科代会筹委会常务委员会,讨论中华全国自然科学专门联合会(科联)的性质、任务,研究召开科代会的准备工作。涂长望作为常委和主任秘书,负责具体落实。会议开到吃晚饭时才散。这时,涂长望接到总理办公厅电话,说中央已批准你的报告,气象局将归军委建制,可以先传达下去,抓紧进行准备。

29日,涂长望向张乃召、卢鋆、冯秀藻等人传达了中央的决定：由于军事上的需要，气象局归军委建制，具体工作由空军代管。开完传达会后，涂长望才开始搬家。搬到西皇城根月牙胡同3号，与竺可桢、陶孟和同住一个院子。①

在涂长望安顿好了家的时候，毛泽东、周恩来已经决定了把新中国的气象事业托付给涂长望，并告诉他，中央已经同意他的推荐，内定卢鋈、张乃召为副局长，可以正式成立机构，开始进行工作了。

第四节　出任军委气象局局长

1949年12月8日，中央人民政府人民革命军事委员会气象局（简称军委气象局）成立，办公地址在南河沿25号，欧美同学会内。

这时候的军委气象局，到任的只有涂长望、张乃召、卢鋈和冯秀藻四人，要做的事情则千头万绪。

办公在欧美同学会里，和科代会筹委会在一起，这里也容纳不下一个气象局机关。

尽快地把干部调集起来，为气象局找到一个地方，是迫在眉睫的事情。涂长望感到高兴的是，政务院、中

---

① 冯秀藻：《军委气象局成立前后》，刘英金主编：《风雨征程：新中国气象事业回忆录第一集（1949—1978）》，气象出版社，2006年，第12页。

央军委领导和有关单位，对气象事业都很关心、支持。涂长望向有关部门提出要求，希望调蒋金涛同志到军委气象局工作，蔡畅同志就欣然同意了。

军委气象局办公厅主任蒋金涛是12月26日到任的。她来之前，办公厅的事都是涂长望动手，文件亲自起草。

军委气象局成立两天后，涂长望亲自写了由他和卢鋈、张乃召三人具名的给空军司令员刘亚楼的报告：

气象局已经成立，在业务还没开展之前，几个前提必须有原则上的决定，现条陈如后，请示。

一、关于气象局内部组织问题：前曾拟定气象局组织系统表一份，呈阅，除请鉴核外，并请考虑决定：

1. 气象局系属军委会，是否应增列政治领导机构，抑或因气象局纯属技术性质业务，加强办公厅人事科与各区台秘书科之政治领导即可。

2. 气象情报之传递与广播，在现阶段中应如何保持机密，是否需要于局本部、区台及各级台站内增列机要组织，抑或加强各级通讯组织之政治领导即可。

3. 从全面性与多方面服务的观点来看，各级气象机构的业务、行政、人事与经费等，均宜统一领导，即是所有区台、特种台由气象局直接领导，受各军区指导；而站所由区台直接领导，受各地最高空军机构指导。这样可使技术标准划一，人员水准整齐，而业务也不致有所偏差，各方面的需要都可以照顾，但这一项意见是否与军委会有所未合。

二、关于人员供给问题：目前各气象台站所员工几乎全属薪给制，而以后调用之干部，则供给制与薪给制均有，今后气象系统各级工作人员是否一律采薪给制或供给制或二者并行。为网罗各级气象技术人才，简化事务，提高工作情绪计，似宜一律采用薪给制，并加强管理教育，以补薪给制之缺点；且少数人员改为薪给制，预算增加实极有限。

三、关于测候网问题：气象测候所之调整计划急需拟定，凡机场所在地的区台、特种台及站，拟一律在机场内工作，即请示知主要机场与次要机场之所在地，以便草定明年度全国测候网之计划。

四、关于气象通讯网问题：气象业务必须有灵活之通讯网配合，使气象情报于15或至迟30分钟内集中广播，各地天气预报及航空服务才能逐步开展。按气象通讯工作计有：

1. 每日2、8、14、20时，四次国内外各台站

第十九章 受命办气象

所天气报告之传递与集中广播。

2. 每日 5—21 时，每小时之国内各台站飞行天气报告之传递与集中广播。

3. 每日 11、23 时，二次国内各台站所高空气流报告之传递与集中广播。

4. 每日 2、8、14、20 时，四次天气分析报告之传递与集中广播。

5. 每日四次区域航线航站及海洋天气预报之广播。

6. 特殊天气警报之传递与广播。

7. 局本部、区台、特种站及所国内外气象情报之收集。

上列工作是否由：

1. 本局自行设置通讯系统办理。

2. 本局办理国内外气象情报之收集与广播；区台办理国内外气象广播之抄收，其他气象情报之收集与传递由航空、防空及电讯局等系统担任之；各站所之通讯工作及广播抄收亦由其他系统担任办理之。

3. 本局办理国内外气象情报之收集与广播；区台办理本区气象情报之收集与传递及抄收国内外之气象广播；各站抄收国内气象广播，而本站气象情报之传递由其他系统担任之。此项办法似最为合宜。

涂长望向空军司令员刘亚楼请示的这些问题,事关气象事业创立与发展的大局。这些事情都是很现实的、具体的、可操作的,但都不是小事。事业初创,要有一个良好的开端,要为将来铺好一条路。对每个问题,涂长望都经过反复考虑,为领导提供了可供选择的建议。

涂长望在就这些原则问题作请示时,脑子里已经有了两个想法:一是全面性与多方面的服务观点,认为气象事业是为各方面服务的,应把气象事业的发展与服务联系起来;二是为了更好地服务,各方面的气象事业均宜统一领导。

服务的观点与统一领导的观点,涂长望在经过实践后,还有重要发展,成为气象事业的宝贵财富,这是后话。

1949年12月16日,毛泽东在去莫斯科访问之前,签发了关于中央气象局的人事任命令。17日,中央军委发布了军字第444、445、446号主席令:毛泽东主席任命涂长望为中央人民政府人民革命军事委员会气象局局长,张乃召、卢鋈为副局长。

几天后,中央军委又调蒋金涛到军委气象局任办公厅主任。此后，涂长望所希望的干部就开始不断地到气象局来报到，新中国的气象事业从此要开始大发展了。

这时候，报经刘亚楼司令员批准，气象局开始陆续接管了北京、南京和上海的气象站。随着人手逐渐多起来，把全国气象工作的恢复、发展也逐步抓起来了。

涂长望急需了解各地气象工作情况，才好安排明年的工作。于是，涂长望呈请中央军委电告各军区、各省人民政府、各地军事管制委员会：军委气象局已经成立，统一领导全国气象业务机构，并请转令各级气象台站及测候所照常工作，将人员器材及工作状况详报军委气象局，以便统筹接管和整编。

12月28日，中央军委颁发了印章和戳记，军委气象局就可以行文履行对全国气象事业的领导了。

第五节　气象事业发展定大计

涂长望在组建军委气象局的同时，还担任着中华全国自然科学工作者代表大会筹委会常委兼副秘书长的工作。在南河沿欧美同学会他的办公室里，经常有科学家出入。

当时中国知识界的一些人士，对于任命涂长望这样一位科学家、纯粹的文化人来担任一个中央军事机关的首脑，曾感到颇为惊奇。有人担心他能否同上级军事领导、下级军事机构和谐共事，在军队里，气象事业能否获得发展。

后来的事实证明，知识界的那些人士的想法和担心完全是多余的。涂长望这位科学家，与空军司令员刘亚楼将军、代总参谋长聂荣臻元帅，以及同级和下级军事机构、人员，在工作上都配合得很好，个人关系上更是同志式的，十分亲密。气象建制在军队的短短几年之中，新中国的气象事业迅速发展，获得了旧中国几十年不可企及的成就。

这些成就，是新中国气象事业开创者们，怀着拳拳报国之心艰苦奋斗的结果。

涂长望和他的同事们面临的困难是很多的，而所有困难的克服，都是依靠了中国人民解放军，依靠了这支人民军队艰苦奋斗的优良传统，信任重用了老的气象科技人员，更培育了一大批朝气蓬勃的新人。

涂长望是依靠党的领导，发扬解放军的优良传统迅速发展气象事业的。同时，涂长望觉得发展气象事业还必须有一个正确的工作方针，一个全面的计划。

在受命组建气象局之初，涂长望胸中就有了一个通盘设想。现在他考虑的是，要采用一条什么样的方针，才能尽快地达到所期望的目标。

第十九章 受命办气象

气象局的工作人员已由最初的四人、五人,增加到十余人,预计来年年初就能有20多人。办公室,连桌椅,都是凭了涂长望的关系暂借的。气象局的开办经费,只有3万斤小米。

新中国成立初期,物价不稳定,经费预算是用小米来计算。那么,军委气象局成立后的第一年,能有多少万斤小米还难预料。中国人民经历了几十年的苦难,现在刚刚解放,还没能得到恢复和休养生息,新中国财政极其困难。涂长望在考虑气象事业的发展时,充分注意到了这一点。当初他主张把气象部门建制放在军队里,就是基于这一点,让气象事业在为解放全中国、为国防建设服务中求得发展。

1949年12月28日,涂长望主持召开了新中国气象事业史上的第一次临时局务会议,讨论决定的事项包括开展气象工作的原则、接收各级气象台站问题等,基本上贯彻了他给周恩来总理和刘亚楼司令员的报告。还研究了房屋问题、经费问题、汽车问题等。

第二天又开第二次临时局务会议,讨论1950年预算。

许多问题都不是一下子就能解决的。房子问题从第一次临时局务会议到第八次临时局务会议,几乎是每会必议。后来在聂荣臻代总参谋长关心下,得到了三贝子花园(北京动物园)内原华北气象台来做中央气象台台址，又得到了航空署街等处的房屋做局机关，才算有了落脚地方。

有3次临时局务会议把机关生产问题列为议题，还有几次也被提及。在南河沿欧美同学会那样的市中心，难道还能搞什么生产活动？原来是考虑到有了驻地之后，要办机关食堂，发扬南泥湾精神，由后勤人员搞些副食品生产，以便改善生活。

在1950年初，中央经费很困难，新解放的中南、西北、西南各军区对气象机构的业务也不够了解，工作进展很难。有些地方的气象台站，日常工作也难以维持。涂长望集思广益，征求大家意见，又在临时局务会议讨论。然后根据大家意见，去向军委领导汇报。请军委转令各大军区重视气象工作，要做到这样几点：一、照常维持原有气象观测工作；二、恢复气象通讯并与北京保持联系；三、解决好气象员工的生活问题；四、收集散失的气象器材并加以保护；五、登记旧气象人员并维持他们的工作；六、对已有气象台、站、所址不准任意迁移，如需迁移必须呈报军委。

总之，对原有气象台站都要接收过来，巩固下来。但这还远远不够。涂长望所要实现的，是建设中国的气象台站网，要向世界先进水平靠近。

有的同志眼界窄些，对眼前的困难也看得重些。当时最难的是人员、器材，一时不容易解决。有人对建立较稠密的全国气象台站网信心不大，所以他们主张"七十点定天下"，即不建设新的气象台站。涂长望根据自己一向处理思想问题的经验，用事实和自己的行动来启发这些同志树立信心，达到认识和行动上的一致。

在人力、财力、物力都很困难的条件下，涂长望提出了"分区建设，集中领导"的发展气象事业的方针，并通过自己努力工作，向上级请示汇报，向同事和群众解释、宣传，把这一方针变为中央的方针和广大群众的实践。

气象台站网是气象事业的基础，没有台站网，气象业务、服务、科研等全都无法进行。中国幅员辽阔，地区差别大，有各方面的条件限制，各地气象台站全由中央军委气象局派人去建设，实际上是不可能的，而气象业务又必须是高度统一的。制订和实施"分区建设，集中领导"的方针，各大军区都努力建设气象台站，气象事业的发展就指日可待了。

中央军委领导对涂长望的工作是满意和支持的。1950年元旦刚过，1月4日，刘亚楼司令员就召集涂长望、卢鋈、张乃召和苏联顾问开会，讨论了开展气象业务的各种原则问题，这是对涂长望上个月的书面报告的落实。

刘亚楼司令员最后作了指示：在各大军区司令部设置气象管理处，领导各军区内的气象工作，所属的气象台站的经费、业务、器材和技术人员，由军委气象局统筹安排。

这样，在各大军区司令部建立气象处就被提上了议事日程。各大区气象处建立起来之后，"分区建设，集中领导"的业务建设方针就可以落实了。

刘亚楼司令员召集开会后的第三天，军委气象局就接到了东北军区司令部气象处的报告，该处根据中共中央东北局和东北人民政府《关于统一东北气象机构，成立气象管理处的决定》，已经于1949年12月29日在沈阳正式成立了。

东北先走一步，涂长望感到快慰和高兴。但愿其他各大区的工作也能如此顺利。他呈请军委，接收国民党中央气象局重庆办事处的器材，聂荣臻代总长当即面允。于是，涂长望派张丽、孙致祥二同志去重庆接管，并了解新解放的西南地区的气象工作情况。

工作开展起来，急需有个章程。涂长望组织大家拟订了《关于我局及各军区气象管理处暂行组织条例（草案）》，报中央军委审批。

大计已定，从此以后局领导就大忙起来。张乃召、卢鋈两位副局长负责跑外，协助各大军区建立气象处，组织接管新解放地区的气象台站；涂长望坐镇北京，领导全局建设工作。

在军委气象局初建的头4个多月里，涂长望召集了13次人数不等的临时局务会议，来处理各项紧迫工作。1950年4月27日，召开了第一次正式局务会议，从此，一切工作便走上了正轨。

1950年5月31日，军委气象局办公地址由南河沿25号欧美同学会迁到新街口航空署街7号。涂长望受命组建气象局的任务圆满完成，新中国的气象事业进入大发展的时期。

第二十章　坚实打基础

第一节　鸿飞海外聚贤才

军委气象局的机构建立起来之后，最迫切的问题就是人手不足。国民党政府和东北日伪政权留下来的气象工作，是一个畸形发展的杂烂摊子，人员、器材缺乏，技术不统一，台站稀少而且布局不合理。涂长望和他的同事们需要付出极大的努力，才能让已有的这些气象机构运转起来。军事的需要和经济的恢复，迫切要求把人民的气象事业尽快恢复并进一步发展起来，搞好服务。这使人员、器材、技术等问题变得更为突出。

对于人才不足问题，涂长望和竺可桢都早有预见。下班回到家里，他们也在商量着解决的办法。

1949年12月21日晚7时，涂长望夫妇和竺可桢、陶孟和到中南海参加中苏友好协会总会举行的晚会，庆祝斯大林70华诞。郭沫若夫妇也来了。在晚会上，涂

第二十章 坚实打基础

长望、竺可桢就同郭沫若商量,怎样吸引海外留学生回国参加建设。

涂长望说,在美、英、法等国的留学生中,组织有中国科学工作者协会的分会,大约有三分之一的留学生参加了这些组织。涂长望提议:可以通过这些组织进行工作。郭沫若表示赞成,并说,我们可以领导机关负责人的身份,向他们发出号召书,算是有凭有据的邀请。

此后,郭沫若以政务院副总理兼中国科学院院长的名义,写了致各国留学生、学者的号召书,涂长望也以气象局局长的名义写了号召书,号召海外学子回国,参加新中国的建设事业。

郭沫若采纳涂长望的建议,与教育部领导商定,由教育部授权在各国的中国科协分会代发回国证件,英国领事馆根据这些证件签发经香港入境的手续。这样,就为留学生回国安排了具体可行的途径。涂长望当年苦心建设的中国科协及其在各国的分会,到现在仍显示出团结国内外科学工作者的作用。

在这之前,涂长望就曾给在美国芝加哥大学的叶笃正、谢义炳等写了信,信中说:"祖国已经统一,气象事业将大发展,盼尽快回国。楚材晋用,终非了局……"

在香港皇家天文台工作的气象学家顾钧禧,来信表示愿意回国工作。涂长望立即回信,热忱欢迎,希望他尽快回来，并托他购买一些《国际气象电码》之类的技术手册和书籍。

涂长望又把郭沫若和自己的两份号召书寄给顾钧禧。请他把这些号召书转寄给在芝加哥大学的叶笃正、谢义炳、郭晓岚等同学，并请他们再转给别的同学如朱和周、顾震潮等。

顾钧禧带着一批图书资料，从香港回到北京，亲手交给涂长望。涂长望非常高兴，安排顾钧禧到天气处任职。[1]

叶笃正、谢义炳、朱和周都从美国回来了。叶笃正到了中国科学院，谢义炳到了清华大学。顾震潮还接到赵九章的邀请，和当年涂长望一样放弃了获得博士学衔的机会从瑞典回来，也到了中国科学院。他们在不同的岗位上，团结协作，为新中国的气象事业而共同奋斗，做出了卓越贡献。

50年代初有大批科学家回国，冲破重重阻挠，克服种种困难，陆续回到祖国，参加建设新中国的宏伟事业。其中就有前面提到的那些气象学家。

由于美国法律限制外国团体在美国设立分支机构，

---

[1] 顾钧禧：《回到祖国怀抱，参加气象建设》，刘英金主编：《风雨征程：新中国气象事业回忆录第一集（1949—1978）》，气象出版社，2006年，第477页。

留美中国科学工作者协会与中国科协无隶属关系，但有工作联系，实际上起了分会的作用。他们通过聚会和办刊物等方式，介绍新中国情况，发动留学生、学者回祖国参加建设，出具介绍回国的手续，协助留学同学回国，发挥了很好的作用。

然而，中国留美科学家回国的势头，保持不久就被扼杀了。1950年6月25日朝鲜战争爆发后，美国非美活动委员会的特务加强了对中国留美学生、学者的控制和迫害，特别是留美科协会员，被列为重点对象。美国政府留难中国学生、学者回国，英国政府也同美国串通一气，不许中国留学生从香港过境。罗沛霖等一批已经获准从香港过境的学者，也被港英当局作为"无国籍人士"，由警察押送离港返回祖国。从此以后，只有个别科学家，如钱学森那样，要经过多方奔走，经过极其困难、曲折的斗争才得以回国。

第二节 广辟渠道育新人

涂长望接受毛泽东、周恩来重托，主持新中国的气象事业，遇到的具体困难莫过于人、财、物三项。而人这一项困难是最不容易解决的。当过10多年教授的涂长望，对这一点的体会比很多人都深。在大学里培养一个本科生得 4 年，专科生得 2 年。而全国气象台站网的建设，立即需要大量的气象员。

气象工作是一种技术性、科学性很强的工作，没有专业的气象科技人才，工作就无法开展。

创建前所未有的事业，必须有前所未有的举措。涂长望决心打破气象教育史上的常规，广辟渠道来培养气象人才。

中国气象史很悠久，而中国气象教育史则不很长。远古时代的羲氏、和氏、常仪之类观天人员，是世袭之官；后来的冯相、保章、钦天监之类官吏，虽以特长而任命，但也从来没有经过专门的学校或训练机关培训。

民国初年有了中央观象台，蒋丙然等个别先行者曾尝试办过气象训练班，但限于当时历史条件，未获发展。中国近代气象教育的真正开拓者和奠基人是竺可桢，他从 1918 年开始从事气象教育。此后他的学生沈思屿于 1925 年、胡焕庸于 1928 年、黄厦千于 1929 年开始从事气象教育；接着涂长望于 1935 年，朱炳海、赵九章、李宪之等于 1936—1938 年开始从事气象教育。新中国成立前的气象教育家，也就是这样屈指可数的几位。培养出的高级气象技术人才也只有 100 多人。前中央研究院气象研究所曾办了几期训练班。培训的初、中级气象人员也不过 100 余人。国民党政府的气象机构和空军也办过一些气象训练班，培训了为数不多的气象员。这是新中国成立初期的主要气象技术力量。

1945—1948年间，解放区的气象工作者张乃召在延安气象台和华北军区电讯工程专科学校等单位，在战争环境中，带领邹竞蒙、曾宪波、傅涌泉、周鲁女、苏中、张丽等，克服困难，自编教材，也培养了几十名气象人员。播下了新中国人民气象事业的革命火种。

新中国成立初期，新中国的全部新老气象科技人员，总数也就是那样两三百人，而气象事业需要成千上万的各类气象员。这么大的需求，涂长望有什么办法能够加以解决？

张乃召在延安采取的那种抗大式的育人办法，正是涂长望在当前要大力推行的办法。

以涂长望为首的军委气象局领导班子，发扬中国人民解放军是一个战斗队、工作队、宣传队的传统，在短短几年中就完成了这个教育史上的奇迹。

涂长望在气象教育方面的做法是：解决燃眉之急靠举办各类训练班，包括与清华大学合办，中央气象局自办，各大军区气象处自办。然后逐步地、有计划地把训练班扩建成为正规的干部学校，进而创办中等专业学校、大专院校。

1950年4月26日—9月9日，军委气象局与清华大学合办的气象观测人员训练班,由谢义炳、王鹏飞等讲课,培养出气象员79人,这是新中国培养出的最早的一批气象观测员。

1950年10月21日—1951年3月31日,军委气象局举办的预报实习班,涂长望亲自讲课,谢义炳、顾震潮、陶诗言、张丙辰等学者也都去讲课,这是新中国培养出的最早的一批气象预报人员,计39人。

1951年1月4日—6月5日,军委气象局气象干部训练班第一期观测人员训练班,培养出气象员258人。

1951年6月20日至年末,军委气象局气象干部训练班第一期助理预报人员训练班,培训出预报人员120人。

以上是一些训练班的"首批"。首批之后,一批又一批地接着办。训练班的主任是陈友萍,副主任是曾广琼,后来又加派谢光道为第一副主任。王鹏飞最初是教务主任,后来是训练班的副主任,一直主持教学工作并担任大量课程的讲授。

与此同时,各大军区气象处也先后举办了多期气象观测、通信等人员的训练队,以满足大规模气象台站建设的急需。

这些训练班开始时都很简陋,环境条件很差,生活很艰苦,然而教师水平是很高的,学员的思想素质和革命热情是很高的,所以教学效果极佳。

学员都是参军、参干的学生,也有少数来自部队的"老"战士,工人和教师,年龄在15—27岁,以20岁以下的新参军的战士为多。文化程度多数为初中三年到高中二年,个别的为大学一年。

教学内容,百分之八十为业务课,其余为政治理论学习。数量最大的是观测人员训练班,业务课为气象观测、气象学和天气学知识,强调理论与实际结合,注重理解和具体操作。

课程紧张,生活艰苦,但师生的情绪高昂。他们继承发扬了延安抗大"团结、紧张、严肃、活泼"的革命传统。每天一大早起床,出早操,排着队进食堂,行进中歌声不断。街上老百姓都夸奖这些娃娃兵纪律好。他们经常组织各种文娱活动,跳舞、唱歌、演节目。每逢开大会,听报告,会场里总是歌声一片,啦啦队的呼喊声此起彼伏。

气象训练班的思想政治教育,形式活泼多样,效果较好。涂长望亲自给学员讲世界保卫和平大会的见闻和体会,给大家以生动实际的国际主义教育。训练班主任陈友萍以他亲身经历给学员讲红军长征的故事,给大家以深刻亲切的革命传统教育。

涂长望和其他局领导,还充分利用台站网建设中的活教材，把气象战士在大西北、大西南艰苦地区建站的英雄事迹拿来经常向学员们作报告。西康省的年轻气象战士，从甘孜到巴塘去建立高空观测站，在不通汽车的高山深谷，在风雪弥漫的羊肠小道，用牦牛驮氢气缸。有的地方牦牛也不能走，他们就人拉肩扛。在千里无人烟的荒山野林，干粮吃完了，他们就学红军长征的榜样，吃野菜草根，历时一个多月，终于到达目的地。这些事迹不仅感动了训练班学员，也感动了年轻的政工人员。他们中的张维、马念一、陆同文、阮祖俊等人，用业余时间创作了组歌《歌唱巴塘气象站》。年轻学员就在俱乐部排练、演出。

对于人民气象事业中出现的气象文艺的第一朵鲜花，涂长望和张乃召都给予了必要的关注。涂长望说："这件作品对气象部门的干部职工有很好的教育和鼓舞作用，应该让全国气象部门的同志都来唱。"涂长望安排《天气月刊》用增刊形式来发表这部组歌，请精通书法的卢鋈副局长题写封面。这样，这件作品很快就在各大军区的训练队传唱开了，在各省气象员中也传唱开了。

涂长望尽可能改善教学条件。1951年国庆后，北京的训练班由羊房胡同搬到西郊五塔寺，教室宽敞多了。建成正规气象干部学校后，1954年暑期招生720人。为

第二十章　坚实打基础

满足这么多学生的实习，业务副校长叶桂馨会同张鸿书、潘希禹、赵开化等老师在校园东边建起了一座占地6000平方米的气象观测场。雪白的栏杆内，绿茵的草坪上，整齐地排列着40多个百叶箱。这是世界最大的气象观测场了，这在中国和世界气象教育史上也是空前的。

经过短短三年的努力，就培养了数以千计的气象科技人员，分配到祖国各地，肩负起了为新中国监测天气气候变化的光荣任务。

燃眉之急解决之后，涂长望即时把气象教育从突击培训转到建立正规教育上来，以便逐步解决事业发展所需中、高级气象人才的培养问题。

涂长望多次去找他的老朋友杨秀峰研究解决在高等学校培养气象人才的办法。

这时杨秀峰已不再是河北省人民政府主席，而是高教部部长了。杨秀峰鉴于人民教育事业也是刚刚起步，各方面的困难也很多，院系调整正着手进行，校舍、师资、经费都十分短缺，而各行各业都急需人才等实际情况，希望气象局也和其他行业一样，自己投入一定的人力和资金来办气象教育。涂长望当即与杨秀峰商定，1953年把气象干部学校改建为气象专科学校，他自任校长，并从气象系统内部抽调业务骨干任教师。这是中国有史以来第一所气象高等学校。

后来，涂长望再次与杨秀峰研究，计划用几年时间把北京气象专科学校扩建成气象学院，招收学生3000人。拟设气象、军事气象、海洋气象三系。制定出计划和方案后，由气象局会同高教部申请建校用地。北京市政府批准征用魏公村的土地。于是绘制蓝图，准备建设。涂长望对未来的学院，投入了无限深情。

后来，中国气象事业建制转归地方，军队气象干部奇缺。陈毅副总理找涂长望谈话，希望把北京气象专科学校的建制又转回到军队。当时很多同志觉得这太可惜了，地方气象干部也同样缺少。这个问题，需要涂长望这个局长兼校长来表态了。当气象局建制在中央军委的那几年，涂长望除了经常跟聂老总、周总理请示汇报工作外，跟陈老总接触也不少，对他怀有很深的敬意。每次见面谈话，总是很亲切。

涂长望向陈老总表示：我们整个的气象事业都是在军队里发展起来的。两年前才离开，我们怎么能会走路了就不认娘。帮助部队发展军事气象永远是中央气象局义不容辞的责任。陈老总笑着说："有你这句话就够了。你回去，要做好同志们的工作。"

1955年7月，陈毅副总理批准：北京气象专科学校建制转归军队。此后这所学校称为2549部队，与气象局各部门合作得很好。再后来迁到南京光华门外，建成

第二十章 坚实打基础

中国人民解放军空军气象学院。院里干部战士不忘第一任校长涂长望的深情,在绿荫葱茏的校园里、图书馆前碧波荡漾的湖水中,用琉璃瓦建起长望亭来纪念他。

涂长望把气象专科学校交给部队以后,为了解决气象人员不足的困难,中央气象局又调集人力,建立了北京气象学校,后来发展为北京气象学院。

各大区的气象训练队集中起来,分别建立了成都气象学校、长春气象通信学校、湛江气象学校。成都气象学校后来发展为成都气象学院。而中国的第一个气象学院,则是涂长望在病中仍坚持建设的南京气象学院。

在涂长望呕心沥血建立众多的气象学校、学院的时候,仍然根据需要不断地开办一些训练班。

1954年5—10月在气象专科学校办了40人的探空训练队。

1954年5—9月在羊房胡同办了45人的器材训练队。

1957年办了气象雷达观测员训练班。原来委托上海气象局在杭州举办,5月底迁到北京。

涂长望还与吕东明商量,由2549部队为气象局代培30名预报员,吕东明愉快地接受了任务。军民气象教育合作,有了良好开端。

涂长望十分倚重高教系统在培养气象人才方面的贡献。他最早从事气象教育的清华大学气象系,院系调整后在北京大学扩大为地球物理系,他的学生谢义炳在那里主持教学。为快出人才、多出人才,涂长望与北大商议增设专科班,扩大气象专业本科生名额。

涂长望从事气象教育最久的前中央大学气象系,改为南京大学后,校长潘菽,几任系主任黄厦千、朱炳海、徐尔灏都是涂长望的朋友,涂长望与他们商议扩大气象系,多为国家培养人才。

北京大学和南京大学,成为新中国培养气象高级人才的重要基地。

为了培养农业气象人才,涂长望到了北京农业大学。北农大校长沈其益热情地迎接涂长望。这两个当年在南京为自由民主共同奋斗过的老朋友,在北京也经常见面,但正正规规地到单位商量工作的次数很少,因为各自都很忙。沈其益想,涂长望这次一定有重要事情。一谈,彼此都感到,北农大和气象局两个单位大有合作的必要。最后,二人商定了在北农大开办中国第一个农业气象系,具体事情就交各自单位的工作人员去尽快办好。

涂长望抓教育是全方位的。除了中央气象局办教育,帮助部队办教育,配合高教部办教育之外,从1952年开始就选拔留学生,一批又一批地派往苏联留学,还曾向芬兰派进修生。他们中的曾庆存、张家诚、章基嘉、杜行远等很多人，都成为有重要贡献的气象学家。

新中国气象教育的基础，在涂长望的精心筹划下，比历史上任何时候都坚固和强大，其规模也不比任何大国差。这为向世界先进水平进军，奠定着坚实的基础。

除了学校教育，涂长望还特别重视抓在职教育，在局里开展学习运动。不仅要求年轻人和科技干部学习、钻研业务技术，而且要求老干部、行政干部学业务，学技术，学俄语。涂长望亲自为老干部的学习班和行政干部的学习班讲课。对他们中学习认真的，就加以鼓励，不好好学习的，就进行批评。

涂长望在推进干部学习中，很注意培养典型，发挥榜样的力量。董玉峰努力学习业务和外语，被树为典型。钱纪良学习长期预报，刻苦钻研有了成果，就给予肯定和推广。

涂长望要求文化水平较低的干部，订出计划，通过几年的学习，要达到大专水平。

第三节　恢复发展台站网

1950年12月29日，涂长望局长收到代总参谋长聂荣臻的公函，为工作便利，决定：气象局业务归空军司令部领导，行政事宜报告军委办公厅解决。

这和军委气象局初建时由空军代管有些不同了。从此向军委领导和办公厅请示的事增多了。领导关系这一调整，是因为今后气象服务不仅是以人民空军建设为重点，而且对各军、兵种乃至全国各行业的气象服务，也提到日程上来了。气象事业的任务更重了。

涂长望把服务视为推动气象事业发展的动力。9月份，军委气象局就邀请有关部门的同志开会，征求对气象工作的要求，食品工业部、交通部、林垦部、农业部、燃料工业部、军委空司、民航局、北京市粮食公司等单位的同志都到会，提出了对气象工作的希望。涂长望本着军民一家的精神，表示要热情为各行各业搞好服务。

聂老总的来函，使涂长望感到，气象科学事业要完成其历史使命，恢复发展台站网建设的任务更迫切了。如果没有完备的气象台站网，一切服务都难以开展。

涂长望总结回顾1950年一年来的工作，大体可以分为两段：7月份以前，主要是搭架子，抓军委气象局机构的设置，调查了解全国气象台站情况，建立了东北、华东、中南、西南四大军区的气象处，初步地进行了台站整顿、建设，开始了气象情报的收集与广播，培养了一批干部。请示聂荣臻代总长和刘亚楼司令员，电令华北军区航空处把华北气象台移交给军委气象局。2月23日，该处派邹竞蒙来商议移交事宜。3月1日交接完毕,即把华北气象台改建成立中央气象台,担负起了指导全国天气预报服务的任务。后半年,建立了西北气象处,统一并加强了对全国天气预告技术的领导,整顿了气象台站,制定了各种基本的技术标准、规范和制度,按照"分区建设,集中领导"的要求,各大军区建设了一批新的气象台站,加强了全国天气情报的收集、供应与广播。

不过一年,旧中国气象工作中那种分散、混乱、稀少的局面就有了初步的改观。之所以能做到这一点,是因为涂长望有一个建设中国气象台站网的通盘计划,而且与张乃召、卢鋈两位副局长和办公厅主任蒋金涛商量,有一致的认识,共同的决心,对每项工作、各种困难,有充分估计,有切实的方针。

各国建立气象台站网,都要适合自己的国情。涂长望坚持按中国的需要和实际情况办事。刚开始时,有的同志鉴于人员、器材的极度困难,对发展气象台站网没有信心。主张"七十点定天下",把国民党留下来的气象台站恢复起来就可以了。涂长望对大家说,国民党建立气象台站网,主要是为了航空,太狭隘了,分布也不合理。我们在军事上要进军西藏,统一全中国,还要全面地为人民群众和各个方面服务,旧的台站网根本不够。涂长望说,正是因为困难,才需要我们来工作。他说服了那些不理解的同志，树立信心，搞好工作。

现在，大家看到了初步的成绩，信心都增强了。

涂长望在各种会议、各种场合都要求气象工作者牢固地树立"服务是目的"的思想。开展服务，首先要把台站网建立完善起来。业务技术必须高度统一。但建站任务十分艰巨困难，要发动各大区、各省来做，把大困难化解为小困难。只要气象系统从上到下一起来克服困难，发展速度就可以加快了。

涂长望认为，人员的问题、器材的问题，只要上下一心努力工作，总可以解决。涂长望提出"分区建设，集中领导"的建站方针，成为中央对气象事业建设的方针，受到各方面的支持和气象员们的拥护，使新中国气象台站网建设如雨后春笋。

气象台站的建设，按照合理的规划布局，由总参下令进行，发给仪器，负责业务用品，而人头费和报话费等则由各大军区负责。所以新站建设发展迅速。

新中国初建时，从新解放的蒋管区接收的台站只有72个，加上老解放区的29个，涂长望筹组中央气象局，就从恢复发展这101个气象台站开始。

组建各大军区气象处，涂长望是靠了张乃召、卢鋈两位副局长到南京、上海、武汉、成都去奔走。而对国民党留下的气象台站的接收，则早在新中国成立之前，

第二十章 坚实打基础

就由张乃召在主持进行了。

回顾那段历史，对旧中国的气象台站的接收，是靠了延安气象台的那批同志。

当解放战争进入夺取全国胜利的阶段的时候，1948年12月13日，根据军委三局王铮局长的指示，张乃召担负起了筹划大城市气象机构接收工作的重任。16日，邹竞蒙、苏中去天津接收天津、塘沽的国民党气象机构。30日，曾宪波、王振江、魏永臣、李荣琛、周国栋等去北平接收国民党气象机构。到1949年以后，先后参加各地接收工作的还有张丽、李志谦、张义、傅涌泉、王伯成等人。他们随着南征北战的解放大军，把旧中国的气象机构、人员、物资、器材都妥善地接收过来。接着，就开始了改造、利用和创新的工作。

在解放区气象工作者准备接收国民党气象机构的同时，国统区地下党组织中的气象人员也积极地迎接解放。吕东明动员国民党政府中央气象局局长吕炯留大陆，开展保护气象机构、反对搬迁的斗争。施雅风与冯秀藻商议做长江中下游分段的天气预报，为解放军渡江提供天气保障。地下党组织安排涂长望赴香港到北平，为新中国的气象事业做准备。[①]

[①] 参见《延安时代的气象事业》编纂委员会主编：《延安时代的气象事业》，气象出版社，1995年。

涂长望于 1951 年 4 月 2—14 日主持召开了第一次全国气象会议。参加会议的有各大军区气象处负责人，各军事部门和中央有关部门的代表。会议讨论明确了各级气象部门的领导关系、组织编制、供给制度、气象通信和 1951 年的工作计划。从此，中国气象工作实现了前所未有的高度统一。

到 1952 年末，气象台就达到 34 个，气象站达到 283 个，台站总数达到 317 个。这是在经济尚未恢复的情况下实现的。大规模的建设尚在准备之中。

新中国气象台站的布局，也比旧时代合理得多。旧时的气象台站，最早是帝国主义列强为侵略中国而建立的，畸形地分布于沿海、沿江；后来竺可桢等人力求通过发展来夺回气象主权，也只是在抗战时期有所进展。涂长望领导下的新中国气象台站网建设，从一开始就着眼于为人民服务，为国防建设和经济建设服务，从实际需要出发，考虑到业务需要，按轻重缓急，有计划地进行。

按照自然状况和服务需要来合理布局全国气象台站网，是有很多困难的。但是，新中国培养出来的气象战士，继承发扬革命传统，富于革命英雄主义和革命乐观主义精神。在青藏高原，在戈壁沙漠，处处都有他们的足迹。

第二十章　坚实打基础

担负建站任务的气象战士的生活，是极其艰苦的。很多气象站都是建在交通不方便的地方。他们经常是自己背着气象仪器、通信器材，徒步行走，在千里荒原落脚。没有房子，就住破庙；没有破庙，就住帐篷；没有桌子，就用干牛粪垒成台子，观测、发报；没有米面、蔬菜，就吃青稞、糌粑。在狼多的地方，还要带着武器观测。

涂长望看着战士们的报告，总是十分敬佩和想念，想着要表彰他们，并用他们的事迹来激励在机关工作的同志。对于重要的和特别艰苦的台站，在建成的时候，涂长望总要发去电报，向同志们表示祝贺和慰问。

中国人民的气象事业，在绘制最新最美的图画，同时还要彻底清除旧时代的残迹。

上海解放前夕，徐家汇观象台主持气象工作的那个高个子神甫龙相齐（Gherzi）到马尼拉参加远东航海气象会议。新中国成立后他要回上海，没被批准。他就在香港、澳门竭力攻击新中国政府。在50年代初一段时间里，上海一些披着宗教外衣的帝国主义分子仍然在对新中国采取敌对行为。所以必须对他们采取行动。全国除台湾外，各地的气象台站都回到了人民手中，徐家汇观象台岂能例外，必须接收回来。军委气象局根据外交部来函要求，及时采取了行动。

徐家汇观象台成立于清同治十二年（1873年），在中国现存有连续记录的气象台站中，是年代最长的一个。1879年它就开始发布台风警报，1882年开始发布天气预报，早于日本，在东亚仅次于马尼拉。早年天文、气象不分家，该台有两部分，徐家汇部分有气象、地震、授时三科，市郊青浦县的佘山部分有天文、太阳观测、大气物理观测三科。这个台技术、设备都较落后，业务思想保守，倚仗历史久、资料多而态度傲慢。30年代，龙相齐曾三次对抗竺可桢改革计量制度、收回气象主权和实行分区广播。这个意大利气象学家，一贯无视中国人民，积极为帝国主义服务。这个台受到过法国殖民部、海事部，英、德、日、意等国的公私部门的奖章、大奖等鼓励，还获得法西斯头目墨索里尼签署的嘉奖信。抗战时期，日寇大举进攻上海以后，中国政府要求该台停止公开广播天气报告，停止发布气象预报，他们也置之不理。站起来了的中国人民，怎能不把它接收过来，加以改造利用。接管徐家汇观象台，也是科技人员的要求。

徐家汇观象台的气象部分由军委气象局接管，天文部分由中国科学院接管。

1950年12月初，涂长望把这事交给华东空军司令部气象处进行，接收下来后即把上海气象台迁入，接替

第二十章 坚实打基础

其工作。华东空军司令员聂凤智接到通知后,决定12日进行。有关单位立即以上海军管会的名义组成了接管委员会,由李亚农为主任,吕东明、张钰哲为副主任,王楚良、陈宗器为委员,负责接管工作。上海市军管会张贴布告:"查上海外侨所设徐家汇佘山天文气象台,关系到国防秘密及国家主权,外侨不得私自经营,本会决定自即日起将其全部机构予以接管。"接管后的清点工作由曾宪波、束家鑫带领气象处、上海台的年轻气象员们进行。①

上海徐家汇的气象资料、南京北极阁的气象资料、东北日伪时期的气象资料等,都移运北京,由"联资"整理出版《中国降水资料》《中国气温资料》,天气图也由高由禧、曾佑思编绘出《台风路径图及其一些统计》,这些材料为各行各业的建设、为全国气象台站的预报服务,提供了极其宝贵的技术储备。

清除旧的残迹,利用旧的资料,是为了绘制新的蓝图,创建新的业绩。

涂长望对中国气象台站网建设,有一套长远的计划,其中的地面观测网、无线电探空网、气象通讯网是

---

① 吕东明:《接管原徐家汇气象台的经过》,刘英金主编:《风雨征程:新中国气象事业回忆录第一集(1949—1978)》,气象出版社,2006年,第21页。

设想在第二个五年计划期间完成。由于正确执行了"分区建设，集中领导"方针，充分调动了各方面的积极性，这三方面的建设是提前完成了的。这就为整个气象业务、服务奠定了坚实的基础。

到1957年第一个五年计划结束时，全国有气象台110个，气象站1537个，台站总数达到1647个，为1952年底的5.2倍。这时已有无线电探空站73个，经纬仪测风站165个，太阳辐射观测站27个。基本上能够满足气象业务、服务、科研工作的需要了。①

这时，中国气象台站的数量之众，仪器和技术的统一，通讯的畅通，在中国近代气象史上都是前所未有的。出现了如此良好的局面，可以认为基础已经奠定。今后的任务，是要在这个基础上继续发展，向世界气象科学的先进水平进军了。

第四节　联合管天结硕果

早在1950年1月4日，刘亚楼司令员就曾召集涂长望、张乃召、卢鋈开会，并邀请苏联顾问参加，讨论气象工作。刘司令员在那次会上，根据中央军委的决定

---

① 薛伟民等主编：《当代中国的气象事业》，中国社会科学出版社，1984年，第35页。

作出指示：在各大军区司令部设立气象管理处，统管各军区内的气象行政工作，其所属气象台站的技术人员、经费、业务、器材等，由气象局统筹安排。

刘亚楼要涂长望尽快搞出组织条例来，报军委审定批准，颁布实施。这样，气象工作就有章可循了。军委领导这样快就对气象工作做出了决策，使涂长望感到一切都好办了。

涂长望召开临时局务会议，发扬民主，调动领导班子的集体智慧，9天后就正式向中央军委报送了《军委气象局及各军区气象管理处组织条例（草案）》，其中规定：军委气象局隶属于人民革命军事委员会，业务上受空军司令部指导；军委气象局为全国气象业务领导机构，领导全国气象行政及技术事宜，有计划地发展气象业务，以服务于军事、交通、农林、水利、渔捞、矿山和其他有关部门。各大军区设置气象管理处，受各大军区司令部和军委气象局双重领导，行政方面由各大军区司令部负责，技术方面由军委气象局统筹安排。各大军区气象管理处管理该军区内各级气象台站的行政与业务技术。

后来，各特殊兵种、各省军区，也分别建立了气象室、气象科，负责兵种的、省的气象工作。

这样，就使中央关于气象事业"分区建设，集中领导"的指示得到了落实。"分区建设，集中领导"原是涂长望的建议，后来被中央采纳作为当前气象事业建设的基本决策。当时的考虑是，中国幅员辽阔，省、地、县各级气象台站的建设完全由中央来进行是不可能的；即使在大军区，西北军区气象处也难以派人到新疆去解决建站问题。只有发挥各地方的积极性，才能迅速把全国气象台站网建立起来。然而，气象业务又必须是高度统一的。极其分散的气象台站，必须十分严格地按统一的技术要求，同时观测、发报，迅速把信息传送到大区和中央，而后又广播出去。业务的高度集中和地点的高度分散，加上人力、物力、交通的种种困难都解决了，实践表明已定的"分区建设，集中领导"是迅速发展气象事业的唯一正确决策。

中国这么大，气象网必须有几个由大军区组成的区域中心，当然更需要有全国气象中心，即中央气象台来指导全国的气象业务及服务。

在着手建设全国气象台站网的同时，涂长望就在考虑如何来分析利用大量的气象情报和气候资料。台站网建设与业务发展并行，边建设边开展业务服务。为此，必须加强中央气象台的业务指导。

涂长望设想的中央气象台，无论在科学上或技术上，都必须是先进的。这需要相当一批高级气象人员、良好的气象设备、先进的气象通讯技术和装备。当时高级气象人员在全国是有数的，不仅数量少，而且分散在气象局、科学院和几所大学。大学不能停课，但科学院的气象人才却有可能利用。涂长望就从这里动脑筋。凭借着他与竺可桢、赵九章亲密无间的情谊，一切都是可以商量的。

其实，科学院方面早就在考虑这事。1949年12月，李宪之曾到月牙胡同3号竺可桢家。住在同院的涂长望没问他来谈何事。李宪之是受赵九章之托，跟竺可桢商量气象研究所从南京迁北京的事情。竺可桢说："目前没有房子。社会所想迁来，也因为没有房子而作罢。现在气象局尚未完成组织工作，气象所迁来也不能做什么。"竺可桢是期待着与气象局合作的。

涂长望也是早就跟中国科学院郭沫若院长、竺可桢副院长、赵九章所长个别商议过，由中国科学院地球物理研究所和军委气象局联合成立天气分析中心、气候资料中心，组织回国的气象学家们共同工作。

1950年1月26日，气象研究所改名为地球物理研究所，3月1日有了中央气象台，合作的事更迫切了。

1950年3月22日早上，竺可桢就到涂长望家商谈今后的气象科学。他告诉长望，地球物理研究所的课题只有一部分是气象科学，气象研究人员较多，但经费很少；研究所需的资料多在军委气象局；研究的成果又需要结合气象业务；因此两方面需要尽快开展协作。竺可桢说的，正是涂长望希望讨论的事。他们交换了一些设想。涂长望说，等我们考虑出一些具体做法，就跟赵九章研究落实。送竺可桢离开家门，涂长望就去南河沿局里，召集第十次临时局务会议，听取了各单位的汇报，就讨论与中国科学院地球物理研究所合作的问题，决定联合成立天气分析中心和资料中心。这两个机构后来被简称为"联心"和"联资"，给新中国的气象元老们留下极其美好的回忆。

涂长望希望尽早实现这一合作，以局的名义于3月23日、24日两次向中央军委送了报告。

不久，代总参谋长聂荣臻审阅了气象局23日、24日关于成立"联心"和"联资"的两份报告之后，提笔批道："同意，按所拟办理。"

军委办公厅于4月1日即批复：同意两次报告，批准与中国科学院地球物理研究所达成协议，建立联合天气分析预告中心、联合资料室两个业务机构。

这时赵九章还没到北京，涂长望就先同地球物理研究所的张宝堃商量具体合作办法。

4月4日，涂长望和张宝堃一起向竺可桢汇报，联合天气分析预告中心准备工作三年，联合资料室准备工

第二十章　坚实打基础

作五年。竺可桢详细地听了两人提出的具体意见，表示同意，但提出了三点困难：一是联合机构人员的办公地点，二是这些人员的宿舍，三是研究所人员来北京的图书资料所需经费，科学院都没有能力解决。

涂长望充分理解，解放战争还没结束，国民经济还没恢复，国家不可能拿出多少钱来搞科学研究。当初涂长望要求把气象事业建制归入军队，也是考虑到这些。

竺可桢、涂长望、张宝堃三人商量结果，决定合作期间，气象局对科学院地球物理所到北京来参加"联心""联资"的气象人员全部借聘，三点困难全由气象局解决，合作结束时科学院把人撤走就行了。

这种合作的设想传到南京北极阁，赵九章所长和气象学家们都对涂长望、竺可桢的决定感到满意，要求尽快北上，为发展新中国的气象事业出力。涂长望趁热打铁，4月5日，即以气象局行文的方式，向科学院递交了合作办法。

竺可桢立即向郭沫若院长作详细报告。郭沫若听后，微笑着说："这涂长望真有本事，他对科学院了如指掌，想出的办法对整个事业都有利。"又说："这既解决了气象局的困难，又解决了我们的困难，何乐而不为呢！"4月14日，郭沫若签字同意的复函即送到了军委气象局。

联合管天的事就这样定下来了，气象员开始准备行动。但正式协议书签字是在赵九章到北京之后。

这段时间，涂长望家里家外两头忙。5月23日，送王回珠住进协和医院。她生下了他俩的第四个女儿海燕，这是她的最后一胎。医院伙食不错，不用家里送饭，也减少了涂长望的一份操心与牵挂。

军委气象局有了房子后，于5月31日由南河沿迁到新街口航空署街7号。涂长望也把家从横栅栏搬到棉花胡同。

6月25日，星期天，在气象局新址，军委气象局与科学院地球物理研究所签订了成立联合天气分析预告中心及联合资料室的协定。

这一天，竺可桢、涂长望、赵九章等12位气象学家在这里召开了中国气象学会第49次理事会，研究了修改会章、成立分会、出版《气象学报》等事项。

"联心"的阵容很强。成立时中央气象台台长冯秀藻兼任主任，科学院的气象学家、刚从国外回来的顾震潮和本局的专家曹恩爵任副主任。后来顾震潮任主任，科学院派来的第一流的气象学家陶诗言任副主任。本局和科学院的专家杨鉴初、刘匡南、章震越、朱抱真、朱和周、谢光道、江爱良、潘菊芳等人都参加工作，不久清华大学教授谢义炳、张丙辰也来参加工作。一下子就使得中央气象台的技术力量,可与当时国外某些气象科技发达国家的中央气象台相比。

联合管天的时间不算长。但它的天气分析与预报,为配合解放海南岛、舟山群岛,和平解放西藏,为抗美援朝等许多军事活动,出色地进行了服务,立下了卓越功劳。在为军事服务的同时也为经济建设、防汛抗灾等进行了服务。气象资料工作也是服务当时,惠及子孙。更重要的是,联合管天带出了一大批人才,他们后来到祖国各地,成为各地气象事业的骨干。

第五节　京郊崛起气象科学城

50年代初,北京西郊五塔寺一带还是一片田野。大片菜田间,散落着一些农舍、古庙、荒坟。有一条细长的青石板路连着西直门,通向颐和园,那是慈禧修建的御道。道北的三贝子花园(后建为动物园)里,有国民党留下的华北气象台,1950年3月1日,以此台为基础成立了中央气象台。5月底,气象局搬出欧美同学会,有了航空署街7号、正觉寺4号以及棉花胡同、三不老胡同、锦什坊街等处的房子,但从长远发展考虑,还难以满足工作的需要。

为了找到合适的用地,涂长望专门找到了聂荣臻同志。聂荣臻同志对这件事情高度重视，拿出了军用地图，对涂长望说，你找吧。涂长望高瞻远瞩，考虑到新中国气象事业的发展，选定了离市中心不远，又视野开阔、靠近路边的五塔寺西侧。最后聂荣臻同志在军用地图上划了一个圈，说，"这一块地归你们了"。

这块地即现在气象局大院所在地，大概有700亩，与动物园只隔着一条不宽的南长河。

军委气象局成立了修建委员会，涂长望亲自领着大家制定基本建设规划，亲自到西郊征用土地。他到西郊看了好几次地点，把情况反复跟领导成员商量，跟中央气象台的气象员们交谈，广泛听取群众意见。气象局于1951年初征用的土地，范围颇广。南至南长河畔，北至现在的中国农业科学院，东至现在的钢铁研究院，西至白颐公路。当时在此四至之内，是一片农田。迁走里面的人家、坟场，妥善保护了有价值的文物、古塔、古松、古槐等，做好清理工作，就可以动工了。

首先动工的是干部训练班的宿舍、教室、食堂，中央气象台的楼房，圈上白栏杆建起观测场，架起天线阵列。工地上热闹起来，但四周仍是一片孤寂，唯一相伴的只有建筑中的中央民族学院。

气象局的房屋一点一点地在建设，它是按照一个总的规划进行的。经过多年的努力，在北京西郊慢慢地崛起了一座气象城。老气象员们回顾说,没有完全实现涂长望当年的宏伟构想,但也在许多方面超出了当年的想象。

涂长望办事,要求做到高标准、高质量。即使用房紧迫,建平房,也不草率行事。对于楼房建筑设计,尽量请有经验的专家来做。他请清华建筑社的朋友,为气象局设计了第一座资料楼,即灰楼。这是最早建成的两座楼之一。[①]

另一座是红楼,作为中央气象台的工作室,也在1953年上半年竣工。这时,北区还建起了6栋平房套间,是领导干部和专家的宿舍。南区建起了像训练班的一些平房。夏天,中央气象台从动物园搬到了红楼里。这些房子,是涂长望请中央设计室的戴念慈、曼丘帮助设计的。

到这时候,已经可以大致看出气象城房屋最初的布局:北区是各业务部门的工作室、办公楼、观测场、资料室、风洞实验室等,南区是干部学校教室、学生宿舍、教职员工办公场所等,还准备分别在各区建立食堂。

那时,不少同志的思想跟不上涂长望的深谋远虑。

---

① 阎学镇:《建国初期的基建工作》,刘英金主编:《风雨征程:新中国气象事业回忆录第一集(1949—1978)》,气象出版社,2006年,第558页。

涂长望坚持，所建房屋必须有暖气设备。有人认为那过于铺张了，用炉子烟筒取暖就可以了。有的同志认为，工棚可以变宿舍。涂长望理解这些同志是艰苦惯了，小日子过惯了。经过解释才统一了认识。

涂长望从来都认为，气象没有国界，气象国际合作是必不可少的。在战争期间气象保密，国际合作受到局限，但将来必须大力加强。所以，在气象局的基本建设中，他很重视国际会议厅的建设。当时他提出的一些设想，往往不容易被接受。

1955年周恩来总理指示，气象部门的基建工作要纳入中央统一建房工作委员会的管辖。从此，在中共中央和国务院的直接领导下，统一规划，分期建设。中央为气象局确定了自成体系的建设方针，在西郊为气象局规划了近期和远景的建设蓝图。中央的设计，充分考虑了涂长望的设想，使涂长望十分满意。

按照统一建房工作委员会的规划，建设工作由国务院统一投资。当时设计了一部分7层楼，大部分是6层和5层楼。还设计了带有过街楼的办公楼、2层楼的国际会议厅、专供局领导和专家住的几栋小住宅等。

国际会议厅按照涂长望的设想，设计得比较宽敞，设备比较齐全，大厅里要配备中、俄、英、法、西班牙5种语言的同声传译系统，这样才便于举行多国的学术会议。在涂长望心里,新中国的气象事业一旦打破了某些大国的封锁,就要在世界上有充分的发言权。

几年之后,"左"的思潮就开始在华夏大地泛滥。经济建设和科学技术开始经历种种曲折与困难。办公楼和国际会议厅都大为简化了。气象城的范围也缩小了,到后来只保留了480亩。

第二十一章　几度赋欧游

第一节　中国科联走向世界

1950年8月下旬，第一次中华全国自然科学工作者代表大会在北京隆重召开，并顺利完成任务。涂长望参加筹备这次大会一年多了，现在完成了任务，心里不禁感慨系之。

回想去年此时，来自五湖四海、各个单位的科技人员，有着各种各样的思想和打算。涂长望做了很多艰苦细致的思想工作，才使大家团结起来，推选出政协代表，参加开国活动；建立常设机构，筹备这次大会。

一年多来，中国科技人员的思想已经发生了很大的变化。经过学习，初步树立了为人民服务的思想，改掉了许多脱离群众、脱离实际等毛病，科技队伍也更团结了。建立全国统一的科技群团，时机已经成熟了。

党和国家领导人，共和国的副主席朱德、政务院总理周恩来都参加会议，并作了重要讲话。李济深、郭沫若、黄炎培等各界代表人物都到会祝贺。

郭沫若很高兴地对涂长望等几个做具体筹备工作的筹委会常委说："各路科技大军都汇聚起来，各路文化大军也汇聚起来，一定能把新中国建设得更富强，更辉煌。"他作为副总理、文委主任、科学院院长，对筹委会的工作是很满意的。

8月22日，选举中华全国自然科学专门学会联合会（简称科联）第一届全国委员会，涂长望被选为委员、常务委员兼副秘书长。8月23日，又选举中华全国科学技术普及协会（简称科普）第一届全国委员会，涂长望也被选为委员。原来发起召开这次大会的中国科学社、中国科学工作者协会、中华自然科学社、东北自然科学会四个团体的代表，在大会上宣布自己的组织将逐步停止活动。

中国科协在各国有分会或合作机构，又是世界科协的常务理事国，这些都由新成立的中国科联承袭下来，主要是通过涂长望来取得联系和开展活动。这样，新中国统一的科技团体科联走向世界的开路人就是涂长望。

涂长望作为世界科协的发起人和领导者之一，跟世界科协的其他领导人约里奥·居里、贝尔纳等人建立起的友谊，还使他能为世界和平运动做出贡献。

中国科联成立不久，就接到世界科协来函：世界科协第二次代表大会定于11月在伦敦召开，邀请中国科联派代表参加，并通知世界科协的常务理事涂长望、理事钱三强参加。

同时，涂长望还接到贝尔纳以英中友好协会名义发出、由中国人民外交学会转来的电报，邀请涂长望去伦敦参加庆祝中华人民共和国成立一周年的纪念活动，并请作为世界科协常务理事的他，代表中国科协去伦敦出席世界科协第二次代表大会。涂长望受到了双重的邀请。

这时郭沫若也在考虑组织中国代表团出席华沙世界保卫和平大会。他极希望这次涂长望能和他一起去华沙。因为他回顾起1949年3月底第一次作为中国人民的使者，率领代表团从中国解放区去巴黎参加第一次世界保卫和平大会，到达捷克首都布拉格的时候，获悉法国政府限制中国代表团入境。团中的各位文化人，一时都不知怎么办，只有中国科协的几位理事钱三强、卢于道、作为秘书长的丁瓒三人能出来活动，想办法，让代表团留在布拉格，同时与巴黎方面交涉办法。钱三强请约里奥·居里出面，也不能使法国政府改变限制中国代表团入境的决定。大会主席团只好决定在布拉格设置分会场。两地同时开会。郭沫若是主席团成员，在4月23日发言，同样把中国人民的声音传到巴黎、传到世界。

第二十一章 几度赋欧游

那天正值南京解放,消息传到两个会场,人们欢声雷动,高呼"中国万岁!"中国好战的政府垮台了,远东和世界的和平更有保障。

郭沫若回顾初次出使,完成任务多靠了团里的科学家,当时曾向丁瓒、钱三强、卢于道他们表示感谢。他们就说中国科协在世界的影响,与总干事涂长望的活动分不开,他熟悉的国际朋友更多。所以这回郭沫若一定要让涂长望参加代表团。

郭沫若邀请涂长望到西四大院胡同自己家里闲谈,夫人于立群备茶点相迎。涂长望以为他要谈"联心""联资"合作的事情,准备汇报气象学家们合作得很好。但郭沫若说,气象科学事业的事,有你,我和竺可桢先生都不必问什么了。我想请你谈谈世界科协的科学家们,保卫世界和平的运动中,他们好像起着很关键的作用。

涂长望说,你说得不错,这个运动是由世界科协发起的,受到整个文化界人士的支持。和平运动的主要人物约里奥·居里、贝尔纳、莱蒙罗夫等都是世界科协的领导成员。

涂长望谈起,当年的"科学与人类福利大会"就提出了保卫和平、反对战争,特别是反对原子战争等。后来,又发起拥护世界和平大会。

郭沫若对世界科协的情况产生了兴趣，问了详细情形。涂长望把中国科协参与世界科协的发起过程作了介绍。起关键作用的主要是英国科学家贝尔纳、赫胥黎，而穿针引线的活跃分子则是李约瑟，他也是联合国教科文组织的负责人之一。他们对法国和苏联的科学家都有影响力。

跟涂长望交谈之后，郭沫若对于如何更好地参加世界保卫和平运动，心里更有数了。同时他也希望今后每次这样的活动，涂长望都能参加。

涂长望是个愿意多做工作的人，也不计旅途劳顿辛苦，他不能拒绝郭沫若的信任与要求，但他眼前在军委气象局的任务极其繁重，他只能表示，在气象局工作安排得开的情况下，尽量协助郭老工作。

于是，郭沫若谈起11月份华沙世界保卫和平大会。涂长望说他9月份就要出国，参加英中友协和世界科协的活动。郭沫若说，那正好，你从伦敦到华沙等我们，就这样说定了。

这样，涂长望在新中国成立后的第一次出国，将要肩负3项任务，历时3个月。他得做好准备了。

回到气象局，涂长望就忙碌起来。最紧迫的工作，他突出地抓了两项：一是气象台站网建设，二是准备开展气象服务。安排好各项工作之后，涂长望就开始了他新中国成立后的第一次出访。

第二节　急促赴伦敦庆祝"十一"

1949年10月9日，政协全国委员会第一次会议通过10月1日为中华人民共和国国庆纪念日。共和国的第一个国庆节，涂长望将赶到伦敦去度过，跟英国朋友同庆这个节日。

涂长望于9月22日登上北京—莫斯科的特别快车，到莫斯科再换乘到伦敦的特别快车，估计时间还来得及。当然也够紧张的了，如不行，到莫斯科再换飞机。

当时去英国也不容易。欧洲国家中，1949年10月至1950年10月跟新中国建交的有苏联、保加利亚、罗马尼亚、匈牙利、捷克斯洛伐克、波兰、民主德国、瑞典、丹麦、瑞士、阿尔巴尼亚、芬兰等国。英国各界人士一直在努力推动英中建交，但英政府始终没有迈出这一步，而只与新中国保持代办级的联系。涂长望赴英，是新中国派出到西欧访问的最早的民间团体代表。

涂长望这次赴英，当然不是以中央军委气象局局长的身份，而是以中国科联常委兼副秘书长的身份。但英中友协的朋友不只是把他当成中国科学界的客人，而是把他当成5亿中国人民的代表，给予最热情的接待。他

9月底及时到达伦敦,受到英中友协主席贝尔纳教授热情的欢迎和陪伴。

英中友协为庆祝中华人民共和国成立一周年,准备举行一系列纪念活动。涂长望到达的当晚,举行鸡尾酒会。贝尔纳陪着涂长望出现在宴会厅,给到会的朋友们带来极大惊喜。灯火辉煌的宴会厅里,顿时爆发出热烈的掌声,"新中国,毛泽东!""新中国,毛泽东!"的欢呼声响成一片。

在酒会上,涂长望见到不少老同学、老朋友,他们频频举杯同涂长望碰杯,庆祝古老中国的新生。向他详细询问中国情况的朋友,有李约瑟、赫胥黎等人,他们都特别关心中国科学家的命运。涂长望告诉他们,国民党政权垮台前夕,中国科协依靠英国文化协会朋友的帮助,进行过人才调查,使很多科学家都留了下来,参加新中国的建设,只有少数人去了台湾。英国科协的朋友们听到这些消息,都为中国科协的朋友们高兴。

"十一"开庆祝大会,中国人民的朋友数百人参加,其中包括著名的英国共产党人士。由于新中国驻伦敦的临时代办应邀到会了,所以英国外交部也有人来参加。大会由赫胥黎主持,贝尔纳作报告,特别安排了涂长望演讲。

涂长望到伦敦时才知道有这次演讲,已经来不及做准备了，他只凭自己感到重要的事情，列出个提纲，来做即席的演讲。他讲了这样几件事：新中国成立才一年，已经结束了国家长久内战分裂的局面，实现了历史上从来没有过的大统一；5万万人民获得了和平与民主，经济正在得到恢复，农民将得到土地，市民已安居乐业，工人已成为领导阶级，教育、科学、文化正在发展；但是美国帝国主义武装干涉朝鲜内政，把战火烧到了新中国的大门口，企图扼杀刚建立的人民中国，同时侵占中国的领土台湾，企图阻止中国人民解放台湾，而中国的战犯蒋介石集团则企图挑起第三次世界大战。世界爱好和平的人民，世界有良知的科学家都应该行动起来，挫败帝国主义和战争贩子的罪恶阴谋和企图。反对侵略战争，保卫人民中国，就是保卫东方和世界和平。

涂长望以他娴熟的英语、动人的演说才能，把所谈各点讲得清楚、准确而富于逻辑性，在会场里引出一阵阵的掌声。会场里又响起"新中国，毛泽东！"的欢呼声。热烈的气氛，英国朋友对中国人民的感情，使涂长望和到会的临时代办处的同志十分感动。

大会结束后，涂长望向代办处的同志征求意见，说这次演讲我来不及准备，只有个提纲，信口讲出，不知有没有不妥当的地方。在外交方面，我太外行，请多指正。

代办处的同志很羡慕涂长望的才能，对他说，你讲得太好了，向世界发出了中国人民的声音，对外交工作大有帮助。

涂长望说，过两天还有报告会，专门要我作报告，如果这样讲还可以，我就按这个提纲展开来讲。

代办处的同志说，这样讲很好，你可以多补充一些国内建设的新材料；关于西欧各国的动态，我们送一些材料给涂先生。有什么需要，请随时来找我们，不要客气。

几天的庆祝活动结束之后，就等着开世界科协第二次代表大会。这期间，涂长望首先要完成郭沫若交给他的联络留英学生、学者的任务，此外，他还想细致地游览一下阔别4年半的伦敦，参加一些学术交流，访问母校，会会朋友。

当时任中国科学院计划局副局长的钱三强，8月间曾给金属物理学家李薰写信，转达郭沫若院长之意，请他回国筹办中国科学院冶金研究所。涂长望首先就要找他。李薰于1940年获博士学位，在英国雪非尔德大学任研究员兼研究部负责人。该校在英格兰中部，是英国冶金研究中心。李薰得知涂长望到了伦敦，便来相会。涂长望十分高兴，热情地向他介绍了国内的情形，说这次来英国的任务之一就是与他接洽，并说："祖国建设

第二十一章 几度赋欧游

急需人才，郭院长热忱期待于你。你回去要从无到有建成一个研究所，人手少是难以完成任务的，最好能多接洽一些人，成立一个工作班子。这就拜托你了。"

李薰很赞同涂长望的建议。郭沫若接到涂长望报告情况后，即于11月1日致函李薰，正式把筹建中国科学院冶金研究所的任务委托给他。李薰回国时，带回了张沛霖、张作梅、方柄、庄育智等四位科学家。①

涂长望会见了一些留英学者之后，才在伦敦进行别的活动。他感到，现在的伦敦再不是四年多以前那买不到衣服、喝不到牛奶的伦敦了。战后的英国，恢复了往日的繁华。但愿英国人民不要忘记过去的战争，致力于保卫世界的和平。

两年之前，涂长望作为世界科协筹委会的常委，对于没能参加1948年9月在捷克斯洛伐克首都布拉格举行的第一次世界科协代表大会，曾感到是一次历史的遗憾。现在朋友们还关心地问涂长望，那次为什么要告假，没来开会？

外国科学家在经济上的后顾之忧较少，有困难也容易解决，而出国也比较方便。他们就不容易理解，涂长望竟出不了国。涂长望告诉他们，那时自己的名字已经

---

① 李望平、李晓辉、李发荣：《我们的父亲李薰》，《李薰文集》，科学出版社，2003年，第743页。

上了"黑名单"。好多英国朋友都不明白，说"黑名单"有什么可怕。涂长望告诉他们，蒋介石国民党有很多特务，还有至少两个希特勒的"盖世太保"那样的组织，专门迫害民主人士。上了"黑名单"，就是说随时都有可能被逮捕或被杀害。在那种情况下，如果到政府的保安部门去办理护照，就无异于自投罗网。那些日子，涂长望正被迫离开南京而四处躲藏。

朋友们听了涂长望讲的经历，更感到世界科协有责任给落后国家的科学工作者以充分的关注，使他们能享有《科学工作者宪章》规定的各种权利。

世界科学工作者协会第二次代表大会召开了。常务理事涂长望教授坐在主席台上。第一天的大会由副会长贝尔纳教授主持，由会长约里奥·居里教授作工作报告。他回顾了自布拉格会议以来两年的工作，伦敦总部、执行理事会、理事局卓有成效的活动以及机关刊物《世界科学》《科学与人类》出版发行情况。他特别谈到了发起世界保卫和平大会的情况，这个运动已经得到许多国家的教育、科学、文化各界，最广泛的各方面人士的积极参与，汇成了巨大的世界洪流。

在后来的大会上，涂长望以远东区理事的身份作报告。他指出：中华人民共和国的成立，使东方乃至世界和平更有保障。中国人民保卫世界和平委员会组织各人民团体，开展和平签名运动，不长时间签名人数就达到2万万。涂长望再次呼吁世界科学工作者，支持中国人民反对侵略、保卫和平的斗争。

世界科协二大进行选举，涂长望继续当选为远东区理事，执行理事会常务理事。

第三节　从容到华沙保卫和平

深秋时节，涂长望从容地来到波兰首都华沙。

离第二次世界保卫和平大会开幕还有一些时间。他照例先到中国驻波兰大使馆去拜访，顺便打听郭沫若率领的中国代表团何时到达。

大使馆尚未收到国内关于中国代表团的"公事"。他们知道世界保卫和平大会将要在华沙召开，听说郭沫若是中国代表团团长，但还不知道代表团有哪些成员。大使馆的同志不知道如何来为涂长望做安排。[①]

涂长望把自己的证件和护照给他们看，说你们知道我已经到达就行了，住宿和开会的事我自己去联系。

涂长望记下了大使馆、波兰人民保卫世界和平大会秘书处等几个单位的电话号码之后，对大使馆的同志

---

① 据涂长望夫人王回珠的回忆。

说，我出国前，郭沫若同志对我说过，他将率中国代表团参加大会。

涂长望又嘱咐他们：郭沫若同志是中国的副总理、科学院院长，需要告诉波兰外交部和有关单位，让他们知道他来参加会议，才会安排适当的礼遇来接待。

大使馆的同志很感谢涂长望的提醒，希望他在华沙期间经常保持联络。

涂长望到波兰人民保卫世界和平大会秘书处拜访。

在这里，他看到的是一片忙碌景象。朋友们正在为第二次世界保卫和平大会做各项准备。其中有世界科协执行理事局的工作人员，认识涂长望，他们为涂长望安排了宾馆，对他说："很遗憾不能陪伴你，大会开幕之前的活动请你自己安排吧。"

涂长望不想打扰那些忙碌中的朋友，自己安排在华沙游览，并做些气象、地理方面的考察。对于波兰华沙，他处处感到新鲜。

这个国家过去的历史是很不幸的，在近几百年间，曾多次被外国侵占或瓜分。二战期间尤为凄惨。这座百来万人口的首都华沙，1939—1944 年间，市民死亡就达到 60 万—80 万人之多，1945 年盟军入城时，华沙城几乎完全是一片废墟。最凄惨的是 1943 年 4—5 月间，德国纳粹在这里的犹太区屠杀了 50 多万犹太人；最悲壮

第二十一章 几度赋欧游

的是1944年8—10月的反纳粹起义,华沙儿女死亡15万—18万人。如此巨大的痛苦和牺牲,如果还换不来持久的和平,那么我们将何以面对历史,何以面对子孙后代。

涂长望在楼顶俯瞰华沙。碧蓝的维斯瓦河静静地流淌,自南向北穿过市中心。一幢幢新楼房已在废墟上建立起来,街道马路都已加宽,工厂建在市郊,仓库建在住宅之间。文化区、工厂区、商业区的布局,考虑了风向和气象条件,很合理。中国搞城市建设应向他们学习。

华沙市人民生活在和平宁静的环境中,城市正展示出它的繁荣。因战争被迫停办的一年一度的国际肖邦钢琴节、国际肖邦小提琴节,现在又恢复了。平时,演奏会也很多。从小喜爱音乐的涂长望,一有机会就去听音乐会。这对他来说,是多少年来没能得到的休息和享受。音乐使涂长望感受到一种精神上的愉悦、充实和灵魂的升华。

涂长望在参观了华沙大学、华沙理工大学、国家博物馆、艺术陈列馆、科学文化宫之后,便来到西北郊区的热拉佐瓦·沃拉,在这里度过了他这次欧洲之行最愉快的一个星期天。

沃拉是肖邦的故乡。涂长望一大早就出发。一路上,遇到很多行人、车辆,男女老少,穿得干净漂亮,都是到沃拉去的。这时对郊区农民来说，已是完成了粮食、水果大丰收之后的空闲季节，所以去沃拉听音乐的人更多。

肖邦的故居，静静地躺在渥特拉河岸边。清清的河水，缓悠悠地从村边流过。高高的穿天杨树，枝叶扶苏的菩提树，构成一个椭圆形的围墙，里面是很大的一片花园和草坪。进了大门，沿着长长的林荫道，在绿荫深处，有一座古老的住宅，那就是肖邦的故居。远远地，就可以听到从那屋子里传来的悠扬的琴声。每个星期天，都有音乐家来到这间房子里，使用当年肖邦用过的钢琴和小提琴，演奏肖邦创作的乐曲。人们或坐在草坪上，或在花园里，都是全神贯注地倾听，尽情地吸取这美的享受和心灵的滋养。

"毛泽东，毛泽东！"那被音乐陶醉着的人群里，有人发现来了一个黄皮肤的人，而且准确地断定出是中国人，于是轻声地呼唤起来。花园的椅子上，有人让出位子来，给涂长望坐下。涂长望用法语表示感谢，他们中不少人能听懂。而更多的感情交流则是靠了音乐。

肖邦的音乐里有狂风暴雨、霹雳闪电，也有高山流水、田园风光。音乐把人们引向抵抗纳粹、保卫家园的苦难岁月，许多人禁不住唏嘘落泪。音乐把人们引向和平幸福的今天，人们又笑逐颜开。涂长望问大家，知不知道世界保卫和平大会即将在这里召开,大家都说知道,并高呼"和平万岁!"

郭沫若率领的代表团到达时,涂长望前去迎接。代表团里有钱三强等科学家,茅盾等文化人。

涂长望已经跟大会秘书处、总务处有过接触,了解过大会的初步安排,察看过中国代表团的驻地,把有关情况向郭沫若汇报之后,郭沫若就感到对会议心中有数了。不再像两年前在布拉格那样,对人对事都陌生,遇事要临时考虑对策。

郭沫若数次跟约里奥·居里商谈,都是由涂长望、钱三强陪伴着进行。跟英国的贝尔纳以及波兰、美国、德国的代表团团长会面和交谈,也都是由涂长望陪同。涂长望的英语、德语、法语都讲得十分流利,有他在,翻译也不用了。在处理各种复杂问题的时候,涂长望迅速、准确而周密的思考,果断的处置和完成任务的能力,更是给郭沫若以深刻的印象。

中华人民共和国成立以后,以新中国名义派出代表团参加世界保卫和平大会,这还是第一次。在开幕式上,约里奥·居里主席特别致辞,热烈欢迎5万万中国人民的使者。会议大厅里欢声雷动,"中国,毛泽东!""和平万岁!"的口号声不断。在他的讲话中,以及后来各国代表团团长的一般性发言中,都表示了对中国代表团的友好感情，都认为中华人民共和国的建立增强了世界保卫和平的阵容，使远东和世界和平更有保证。

1950年11月20日，中华人民共和国代表团团长郭沫若在大会上作长篇发言。他向大会传达了中国有2万万人签名要求和平的信息。他说，中国人民是最热爱和平的人民。因为他们经历了受帝国主义挑唆的长期的内战，在反法西斯战争中，又经历了比欧洲各国更长的抗日战争，以及中国内战战犯蒋介石集团加给人民的三年解放战争。经过这么多的苦难，才换来了今天国家的统一，人民的和平、民主与幸福。中国人民最懂得珍惜和平。但是，美帝国主义现在又把战火烧到了人民中国的门口。

郭沫若说，他亲自到过平壤，亲眼看到美帝国主义在朝鲜屠杀无辜的人民。他们用希特勒对待人民的手段，对城市的居民区狂轰滥炸，对和平宁静的农村狂轰滥炸。

郭沫若指出，美帝国主义还侵占了中国的领土台湾，武装逃窜到那里的战犯蒋介石集团，他们还企图挑起第三次世界大战。我们必须高度警惕，坚决地挫败他们罪恶的战争阴谋。①

---

① 参见龚济民、方仁念:《郭沫若传》，北京十月文艺出版社，1988年。

郭沫若代表中国人民参加世界保卫和平大会,向大会提出了和平解决朝鲜问题等五项纲要。具体表达了中国人民热爱和平的诚意和愿望。

涂长望配合郭沫若,在会上、会下,在各种场合,宣传解释中国的立场、中国的主张,使中国人民的声音响遍全世界,并获得理解和支持。

大会、小会开的时间很长。涂长望在各国代表团之间、在科学技术界人士与其他各界人士之间,穿针引线,活动自如。这使中国代表团显得十分积极、活跃,更加深了中国与各国之间的合作与友谊。

郭沫若感到,有涂长望参加,中国在保卫世界和平的运动中就更能充分发挥中国的国际威望,真正成为一支重要的有影响的力量。

1950年12月21日,涂长望不辱使命,胜利地完成他这次出国的3项任务,回到北京。

第四节 从维也纳到柏林反对细菌战争

1952年1月28日,美国侵朝军队违背国际公约,发动了灭绝人性的细菌战,用飞机把带有细菌的老鼠、苍蝇、跳蚤、蜘蛛、蚊子等活物,大批地撒在中朝军队阵地的后方。

一个月后，1952年2月29日，侵朝美军把细菌战扩大到中国领土。这天美军飞机侵入安东（今丹东）上空，投放细菌弹，撒播了大批苍蝇、蚊子、蜘蛛、跳蚤等昆虫和禽类羽毛、树叶等物，这些载体带有大量炭疽杆菌、出血性败血症巴氏杆菌等细菌。

从1952年2月29日至10月4日，美军飞机侵入中国安东、东沟、宽甸、凤城、抚顺、临江等地上空30多次，投掷带有细菌的昆虫18种，带有细菌的物体11种。还有青蛙、鸟类及棉花球等。造成无辜的农民、市民染病死亡。①

3月8日，周恩来以外交部部长名义发表严正声明：严重抗议美国政府使用细菌武器，屠杀中国人民，侵犯中国领空。

这时候，涂长望受命出访欧洲，一个重要任务，就是揭发美帝国主义发动细菌战争的罪行，反对细菌战争。为此，涂长望尽了最大努力来收集美军进行细菌战的罪行。

安东的气象人员，可以提供当地的情况。早在1951年，军委气象局就派出20来人，组成中朝空军联合司令部气象科，张丙辰为主任预报员，周鲁女为科长。后

---

① 参见《丹东市志·卫生》，《丹东市志》第一册，辽宁科学技术出版社，1992年。

第二十一章 几度赋欧游

来改任吕东明为科长，洪世年为副科长。他们的驻地就在安东市郊四道沟的林荫深处。他们为中朝空军击落许多侵略军飞机提供了气象保障。他们也和当地群众一起反对细菌战、开展爱国卫生运动。

4月份在北京是春暖花开的季节。这时候，英国的贝尔纳教授应邀到北京访问。他这次来访是对前年10月涂长望访问英国的回访。涂长望能在出访之前，在北京接待这位老朋友，非常高兴。

贝尔纳早就向涂长望表示过访华的愿望。涂长望为此同张奚若商议过多次。1949年12月15日中国人民外交学会成立时，周恩来总理兼外交部部长是名誉会长，张奚若是会长。这次贝尔纳访华得以实现，是由中国人民外交学会通过英中友好协会发出邀请的，接待工作主要由涂长望来做。

涂长望首先陪同贝尔纳去拜访中国人民外交协会。会长张奚若的官方身份是国务院文委副主任，早已做好准备，热情接待了英国朋友。在涂长望陪伴下，就中英两国民间、学术界的友好交流进行了亲切交谈。

涂长望安排贝尔纳访问了中国科联，介绍了中国科联的一些情况。贝尔纳印象较深的是中国科协。涂长望告诉贝尔纳，中国科联比原来组成的4个科技团体具有广泛得多的代表性。

涂长望陪同贝尔纳参观中国科学院,会见了一些科学家,组织了一些小型座谈。郭沫若以副总理、文委主任兼科学院院长的身份会见他,又具体安排共和国副主席刘少奇接见他,使这次访问达到高潮。

贝尔纳对涂长望的接待很满意,但是涂长望总感到没尽到情谊。他打算星期天陪他去游长城,登八达岭。9岁的二女儿多彬上小学,午间在他那里吃饭、休息,他问女儿:"多彬,明天是星期天,爸爸要陪英国客人贝尔纳伯伯去游长城,你想去吗?"

多彬高兴地拍着小手,跳跃着说:"想去,想去,爸爸,这太好啦!"

多彬跟着爸爸,唱着抗美援朝和反对细菌战的歌。她学会了一些英语单词和简单的问候语,见了客人会问好。贝尔纳见到这个活泼、漂亮而又很懂礼貌的小姑娘,非常喜欢。这次游览中国古迹,带有一种家庭气氛,使他感到亲切,更增进了友谊。他们用英语交谈了许多,那都是多彬听不懂的了。她只听懂了一件事,就是问她的歌里唱的什么。

涂长望和贝尔纳谈的都是关于科学、哲学、自然辩证法方面的问题。贝尔纳感到涂长望对自己的许多著作都很了解,对马克思、恩格斯的一些观点十分熟悉,因而谈起来共同语言也很多。互相认识都快10年了,今天在八达岭古老的长城上才彼此发现，两人在世界观上有很多相同之处。通过涂长望，贝尔纳感到对于古老的中国文化、新生的人民中国、中国的科学家，都有了更深刻的认识。

贝尔纳感到不虚此行。分别时，他们相约，一个月后在维也纳再见。

涂长望还没到过维也纳，多少年来他也希望有机会一睹那座富于西方古代文化风采的美丽城市。现在可以如愿了。

1952年5月23日，涂长望离开北京，6月初到达奥地利首都维也纳，出席世界科学工作者协会执行理事局常务理事会议。会后还要到柏林去同郭沫若率领的中国代表团会合，参加柏林世界保卫和平理事会特别会议。

涂长望一到维也纳，就感到一种和平、宁静的气氛。

这座城市横跨在蓝色的多瑙河上，延伸到葱葱郁郁的维也纳森林山坡。多瑙河运河从人口最密集之处蜿蜒通过。这里的所谓人口密集，也是一半田园，两成林木。1691年建成的哈布斯堡王朝的夏宫，是一座巨大的花园。这座夏宫曾被拿破仑看中，两度作为行宫、总部驻地。原先有城墙，从1857年开始拆除，修成57米宽、4公里长的环城马路。宽阔的马路两侧，是一座座的公园和花园，在这些绿地之间，坐落着教堂、证券交易所、大学、议会大厦、音乐厅、国家歌剧院、各种各样的博物馆和陈列馆。沿路的建筑物异彩纷呈,哥特式的、巴洛克式的、文艺复兴式的,各种风格并存。尖塔、壁柱、拱廊、柱廊以及众多的具有历史意义的雕塑,装饰着这条大道,使它显得十分宁静、庄严而又和谐。难怪人们说这是欧洲最优美的城市通衢之一。涂长望觉得,巴黎的香榭丽舍大街,柏林的菩提树下大街,都不能和这条大街相比。

战争对这座城市的破坏程度,看起来没有伦敦、华沙那样严重,但也毁坏了不少有名建筑。

涂长望寻找那著名的国家歌剧院,那是莫扎特、贝多芬、海顿、舒伯特、勃拉姆斯、施特劳斯等许多大音乐家都演奏过的地方,现在却成了一片废墟。据说将由马歇尔计划援助重建。一想到那些帝国主义分子的政治家,对西方文化和东方文化,采取两种不同的标准,涂长望心里就感到厌恶。

世界科协这次常务理事会,议题仍然是研究科学工作者在反对战争、保卫和平中的作用和使命。

当前世界和平面临的最大危险是朝鲜战争的扩大。此外,主要研究明年召开第三次代表大会的问题和会务工作。自身建设的问题容易做出决定,第三次代表大会定于明年秋天在匈牙利首都布达佩斯召开。

第二十一章 几度赋欧游

涂长望在常务理事会上,详细地报告了美国侵略军在朝鲜发动细菌战争的情况,一个月后,又把细菌战扩大到中国境内的罪行。涂长望要求世界科协给中国人民以最大的支持。

贝尔纳也在会上提出佐证,他说他4月份访问北京,看到中国正在开展一场全民爱国卫生运动来抵抗细菌战争,连小学生也在唱"消灭细菌战,捉拿细菌战犯"。我们有义务来支援他们,世界科学工作者应该站在遭受侵略的朝鲜人民和中国人民一边,为他们伸张正义是责无旁贷的。

涂长望很感谢英国科学家贝尔纳对中国人民的支持。在几位常委发表了意见之后,会议取得共识,严厉谴责美国使用细菌武器残害无辜的朝鲜人民和中国人民的罪行,并建议将要召开的柏林世界保卫和平理事会特别会议,采取一些具体行动。世界科协组织科学家积极参与各种行动。同时要求在保卫世界和平的运动中,在追究战争责任的同时,更要追究使用大规模的、残酷的武器的责任,包括要追究使用原子武器、细菌武器、化学武器的责任,并都要列为战争罪行。

世界科协是和平运动的发起者,其领导人在和平运动中起重要作用。理事会开得好,涂长望对柏林会议也就有了信心。

涂长望开完世界科协常委会后,同贝尔纳一起离开维也纳,乘火车北上到柏林。贝尔纳在布拉格有点事情要办,先下了车。涂长望没有访捷的任务,直达柏林。

初夏的柏林,不像北京那样干热,这里气候宜人。涂长望上次到这里,已是10多年前的事了。那时希特勒上台不久,正煽起民族的狂热,人们对纳粹已有所警惕,但没想到会给人类带来如此巨大的灾难。柏林当然也逃不脱这场灾难。现在,柏林由美、苏、英、法4国占领,分为东西两半,人民正在重建家园。这座城市的面貌,跟当年涂长望所见的完全不同了。

涂长望到柏林不久,郭沫若率领的小型代表团就到达了。成员有钱三强等科学家、茅盾等文化人和卫生部的同志。为了取得会议的成功,中国代表团在驻地先交流了情况。涂长望报告了维也纳会议取得的进展,使郭沫若感到非常高兴。

郭沫若说,春天在挪威首都奥斯陆举行的世界和平理事会执行局会议上,意见分歧很大,对于要不要干预朝鲜战争中的细菌武器问题没有争论出个结论。

郭沫若估计,在这次特别会议上,争论将是激烈的,有些担心代表团难以完成祖国人民的重托。

涂长望却很有信心。郭沫若觉得他说的有道理,但为了让世界听到中国人民的声音,还要努力地到各代表

第二十一章 几度赋欧游

团去多做沟通情况的工作。在这方面,涂长望熟悉的各国人士最多,活动能力也最强,他十分有力地配合了郭沫若的工作。

涂长望在社会活动和国际交往中敬佩郭沫若,就像在气象工作中敬佩竺可桢一样,不只是因为郭、竺二人是长者、上级,主要是尊重他们的品德和学问。

世界和平理事会特别会议开始了。果然不出郭沫若所料,大会、小会争论激烈。涂长望、钱三强、贝尔纳都去做约里奥·居里的工作。居里笑着说,我们世界科协的态度是坚定的,你们应努力去说服别的人呀。

于是,他们又去找科学家以外的文化人,以科学的态度进行辩论,使人明白问题的严重性。

郭沫若也尖锐地指出:"支持不支持被侵略的朝鲜和中国的要求,这关系到世界和平理事会的存亡。若不能主持正义,还有什么理由让世界和平理事会存在下去!"[1]

有些朋友没想到郭沫若会生这么大的气。涂长望告诉他们,郭沫若亲自到过朝鲜,亲眼看见过无辜人民遭受的苦难。站起来了的中国人民,不会无动于衷。中国人民不是来乞求,而是相信国际朋友的良知,邀请大家

---

[1] 参见龚济民、方仁念:《郭沫若传》,北京十月文艺出版社,1988年。

共同为正义而斗争。

第二天的大会,气氛有些紧张,郭沫若十分冷静,但心里有些忐忑不安。而涂长望则是心中有数。一些代表发言之后,约里奥·居里就把有关文件和决议提请大会表决。

大会通过了《为反对细菌战告世界男女书》,决定组织"调查在朝鲜和中国的细菌战事实国际科学委员会"。获得这样的成果,郭沫若禁不住热泪滚滚,把手绢都湿透了。他心中的一块石头落地了。

散会后,郭沫若拉着涂长望的手说:"我们总算没有辜负祖国人民的重托!"

开完会后,郭沫若率代表团回到北京,受到祖国人民的热烈欢迎。涂长望还有任务,没有随团一同回国。

涂长望接到邀请,到莫斯科顺访苏联水文气象总局。1952年7月11日下午,涂长望回到北京。

第五节 热心社会活动致力人类幸福和平

作为出色的社会活动家的涂长望,在同郭沫若为世界和平奔走的同时,还尽心竭力完成九三学社和中国科联的组织领导工作,经常组织民主党派和科技群团的成员进行工作交流,开展学术活动,积极参加党号召的各项运动。许多活动他都是身体力行,基层组织的活动他也是有求必应。

1952年7月,涂长望访欧归来后,应九三学社北京分社的邀请,在中山公园中山纪念堂作《欧洲观感》报告,把他的感受传递给与会者,使大家受到教育与启发。涂长望说:"我一到维也纳,就看到墙壁上、房子上贴着用英文写的标语'美国佬滚出去!''瘟疫将军滚出去!',可见奥地利人民热爱和平,反对细菌战争。"

涂长望谈到了法国朋友对他讲的事情:这次侵朝美军司令李奇微到法国,受到法国民众反对。法国科学院一位院士说,当初美国军队在法国登陆的时候,法国人民当他们是解放自己的军队来欢迎,法国女孩子拥抱他们。现在为什么反对他们呢?是由于美国马歇尔计划对法国的"恩赐"。狼与羊的寓言现在也要改写了。现在美国狼不但要把法国羊全部吃掉,并且吃完之后还要我们感激他,因为美国狼说:"把法国羊吃到肚子里去后,法国才安全。"法国人民反对美国的政策,美国就唆使法国反动政府封闭《人道报》,拘捕杜克洛。

涂长望还谈了意大利朋友对他讲的事情:这次李奇微到了罗马,意大利反动政府动员了很多军政官员欢迎他,可是工人举行罢工、游行来反对他。工人们还在各处的李奇微画像上涂上一层糖浆,李奇微到达时,看见他的像上爬满了苍蝇,象征他是瘟疫将军。①

涂长望的报告生动而风趣,引出人们会心的欢笑,不时报以热烈的掌声。

这时候,朝鲜战争正在进行。宋庆龄、郭沫若加紧筹划一次亚太地区的和平盛会,常要涂长望参加。涂长望回国后,正忙于全国气象工作汇报会,也积极参加各种社会活动。

宋庆龄、郭沫若联名邀请亚洲、太平洋各国和平人士发起的亚洲及太平洋和平会议于1952年10月2—13日在北京举行。37个国家的367位代表会聚北京,商议保卫亚洲及太平洋地区的和平。这些代表来自不同社会制度、不同宗教信仰的国家,操着不同的语言,对刚成立3周年的新中国也缺乏了解。要对一些问题达成共同的认识,需要进行反复的磋商和做大量的工作。会议很需要涂长望这样的社会活动家。10月3日,聂荣臻代总参谋长同意涂长望列席这次会议。涂长望放下手头的事情,到会上与中国代表团的同志紧密合作,紧张地工作了10余天,广泛接触各国朋友,为大会的圆满成功做出了贡献。会议谴责美国发动侵朝战争,提出了制止帝国主义在亚太地区进行侵略战争的任务,通过了《告世

---

① 郭健:《涂长望传》,《中国民主党派史人物传》第五卷,华夏出版社,1995年,第368页。书中记此事时间为1953年。

第二十一章 几度赋欧游

界人民书》《致联合国》等 11 项文件，决定设立亚洲及太平洋区域和平联络委员会，总部设在北京，选举宋庆龄为主席。

这次会议，涂长望发挥了他社会活动家的作用，显示了他的外交才能。郭沫若称他"才干堪推第一流"正是基于多次这样的事实。

会议结束后，涂长望作了一次题为《我们在和平战线打了一个大胜仗》的讲演。10 月 27 日，他还在中央军委气象局全局人员大会上传达了这次会议的情况。涂长望说：这次会议的成就是辉煌的。会议通过了 11 项决议案，这就不是一桩容易事，而是经过一定的困难过程才圆满通过的。因为 30 多个国家的代表包括社会主义国家、新民主主义国家、资本主义国家以及殖民地、半殖民地国家，各种各样的人都有。决议案是在这种复杂的情况下通过的，是经过艰苦协商过程才得来的。

涂长望谈道，广交朋友，我们也有很大收获。妇女代表回国时抱头痛哭，有的男代表也流下了惜别的眼泪，甚至和尚也如此。

涂长望谈道，代表中有各种政党、各种政治见解的人，把他们不了解新中国的思想认识归纳为七个问题：

一、新中国是否铁幕国家？对此他们都得到了满意的答复。他们来中国，到处跑不受拘束，逛东安市场，游名胜古迹,参加国庆观礼,见到千百万中国人民欢欣鼓舞,又参加了军民联欢晚会,他们从来没有见过这样愉快和热情洋溢的场面。这是绝不可能伪装出来的,铁幕国家会有这样的情况吗?

二、新中国是否是苏联的附属国家?这次和平会议,苏联代表发言很少,主要工作都是中国人和各国代表在做,在外面看到的苏联人也极少。中国人民用自己的智慧创造了空前的成就,他们非常佩服,因而否定了原来的看法。

三、新中国宗教信仰是否自由?参加会议的有缅甸等国的许多宗教徒,他们原来怀疑中国宗教受到束缚,可是当他们途经广州,在火车上就碰到几个和尚,在会议上还有和尚献旗,尼姑献花,天主教堂有人做弥撒,这个疑团也就释然了。

四、新中国对和平是否有诚意?新中国三年来各方面的建设成就,已充分说明中国人民对和平的迫切需要。

五、新中国是否会侵略别的国家?有些代表原来认为日本帝国主义只有9000万人口,尚且侵略别国,中国有5亿人口,万一粮食不够吃的时候,会不会向外侵略?经过中国代表的一再谈话,看了新中国农村土改后增产的情况,工业的增产,我们对国内少数民族的平等政策和照顾帮助,这些思想问题已根本解决。

六、中国革命的将来是否和苏联一样?他们原来把中国共产党看成是一个农民的党,中国革命是农民的革命,将来不会与苏联一样。但事实告诉了他们,中国共产党是无产阶级的政党,中国革命最终目标是社会主义和共产主义。

七、新中国的新闻事业是否受到控制?经过新闻座谈会后,他们基本上都认识了中国的报纸并不受任何限制,它是进行批评与自我批评的武器。但是他们国家的新闻出版是受到控制的。有的记者把和平会议的消息送回去,有的报馆连接受也不敢,更谈不上刊登了。因此,他们一致认为新中国新闻是自由的,表示要向中国的新闻界学习。①

涂长望的报告,总是那样生动,能开阔人们的眼界,启迪人们的思想,提高人们的认识。他无论在社会活动中或在外交场合中,都能很好地贯彻党的思想路线和方针政策。

1953年9月,涂长望到匈牙利参加世界科学工作者协会第三届代表大会。在布达佩斯,各国朋友都为朝鲜战争的和平解决而高兴,有的国家的科学家还向涂长望表示祝贺。朋友们都希望,中国人民尽快走向繁荣富

---

① 郭健:《涂长望传》,《中国民主党派史人物传》第五卷,华夏出版社,1995年,第370页。

强。涂长望很感谢各国的朋友。

这次大会，继续选中国为常务理事国，涂长望也继续当选为常务理事。朝鲜问题解决后，世界科协对于和平与人类福利仍然十分关心。讨论的重点变为反对扩军备战，反对核竞赛，提倡和平利用原子能。

约里奥·居里作为原子物理学家和放射物理学泰斗，对于反对核军备，对于和平利用原子能，都是不遗余力地来推进。

那时，一些国际组织的活动都是以两年为周期。所以，涂长望两年后即1955年，又要到欧洲做穿梭旅行。

1955年8月下旬，涂长望和钱三强等到西欧瑞士的日内瓦，出席世界和平利用原子能会议。

会议刚完，涂长望就告别钱三强，赶紧飞到莫斯科，参加苏联东欧9国水文气象局长和邮电部代表会议。

这次会议于9月1—7日召开。办公室主任罗漠和翻译孙玲已经到莫斯科等他。中国代表是以观察员身份参加。

这次会议研究决定了在各国之间建立直达的气象电传，国际航线的气象保证及增设高空气象站，统一水文气象仪器及观测方法。会后，8—14日参观苏联水文气象系统的各业务单位、科研机构。又到列宁格勒参观。一路上，涂长望给罗、孙二人讲了许多国外见闻。谈到和平利用原子能，是世界科协正在研究的问题。谈到贝尔纳的一些著作，涂长望认为是发展了恩格斯自然辩证法，他访问中国时，刘少奇曾接见过他。这时贝尔纳正在列宁格勒，涂长望又领罗漠、孙玲去见他。

贝尔纳问涂长望："第四次世界科学工作者代表大会将在柏林召开，你准备在会上发表什么高见？"涂长望尚不知道此事国内派谁参加。

在这期间，涂长望局长跟苏联水文气象总局局长卓洛图辛商量，达成了1956年中国派遣一批人员到苏联实习的协议。

全国科联打电话给中央气象局，要求让涂长望以全国科联常委的身份参加世界科协"四大"。气象局请示国务院第七办公室后，急电莫斯科，让涂长望去参加会议。

事情又是这样紧急，但涂长望对于这类国际活动早已是轻车熟路，对完成中国科学工作者的重托胸有成竹。

第四次世界科学工作者代表大会于1955年9月下旬在民主德国举行。于是，涂长望又登车西行去柏林。世界科协这次代表大会虽说平常，但与会者大多心里很不平静，尤其是那些老朋友相见，更是感慨良多。

涂长望这次又见到了贝尔纳、李约瑟和赫胥黎等人，他们禁不住互相回顾10年前筹备科学与人类福利大会，准备成立世界科协的情况。彼此都很感慨，那次伦敦大会真是令人难以忘怀。

10年来,这个苦难的世界发生了多少事情呀!世界各国科学家,在经历了许多斗争之后,更加团结了。

涂长望还多一层感慨,就是中国的科学事业与世界的差距太大了,要加倍努力来迎头赶上去。

第二十二章　建设高潮

第一节　贯彻毛泽东周恩来转建命令

在军委气象局建立将近3年的时候，涂长望曾系统地回顾和总结过工作中的经验教训。他在1952年7月初出访维也纳和莫斯科回国途中，就在思考这些问题。

涂长望自己在思考，他也希望同事们都来思考。在繁忙中保持清醒的头脑，掌握正确的方向，科学地指导实践。他还希望广泛地听听各地区同志们的意见。回国后，涂长望于8月末召开了本年的第5次局务会议，讨论气象业务工作计划、制度草案，准备召开全国气象工作汇报会，征求意见。

有各大军区气象处，海军、空军司令部气象科和局本部代表30多人参加的汇报会，从8月4日开到13日。汇报了工作，讨论了各种制度和计划，为第一次全国气象技术会议做了准备。

全国气象技术会议,从 10 月 15 日开始,整整开了半个多月。会议统一了思想认识,明确了方针任务,制订了一整套共计 7 种基本制度,统一了气象测报、预报各项业务的技术方法和规范。10 月 27 日,中央军委办公厅主任肖向荣到会为 50 多位代表作了报告,谈到了气象事业为人民服务的广阔前景,气象工作的发展方向,给到会者很大的鼓舞。

这时候,经过长期内外战争的国民经济,在短短的三年中,在帝国主义的封锁和朝鲜战争的重负下,已经基本恢复了。国民经济建设的第一个五年计划将要从 1953 年开始执行。工人、学生都唱起了"迎接五三年,歌唱五三年"的歌曲。

涂长望反复考虑着第一个五年计划期间的气象工作。于 11 月 28 日召开扩大的局务会议,研究了工作总结问题和制订气象工作五年计划的方法、步骤。

拟出初步方案后,于 12 月 16—18 日,把各大军区气象处的负责人召集到北京来讨论。到会的有华东气象处孟乐天处长、华北气象处崔实副处长、东北气象处叶桂馨副处长、西南气象处姚国士政委、中南气象处郭家洛处长、西北气象处刘殿英处长。在讨论气象工作五年计划初稿之前,各大军区先报告了他们的意见,汇报了农业、林业、水利、盐业等部门气象工作情况,五年中

第二十二章 建设高潮

的发展及人员等方面的要求。

为了配合经济建设高潮,必将掀起气象事业建设的高潮。气象为各行各业服务的前景将十分广阔。涂长望总结过去经验,考虑未来发展,专门写文章指出:

我们是人民的气象事业,我们的工作不会也不能局限于某一方面,必须照顾到全国人民的需要。……在配合国防建设达到一定的阶段之后,我们就必须大力地配合国内的各种经济建设。估计在最近的一两年内,我们的建设工作还需要双方面统筹兼顾:一方面要满足国防建设的需要,同时要照顾到经建部门的要求。经建部门对于气象方面的需要是多种多样的,要求的范围和深度将远超过目前国防建设对于我们的需要。因此,为了配合经建部门的各种生产需要,将来基本气象台站的管理系统可能要仿效苏联,改归政务院建制……[1]

涂长望在这里,第一次谈到了转移建制问题。他作为气象系统的首脑,说这样的话是经过思考的。实际上,涂长望早就向中央军委领导、政务院领导汇报过想法,多次地交换过思想,并初步地了解了中央领导的倾向性意见。这样,也好让同志们逐渐提高认识,对未来的发展有个思想准备。

---

[1] 涂长望:《三年来我们做了些什么?将来准备怎么做?》,《纪念涂长望》,气象出版社,1991年,第102-103页。

转建问题正式提到议事日程，是1953年1月3日召开的本年度第1次扩大局务会议。涂长望在会上报告了建制问题。到5月29日第6次局务会议时，中央已经有了安排，让气象局起草具体文件。

这时，朝鲜战场上谈谈打打的局面没有结束。涂长望感到气象为军事服务的任务还不能放松。到7月27日朝鲜战争结束，涂长望知道，气象工作为经济建设高潮服务的任务，已经十分重要和紧迫了。

1953年8月1日，中国人民革命军事委员会主席毛泽东、政务院总理周恩来发布了"（53）联政字第118号联合命令"，即气象史上的《转建命令》。这是中央对气象事业的一项重要决策，把气象工作由军队建制转为地方建制，以适应大规模经济建设的需要。

涂长望接到命令，感到毛主席、周总理的决定非常及时，这对中国气象科学事业和经济建设的意义是很深远的。这非常适合国情，也符合新中国气象事业几年来的实践，符合气象科学为人民服务的宗旨。涂长望完全拥护，坚决贯彻。

《转建命令》指出："今后，在国家开始实行大规模的经济建设计划的时期，气象工作又需密切地和经济建设结合起来，使之一方面既为国防建设服务，同时又要为经济建设服务。"

第二十二章 建设高潮

《转建命令》规定：把原属总参谋部的军委气象局，改隶属于政务院，各大军区、省军区的气象机构也改隶属于各大区行政委员会、省人民政府，各级气象台站、气象学校及训练机构等也随之改归地方气象机构，但空军、海军、防空部队气象机构的建制不变，仍归军队。

《转建命令》规定：气象机构转建时，除由军事部门内的干部兼职的处、科长外，其余干部都转归地方，军事部门对气象干部不予抽调，有军籍的军人转建后，按转业干部看待，即暂时保留军籍，并同样评定军衔。

1953年度的经费预算仍在军事系统报领，从1954年1月1日起在政府系统报领。转建后各级气象机构直接受各级人民政府的财政经济委员会领导，同时保持上下级气象机构之间的业务指导关系。各级人民政府的气象机构，要尽力协助军事气象工作的建设。中央气象局在8月中旬，大区在8月底，省在9月底以前完成转建工作，但西藏军区气象工作暂时维持原状。

《转建命令》对有关问题规定得很明确，很具体，是便于贯彻执行的。但在干部、战士中，还有一些思想认识必须解决。

为了提高气象员们的思想认识，贯彻好毛泽东、周恩来的命令，涂长望与甘德洲、张乃召、卢鋈三位副局长联名发表了《为转移建制致各级气象组织暨各台站全体同志的一封信》。这封信和《转建命令》一起刊登在《天气月刊》1953年8月号。

甘德洲是新来的副局长,他于1952年11月到气象学校任政委,1953年5月任副局长,7月军委决定三位副局长的排列:甘德洲为第一副局长,张乃召为第二副局长,卢鋈为第三副局长。

他们署名的信件很长,谈了四个问题。

第一个问题谈为什么要转建,信中写道:"气象事业是一个全国性的事业,苏联的水文气象局就是隶属于苏联部长会议的。我国气象局成立之初,曾直属政务院领导;后为领导便利起见,又并入科学院约一个多月。后来因为军事上的迫切需要,同时又因为当时人员及器材都很缺乏,不可能在政府和军队同时建立两个气象系统,因而又把气象局划归军委领导;重点为国防,特别为空军服务,同时兼顾经济建设的需要。在当时,气象事业也基本上是全国性的。……我们发布的台风警报,曾在保证农业生产、沿海渔民、盐场的安全等方面起了相当大的作用。而我们的寒潮警报不但使内蒙古同胞避免了牲畜的损失,并且因而增加了党和当地人民政府的威信;在其他地区也获得了同样的效果……"

第二个问题谈为什么要现在转建。这是和当前国际国内局势分不开的。国际和平力量已日益壮大,朝鲜停战协定签字。国内大规模的经济建设已经开始。

第三个问题谈转建后的任务。今后两个任务,一个是配合经济建设,一个是配合国防建设,而重点将逐渐转于配合经济建设方面。

第四个问题谈如何完成今后的光荣任务。强调端正认识,克服思想上的波动;进一步掌握气象科学,克服困难,改进工作。指出:"根据当前情况,大多数同志对转建的看法都还是正确的。但还有少数同志,因为考虑到个人的荣誉、待遇而产生了一些不正确的想法。"要求大家认识到,"一个革命者最根本的一点便是服从祖国需要"。

整个气象队伍,一下子由军人变成老百姓,这使很多同志感到突然,思想上需要转弯。但对于涂长望这个气象队伍的首脑,与其说是早有思想准备,不如说是在期待着这一天。因为当初筹建气象局时,涂长望提出气象归军队,是因为考虑到气象必须为解放全中国服务,全国解放后自然要为建设事业服务,没想到还要为抗美援朝服务。朝鲜战争结束了,今后气象服务的重点自然是经济建设了。

涂长望很善于掌握人们的思想情绪,做好大家的思想政治工作。

不说涂长望新中国成立前团结知识分子的情况,新中国成立后他面临大量思想工作，这已经是第三次。第一次是政协召开前夕，他接受周恩来同志的委托，在科代大会团结了思想十分混乱的、派系众多的科技人员。第二次是军委气象局初创时，在使用干部上遇到各种各样的思想情绪，有人发牢骚说"早革命不如晚革命，晚革命不如反革命"，这些年轻战士对于任用起义人员和接收过来的科技人员想不通。涂长望依靠张乃召、蒋金涛的帮助，组织大家学习，解决了思想问题，来自各方面的干部、战士团结一心，在极其艰苦的条件下，完成了气象局的创建。这次面临的思想工作又不相同。一些同志舍不得脱下军装，在思想感情上舍不得离开军队。毛主席、周总理的《转建命令》中对有军籍的军人，已经有所照顾，即暂时保留军籍并同样评定军衔。但这毕竟是"暂时"的，最终还是要成为老百姓。

对于转建中的大量思想工作，涂长望继续依靠党组织，发挥党团员的带头作用，组织大家都来认真学习毛主席关于全心全意为人民服务的教导。

涂长望与气象局的党组织、党员领导干部相处得十分和谐，个人关系亲切，互相配合得很好，这是他团结全局、完成任务的保证。他在回顾三年工作时就曾写道："三年来的工作成绩是和党、团员的保证与全体工作同志的集体努力分不开的。"

第二十二章 建设高潮

经过准备，于8月15日召开中央气象局直属单位转建动员大会。请了政务院财政经济委员会第四办公厅负责人杜润生到会作报告。杜润生谈到气象工作对国计民生的重要性时，传达了毛主席对当年春天一次寒潮所作的批示："气象部门要把天气常常告诉老百姓。国民党老爷不管老百姓死活，而我们是关心老百姓的。"①

这次寒潮发生在4月19—25日，河北、河南、山东、山西、安徽5省小麦枯萎，减产数十亿斤，农民遭受巨大损失。杜润生讲的这件事，给气象员们极大的震动。

年轻人过去想得多的是在战场上叱咤风云，用气象保障银燕击毁敌机，保障战船越过大江、横渡海峡，保障陆军出击、后勤补给，保障康藏公路建设。现在认识到了，今后不仅要完成军事任务，而且要为亿万人民服务，为经济建设服务，这也是光荣的任务。

涂长望也现身说法，讲起他改学气象的初衷，就是由于故乡的长江大水。1931年的大水，灾民达到1亿人口。国民党不顾人民死活，水、旱、黄、汤就是有名的四大天灾人祸。

---

① 冷战方：《毛泽东与新中国气象事业》，刘英金主编：《风雨征程：新中国气象事业回忆录第一集（1949—1978）》，气象出版社，2006年，第57页。

讲事实的思想教育,是最能激动人心的。通过不长时间的动员、学习,整个气象系统从上到下都统一了思想,顺利完成了毛主席、周总理转移气象建制的部署。

从今以后,中国人民的气象事业,在继续搞好为国防服务的同时,要全力搞好为经济建设服务,为人民服务。

第二节　服务是气象工作的唯一目的

在贯彻落实了毛主席、周总理的《转建命令》之后,中国的气象事业迈出了新的步伐。几年的恢复、发展与建设,已经为今后气象科学事业大步前进奠定了初步基础。

为了迎接建设高潮,涂长望计划着,在继续加强气象台站网建设的同时,把气象科学研究和灾害性天气预报业务服务这两项工作更好地开展起来。

新中国气象科研工作的起步,开始于军委气象局与科学院地球物理研究所的合作。除了"联心""联资",随时根据需要开展的协作也不少。这些研究都是为解决业务、服务中的迫切问题而进行的。

当气象台站如雨后春笋般地发展起来的时候,最重要的仪器——水银气压表极度缺乏,成了阻碍发展的关键。当时只要有一支水银气压表,就可以建一个气象站。

第二十二章 建设高潮

涂长望向赵九章求援。赵九章当时还在南京，就义无反顾地组织起工作班子，开始了研制，并在不长的时间里获得成功，研制出新中国第一支水银气压表。接着就开始成批生产。

观测温度、湿度、风的仪器，以及高空探测设备，仪器的计量、鉴定、检修设备，等等，都是在急切需要的情况下，经过有关人员的努力，尽快地研制出来，投入生产，解了燃眉之急，冲破了帝国主义对我国的封锁。

当时毛发湿度表的测湿元件，中外各种书本上都说只能用法国女郎的金发来做；中国小伙子王绪增不信邪，硬是用中国姑娘的黑发来研制成功了，涂长望动员女儿多林献出了她的长发。

旧中国没有生产气象仪器、装备的工业，更没有这方面的科技队伍；这些，在新中国成立后不久就发展起来了。[1]

但旧中国在气象科学研究方面已有一批著名学者，他们的成果在国际上都有一定影响。有些学科已经奠定基础。这也是一笔宝贵财富。应该总结它，继承和发扬它，这样才能促进新中国气象科学的更快发展。首先提出这个问题的是郭沫若，积极付诸行动的是竺可桢，而

---

[1] 参见刘英金主编：《风雨征程：新中国气象事业回忆录第一集（1949—1978）》，郑德诚、杨履坦、张焯、陶大文、赵君哉等的文章。

具体完成任务的是涂长望。

1951年5月,中国科学院在郭沫若、竺可桢主持下,决定出版《中国近代科学论著丛刊》。他们把中国新民主主义革命期间(1919—1949年)的科学著作进行了一番总结,以鼓励科学研究在新时期获得更大进展。他们经过仔细研究,确定先出数学、物理、地质、生理、气象5门科学,分别组织编审委员会来进行收集、整理、翻译、出版工作。

涂长望被推选为《中国近代科学论著丛刊·气象学》编审委员会组长,卢鋈为秘书,委员有竺可桢、李宪之、赵九章、朱炳海、张乃召、张宝堃、顾震潮、朱岗昆、谢光道、叶笃正、谢义炳、陶诗言、么枕生,共计15位著名气象学家。

涂长望深孚众望,积极地进行组织工作和具体编选工作。赵九章给予他最好的配合。赵九章在这之前,为科学研究的需要,就已收集到300多篇论文的目录和一部分文稿,他毫无保留地交给了编审委员会。经过大家的努力,共计收集到400多篇论文,精选出25篇编辑成书,计67.4万字。其中,有相当部分是用英、德、法等外文发表的,全都要译成中文。此书以汉、英两种文字分别出版,所以对没有英文文本的论文,又全部要翻译为英文。

第二十二章 建设高潮

涂长望在气象局的工作十分繁忙，他的社会活动和国际交往也非常频繁，但他还是有效地主持了编书活动。

出版这种书的工作是极其繁杂的，工作量也很大，还有人吹冷风，以致这套丛书有四门科学的编书任务没完成。但涂长望领着一批学者，不辞辛劳，不畏烦言，出色地完成了任务，使《中国近代科学论著丛刊·气象学》成为这套丛书唯一成功出版的一本。

当时对这套丛书泼冷水的主要观点，竺可桢在此书的《序》中也有提及。有的人认为，北洋军阀和国民党政府根本不重视科学，个别科学家偶尔取得成就，也是为科学而科学，与国计民生完全脱节，所以新中国成立前的科学论文不值一顾，编这样的丛刊完全是浪费时间和金钱。竺可桢认为，这种观点不是历史唯物主义的。他在这篇较长的序言中，总结了中国近代气象科学的历史经验和教训，以促进气象科学的新发展。

郭沫若也在《序》中说："中国的科学活动是有长远的历史的，我们的先人曾经有过不少的辉煌成就促进了中国文化和人类文化的进步。"他说："我们的自然科学是有无限辉煌的远景的，但我们同时还要整理几千年来的我们中国科学活动的丰富的遗产。""中国科学院早就决定在编辑出版方面，要从事两项重要工作：一是中国科学史的搜集和编纂，二是近代科学论著的翻译与刊行。"

郭沫若的这些要求,只有竺可桢和涂长望理解了,并且做到了。他们在思想方法上,是本着历史唯物主义的观点来看待问题的。郭沫若、竺可桢、涂长望都是把社会进步跟科学文化的发展视为一体来看待、来实践的。

郭沫若说:"以前的悲痛屈辱的时代已一去不复返,我们的自然科学将随着国家经济建设的进展大踏步地前进。"

涂长望也正是这样来促进气象科学事业的。毛泽东、周恩来在《转建命令》里要求气象部门,把气象科学与经济建设紧密地结合起来,涂长望就在这结合二字上下功夫,结合得好,才能服务得好,才能促进气象科学事业的发展。涂长望带动领导集体,为此做出了极大的努力。首先,最紧迫的问题是要把灾害性天气的预报、服务搞好。

1954年初,涂长望组织了一些同志,按周总理的要求,经过调查研究,多方面征求意见,由卢鋈副局长执笔,代政务院起草了《关于加强灾害性天气的预报、警报和预防工作的指示》报送给周总理。周总理决定,经政务会议讨论之后,作为中央人民政府政务院的指示颁布全国执行。

1月28日政务院第204次政务会议通过这个《指

示》。周总理3月6日签署了这个指示,政务院以"(54)政财字第20号文件"发布。《人民日报》于3月24日刊登这个指示,并配发社论《加强天灾的预防,保证生产建设的安全》。新华社发表了中央气象台和中央人民广播电台决定加强灾害性天气预报、警报广播的消息。

周恩来总理签署的这个《指示》,是中华人民共和国政府第一次向全民公布的关于气象与抗灾防灾的政令,是中国历史上前所未有的。

《指示》开宗明义地说:

> 我国地区辽阔,各地时常遭受台风、寒潮和随之而来的暴风雨(雪)和霜冻等大范围的灾害性天气的袭击,不仅在工业、农业、林业、水利、航运、铁道、渔业、牧业、盐业等方面,造成了国家资财的重大损失,直接或间接地影响了我们国家的建设和人民的生活,而且给人民带来了疾病和死亡。
>
> 气象科学为一年轻的科学,目前我国的技术条件和设备,亦尚不能满足各方面日益增长的要求,还需在测报台站建设、干部培养训练和气象科学研究等方面,继续努力创造条件,提高天气预报质量,但对于大范围灾害性的天气如台风、寒潮等,大体上已经可以在二十四小时甚至四十八小时以前

事先作出预报、警报。过去中央气象台、各区气象台以及各地气象预报台、站对于台风、寒潮等大范围灾害性天气的预报、警报，都已经取得了一定的经验。中央和地方的党、政、军机关和群众团体，对于各级气象预报台、站大范围灾害性预报、警报，一般尚能予以重视，并经常进行研究，采取有效措施，及时地组织各项预防工作，因而防止了或至少减轻了人民生命财产和国家资财的损失。今后为了加强气象工作对于国家建设和各种生产任务的保证，更好地领导和组织人民与自然灾害作斗争，中央和地方各有关部门必须进一步重视对大范围灾害性天气的预报、警报，并抓紧做好各项预防工作。

《指示》规定了5条具体办法，望中央和地方有关单位切实执行：要求气象部门提高业务水平，迅速、准确地做好预报服务，消灭责任性事故；各行各业与气象部门商订具体办法，密切合作；各地方对气象预报、警报认真组织传播和收听；电台、报纸及时报道、宣传；各级政府特别是有关业务部门，要建立起制度和办法，组织干部群众，搞好防灾、抗灾。

《人民日报》的社论说："在过去悠长的历史中，我国人民长期处在对天灾束手无策、毫无防御的状态中，

第二十二章 建设高潮

饱受狂风、暴雨、霜冻所造成的各种灾害。历代反动统治阶级视人民的生命如草芥，不但不关心天灾对人民的祸害，而且利用所谓救灾工作作为榨取的手段，更谈不上运用科学来防御天灾了。"社论列举了历史上一些灾害事实；介绍了旧中国气象工作的落后，新中国人民气象事业的发展，人民抗御自然灾害的斗争。社论要求全国气象人员，"加倍努力实现这一项光荣而重大的任务"。

涂长望为了贯彻政务院周总理的指示，又于3月29日与甘德洲、张乃召、卢鋈三位副局长联名发表了致全国气象人员的一封信。信中要求全国气象员，响应党的七届四中全会号召，共同努力来完成上级交给我们的光荣而艰巨的任务。

从此以后，灾害性天气的预报、警报工作不仅是气象预报工作的重点，也是各级气象台站全部工作的重点。紧密结合经济建设及各种生产活动的需要，对各种气象灾害的科学研究也不断开展起来。

转建后，也是新中国成立以来的第一次全国气象局长会议，就是以贯彻周总理的指示为中心而召开的。这次会议于1954年6月3—20日在北京新街口航空署街7号中央气象局机关所在地召开。涂长望和苏联专家把办公室腾出来做大会场，各处的办公室做小会议室。

这次会议是军委气象局成立以来规模最大的一次会

议,参加会议的各大区气象处正副处长有:东北气象处的李敬、叶桂馨,华北气象处的崔实,华东气象处的马步英、程纯枢,西南气象处的彭平,西北气象处的刘殿英,中南气象处的郭家洛。这时候中央已确定要撤销大区一级行政机构,所以转建后建制归到各大区行政委员会的气象处也将撤销,以上那些同志将要调到北京中央气象局来分配工作。参加会议的有各省、市、自治区气象科的负责人。会后,省、市、自治区气象科都将扩建为气象局。会议还邀请了国家计委、财政部、人事部、农业部、林业部、水利部、中国科学院等中央国家机关的有关部门的代表,以及空军、海军、防空军、中国民航局等军事部门的代表。

会议的主要议题是总结四年来的经验,明确今后的工作方针任务,讨论落实全国气象工作第一个五年计划。

涂长望在大会上作题为《四年来气象工作的基本总结和今后的方针与任务》的报告。他说:"四年来,人民的气象事业在党中央、政务院和中央军委的正确领导下,在全体气象工作人员的共同努力下,克服重重困难,发扬人民解放军艰苦奋斗的优良传统和顽强战斗的精神,全国气象工作从恢复到建设,已经打下了初步基础,并有了一定的发展。"

涂长望列举了六个方面的成绩:一、配合抗美援朝和进藏部队，支援了前线和边防；二、公开发布了对危险天气的预报和警报，减少了自然灾害的损失，使人民生命财产得到了一定保障；三、提供气象资料，为工农业生产和重大基本建设项目进行了服务；四、根据天气预报服务的需要，在西北、西南和内蒙古荒远地区建起了一批气象台站；五、四年来培训了各类气象技术人员共计3000多人；六、统一了全国气象技术规范和规章制度。

涂长望说："这样，我们已经为全国气象事业大发展和气象现代化建设，在各方面打下了坚实的基础。"

涂长望根据党在过渡时期的总路线、总任务和第一个五年计划对气象工作的要求，明确提出："我们一切建设和工作的进行都是为了服务。服务就是气象工作的唯一目的。服务于军事和经济建设是气象工作的基本方针。"

涂长望说："一切气象工作应以围绕做好服务为中心，保证服务工作的开展，提高服务工作的时效和准确性，如果离开这个方针来谈气象工作，那是没有意义的。"

中财委第四办公厅副主任杜润生到会讲话，他要求气象工作"有需要就服务，是建设就服务，首先要尽最大努力为最迫切的需要服务"。

到会的各大区、各省气象部门负责人及中央有关部、委代表，有关军事部门代表共计140多人，讨论明确了第一个五年计划期间气象工作的总方针：气象工作必须为国防现代化、国家工业化、交通运输业及农业生产、渔业生产等服务；有计划、有步骤地满足各方面对气象工作日益增长的要求，以防止或减轻人民生命财产和国家资财的损失，积极地支持国家各种建设工作。

会议要求全体气象工作人员，努力学习马列主义、毛泽东思想，学习哲学，不断提高思想水平。

从此，涂长望在贯彻了毛泽东、周恩来的指示和要求之后，把气象工作由台站建设、军事服务引向为全社会服务、为中国走向现代化服务的更广阔的新路。气象科研和气象服务，都迈出了新的步伐。

会议结束后，就到了防汛大忙时期。各级气象台站贯彻会议精神，加强了对防汛抗灾的服务。

1954年七八月间，江淮流域发生了特大洪水。武汉最高水位29.73米，是有水文记录120年来的最高水位。武汉市5—8月总降水量达1440.8毫米，创近百年历史纪录。在长江中游，1952—1953年刚建成的荆江分洪工程经受着严峻考验，沿江城市和农村亿万人民处于危急之中。7月初武汉全市紧急动员，8月开始疏散人口。这期间，涂长望常到中央气象台，监督、鼓励值班人员的工作，同预报员和"联心"的专家谢义炳、顾震潮、陶诗言等会商天气。在关键时候，中央气象台和

第二十二章 建设高潮

有关地方气象台的正确预报，为中央和地方党政领导抗灾决策起了参谋作用。

在长江水位最高的时候，洪水都进了汉口气象台。同志们撤到了楼上工作。这些日子，郭家洛不时接到涂长望局长的电话，询问情况，通报天气形势，对同志们表示慰问和勉励，给大家很大的鼓舞。中央气象台和汉口气象台准确的预报，给抗洪斗争增加了预见性和主动性。经过近百天的奋斗，百年不遇的洪水被战胜了，亿万人民的生命财产得到了保护，荆江大堤保住了。[1]

汛期结束后，涂长望派出一些同志到各地去检查工作，了解落实全国气象会议精神、各中心气象台及省气象局建设情况。并在百忙中抽出时间来写《五四年长江大水与北半球大气环流形势》。"联心"从1951年开始绘制北半球的地面天气图和500百帕高空图，这是中国气象史上第一次。能用这些天气图资料来做研究，涂长望感到十分快慰。然而，涂长望忙于政务，对科研活动已很难有时间来进行了。

涂长望读到检查工作的同志们的报告，对汛期服务的成绩很满意，觉得应该嘉奖那些有贡献的单位和同志。11月间，中央气象局对在防汛、防洪气象服务中做

---

[1] 王宪钊：《回忆中南军区气象处》，刘英金主编：《风雨征程：新中国气象事业回忆录第一集（1949—1978）》，气象出版社，2006年，第48页。

出了准确预报、服务成绩显著的中央气象台、汉口中心气象台、上海中心气象台进行了通报表扬。

第三节　技术革新学苏联

在经济建设高潮中，在贯彻落实毛泽东、周恩来的命令和指示，把气象工作与经济建设紧密结合起来的过程中，涂长望深深感到，气象科学还不能满足各方面的需要。

在涂长望看来，气象科学对于社会经济生活具有指导作用，对于人类生产和抗灾具有保障作用和决策指导作用。要完成这样的服务，气象事业自身应该有良好的、超前的发展，而不能落后于各行各业的需要。不然，就会在与自然斗争中打被动仗。

在新中国气象科学事业获得巨大发展的时候，涂长望清醒地估计到，从客观需要和可能方面来看，目前的业务技术水平是低的。他对中央气象局直属机关的干部们说："由于抗美援朝的需要，气象事业发展得很快，来不及培养干部，因而只好采用短期训练的方式进行训练。一般的观测员训练6个月，而预报员只不过是学完了观测之后，再学习6个月预报而已。"

涂长望有一个培养、提高气象人员素质的计划。除了派人出国留学、进修,保送到学校深造,大量、普遍的方法是开展学习运动,进行科学研究和技术革新。

为此,涂长望曾在1954年4月份召开了直属单位高级技术人员座谈会,涂长望、甘德洲、张乃召、卢鋈四位局领导都参加,全面听取到会同志对发展气象事业的意见。

涂长望又于1954年5月7日召开了扩大局务会议,专门研究全国气象系统的科研工作和技术改进工作,讨论如何鼓励技术人员钻研业务,改进工作,如何加强中央气象台的技术领导,决定建立全国的和各大区的技术改进研究指导机构。要有人来抓才能取得成效。

中央气象局气象技术革新及研究科学委员会于8月3日正式成立,委员有:涂长望、王功贵、卢鋈、蒋金涛、朱和周、谢光道、程纯枢、顾钧禧、叶桂馨、王宪钊,共10人。除王功贵外都是气象专家。王功贵是政务院新任命的中央气象局第一副局长。

为了推进这一运动的开展,涂长望于7月份召开了中央气象局直属单位全体干部大会。在会上,涂长望作了题为《为开展技术革新运动及研究工作而奋斗》的动员报告。

涂长望的报告讲了三点。首先谈了技术革新和研究工作的重要性。他引用了斯大林的话:"在改造时期,技术决定一切。"然后指出:"这句话也同样地适用于我国。目前,我国的技术科学还很落后,不在技术上想办法,要想顺利地进行国民经济的改造是会有困难的。所以我们必须开展技术革新运动和研究工作,并应当作为政治任务来看待。"

涂长望认为开展技术革新和研究工作的有利条件是:大家经过总路线学习,政治思想有了提高,都想改进工作,提高效率;有苏联专家的帮助,其他部门的支持,几年来,台站的干部也有了充实。

涂长望谈的第二点是可能遇到的困难和阻力。他说:"必须打倒保守思想,克服自满情绪,反对资产阶级的技术观点。"

涂长望说:"我们除了要批判资产阶级的技术观点外,另一方面还要反对不负责任地盲目地搬用苏联经验。学习苏联先进经验须与中国的实际情况相结合。"

涂长望谈的第三点是如何推进技术革新和研究工作。他谈的基本原则是:依靠群众,学习苏联;抓住中心环节,采取重点突破的方法。

涂长望具体谈了技术革新及研究科学委员会的5点任务,其中特别强调,对于在技术革新、研究工作中有贡献者,要给予通报表扬、奖状、奖旗、奖金,在选送轮训、上大学、留学时予以优先照顾。

涂长望要求党、团、行政方面必须经常关心这项工作，要求高级技术人员积极参加，全体气象人员都积极投入这项运动。

涂长望最后谈的是注意事项：不要眼高手低；研究工作必须结合业务工作来做；要搞好团结互助。

经过涂长望的动员，全局上下一起努力，全国气象系统都掀起了学习业务技术，开展技术革新和科学研究的高潮。

在学习运动中，怎样向苏联学习是有不同认识的。涂长望是反对盲从，要求结合中国实际来学，绝不生硬照搬。

涂长望是重视苏联经验的。1953年7月31日，正当毛泽东、周恩来《转建命令》发布的时候，气象局曾向中央财经委打报告，请示聘请5名苏联业务专家。于8月18日获得批准。

应聘来中央气象局担任首席气象顾问的普罗斯嘉柯夫，是在1954年7月2日到任的，聘期3年。一个月后，苏联气象预报专家涅克拉索夫到任，聘期2年。

到8月17—25日，中国气象学会在北京气象专科学校召开会员代表大会时，应邀参加会议的苏联专家已经有普洛斯嘉柯夫、涅克拉索夫、切尔诺夫、沙马也夫四位。从此，他们与中国气象学家们认识了。这届理事会由 23 人组成，仍然以竺可桢为理事长，涂长望为副理事长，常务理事有赵九章、朱炳海、张乃召、顾震潮、李宪之。

气象学家们在学习苏联的问题上，是有科学态度的，虽然在一边倒的政治形势下会有压力，但他们也不乏求是精神。

在举国上下掀起了学习苏联的高潮中，中央气象局也动员全面学习苏联。涂长望强调学习要认真，实事求是，结合中国国情来学，反对生硬照抄苏联的经验和方法。

"联心"的预报员和科学家们响应号召，学习苏联的天气学理论，出现了学习"平流动力理论"的热潮。这个理论尚不完善。在"联心"工作的著名气象学家陶诗言和廖洞贤，担任了主持预报员学习的任务。他们在研究这个理论时，发现了其中一些问题，提出了他们的看法，但又拿不准主意，要不要在学习会上对预报员们讲，公开出来供大家讨论。

涂长望看出了陶诗言、廖洞贤的顾虑，仔细听了他们的看法后，觉得有道理，于是对他们说："我们是搞科学的，就是要实事求是说真话，不要怕政治上的压力。"[1]

---

[1] 陶诗言:《涂长望先生与联合天气分析预报中心》,《纪念涂长望》,气象出版社，1991 年，第 44 页。

涂长望坚持科学真理的态度，在中央气象局及其管辖的地方气象系统里，养成了良好的学风。

内行们知道，在 50 年代和 60 年代，军队气象系统和地方气象系统分析的天气图，在风格上是有所不同的。主要表现在锋面分析上。锋面分析所运用的是挪威学派（卑尔根学派）的理论。这一理论用在苏联、欧洲那样的地理环境下，是可以分析出一套套标准的锋面气旋来的。但在中国很难分析出标准的锋面气旋来，更不用说一套套的了。

中国气象学家，从竺可桢、涂长望一直到后来的科学家、预报员，对挪威学派理论的引用，都能结合国情进行。

涂长望很尊重苏联专家，重视他们的建议，但坚持一切都必须符合国情，符合科学。涂长望充分发挥苏联专家的作用，使他们能对中国气象事业做出可喜的贡献。

涅克拉索夫不仅在中央气象台为预报员们讲学，还到一些大区的中心气象台去讲学。

普洛斯嘉柯夫写了厚厚的一册《建议书》，提出按照苏联的模式和经验，从 12 个方面来改造中国的气象工作。涂长望认真地读了、考虑了这些建议，翻译出来供同志们参考并报政务院专家局。

涂长望学习苏联经验方面是严肃认真的，很多方面没有完全按苏联专家要求来办。苏联的气象工作是垂直领导，高度集中于中央。中国的气象工作则是要条条块块结合，发挥中央和地方两个积极性。苏联水文气象总局是把气象和水文工作统一起来管理的，普洛斯嘉柯夫建议中国也像苏联那样，把气象与水文合并起来。涂长望不想照办，水利部领导也不以为然，问题上报到邓子恢副总理那里，邓子恢态度也不坚决，此事也就作罢。

涂长望领导中国气象事业，大到台站网建设，小到观测场设置，基本上做到结合中国国情来建设。这保证了中国气象科学事业在发展中少走弯路，沿着一条比较正确的道路前进。

第四节　农业气象天地广

中国作为农业古国，把气象知识用于农业生产，有极其悠久的历史。但是，利用现代气象科学来服务于农业，研究农业气象问题，则开始得较迟。

抗战时期，涂长望和他的学生方正三、毛汉礼等曾写过少量关于农业与气候的论文。那在当时是空谷足音，所用资料有限，影响也小。所以在编选《近代科学论著丛刊·气象学》时，涂长望和竺可桢都叹息，在农业气象方面，没有值得流传的好论文可以编入书中。

第二十二章 建设高潮

战后在伦敦召开世界气象会议时，涂长望曾被选为世界气象组织农业气象委员会委员。涂长望研究长期气象预报的初衷，也是着眼于为农业的抗旱、防涝服务。中华人民共和国成立后，涂长望作为气象工作的首脑，在集中精力建立全国气象台站网，努力为国防建设服务，重点为空军服务的同时，也时刻想着为经济建设服务，为农林业服务。

涂长望在1952年就撰写文章说："为了配合经济建设的高潮，我们工作的重心必须逐步地转向农林、水利、铁路、交通、盐务、水产等部门。"

毛泽东、周恩来《转建命令》发布后，气象工作在配合经济建设高潮中，涂长望首先想的是如何把气象与农业紧密地结合起来，使气象为农业服务更有深度，而不限于只用天气预报服务于农业生产活动。这就需要建立农业气象机构，开展农业气象教育和农业气象科学研究。

新中国成立时，旧中国在农业气象工作方面没有留下任何家底，即使在日本殖民统治时期的东北，曾有过农业气象观测，但也没有留下任何成果。对于涂长望局长来说，开展农业气象工作，完全是白手起家。

中央气象局于1954年在台站管理处配备了专职的农业气象管理人员。这时农业气象科技人员、干部奇缺，涂长望要求他们在干中学，边干边学。在1955年1月建立了农业气象组，学习苏联的农业气象观测规范，开始考虑农业气象观测网的布局。两个月后，农业气象组扩建为农业气象科，并在全国建立起了第一批农业气象观测点。

航空和空军都建立有自己的专业气象工作，农业气象这项专业气象工作是由气象部门来做，还是由农业部门自己去建设？涂长望是作了反复思考的。涂长望和副局长卢鋈，为这个问题多次向邓子恢副总理、廖鲁言部长汇报、请示过。最后是由涂长望来决策，把农业气象业务服务工作建在气象部门。这是考虑到，中国的经济建设是以农业为基础，中国有6亿农民（当时），气象要为各行各业服务，首先要搞好为农业和最广大的农民服务。

1956年春，全国农村的合作化高潮正在掀起。为了适应农业生产大发展的迫切需要，加强农业气象工作，在农业气象科的基础上，扩建成了农业气象处。张鲁山为处长，冯秀藻为工程师。二人都没从事过农业气象工作，也没学过农业气象。涂长望要求他们尽快成为农业气象方面的行家。

培养人才是大事。农业气象教育，涂长望同沈其益商量，在北京农业大学创建了中国第一个农业气象专业。

第二十二章 建设高潮

1956年秋，北京农业大学聘请了苏联水文气象总局农业气象处处长、世界气象组织农业委员会委员维·瓦·西涅里希柯夫为农业气象顾问。涂长望请他兼中央气象局的农业气象顾问。西涅里希柯夫很重视、很感谢涂长望的聘请，乐意多做贡献。为了让这位苏联专家了解中国农业、认识中国国情，涂长望特别安排冯秀藻陪同他到中南、华东一些省份去考察，看了一些气象台站的农业气象工作。

西涅里希柯夫工作认真，对中国的农业气象工作提出了不少有益的、建设性的意见。先后编写了《普通农业气象学》《农业气象观测方法》《农业气候方法》《农业气象情报预报》《农业气象与农业》等著作。这对于初创时期的中国农业气象工作，起了一定作用。

农业气象科学研究，是涂长望与竺可桢、赵九章等气象学家见面时经常谈论的话题。一无研究机构，二无研究人员，但农业生产中遇到了不少迫切的农业气象问题。作为气象科学事业的主持者，有责任来解决这些问题。

竺可桢建议赵九章去找华北农科所的陈凤桐所长，合作建立农业气象组，并由气象学家吕炯任主任。这是新中国最早的农业气象科研机构了。涂长望积极支持，不仅提供气象资料，而且派人参加工作，让冯秀藻去当副主任。这个研究组开始时主要是研究小麦、棉花生育的气象条件，取得一些成绩。

涂长望觉得，中国的农业气象研究只有华北农科所的一个研究组，与实际需要相差太远了。趁筹备中国农业科学院的时机，涂长望奔走于农业部与中科院，获得一致意见，又在气象局领导班子内统一认识。1956年1月9日，涂长望在局长办公会初步确定由中央气象局、中国科学院、农业部合作成立农业气象研究室，由中央气象局领导。经过筹备，1957年1月10日，涂长望和卢鋈与廖鲁言部长商谈后，签订了合同，并报请国务院七办批准执行。

这个农业气象研究室，就设在新成立的中国农业科学院里，由原有的农业气象组扩大而成，仍由气象学家吕炯、冯秀藻为正副主任。

这是一个良好的开端。后来，各省的农业研究机构、各省气象局，普遍设立有农业气象研究室；而全国很多气象台站也都开展了农业气象工作。

第五节　专业服务布局精

气象科学事业为人民服务，为各行各业服务，这是涂长望一贯的思想。早在新中国成立前，1949年7月19日，涂长望以科代会筹委会常委兼主任秘书身份，召

第二十二章 建设高潮

集气象方面的委员竺可桢、赵九章、张乃召、卢鋈、吕炯、李宪之和自己七人,联名向党中央提《气象工作者对于恢复当前气象事业的建议》时,涂长望就考虑到了各方面对气象的需要。

涂长望受命筹组中央气象局后,于1949年11月23日在给周恩来总理的报告中曾说:

> 气象业务系多方面为人民服务的事业。军事、交通、渔捞、农林、水利、建设等均需气象资料和天气情报与预告的密切配合,但为避免经费、人员和器材的浪费,以及严格执行技术标准的划一,故气象业务系统,必须一元化和有高度的组织性。

涂长望是这样说的,也是这样做的。气象局筹备之初,建制在政务院,由科学院代管;正式建立时建制在中央军委,由空军代管。无论在何时何地,涂长望始终坚持为人民服务、为各行各业服务的宗旨。并且,在初创时期,在十分艰苦的条件下,做出了很好的成绩。

涂长望在《天气》1952年19期撰文指出:

> 三年来的建设经验证明,我们的业务曾经密切配合了解放海南岛、舟山群岛、和平解放西藏的任

务，而我们目前的中心工作就是配合抗美援朝。在经（济）建（设）方面，我们也尽力配合了水利、铁路、交通、农林、畜牧、盐场等生产事业的要求。

——《三年来我们做了些什么？将来准备怎样做？》

由于涂长望提出的指导思想明确，坚决有力，始终一贯地执行，几年时间，就为全方位的气象服务打下了良好基础。

在推进气象为各行各业服务的过程中，涂长望需要在气象系统内部进行教育，统一领导班子的认识和提高广大气象人员的觉悟。在这方面，涂长望依靠了党的领导，发扬了中国人民解放军的优良传统，带出了一支政治觉悟高、科学水平高、技术能力强、思想一致、步伐整齐的气象队伍。

为各行各业服务，还需要外部环境的配合。由于中国经济文化长期落后，新中国成立初期人们对气象科学认识很少。很多人不知道气象为何物。即使一般知识分子，也分不清气象与天文，不知道气象在自己工作、生活中能起的作用，更不知道可以自觉地运用气象来保障生活，促进生产，防御灾害。

需要大力宣传气象，提高人们在大自然面前的自觉性。但是当时气象工作需要保密，很多事情不能公开。所以，在新中国成立初期那几年，中国气象科学、气象工作与人民大众、与各行各业，像是有点"犹抱琵琶半遮面"。气象想与人们结合在一起，人们仿佛知道她而又看不清她。

鉴于上述情况，在贯彻毛泽东、周恩来《转建命令》之后，涂长望就要求气象员们总结以往的服务经验，更加主动地走出气象台站，"送货到门"，到各单位去进行服务。邀请各单位到气象台来，召开气象服务座谈会，宣传气象工作，征求服务意见。

在开拓气象服务方面，涂长望充分发挥了他作为社会活动家的潜力，利用了他在科学文化界的广泛联系。在中国科联、九三学社这些团体，在中国科学院有关研究所、学部，林业部、农业部及农科院，教育部及清华、北大、北农大等院校，处处都有涂长望的老朋友。涂长望主动向他们谈气象工作，为他们所从事的行业服务，他们自然都高兴。

涂长望本着"多方面为人们服务"的思想，在军队里紧抓专业气象服务工作的建设。

在海上服务方面，1952年底初步建成了沿海气象服务网。当时有上海、广州、天津、大连、青岛等五个海洋气象台，还有湛江、海口、汕头、温州等四个港口气象台。他们开展了为海军、海上运输、渔业捕捞和防御台风等多方面的气象服务。

为了加强海洋渔业服务,1955年建设了烟台、厦门、舟山、北海等气象台。

涂长望十分重视气象为交通服务,把为铁路、公路、内河航运服务列为气象台站服务的重点。

为了更好地为长江流域的航运服务,1954年在黄石、重庆、九江、岳阳、赣州等地建设了气象台,并将航运气象服务列为它们的主要任务。

在农垦区、林区,为农场、林场建立了一批专业气象站哨;在辽东半岛、渤海湾、苏北和海南等主要产盐区,建立了盐业气象台站;还帮助航空工业部门在飞机制造厂建立了专用气象台。

50年代初期,我国民用航空事业开始兴起,民航气象工作也从无到有地建立起来。但由于条件所限,中国民用航空局所属的机场气象台站为数不多且发展缓慢,难以满足飞行气象保证的需要。为了加速和健全民航气象事业的发展,从1956年起,民航气象台(站、哨)改为气象建制,实行气象和民航两个系统的双重领导。此后,在涂长望的推动下,我国民航气象台站发展迅速,至1961年已发展到49个,民航气象台站在全国范围内已初步建成。1958年,根据我国的实际情况,中央气象局制定了《民航气象服务规范（试行本）》，明确了两局及所属有关单位和人员的分工和职责，民航气象台、站、哨的业务范围，民航气象保证的一般程序等，为做好民航气象服务提供了根本遵循。此外，中央气象局和中国民用航空局还联合下发了一系列文件，重要的有1956年颁发的《关于国际航线上气象供应办法的新规定》《民航气象专业建设方案（草案）》，1960年颁发的《关于民航气象飞行气象服务几个具体问题的联合通知》等。

为了保证航行正常和安全，根据中国民用航空局的要求，中央气象局制定了航空天气报告和航空危险天气报告的拍发办法。考虑到民航气象台，特别是新建立的民航气象台的航空天气预报的技术力量比较薄弱，中央气象局和中国民用航空局联合委员会提出，中央气象局各级气象台站应和有关的民航气象台进行天气会商等技术指导。中央气象局还在气象科学研究所成立了民航气象研究组，探讨民航气象迫切需要解决的具体技术问题。

对于生产部门自己建立的气象台站，涂长望都让国家各级气象部门给予积极热情的支持、关心和帮助，加强技术指导，在科研、学术活动中给予照顾。

为了迎接经济建设高潮，配合好并服务于经济建设高潮，涂长望要求全国气象人员，十分关注专业气象服务网的建设，使气象科学多方面服务的精神落到实处。

第二十三章　规划蓝图

第一节　光荣加入中国共产党

新中国成立前涂长望完成周恩来委托，忙完科学大会的事，选出了科技界、教育界的政协代表之后，他就向徐冰谈过入党的事。

新中国成立后他受命组建气象局，工作更忙了。但他心里总挂记着要加入共产党组织。1950年涂长望写了申请书，等到气象局有党组织时他递了上去。

此后几年，他等待着，也问过几次，重新写过申请书、自传和履历表等。但这事不像他想的那样简单。基层组织、上级党委要认真审查，认为工作需要、条件成熟、时机到了才能发展。

发展一个党员，必须进行社会关系审查、历史审查、入党动机审查、党的知识考核，每项工作都需要时间。

涂长望入党的事，中共中央很关心，基层组织十

第二十三章 规划蓝图

分认真负责。内查、外调、函调工作,从 1950 年进行到 1954 年。杨秀峰的证实材料是 1950 年写的,于炳然(于斌)的证实材料也写于同年的 7 月 23 日。其后有徐冰、汪季琪、朱炳海的材料。金仲华写证实材料已是 1954 年 1 月 27 日,潘菽是同年 2 月 16 日,此后还有干铎、梁希等的材料。所有的人都从不同侧面证明了涂长望有很长一段光明磊落的历史,一段争取民族解放、人民民主、研究科学和为人类谋福利的历史。

30 年代他在英国时,到莫斯科观礼后参加了英国共产党华语支部,回国后失去了组织联系,北平救亡时一度与党发生过组织关系;抗战时期和解放战争时期,他虽没有恢复组织生活,但一直与党保持联系,坚持按党的思想政治路线办事,与国民党反动派进行了坚决而卓有成效的斗争。

无论是 30 年代或 40 年代,他找党的时候,都正是斗争最酷烈、党最困难的时候。在重庆时,他好几次到第十八集团军驻渝办事处,向周恩来汇报、请示工作。有一次,蒋金涛和蔡畅在场,周恩来对涂长望说:"你常来,非常危险。"涂长望说:"我原是党员,虽然没接上组织关系,但是完成党的任务不能有折扣,不能怕危险。"这事给蒋金涛的印象非常深。她那时不了解涂长望的历史,不知道他参加过英共,"一二·九"时曾与党有联系，只觉得他革命态度很坚决。因此，她可以证明，涂长望脱离党的关系没有个人思想政治方面的问题。①

蒋金涛还曾听周恩来同志对她说："涂长望是个好同志，我在重庆就认识，你们党支部要支持他工作。"②

入党动机的审查，是件不容易弄清楚的事情，这关系到一个人为什么要革命。涂长望在申请入党的《自传》中写得明白。

近代中国革命队伍的形成，是条条道路通罗马，参加革命的初衷，多种多样。涂长望走上革命道路，是出于一种科学的世界观，认识到人的一生要以推动社会进步为己任，去追求真理，寻找救国救民的道路。这是近代中国许多革命知识分子都走过的典型道路。

涂长望年轻时，拥护过北伐军，接受过无政府共产主义思想影响，到英国后又曾相信过国民党左派，赞成过费边社会主义，相信过英国工党。"九一八"东北沦陷，才使他看清国民党反动派的本质；英国工党政治家主张"共管"中国东北，才使他明白中国不革命就没有

---

① 原计财处支部书记赵玉璋回忆涂长望入党、转正经过，1993年10月12日。
② 郭绍仪：《怀念新中国气象事业奠基人涂长望同志》，刘英金主编：《风雨征程：新中国气象事业回忆录第一集（1949—1978）》，气象出版社，2006年，第599页。

第二十三章 规划蓝图

出路。他认真地求索革命道理。接触到共产党员，参加第三国际活动，了解国内斗争，到莫斯科观礼，知道了国际无产阶级革命。经过那么多实践、思考、比较，他才选择了共产主义，参加了英国共产党。涂长望是属于有较深刻的思想基础、有较高自觉性的一类党员。

总之，无论是看历史情况，还是看现实表现，涂长望的思想认识都是经得起党的考验的。

1956年1月，中共中央召开了关于知识分子问题的会议，周恩来在会议上作《关于知识分子问题的报告》，十分强调知识分子在社会主义建设中的作用，并对他们的进步作了充分肯定。在党中央的关怀下，中央气象局的党组织也认为吸收涂长望入党的时机已经成熟了。这才着手完成他入党的手续。

履行入党手续，必须在基层组织进行，必须有两名正式党员为介绍人。涂长望被编在计财处党支部。他的两个入党介绍人是两位副局长：王功贵和甘德洲。

1956年4月26日，局党总支委员会讨论通过涂长望入党。涂长望颇有些激动，就像长久期待母亲的孩子，又回到了母亲怀抱。虽然他一直感受到党的关怀，他也一直为党辛勤工作，但此时才成为党组织的光荣的一员。参加讨论的同志，都能感觉出涂长望对党、对共产主义理想的一片深情。

平时富于演说才能的涂长望，得知自己被接收入党时，竟不知道应该讲些什么才好，只是说："感谢同志们信任，今后，让我们一起更好地为党的气象事业奋斗！"

总支委员会通过涂长望入党后，立即向中共中央统战部、中共中央组织部、国家机关党委呈报。1956年5月11日，中央国家机关党委批准涂长望为中共候补党员，入党的日期从4月26日算起。

涂长望入党后，中央气象局党总支副书记阮建华在《气象简报》撰文《我们接受了涂长望同志入党》，说明涂长望入党的重大意义，加强了气象事业党的领导核心，有利于共产党与民主党派、科技团体的团结。他希望和相信涂长望能够像在《入党志愿书》中所写的那样："在社会活动中，将进一步地做好国内与国际的统一战线工作。"

涂长望自己也撰文《怎样做好一个党的新兵》。他是从零开始，说"从此，步入了党的战斗行列，找到了光荣的归宿"。

涂长望表示，除了按照共产党员的八条标准来严格要求自己外，还要努力做到四点：第一，加强马列主义学习，继续进行思想改造；第二，密切联系群众，加强机关工作；第三，抓住科学研究工作，提高科学研究水平；第四，团结民主人士，做好统战工作。

涂长望除了严格要求自己之外,想得最多的是:"使我们的干部,在短时期内,学会和掌握世界上气象科学新的成就,迎头赶上国际水平",以及"继续巩固和扩大人民民主统一战线,团结一切可能团结的力量,为共同目标而奋斗"。

涂长望的入党,在知识界引起了很大的反响。不仅是在气象局内,在中国科联、中国科普、九三学社,尤其是在中国科学院和北大、清华等院校,使许多科学家感到有了前途,有了榜样。竺可桢更是老当益壮,有了信心,也递上了入党申请书,后来终于加入了党的行列,郭沫若特为他赋诗祝贺。

第二节　农业《纲要》增条款

中央气象局党组在 1955 年 1 月建立。1 月 22 日中共中央组织部通知:"经中央 1 月 17 日会议批准:王功贵、甘德洲、张乃召、罗漠 4 人组成中央气象局党组,王功贵为党组书记。"后来又增补蒋金涛为党组成员,甘德洲为副书记。

气象事业发展起来之后,人员大量增多,工作头绪纷繁,任务十分繁重。党组成立,使涂长望感到有了依靠,肩上重担有了组织来支撑。方针政策、人事安排等各项重大问题有党组来研究决策,能减少失误,使气象事业更好地发展。

涂长望过去做领导工作,转建前是通过请示报告空军党委、中央军委来贯彻党的领导,依靠党的领导来推进工作;转建后是通过请示报告中央农村工作部、国务院第七办公室来贯彻党的领导。现在,涂长望感到党的领导近在身边。执行领导职务,事事向局党组请示报告。对于局党组的决定,坚决贯彻执行。

涂长望非常尊重党组的领导,维护党组的威望,无论是在各种公开场合,还是与个别同志谈工作,都表示大家要在局党组的领导下,努力完成任务。

局党组主要成员、副局长王功贵和甘德洲,都是老红军、工农干部,不懂业务,涂长望就耐心地帮助他们学习。涂长望与他们的关系十分融洽。在气象局里,经常可以看到他们互相谈心。在休息时,一起打网球,锻炼身体。在食堂里,同桌就餐。

1955年2月16—19日,一场强寒潮袭击中国,冷空气前锋直达南海。对南方沿海各省影响尤大。涂长望立即派人与有关台站同志一起,对预报服务情况作了调查,以便吸取经验,改进工作。这次寒潮大风对经济建设部门造成了损失,以渔业、航运为重。据调查,浙江省温岭、玉环两地死亡渔民30余人,失踪80余人;广

第二十三章 规划蓝图

东渔民死亡 40 余人；广西渔民死亡 40 余人，失踪 30 余人。检查发现，人民群众不能及时知道天气预报，而部分气象台站的天气预报也不够准确及时。对此，中央气象局向全国各级气象台站发出指示：认真吸取教训，提高预报准确率。

鉴于这时气象预报、情报尚未解密，没有公开广播，涂长望就决定分别与各方面商定防灾办法。3月21日，中央气象局与农业部、内务部联合下发了《关于预防霜冻的通知》；4月9日，中央气象局与林业部联合颁发了《供给林业部门所需天气预报、警报暂行办法》；4月18日，国务院七办下发了《协助组织沿海地区气象保证工作》指示，保证空军、海军活动安全，提前增设气象台站。中央气象局下发《关于加强天气预报、警报积极配合今年防汛工作的指示》，要求各级气象部门与当地防汛、水文部门联系，互相协作，加强内部工作，确保防汛安全。

在积极做好当前工作的同时，还加紧准备将来的发展。涂长望思考的是第一个五年计划后两年的任务如何实现，第二个五年计划的目标如何确定。涂长望于2月16日召开局务会议，进行详细研究。

关于第一个五年计划的后两年，涂长望有全面的设想，他提出了这样一些方面：继续抓紧台站建设，提高工作质量；统一经建部门台站，加强业务管理；加紧预报业务建设，提高预报工作水平；开展气象科研工作；做好器材业务建设、气象通讯业务建设、气象编译出版宣传建设、气象教育与干部培养、国际气象技术合作等，共计11个专题方案，包括项目提纲，要求各单位承办。涂长望给他们4个月时间，充分发动群众，做好调查研究，提出切实可行的计划来，于6月15日前交计财处，进行综合平衡。

涂长望布置了任务之后，又到一些单位去，和具体工作人员讨论、研究，使计划订得更好，今后的工作完成得更好。

安排了1956—1957年计划后，涂长望集中心思考虑更长远的发展，规划三个五年计划15年的蓝图。他要先听听科技人员的想法。

1955年5月5日，涂长望召集处长和工程师们开会，讨论15年水文气象建设轮廓方案。到会的除局领导、党组成员王功贵、甘德洲、张乃召之外，有办公室主任罗漠、副主任崔实，台站管理处处长蒋金涛，天气处处长王宪廷，计划财务处处长阮建华、代理副处长赵玉璋，人事处处长张君实、副处长谢斌，器材处副处长齐生英，机要处副处长华夫，中央气象台工程师程纯枢，台站管理处工程师王宪钊，天气处工程师顾钧禧。

国务院七办也派了同志来参加，听取处长与工程师们对水文气象建设远景规划的讨论。

在学习苏联的高潮中，有些同志主张中国也像苏联那样，把水文和气象合在一起。涂长望对此没有成见，听上级决定，所以在考虑长远规划时，也附带讨论。

在广泛听取了各方面意见后，涂长望亲自起草了《十五年水文气象建设的初步轮廓方案》。涂长望起早贪黑，在8月下旬完成了任务，便赴日内瓦去参加世界和平利用原子能会议了。

涂长望这次出国，历时一个多月。从日内瓦回返，还以观察员身份在莫斯科参加了苏联东欧各国水文气象局局长及邮电部代表会议。会议决定了在各国间建立直达电传线路，在国际航线增设高空站以保证航空，统一水文气象仪器和观测方法。会后，涂长望等参观了苏联水文气象主要业务和科研机构，与苏联水文气象总局局长卓洛图辛商量了1956年派人赴苏实习等事项。然后，又到民主德国，参加第四届世界科协代表大会。

在这期间，苏联顾问的《气象事业十年远景规划》《中华人民共和国气象勤务总条例》两个建议也提出来了。涂长望于9月22日回到北京，当天即召开局长办公会，研究编制第二个五年计划问题，确定由计财处根据苏联专家建议的《规划》《条例》和涂长望的《轮廓方案》，国民经济各部门的要求，本局各业务部门的具体情况，草拟初步方案。

计财处的同志不到一个月，即完成任务。10月17日，涂长望召开局长办公会，讨论了"二五"计划的初步方案。

这时党中央和国务院正在加紧制订《一九五六年到一九六七年全国农业发展纲要（草案）》。涂长望和副局长、党组成员们反复讨论了《纲要》中有关气象的条款问题。1955年12月26日，中央气象局党组向党中央、毛主席呈报了《关于农业纲要气象条文的报告》，提出在纲要17条中增加有关气象问题的意见。

1956年1月25日，毛泽东召开最高国务会议。讨论并通过中共中央1月23日提出的《一九五六年到一九六七年全国农业发展纲要》。在讨论的时候，涂长望发言汇报说："新近我们研究《十二年科学技术发展远景规划》，大家都同意把人工降雨试验列入重点项目。"

毛主席认真听取了涂长望的发言，表示赞成列入重点项目，听完之后高兴地说："人工造雨是非常重要的，希望气象工作者多努力。"①

《纲要》40条里，有16条直接或间接需要气象工作

---

① 参见国家气象局办公室编印的"党和国家领导人对气象工作的指示汇编"《关怀与希望》，1992年11月。

第二十三章 规划蓝图

者的紧密配合。其中第二十二条"加强气象水文工作"是针对气象部门提出的具体要求：

> 从一九五六年起，在十二年内，基本上建成气象台站网和水文测站网。加强天气预报，特别是危险天气预报的工作。建立农业气象预报的工作。各地应当注意收听关于气象的广播，以便预防水、旱、风、冻等自然灾害。
>
> 农业的发展是离不开气象保障的。要防止水旱灾害，就需要有中长期天气预报；要防止大风、霜冻的危害，就需要有中短期天气预报；要保证农作物生长发育良好，就需要有农业气象分析和预报。农业生产的布局和规划，耕作制度的改革，良种的引进、培育和更换，需要周密的气候分析。

《纲要》对各地提出了不同的产量指标，其依据，就是以长江、秦岭、淮河、白龙江、黄河为分界划出的不同气候带。

毛泽东对于通过的《纲要》十分满意。数千年以农业立国的中国，未来农业有了极其美好的前景，与会者个个都受到极大鼓舞。毛泽东已多次说过：我们国家大，人口多，资源丰富，地理位置好，应该建设成为世界上一个科学、文化、技术、工业各方面更好的国家。在这次最高国务会议上,毛泽东发出了"向科学进军"的号召。

涂长望开完会回到家里,脑子里还回响着毛主席说的话。王回珠和孩子们都感到他特别兴奋。当晚他睡不着,就起来到书房伏案写作,他是在写传达汇报的提纲。

第三节　远景规划展宏图

毛主席召开最高国务会议通过《全国农业发展纲要》的第二天,即1956年1月26日,涂长望召开本年第八次局长办公会议。他首先向大家传达了最高国务会议的精神,毛主席对气象工作者的希望,然后研究如何贯彻,最后研究其他工作。办公会研究决定,下周由涂长望向全局同志报告今、明两年的工作和十二年的远景规划。

按照中央的要求,各行各业都要制定出十二年远景规划,以推进社会主义建设的全面发展。涂长望在他的报告中说:"随着整个国民经济的发展,毛主席又给我们提出了十七条指示,各方面都需要对工作进行全面规划。"

涂长望说:"首先我们应该清楚地认识到气象事业计划是整个国民经济计划的一个组成部分,我们计划的制订必须要依照整个国民经济计划总的精神与要求。国家总计划要求在三个五年计划内将我们的国家建成社会主义社会,再经过几个五年计划就要建成为强大的高度的社会主义的工业化国家。气象工作的目的是'服务',也就是要保证配合国民经济的发展与保障人民生命财产的安全。所以,我们气象事业建设计划不能落后于其他部门的计划,相反地应该走在其他部门计划的前面,否则就无法提供各方面所需要的气象资料、情报,也就不能保证各方面对气象服务的要求。"

涂长望提出让大家讨论的规划内容具体有七点:

一、气象台站网建设,在三个五年计划后期,其密度要超过强大的资本主义国家。

二、服务方面,要能开展各种专业气象预报服务,经常提供中、长期预报服务。

三、特殊观测方面,在三个五年计划期内填补日射观测、海洋观测、臭氧观测、雷达观测、飞机观测、近地层物理观测及各种高空观测的空白。

四、科学研究方面,要成立各种科学研究机构,开展各种研究,在三个五年计划之后,气象科学技术要能接近或达到国际水平。

五、通讯方面,广泛使用现代电传、传真等设备,能担负国际气象广播任务。

六、气象仪器要做到全部自足。

七、干部培养方面,要增设各种学校,使干部数量和质量都能满足气象事业发展和科学研究的需要。

涂长望提出的规划是积极而又稳妥的,他说:"总的说,在三个五年计划完成后,在气象业务方面达到先进的国际水平,在科学技术研究方面要能接近或达到一般的国际水平。"① "我们容易把工作做得很好,但在科学技术上达到先进水平是不容易的,这需要人才,需要加强科学研究。"

涂长望准备从1956年1月份开始,把中央气象台改为中央气象科学研究所。此事经周总理批准正式施行,同时还积极与农业部、科学院合作成立农业气象研究室。

一些同志不理解,气象业务机关为什么这样强调科研,办了许多研究机构。涂长望耐心地对大家解释说:

> 只有很好开展科学研究才能提高业务质量。因为我们的气象科学还是个新兴的科学,有许多问题还没得到解决,不开展科学研究是不可能解决的,那么我们的业务质量也就得不到提高;再一方面我

---

① 涂长望:《我们气象工作的十五年远景规划》,《纪念涂长望》,气象出版社,1991年,第109-110页。

第二十三章 规划蓝图

们的气象科学是带有地域性质的科学,不能硬搬别国的经验来应用。如东亚方面的各种天气规律,我们自己不研究是没有别人来代替我们研究的;又如中、长期预报问题,到目前为止,不管是在理论上、方法上,别国还没完全解决,而它对我们又是迫切需要的,如不抓紧研究则不可能正规地进行……所以,只有大力开展研究工作,才能迎头赶上国际水平,也只有这样,才能很好地培养出我们的研究干部。

毛泽东从1956年2月14日到4月22日,用了两个多月时间,来详细听取34个部委的汇报。中央气象局的汇报是在3月17日。正值全国气象会议召开(3月16—28日,在北京)的第二天。副局长们忙于会议,涂长望请邓子恢副总理作报告,然后自己去向毛主席汇报。同毛主席谈话,气氛轻松。汇报的重点,是气象工作情况和远景规划问题。毛主席主要询问的,是工作中的问题和气象科学的国际水平。涂长望感谢主席对气象事业的关怀,征询主席对气象工作的指示。毛主席说,具体的没什么可说了,等调查研究结束之后,再总的谈一谈。

原来毛主席做这次大规模的调查研究,是为全面、系统、深入地弄清国情,总结历史经验,探索适合中国国情的社会主义建设道路。一边调查,一边修订他的著作。到 4 月 22 日,听完了有关部委的汇报,25 日就发表了他的名著《论十大关系》。发表方式是邀请各部门领导听他讲话,即调查研究结束后总的谈一谈。

这篇《论十大关系》讲话的中心,是提出探索适合中国国情的社会主义建设道路的任务。涂长望听了这篇讲话,心里激动不已:多少年来,多少人追求的人类社会进步的理想,就要在华夏大地实现了。自己能亲自参加这一伟大的革命实践,是何等的幸运啊!

在王回珠和孩子们眼里,涂长望把家当成了旅店。在参加全国气象会议的代表眼里,涂局长总是忙碌不停。但他精力充沛,信心十足,一讲话就给人以鼓舞的力量。①

涂长望在向全国气象会议代表们作《关于气象事业十二年发展远景规划》的报告时,心里充满了激情。他首先针对新形势谈了三点:

第一,我们正处在伟大的社会主义革命的高潮中,全国到处都是一片欢欣鼓舞的景象。

第二,我们正面临着农业合作化高潮引起的全国农业生产高潮,党中央已经提出了农业发展《纲要》,正

---

① 王回珠曾回忆涂长望听了《论十大关系》后的心情。

如《纲要》所说，农业生产高潮必然会引起工业、科学、文化、教育、卫生等事业的高潮，我们气象工作要配合好这个高潮，搞好服务。

第三，党中央、毛主席号召向科学进军，要求在12年之内科学研究方面的重要部门要赶上国际水平。气象这门科学，要在12年内接近或达到国际水平，是一个艰巨而光荣的任务。

涂长望说：

> 气象是一门科学，发展这门科学的目的首先就是研究大气中发生的各种物理过程的规律，用来防止自然灾害；进一步就是要揭示气象资源以供人类用于生产建设；最后则是要利用所认识到的规律来控制自然、改造自然。由此可见，气象科学是一门为人民谋福利——在目前首先是服务于社会主义建设——的科学；同时它又会在为人民谋福利的过程中得到迅速的、真正的发展。
>
> 但是现在我国的气象科学还很落后，许多在世界上已经达到的成就，我们还没有掌握起来，这样我们就不可能很好地为社会主义服务……
>
> 在12年内达到和接近国际水平，对于我们目前落后的情况来说，是一个伟大的目标。但是，只

有这样一个目标是不够的,我们还必须估计到各种有利的条件和存在的困难,具体地规定出达到这一目标的步骤和方法,作出全面规划;只有这样,才能使全体气象工作人员齐心协力地、目标一致地前进。但是,只是作出远景的规划仍然是不够的,我们还必须制订出年度的详细计划——在目前来说,就是1956—1957年的计划——否则,也就不能把伟大的理想变成美好的现实。①

涂长望报告了三部分的内容:气象事业十二年发展的远景规划;1956—1957年的主要任务;克服领导上的右倾保守思想和发挥全体工作人员的潜力。

涂长望谈到气象业务国际水平的标志,总的说是天气预报和气候资料服务都能满足经济建设和国防建设的需要,要大大提高预报准确率,建立中、长期预报工作,开展各项专业气象预报服务,用打孔计算机和电子计算机来提高工作效率。为此,要达到三个标志:第一,气象台站网数目和分布要能满足经济建设需要。第二,气象观测项目、仪器、质量达到国际水平,除了一般观测之外,还要开展农业气象、海洋水文气象、小气

---

① 涂长望:《关于气象事业十二年发展远景规划(摘要)》,《纪念涂长望》,气象出版社,1991年,第116-117页。

候、大气物理、高层大气等方面的观测,要能制造自记仪器、电子仪器、远程控制仪器,同时要提高记录的准确性、代表性和比较性。第三,气象通讯要自动化,保证气象情报迅速准确,能担负起国际广播任务。

对气象科学的国际水平,涂长望也提出四个标志:第一,气象科学每个学科,不但有一定数量的高级研究人员,同时各主要学科都要有一两个国际的学术权威,第一流科学家。第二,研究用的仪器设备基本上能在国内设计制造。第三,重要学科都建立起来了,目前的空白如农业气象、海洋水文、大气物理都要有所发展。第四,最重要的是能够解决经济建设和国防建设中提出的重要气象问题。

涂长望提出了在12年内气象业务赶上或超过国际水平,气象科学接近国际水平,必须完成的9项具体任务。

涂长望要求在第一个五年计划的后两年,加紧各方面的工作并做好后10年发展的准备。关于"二五"计划期间气象研究的重点,涂长望首先提的是短期和中期天气数值预报方法的研究。关于"三五"计划期间气象研究的重点,涂长望说:"应放在长期天气预报的客观方法以及实验气象与大气物理的研究方面,为大规模改造自然创造条件。实验气象研究方面应特别着重人工造雨、人工消雾、人工消除冰雹及控制天气等方面的研究。高层（30公里以上）大气环流与物理性质的研究，应列为大气物理研究的中心任务之一。"

代表们听了涂长望的报告，很受鼓舞。大家分小组进行了热烈的讨论，并提出了一些问题、意见和建议。

涂长望认真听取了同志们的意见，跟党组的同志进行研究和商量，然后再集中地在大会上同全体代表见面。涂长望把大家提的问题归纳为12个方面，逐条地作了说明。其中代表们谈得较多的是台站建设的数量、密度、速度等问题。

涂长望曾与苏联专家谈到，各省局反映设站少了，苏联专家提问设站的目的是什么？根据是什么？认为："设站与开工厂一样，出产的目的、根据均应弄清，否则形成浪费无用，如从天气、气候上考虑，目前设站的密度是可以解决问题的。"

涂长望认为台站建设要按生产建设需要进行。探空站网可以按300—350公里设置，青藏高原周围可以密些，按200公里设置；气象站网的密度，平原200公里，山地100公里，青藏高原和沙漠地带还应密一些，但因人烟稀少，困难很大，所以也难做到；气候站网密度50公里，是否合适，待进一步研究；雨量站网密度考虑为20公里，因水文气象尚未合并，所以没有列入。

关于水文与气象合并的问题，因为苏联是水文气象合一的，所以这也是代表们议论较多的。涂长望根据领导集体的意见作了回答。

经过前一段时间上上下下的努力，在12天的会议中学习了毛主席的指示，听了邓子恢副总理的报告，又听了涂长望局长的报告和对大家讨论意见的说明，气象事业12年的远景规划便大体确定了。同志们都感到，今后的方向和任务明确了，有了美好前景，信心更足，积极性也更高了。

1956年4月16日，涂长望召开局长办公会议，讨论通过了全国气象会议后给毛主席的报告，还研究了从6月1日起公开广播气象的问题。18日，局党组把会议情况向中央农村工作部作了报告，并转呈党中央和毛主席。

第四节　进军科学缚苍龙

中国农村的社会主义高潮正在掀起，各行各业也正在掀起经济建设高潮，气象工作怎样配合，怎样搞好服务成了很迫切的问题。而这时，气象工作还是保密的，工作起来有诸多的不便。

这时候，涂长望开始在领导班子中酝酿气象解密的问题。

在战争时期，气象资料、情报非保密不可，但在和平时期就没有必要了。因为保密不仅限制了敌人，而且也限制了本国的非军事部门和广大人民群众对气象科学的利用。在国家进入大规模经济建设的时期，各行各业对气象的需要是很多的。气象为经济建设服务，需要解密。向科学进军，追赶国际水平，加强国际协作，也需要解密。解密以后，还能省下一批机要人员来，可以改做别的工作。

1956年3月27日，中央气象局向中共中央、国务院呈送了《关于取消气象保密的报告》。

4月10日，中共中央办公厅机要局抄传办公厅主任杨尚昆作的批示："我已当面请示过周恩来总理，同意天气实况、天气情况和天气预报使用明码。"使用明码即解密。①

涂长望于4月16日召开局长办公会议，通过了就全国气象会议讨论远景规划情况给毛主席的报告后，就讨论向全国气象系统发出《关于取消气象情报保密的决定》，决定从6月1日8时起，全国公开气象广播，气象密码停止使用，气象机要机构全部撤销。

气象向全国人民和世界公开了，提高自身的科技和业务水平以及搞好服务就有了新的动力。组织气象人

---

① 温克刚主编：《辉煌的二十世纪新中国大纪录·气象卷》，红旗出版社，1999年，第944页。

员，响应毛泽东主席向科学进军的号召，可以推动各项工作的发展。

为了组织好向科学进军，加快我国气象科学事业发展步伐，为实现远景规划奠定基础，中央气象局按照中共中央关于积极领导先进工作者运动的通知，在"五四"那天发出了《关于在全国气象系统开展先进工作者运动的通知》，决定于1957年4月份在北京召开全国气象先进工作者代表会议。这样的会议，在气象系统还是第一次。

1956年5月19日，涂长望向中央气象局在京直属单位全体干部作《关于向科学进军的问题》的报告，动员全体气象人员向科学进军。当时大家的积极性很高，已经有几百人订了个人规划。但也存在一些模糊认识。

涂长望首先说明，党中央号召向科学进军，目的在于提高我国整个的科学文化水平。涂长望指出，向科学进军必须包括自然科学、社会科学两方面，不能片面理解。他认为，"学习了马列主义，处理科学问题时立场、观点、方法也就会比较正确，少走弯路，少犯错误；学习了自然科学对马列主义世界观也可以领会得更透彻。"

涂长望指出，机关干部向科学进军与学校、科研机关有所不同，学校专门提高文化，科研机关是专门搞，机关的同志必须在做好工作的条件下，用业余时间向科学进军。

涂长望强调各种工作都需要科学知识,要提高就必须进行科学研究。

他还说向科学进军,并不是说向别的方面不能进军,有的同志要做画家、诗人、艺术家,甚至想跳芭蕾舞,这些都可以,我们也应该支持。

涂长望最后着重指出,向科学进军是集体进军,而不是个人进军。要有组织、有计划地进行。他具体谈了向气象科学进军的各种问题,以及党、政方面的帮助与支持。

涂长望在谈了对向科学进军的看法后,接着谈了在向科学进军中应注意的一些问题,如何拟订个人计划,党员、行政如何帮助大家向科学进军等问题。要求解决一些具体问题,如购买图书和参考书,创造学习环境等。

中国气象公开之后,它将成为6亿人民掌握的战胜天灾、改造自然的一种武装。气象科学技术、气象书刊出版物等,也要公开,进行科学普及宣传。这是向科学进军的需要,提高气象科技人员科学文化素质的需要。

涂长望一向重视科学技术储备及书刊的出版工作。当初,军委气象局刚建立,图书资料奇缺,涂长望把他仅有的在国外的外汇存款都用来购买了气象书籍,交公使用,组织顾钧禧等建立技术室,后来改为编译室,参

第二十三章 规划蓝图

考国际经验,编写各种技术指导书册。涂长望早就想出版技术刊物,1950年冬有了人手,他即让顾钧禧筹备出版《天气》月刊。次年2月,成立编委会,由卢鋈副局长任主任,编委有蒋金涛、张宝堃、秦善元、顾钧禧、谢光道、张炳辰、朱和周、顾震潮等,10月份出版第一期时,编委又增加冯秀藻、王鹏飞、谭丁三人。[1]

编辑力量很强,对稿子的质量要求也较高。涂长望重视刊物对提高气象人员素质的作用,同时也尊重脑力劳动的价值。当时对于给不给作者稿费,气象人员中颇有一些议论。编辑部的同志拿不定主意,矛盾上交到涂长望那里。涂长望知道主张不发稿费的那些人,大多不写稿还对写稿者有看法,是不对的。他对编辑人员说:"好的稿件发表后,其价值远非所发稿费可衡量。而且台站工作人员的业务技术亟需提高,气象科学在不断发展,边工作边学习,在工作中通过刊物书籍自学,是气象事业迅速发展中提高台站人员工作能力及气象科学水平的主要途径。许多气象科技工作者写稿,其时间是在繁忙中压挤出来的,他们宁可挤出点滴时间进行写作,正表示他们热爱社会主义气象事业、为气象工作多贡献

---

[1] 顾钧禧:《〈天气〉月刊创刊始末》,刘英金主编:《风雨征程:新中国气象事业回忆录第一集(1949—1978)》,气象出版社,2006年,第618-619页。

自己能力的优良品质。他们本人并不在乎稿费,但作为气象事业的领导,应当主动关心他们。鼓励他们通过写稿发挥他们献身社会主义气象科学事业,以其所长来培育台站人才的积极性。"①

涂长望非常关心青年人的学习和进步。先后为涂长望当秘书的张家诚、徐家行、茹珊、刘广汉等,都受到他的培养。张家诚被派到苏联学习,成了著名气候学家。

涂长望非常尊重他人的劳动。有些文稿他是用铅笔写个提纲,口述给工作人员代他起草的,稿费他都交给起草者本人。

气象解密后,需要进行大量宣传,除了写稿给报刊、广播之外,还进行科普讲座,开办科普展览。

1956年举行全国农业展览会,涂长望决定气象事业参加展览,在全国农业展览会中设立气象馆。涂长望7月9日召开局长办公会,研究展览问题,决定在全国农业展览会开幕之前,把气象馆的内容送到中央领导机关去进行宣传,在中南海举办气象展览。这在气象史上还是首次。在向科学进军中,在中央机关进行科普宣传,气象科学也是首开风气。

涂长望致力于使气象科学成为人们改造自然的武装。

---

① 王鹏飞:《最喜丹贞托红日——回忆涂长望先生往事》,《纪念涂长望》,气象出版社,1991年,第64页。

把宣传工作做到了中南海,也深入全国人民的心中。

《天气》月刊1953年改为《天气月刊》后,仍是内部发行。现在气象解密了,一些气象书籍和《天气月刊》也将公开发行。可以宣传气象,推动向科学进军。

涂长望除了用书刊让人们知道气象,也很重视利用报纸、广播等新闻媒介宣传气象科学。他还在政协和人大呼吁发展气象。1949年政协成立时涂长望就是全国政协委员,1954年第一届全国人民代表大会召开时,涂长望又是人大代表。他常利用开会的机会宣传气象科学。

1956年7月,涂长望在第一届全国人民代表大会第三次会议上,作了《使我们的气象业务在十二年内赶上或超过国际水平》的发言。这篇发言通过报纸、广播传遍全国。涂长望说:

主席,各位代表:

坐过飞机的代表们,都有这样一种经验,上了飞机以后有二种顾虑:第一,怕飞机发生故障;第二,怕遇到恶劣的天气。气象工作者的任务就是要给飞行员以准确的航行预报和危险天气警报,从气象上来保证飞机的安全。水、旱、寒潮、台风、霜冻、冰雹、雪暴、狂风、暴雨是广大农民、渔民、牧民、盐民和交通运输部门最可怕的自然敌人。气象工作者的任务就是随时监视天气变化,事先做出准确的预报、警报……从而避免或减轻自然灾害的损失。大型的基本建设,例如三门峡工程,设计前需要各种气候资料作设计的依据,施工时需要每天的天气预报作施工安排的参考。气象工作者的任务。就是供给各种重大的基本建设和流域规划充分的、准确的气候资料和施工所需要的每天天气预报。

涂长望谈到了几年来提高气象科学技术水平、利用气象科学所起的作用。过去,辽东渔民平均捕鱼1000吨就要死1个人,现在好了。内蒙古草原一场"白毛风"(暴风雪)要损失成万头牛羊,自从有了气象警报,损失减少60%—70%。贵州一些地方群众自动拆掉了龙王庙,说:"烧了几十年香,龙王都不开眼,还是气象台有办法。"

涂长望向人民代表报告了气象科学状况,今后的计划和十二年远景规划。在谈到目前存在的主要困难时,他只举了两个方面:高级技术干部极端缺乏;比较精密的气象仪器现在还是需要从国外进口。

涂长望在结束他的长篇发言时说:

各位代表,你们经常很关心报纸上和电台发布的天气预报和警报,这对我们是莫大的鼓舞,同时

第二十三章 规划蓝图

也可督促我们改进服务工作。我们相信,有了你们经常的关心与督促,"天有不测风云"将很快地变为测得很准;目前我们虽然不能"呼风唤雨",但不久的将来,局部的人工降雨即可实现;由于防风林、防沙林的大规模建设,可以使风转向;由于全国的绿化、大水库的兴建,全国的气候将有所改善。我们全体气象工作者将与林业工作者、水利工作者一起,在党中央与毛主席的领导下,在不久的将来,一定能够做到改变气候、征服自然,正如梁希部长所说的"做到全国山清水秀,风调雨顺"。①

涂长望结束发言时颇动感情。他是这样说的,也是这样做的。还在1955年末,全国气象系统就开展了大规模的为水利建设服务的工作。从此,开始了为治理江河和开发长江三峡的气候研究服务。

谈起中国治水的历史传统,可以追溯到公元前21世纪的夏代。近4000多年来,一切有作为的中国政治家,无不十分重视农业水利建设。毛泽东把农业作为国民经济的基础,并认为"水利是农业的命脉"。

向科学进军,抗旱防涝,与天奋斗,是一个重要目

---

① 涂长望:《使我们的气象业务在十二年内赶上或超过国际水平》,《纪念涂长望》,气象出版社,1991年,第147–148页。

标，需要气象与水文、水利部门的合作。

"黄河之水天上来。"水利建设，防汛抗旱，都要根据气象来开展。新中国的水利建设，从新中国成立初期就着手考虑，经济恢复期就已完成一些项目，50年代，就有了中外历史上空前的大发展。每一项大小水利工程，气象工作者都给予了有效的配合与气象保证。

一次遍及全国、规模空前的流域气象资料收集、整理和流域气候分析，在1955年酝酿就绪，到年底落实到中央和各省气象部门。这是根据国家建委、国家计委共同确定的任务，由气象部门完成，提供给水利部门使用。

涂长望要求气候工作者克服困难，努力完成水利、水电建设迫切需要的这些气象工作，搞好服务。他认为，这也是气候工作的一项基础建设。这次水利气象服务对象，包括5个部门：

提供给黄河规划委员会2项：黄河中下游、黄河上游刘家峡以上，分别由中央气象台、兰州中心气象台完成。

提供给治淮委员会2项：淮河流域、长江下游湖口以下及太湖流域，分别由中央气象台、汉口中心气象台完成。

提供给水利部北京勘测设计院沈阳分院1项：松花江下游，由沈阳中心气象台完成。

提供给水利部北京勘测设计院1项：海河、滦河两

第二十三章　规划蓝图

流域，由中央气象台完成。

提供给水电总局 11 项：云南以礼河南盘江流域、辽东浑河流域、西藏拉萨地区、湖南沅水和资水、四川岷江流域灌县以上及灌县以下、浙江新安江流域、广东东江流域及新丰江与流溪河、新疆可可托河、甘肃疏勒河、贵州乌江流域、东北第二松花江流域，分别由云南省气象局、沈阳中心气象台、中央气象台、湖南省气象局、成都中心气象台、浙江省气象局、广州中心气象台、新疆维吾尔自治区气象局、兰州中心气象台、贵州省气象局、辽宁省气象局等单位完成。

对于这项巨大的气候工程，涂长望要求在一年之后就完成，个别省如贵州可以晚一点，在 1957 年完成。

在进行江河流域气象资料整理和气候分析的时候，又开始酝酿长江三峡水利枢纽工程的气象问题。先一步进行的工作是收集整理有关三峡的水文气象资料。工作中，涂长望第一次接触了水利部部长助理饶兴。他是到航空署街中央气象局来了解三峡气象情况。涂长望接待，交往几次，彼此印象不错。

后来关于长江三峡的气象工作，是为长江流域规划办公室服务。为了进行这方面的研究，气象科学研究所准备进口每秒 1 万次和每秒 1.5 千次的计算机。1958 年长办委托中央气象局、中国科学院地球物理研究所、北京大学共同进行"三峡水库上游和下游气象中长期预报""大面积水面蒸发的研究""三峡水库建成后对区域气候的影响"3个课题的研究。研究工作开展起来之后，关于蒸发的课题还约请了四川省气象局、成都工学院来参加；关于气候影响的课题还约请了南京大学和四川、湖北两省气象局来参加。这些研究都取得了成果。

第五节　群英会聚中南海

1956年中共中央召开知识分子问题会议之后，党和国家对知识分子更加信任、关怀。国务院决定给予有贡献的高级知识分子享受特定津贴的待遇。中央气象局享受特定津贴的科学家有涂长望和卢鋈。他们深受气象员们的崇敬。

涂长望生活简朴，作风民主，平易近人，待人热情、诚恳、宽厚，对自己要求严格，同事、朋友和接触过他的所有人都有深切感受。他身边的工作人员谈起来总是十分愉快，觉得和他一起工作是一种幸福。

涂长望大约有三分之一的时间不在气象局里。他的社会活动很多。也经常外出开会。无论是在政协、人大、国务院、中央统战部等党政机关，或是在民主党派九三学社，或是在群众团体科联、科普，或是在科研单

第二十三章 规划蓝图

位中科院、农科院,办事或开会时间较长时,他都要为司机安排好吃饭和休息。在局里,司机也经常处于待命状态。常常是电话一来,就要出车。

涂长望广泛地参加社会活动,增添不少劳累,主要精力仍在推进气象事业的发展。积极组织全国气象人员向科学进军。几年来,尤其是开展先进工作者运动以来,全国气象系统出现了许多感人的事迹。涂长望向局党组请示,同副局长们商量,要用很高的规格来表彰气象先进工作者们。

1957年3月,涂长望开完国际会议从东京回来,除了处理一些紧迫工作,把主要精力都用于筹备召开气象先进工作者代表会议。需要做的工作包括给中共中央办公厅写报告请毛主席和党中央领导接见,准备会议报告、典型材料,宣传报道以及和有关方面联系开会的合作事项,邀请来宾等。各项准备工作,都做得细致周到。

1957年4月22—30日,北京春暖花开的时节,气象群英会聚北京城。来自祖国各地的气象先进工作者代表共176名,80%是青年人。他们中,有翻越海拔5900米的昆仑山建设新疆赛图拉气象站的刘大新、袁之纯,有在海拔5100米的唐古拉山建立青海温泉气象站的周安康,有来自辽阔草原的喇嘛库伦气象站的代表,也有在沈阳、佳木斯、重庆、杭州、汉口等城市气象台的先进工作者代表。

全国气象先进工作者会议的会场设在北京气象学校。涂长望局长致开幕词,向代表们表示欢迎和祝贺,并通过代表们向全国气象工作者的艰苦劳动致以慰问。涂长望称这次会议是气象界的群英会,是对会师北京的全国气象先进工作者的一次大检阅,以表彰大家的成绩和对祖国的贡献,交流、推广先进经验。涂长望还对参加今天会议的来宾表示欢迎和感谢。涂长望说:

> 我国人民的共同目的是要把我国建设成为一个伟大的、有强大工业、农业和有高度文化水平的社会主义国家。要完成这个历史任务就必须动员所有的力量来进行长期的努力和艰苦的奋斗。开展社会主义竞赛和先进工作者运动正是动员广大群众保证社会主义建设成功的重要条件……

涂长望回顾,1952年气象系统就在各省先后开展了不同形式的竞赛运动,如"立功创模"运动、"消灭错情"运动等。一年前发出召开这次会议的正式通知后,我们的社会主义竞赛就进入了新的更高的阶段。

涂长望向代表们报告了气象事业迅速发展出现的一些根本的变化:第一,台站建设的速度是世界少有的,

第二十三章 规划蓝图

总数已经超过新中国成立前的 20 倍,这次在东京开会,美国代表也说:"在这方面你们中国已经赶上了我们美国。"日本代表对我们表示钦佩,惊讶!这一发展在国内满足了经济建设和国防建设的需要,而且在国际上也是重大的贡献。第二,在气象服务方面,预报台的数量也超过了新中国成立前的 20 倍,服务面则超过了几百倍,广大人民都能听到天气预报、警报。我们绘制天气图的次数和种类都达到国际水平,苏联顾问马立克同志去广东、广西检查工作时说:"现在中国绘制天气图的次数和种类,都和苏联一样了。"第三,气象仪器制造方面,新中国成立前几乎全部靠进口,现在基本上都能自己制造了。比较精密的水银气压表、温度表、测风经纬仪、探空仪都能制造。这个领域的发展是个国际竞赛,我们已经为赶上国际水平打下了初步的基础。第四,干部培养方面,过去几年通过短期训练方式培养了大批干部,现在中等教育、高等教育都有了初步的规模和体系。涂长望说:

> 同志们:气象工作七八年来的发展是快的,成绩是大的。这些成绩,是与我们广大的先进工作者积极努力团结群众所发挥的巨大作用分不开的。这正像刘少奇同志在 1956 年全国先进生产者会议上

所说:"先进工作者是人民的先驱,是人民群众的核心,是国家与人民之间的纽带。"事实证明,没有你们这些同志的努力,就不可能取得今天的成绩。①

涂长望还对代表们谈了进一步提高台站业务质量和加强思想建设两个方面的问题。

苏联顾问马立克代表苏联水文气象工作人员,向大会表示祝贺,介绍了苏联气象工作的经验,希望中国的气象工作在今后获得更大的成绩。

参加大会的来宾,有中国农业科学院、林业部、水利部、水产部、食品工业部、中国民用航空局、中国人民解放军空军、共青团中央等单位的负责人,他们分别向大会致辞祝贺。著名气象学家们也到会祝贺,并向代表们作报告。开阔了眼界,增长了知识,鼓舞了士气。

会议期间,有35位代表作了大会发言,交流先进事迹和经验。

4月25日的《中国青年报》特别刊登了青年气象先进工作者的群像,他们是:张天义、胡胤忠、黄际元、杨文善、詹成基、郦火根、陆诗敏、周安康、罗长雅、陈容芳、娜仁格热勒、蒋元正、张韵如、王雪林、袁以

---

① 涂长望:《全国气象先进工作者代表会议开幕词》,《纪念涂长望》,气象出版社,1991年,第154页。

礼、孙顺衍、朱志英、周克前、黄炳辉、曾祥明、朱应佛、聂树勋、冯祥文、郑永骅。

4月27日，邓子恢副总理代表中共中央、国务院向大会表示祝贺，并作重要指示，希望代表们发挥积极性，为提高气象台站工作质量而努力。

4月28日晚上，共青团中央热情邀请全国气象先进工作者会议代表举行联欢。团中央大礼堂布置得隆重辉煌，雪亮的水银灯照耀得如同白昼，入口处的横幅上写着"欢迎全国气象先进工作者"。代表们受到团中央工作人员的热烈欢迎。在欢快的气氛中，团中央书记处罗毅书记、胡克实书记在涂长望局长、甘德洲副局长和罗漠主任陪同下，会见全体代表，一一握手问候。书记处的领导同志被代表们紧紧围住。

罗毅书记代表团中央向大家表示亲切慰问，并说："我们的气象事业已经开始为生产服务了，今后更应该紧紧地与生产结合起来。在你们的行列里，青年占大多数，希望你们在艰苦的环境里全心全意地做好工作。"

胡克实书记说："我们的气象工作才踏上科学的征途，要达到气象科学的顶峰，还要做出艰苦的努力。希望年轻的同志向老同志学习，向老科学家学习，向一切有经验的人学习。"

代表们对两位书记的话报以热烈的掌声。然后，看苏联电影《第十二夜》，举行联欢舞会。

4月29日会议达到最高潮。这天首都北京碧空如洗，阳光和煦，风不扬尘。全体气象先进工作者代表，精神焕发，着装整齐，沐浴着阳光来到中南海，在怀仁堂前的绿草坪上排好队伍，等候毛主席接见。

毛主席已经接见过一批来中南海的客人。气象员们是第二批到达。这时，毛主席等党和国家领导人正在屋里休息。气象员的队伍排好后，涂长望就进屋去向毛主席报告。

涂长望进屋里，见到毛泽东主席、朱德副主席、邓小平总书记都在那里，国务院文委副主任张奚若正在谈工作。毛主席听涂长望报告气象员们准备好了，就起身出门，朱德、邓小平也相继起身出门。涂长望见屋里只剩张奚若一个人，就拉他一起出来。这样，在毛主席接见气象员的时候，在合影照片邓小平与涂长望之间的位置上，就增加了张奚若。

绿草坪上的气象员们看见毛主席来了，禁不住热泪满眶，欢呼起来，热烈地鼓起掌来。毛主席也频频鼓掌，向气象先进工作者们答礼。[①]

毛主席接见后，代表们回到驻地，还是兴奋不已。

[①] 陈少峰：《难忘的记忆，巨大的鼓舞》，刘英金主编：《风雨征程：新中国气象事业回忆录第一集（1949—1978）》，气象出版社，2006年，第61-62页。

第二十三章　规划蓝图

毛主席这次接见气象员，是在政务活动十分繁忙的情况下抽出时间来进行的。这期间，毛主席正忙于修改《关于正确处理人民内部矛盾的问题》这篇极其重要的著作，一些重大工作的日程也安排得满满的。27日，他为中央起草《关于即将发出整风、党政主要干部参加体力劳动的指示和请各地分析研究与人民群众各项具体矛盾的通知》。28日，对整风指示作了批改，接见气象员的当天，又召集刘少奇、周恩来、陈云、邓小平、彭真等专门讨论整风问题。①

气象局领导和做会务工作的同志了解这些情况，深深感受到毛主席和党中央对气象事业的关怀。

30日，大会举行闭幕式。涂长望和副局长甘德洲、卢鋈代表中央气象局向176名先进工作者授奖，同时还对1956年台风预报有功人员和单位上海中心气象台、杭州气象台、中央气象科学研究所颁发了奖旗、奖状、奖金和其他奖品。会议通过《给党中央和毛主席的感谢信》《给全国气象工作者的一封信》后胜利闭幕。

第二天是"五一"节，代表们胸前佩着各种奖章和纪念章，和中央气象局机关的队伍一起到天安门接受毛

---

① 冷战方：《毛泽东与新中国气象事业》，刘英金主编：《风雨征程：新中国气象事业回忆录第一集（1949—1978）》，气象出版社，2006年，第55-60页。

主席检阅。他们手执彩色气球,打着写有"气象先进工作者"的门旗,走在气象队伍的前面。到了天安门城楼时,数百只彩球从气象队伍中升起,在浩浩荡荡的游行队伍里显得格外引人注目。

涂长望安排代表们在北京游览几天。5月5日上午,首都的1200名少先队员在北海公园少年之家与气象先进工作者代表聚会。孩子们穿着节日的衣裳,系着红领巾,老早就来到公园等候。少先队的代表致辞说:"北京的红领巾向日日夜夜坚守在荒山、海岛、沙漠、草原上的气象员叔叔、阿姨致意,感谢你们的劳动,学习你们与大自然做斗争的英雄气概。"涂长望在孩子们热烈的掌声中讲了话,告诉小朋友们,中央气象局已经决定赠送给北京市少年之家一座"少年气象观测站"。涂长望话音未落,孩子们又热烈鼓掌,高兴得跳起来。中央气象局办公室主任宣读赠送书和命名书。涂长望为观测场剪彩,然后和小朋友们一起游园联欢。[①]

中央气象局组织这样的活动,也为全国各地气象部门开展这类活动做出了示范,有利于气象事业深入到广大人民中。

[①] 徐曼泽:《全国气象先进工作者代表会议期间几次有意义的活动》,刘英金主编:《风雨征程:新中国气象事业回忆录第一集(1949—1978)》,气象出版社,2006年,第545-546页。

第二十四章　国际交往

第一节　气象事业反封锁

中国古代气象科学技术，曾经在世界科学技术史上留下了极其辉煌的篇章。

近300年来中国科学技术落后于世界，气象科学也远远地落后于西方。在中华人民共和国成立之前，竺可桢、涂长望、赵九章等老一代气象学家曾力图使中国的气象科学向国际水平靠近。然而，在旧中国，科学家的愿望总是不能实现。

涂长望受毛泽东、周恩来的重托，主持新中国的气象事业，几年之间取得了相当于旧中国几十倍的发展。于是开始规划，用12年赶上世界水平。

农业发展《纲要》和科学远景《规划》，展示了极为辉煌的前景。政治家们在听了科学家意见后感到十分乐观，而科学家们在规划了行动之后却感到担子沉重。

涂长望既受鼓舞,又觉得压力很大。

1956年7月涂长望在第一届人大第三次会议上发言说,第二个和第三个五年计划期间要实现雷达测雨,50公里以上高空气象要素的火箭探测、海洋探测,用电子计算机做天气预报、人工降雨等目标,主要的困难是高级科技人才极端缺乏,精密仪器设备不能生产。他向大专院校和生产部门提出了要求,也希望人民代表予以督促。涂长望大会上没有谈赶超国际水平的国际环境,但是他在考虑着,必须打破国际封锁,并一直是努力这样做的。

大气运行没有国界,科学技术现代化必须加强国际合作。在这方面,涂长望领导的新中国气象事业,为中国科学技术的开放率先做出了贡献。

涂长望富于外交才能。这些年来他伴随郭沫若副总理几度欧游,被视为智囊人物和活动家。涂长望也曾随周恩来总理出访,因十分恰当地回答和处理了有关国际问题,深得总理的赞扬。

中国人民热爱和平,中国气象事业愿意跟世界分享成果。但是帝国主义的封锁,使我们与世界隔离开来了,使气象国际交流也受到影响。新中国成立初期,气象工作就不断碰到国际问题。

1950年3月,广州解放五个月了,世界气象组织仍给广州国民党政府中央气象局发来一封公函。这封公函由广州气象台转到了军委气象局。内容是亚洲气象会议主席将要退休,需要推选继任人,印度代表班吉(S. K. Banerji)提请推选原副主席苏联或印度尼西亚代表中之一人接任。军委气象局为此事请示外交部,外交部考虑中华人民共和国尚未成为世界气象组织的成员,不便与其区域组织发生关系,故未予置复。

中央气象台刚在三贝子花园内原华北观象台建立起来,就面临着急需国际气象情报的问题。是靠了电信组有经验的报务员刘泽等,用陈旧的美制、英制通信设备来进行侦听,收到了苏联的伯力、伊尔库茨克、新西伯利亚、塔什干、莫斯科等地的气象广播。又逐渐收到日本的东京,菲律宾的马尼拉,印度的新德里,巴基斯坦的卡拉奇,印度尼西亚的雅加达,美军基地的关岛以及我国的台北、香港地区和周边国家朝鲜的平壤,蒙古的乌兰巴托等地的气象广播。

中央气象局与中国科学院成立联合天气分析预报中心后,业务范围扩大,要绘制北半球的天气图,对气象情报的需求更扩大了。北美洲在地球的另一面,无线电波反射原理决定了收报更为困难。年轻的新中国报务人员克服困难,侦听到了美国华盛顿气象广播的微弱信号。可惜,只是在凌晨前后出现一会儿,就很快消失了，根本不能用于工作。后来又侦听到欧洲的法国和德国两个气象广播台转播北美天气情报。确定增收德国法兰克福、埃及开罗、肯尼亚内罗毕和太平洋上檀香山的气象广播后，北半球的天气图终于完整地绘制出来了。①

涂长望在百忙之中，思考处理中国与世界气象组织的关系。第二次世界大战结束时，国际气象组织在伦敦开会讨论重新恢复气象国际合作，涂长望接受竺可桢委托和赵九章一起代表中国去参加的。当时中国被选为常委，竺可桢、涂长望、赵九章、吕炯、朱文荣等5人分别被选为5个专业委员会的委员。一年半之后，即1947年9月，国际气象组织在华盛顿召开各国气象局局长大会，制订了《世界气象组织公约》，并发起成立了世界气象组织，成为联合国专门机构。中国是发起国和签字国，代表中国参加会议和签字的是吕炯和卢鋈，所有的当事人现在都在北京。中国人民在1949年推翻了国民党政府，建立了中华人民共和国中央人民政府，但是，联合国世界气象组织不承认新中国。没有接纳人民中国的气象机构，而接受了台湾国民党政权于1950年3月2日送交的对《世界气象公约》的所谓"批准书"。

---

① 刘泽：《建国初期的气象通信工作》，刘英金主编：《风雨征程：新中国气象事业回忆录第一集（1949—1978）》，气象出版社，2006年，第245-250页。

涂长望把有关情况，详细地向周总理作了汇报。1950年5月12日，周恩来总理以外交部部长名义致电世界气象组织代理秘书长斯渥波达，指出：

> 中华人民共和国中央人民政府是代表中国人民的唯一合法政府。我现在代表中华人民共和国中央人民政府正式通知阁下：中国国民党反动派残余集团的所谓"代表"现已完全没有参加世界气象组织的资格，必须将其从世界气象组织的各项机构和会议中驱除出去，请予查照电复，并转知世界气象组织及有关方面为荷。

1951年3月，世界气象组织代表会议将在巴黎召开。会议主席约翰生来电，邀请中国气象局局长列席会议。涂长望见到"列席"一词，又得知台湾国民党已经派了人出席会议，心里十分气愤。在向聂荣臻代总长请示时，提出气象局的意见：对约翰生来电置之不理。聂老总批准了气象局的意见。

朝鲜战争结束后。涂长望考虑逐步扩大国际气象合作。世界气象组织亚洲区域协会将于1955年2月在印度新德里召开第一届会议，世界气象组织将于4月在日内瓦召开第二届世界气象大会。应去参加这两次会议。

涂长望请示了周总理后,于1月26日发出了两封电报,分别通知世界气象组织代理秘书长斯渥波达和亚洲区域协会主席巴苏:中国准备参加会议。

涂长望在给斯渥波达的电报中指出:

> 早在一九五〇年五月十二日,中华人民共和国外交部长周恩来曾通知你,蒋介石国民党的所谓"代表"没有参加世界气象组织的资格,必须将他们从世界气象组织的各项机构和会议中驱逐出去。此后,世界气象组织亚洲区域协会拒绝了蒋介石国民党代表的参加,这一行动反映了亚洲各国的意愿,是完全正确的。但是,世界气象组织至今仍然让蒋介石国民党代表非法窃据中国的席位,这种状况是不应当继续下去的。我们认为,世界气象组织应该立即将蒋介石国民党代表驱逐出去,以便中华人民共和国气象机构的代表参加。

但是,亚洲区域协会在进行资格审查时,无理拒绝讨论苏联代表提出的接纳中国为会员国的建议,并通过了让国民党的代表以"观察员"身份参加会议。对此,涂长望奉命于2月6日致电世界气象组织亚洲区域协会,提出严重抗议,并要求立即驱除国民党"代表",

第二十四章 国际交往

以便中国代表参加。

同时,世界气象组织依然非法地承认台湾当局对《世界气象公约》的所谓"批准",容许其窃据中国的席位。为此,周恩来以外交部部长名义致电世界气象组织,抗议该组织容纳台湾当局非法窃据代表中国的席位,要求第二次世界气象大会将台湾国民党的代表从世界气象组织的一切机构和会议中驱逐出去,以便中华人民共和国的代表参加。

涂长望作了最大的努力,但也无济于事。西方敌视人民中国的政策直到70年代才结束,这是后话。

就当时而言,在气象工作方面,世界需要中国胜过中国需要世界。亚洲国家更是不能没有中国的气象信息。

1954年10月,日本中央气象台台长和达清夫到罗马尼亚布加勒斯特参加国际地球物理会议,归程中访问北京,他非常希望参观中国的中央气象台。赵九章就把他介绍给涂长望。这时抗美援朝战争已经结束一年多,气象系统建制已经转移到地方,涂长望认为可以加强与外部的联系。在向周总理汇报请示之后,涂长望满足了和达清夫的要求。

在这之前,除了苏联专家,还没有别的外国人进入过中央气象台。所以,和达清夫先生是第一位来中央气象台参观的外宾。和达清夫走进预报室,仰头看那高高地挂在墙壁上的天气图,图上密密麻麻填满了气象记录,惊奇不已地说道:"真了不起!贵国有多少高空站和地面站?"预报员回答说"很多",但没说具体数字。

参观完后,涂长望邀请和达清夫先生向全台科技人员作一次报告,介绍日本气象工作的情况。

和达清夫来到会场,走到讲台上,先是深深地向中国气象员们鞠躬,良久,才抬头讲话,对日本在战争中给中国人民带来的灾难表示歉意,然后才转入正题。

和达清夫是一位诚直的科学家,战后为发展日本气象事业、恢复日本经济而不懈努力,使日本中央气象台发展为后来的气象厅,并任该厅长官。他说。日本每年遭受台风、暴雨、寒潮、风雪、地震、海啸等影响,造成的经济损失极其巨大,非常希望与中国气象界友好协作。

涂长望以中国气象学会副理事长身份,向日本气象学会赠送《中国气温资料》《中国降水资料》。和达清夫手捧这两册资料,连连表示感谢。

周恩来总理接见和达清夫先生,这是他此次访华的高潮。涂长望陪同接见。

和达清夫对周总理说:"影响日本的天气,很多是从中国大陆移过来,日本是处于天气过程的下游。由于没有中国的气象资料、情报,要做准日本的天气预报极为困难,日本每年都要为此蒙受不少损失。"他恳切要求中国政府,把气象资料对日本公开广播。①

当时中日尚未建交。但是基于各国人民的安危,经国务院批准,在有台风、寒潮、低压活动,将发生8级以上大风和其他严重灾害性天气时,中央人民广播电台将公开向日本和朝鲜人民广播中央气象台发布的天气预报、警报,用日语、朝语播出。

1955年3月10日,中央人民广播电台播出了《中华人民共和国中央气象局局长涂长望向日本及朝鲜人民公开广播灾害性天气警报的讲话》。涂长望在《讲话》中说:

> 天气是不分国界的,影响到中国大陆的天气,有一些也会影响到朝鲜和日本的。正因为地球上的大气是不能分割的,各地区的天气是互相影响的,所以在过去以及现在各国气象科学事业机构是合作得很好的,经常地互相交换天气情报、预报与警报,以共同保证人民生命财产的安全。但是在东亚地区,由于美帝国主义过去在朝鲜发动了侵略战争,美国的空军不断地侵入我国东北及沿海地区进

---

① 骆继宾:《气象部门对外开放的第一步》,刘英金主编:《风雨征程:新中国气象事业回忆录第一集(1949—1978)》,气象出版社,2006年,第565–567页。

行骚扰和轰炸,美国的海军经常地侵入我国领海,因此我们不可能公开地来广播气象……

　　当然,我们也知道:由于我们不公开广播我国大陆上的天气情报,对于日本和朝鲜人民是会有一定的影响的,你们甚至会因为灾害性天气的袭击而产生重大的损失。为了使日本和朝鲜人民得以事先预防来自中国大陆方面的灾害性天气的袭击,以避免或减少不必要的损失起见,中华人民共和国中央气象局决定自即日起,通过中央人民广播电台开始向日本和朝鲜人民用日、朝两国语言公开广播带有灾害性天气的警报。虽然我们知道……会为驻扎在日本及朝鲜的美国海军空军所利用,但是为了日本和朝鲜广大人民的利益起见,我们仍然采取了这有利于日、朝两国人民的措施。

　　……同时也希望收听我们天气警报的日本和朝鲜的人民团体或机关随时将你们的意见及本地的天气实况告诉我们,以便我们改进灾害性天气警报的工作。

　　涂长望的《讲话》表达了中国政府和人民对日本人民、朝鲜人民的友谊与关怀。从此,中国人民的气象事业,不仅直接服务于中国人民,也开始直接服务于亚洲各国人民。

通过中央人民广播电台用日语、朝语进行的灾害性天气广播持续了一年多。到1956年6月1日,中国气象情报解密,这种广播才停止。

中国人民的气象事业,将会对人类做出更大的贡献。

第二节　建设成就惊世界

从1956年6月1日8时开始,中华人民共和国的气象情报公开广播了。

在辽阔的亚欧大陆,拥有广大国土、众多人口、稠密完善的气象台站网的中国进入世界气象监测网,从任何方面来看,都是人类与自然斗争的巨大收获。是中国人民对世界的重大贡献。

中国的绝大部分疆土都处在西风带。地球的这个气候带,包括亚洲、欧洲和北美洲各个重要国家。西风带的各种天气过程,都是随着西风气流向东运动的。朝鲜、日本、美国都在我们的东边,在西风带里,他们正是处在中国的下游,天气系统是从我国移动到他们那里去。所以,我国的气象情报解密,在为全人类做贡献时,首先受益的就是朝鲜、日本等国。

多少年来,世界天气监测网的气象台站分布,都是发达国家稠密，发展中国家稀疏。在世界各国气象学家的心目中，中国这片穷困而辽阔的国土上，到处都是气象观测的空白，从未见过稠密的气象台站网。他们能想到的是，在中国东南沿海，在长江流域，会疏疏朗朗地散布着一些气象台站。他们做梦都不会想到，在号称世界第三极的青藏高原，在杳无人迹的戈壁沙漠，在茫茫苍苍的大草原上，都建起了众多的气象站。

更令世界气象科学界吃惊的是，新中国不仅有了众多的地面气象观测站，而且建设了相当多的高空风观测站和无线电探空站。不久之后，他们还会看到，中国的气象探空站将会迅速发展，因为这时中国国产的探空仪已经成批地投产了。

涂长望感到，中国人民的气象事业在今天，可以以社会主义大国繁荣的气象科学文化的面貌出现在世界上了。

涂长望在4月10日接到中共中央、国务院领导同意气象解密的批文后，就立即着手筹备气象对内对外公开的工作。

气象对内对外的公开同时进行，要做许多准备工作。不仅是气象系统各级台站要进行准备，中央和各地人民广播电台也要建立起《天气预报》的广播节目，而且要在黄金时间播出。各地报纸也要开辟《天气预报》栏目。

第二十四章 国际交往

几年来，中国已经建成了高效的气象观测网和气象通信网。高度分散的全国气象观测信息，都能准确、迅速地集中起来，又能准确、迅速地广播出去。现在气象解密，这对全国的气象观测和气象通信工作提出了更高的要求。要让世界知道，新中国的气象员工作非常出色。

全国的气象观测工作，有不少台站是在极其艰苦的条件下进行的，曾涌现出了许多英雄模范人物。他们都曾受到党和人民的奖赏。气象通信工作中，也出现过不少优秀报务员。1955年国家体委提出参加国际无线电运动比赛，得到贺龙元帅支持。气象系统从全国选拔了一批报务员，多次参加国内外的无线电运动竞赛，取得了优异成绩。来自汉口气象台的魏诗娴，曾夺得国际比赛的冠军，为国争光。

中国气象通讯搞得好，还应特别感谢邮电部的支持和广大电信职工的协作。

新中国成立初期邮电部第一副部长王诤、副部长王子纲，都是中央气象局副局长张乃召延安时期的老领导。当年在中央军委三局（通讯兵）曾为气象事业共同工作过，了解气象通信的重要和特点。因此，邮电部门做出规定，对于气象电报要做到"随收、随发、随转"。邮电局为了提高报务员对气象电报重要性的认识，还请卢鋆副局长去为邮电职工作报告，宣传气象电报时效对于保障人民生命财产和军事活动的重要性。

中国气象、电信部门的通力协作，保证了气象电报时效高、缺报错报少，曾使一些国家感到羡慕。

对外公开的准备工作，还要事先通报各国，把中国政府的决定以及具体实施办法告诉他们，做好利用中国气象信息的准备。这对许多国家的气象人员来说，是早就盼望着的一天。

涂长望以中华人民共和国中央气象局局长的名义，致函世界各国气象局局长，通知他们，中华人民共和国将于1956年6月1日8时开始公开广播气象报告，并随函寄去中国气象广播的呼号、频率、时间和一册气象台站号表。

5月21日，涂长望特别写信给日本中央气象台台长和达清夫，信中说：

> 您及贵国气象界的几个团体多次提出，要求我国公开气象广播，以防止或减少天气灾害对日本人民的袭击……为了使日本和朝鲜人民事先能预防来自中国大陆方面的天气灾害，同时，也为了加强中国与各国在气象科学方面的合作，我局已决定自今年六月一日起，公开广播我国的气象情报。

第二十四章　国际交往

中国气象事业的这一举动，在世界上激起了极其强烈的反响和引出一片赞叹。日本、英国、冰岛、埃及、芬兰、墨西哥等许多国家气象机构首脑致函、致电涂长望表示感谢和祝贺。

和达清夫写信给涂长望，一再致谢，表示加强日中气象协作之意。日本气象台职员工会的大和顺一致电涂长望局长：

> 中国成为新的人民民主国家，在解放不到八年的短期中，在贵国的广大土地，而且直到边境的每个角落，完成了这样充实的气象观测网，是史无前例的伟业。
>
> ……在长期空白的天气图上，当我们一个地点、一个地点地填起来的每一瞬间，我们是充满了感激和兴奋的。
>
> 请允许我们对以涂长望先生为首的中国气象界各位的努力，表示最大的敬意！

从中国气象解密中受到益处的，岂止是亚洲的周边国家。那时候，美国利益有一大块在西北太平洋，他们在亚洲各国的航空业务、航海活动及各种政治、经济、军事活动，包括在冲绳、关岛、檀香山的气象机构，都渴望着中国大陆的气象信息。中国气象解密，美国受益颇大。

美国官方缄口无言。但美国气象科学家私下对中国气象事业的成就十分佩服。在60年代初，美国组织上千个科学家，对中国的自然科学作出评价，并出版了《共产党中国的自然科学》一书。书中对气象科学的评价高于其他科学，特别指出，"在涂长望主持下的台站网建设，给人以深刻的印象"，"大批大学生的培养，只要其中百分之五从事科学研究工作，也将成为一支重要的力量"。[①]

涂长望做事，深思熟虑，目的性强。气象工作对内对外公开是为服务于中国的大规模经济建设，贡献于全人类。令世界惊奇的成就，在涂长望看来，只是一个新的起点。涂长望对中国气象科学事业与世界水平的差距是十分清楚的，心中有数。他想的是如何通过对内对外的开放，来促进气象观测、通讯、预报、服务的全面提高，来促进气象科学、技术、人员素质的全面发展。只有这样，新中国的气象科学事业才能再度走向辉煌，为人类做出更大贡献。

涂长望在广泛的社会活动和国际交往中，心里始终

[①] 谢义炳：《涂长望——一位走在时代前面的科学家、教育家和组织者》，《纪念涂长望》，气象出版社，1991年，第41–42页。

不忘把气象内部业务建设作为重点。

1956年7月8日，一个强台风在广东海南岛东部登陆。湛江、合浦、海南三个专区遭受12级狂风袭击，有198只渔船、985名渔民失踪，还损坏大小船只105艘，决溃海堤384处，毁农田10万多亩。事后进行检查，当地气象部门对于这次强台风的预报工作有缺点，在科学技术上预报这样的台风也有困难，而有关地区对于防台工作也不够重视，麻痹大意。

气象工作和气象科研都必须加强。

除了向全国颁发《改进全国天气图分析方案》，加强检查执行，涂长望还感到对沿海、高原等不同地区的气象科学研究应该加强。对于岭南的天气气候问题，需要加以关注。涂长望于7月23日召开局长办公会议，讨论1957年气象事业计划，其中确定1957年在广州中心气象台建立热带气象研究室，以后再进一步扩建成热带气象研究所。

通过气象国际交流，参加国际地球物理年，也将推进气象事业内部建设，为此，9月4日向国务院七办请示增设20个辐射观测点，以参加国际地球物理年的交流。4天后，国务院七办就批准了气象局的报告。

随着国际交流的增多，中央气象局10月份在办公室建制下设立了国际联络科。由于"五国气象会议"召开在即，这个科的人手是远远不够用了，涂长望在工作中，给予了他们更多的关注和具体的指导。

第三节　五国会议获成功

"五国气象会议"的全称是越南、中国、朝鲜、蒙古、苏联五国水文气象局局长和邮电部代表会议。于1956年10月23—31日在北京召开。涂长望任会议主席。这个国际会议虽然只开过一次，但对与会国家气象事业的影响是极其深远的。

这次会议的动因，是1955年9月1—9日在莫斯科召开的苏联、东欧九国水文气象局局长和邮电部代表会议。那时涂长望出访欧洲，先在日内瓦参加了世界和平利用原子能会议，后又到东柏林参加世界科学工作者协会第四次代表大会，其间，应苏联水文气象总局的邀请，率局办公室主任罗漠和翻译，以观察员身份参加了那次九国会议。会上做出了3项决议：一、在与会各国间建立气象通讯线路；二、增设无线电探空站和加强国际航线的气象保证；三、统一水文气象仪器和观测方法。

这三方面的国际合作，在任何地区都是很需要的。在会议期间，苏联水文气象总局局长卓洛图辛和苏联邮电部副部长向涂长望提出两项建议：一、由中国出面召开五国水文气象会议；二、中国参加国际地球物理年的活动。

那时中国气象还没公开，但涂长望认为这两项建议应该争取实现。

涂长望出国前，中央气象局曾接到中国科学院的公函，建议中央气象局参加将于1957—1958年举行的国际地球物理年的活动，并于7月29日前拟出初步计划，报科学院汇总考虑进行。涂长望即与竺可桢商谈，回局后草拟了初步计划，于8月1日复函科学院，如中国参加国际地球物理年的事得到国务院批准，中央气象局可以按计划进行工作。

至于五国会议的事，涂长望抵达莫斯科时罗漠即向他汇报：在他离京赴日内瓦后，苏联方面通过外交途径，建议在1956年度扩大中、苏等国邮电部的电讯联系，加强彼此在北京、伯力之间的气象情报网。张乃召副局长即与邮电部王副部长研究，认为苏方建议对于巩固与保卫中、苏两国国防，保障两国民航，以及对两国的国防和经济建设都有重要意义。除同意苏方建议外，关于气象情报交换的内容、时间、次数、方法等具体问题，根据苏联水文气象总局及邮电部副部长口头建议，拟于1956年第三季度在北京召开越、中、朝、蒙、苏五国气象通信会议讨论解决。此事已经通过国务院七办，征得外交部和中国人民解放军总参谋部同意，只等周总理审批了。

由于苏联方面建议的两项工作，国内都已有相当准备，只待总理最后决定，所以涂长望在听了苏方建议后，胸有成竹，很快就一些具体问题达成了合作意向，回国再做工作。

10月间涂长望回国后，正忙于制订远景规划，讨论研究农业发展纲要，向毛主席、党中央建议增加《纲要》条款等工作。但仍把中、苏气象合作和五国气象会议的事抓紧进行，并向周恩来总理写了详细报告。

1956年1月5日，国务院七办通知：周恩来总理批准我国北京与苏联伯力之间的气象情报交换及召开亚洲五国气象、邮电代表会议。

这是中华人民共和国成立以来，在我国召开的第一个气象国际会议。气象局和邮电部为开好会议，出动的工作人员近百人。涂长望要求工作人员："作为东道主，我们要尽最大努力来开好这次会议。要安排好代表们的生活，搞好服务，使他们有像在家里一样的感觉，保证会议圆满成功。"

会议在北京饭店召开，饭店领导和工作人员作为一项重要的接待任务来完成。

会议主席是涂长望，秘书长是罗漠，副秘书长是当时苏联水文气象总局国际处处长济功。

中国代表团团长是气象局局长涂长望,副团长是邮电部副部长王子纲,团员五人:气象局副局长王功贵、张乃召,办公室主任罗漠,邮电部国际关系处钟处长等。

苏联代表团团长是水文气象总局局长卓洛图辛,团员四人。

越南代表团团长是水文气象局局长阮闸,副团长是邮电总局电政局局长林光则,团员三人。

朝鲜代表团团长是中央气象台台长崔汉植,团员二人。

蒙古代表团团长是水文气象委员会主席巴雅萨和,团员二人。

外国各代表团于10月18—22日先后乘火车或飞机抵达北京。随团到达的还有各代表团的顾问、翻译等工作人员和新闻报道人员。

会议文件用中文、俄文起草,会议语言用汉语,配备了四种语言的翻译。

外交部对会议十分关心、支持,国际司、亚洲司、礼宾司都派人来指导。

涂长望作为会议主席,在各国代表团之间的协调工作任务繁重,尤其是要有理有节地顶住某些大国主义行为,也得费不少精力。涂长望对错误的东西敢顶,深得中国及其他国家代表敬佩。他做到了既坚持了原则，又保证了会议的团结，使来宾们都心情愉快。

由于涂长望需要把主要精力用于在各代表团之间进行周旋，中国代表团内的事，实际上是由团员王功贵在主持。他组织工作人员，对会议进程及时进行分析总结，有问题随时进行研究和请示，妥善地解决。

10月22日，涂长望举行宴会欢迎各国代表团。23日上午开预备会，与各代表团进行磋商，对议程和日程安排达成协议。

大会于10月23日下午3时正式开幕。会议主席涂长望致开幕词，他说：

亲爱的代表们，同志们：

我受各国代表团领导人的委托，现在正式宣布越南民主共和国、中华人民共和国、朝鲜民主主义人民共和国、蒙古人民共和国和苏维埃社会主义共和国联盟水文气象局局长和邮电部代表会议今天在北京开幕了。首先，请允许我代表中华人民共和国气象部门和邮电部门的全体工作同志，向到会的……代表团和参加这次会议的全体同志致以崇高的敬意，并表示热烈的欢迎。

这次大会的主要任务是：协商和确定在各与会

国气象机构间组织直达有线电路的切实可行的方案和经由直达电报线路交换各种气象情报的种类和内容;并商定在各与会国间组织国际民航航线气象服务的方案;研究各与会国在最近几年内发展高空气象观测工作的意见和讨论统一气象观测方法及气象仪器的可能途径等问题。

涂长望简要地说明了五国地理上的联系,加强气象情报交流的必要性,满足天气研究和气象服务必需的气象站和高空站密度及分布,技术方法统一的必要性等问题。涂长望最后说:

> 当然,这次大会也热烈欢迎各位代表所提出的其他问题和议程。例如,国际地球物理年的准备问题、联合组织常设机构共同研究亚洲大气过程的问题、研究各与会国气象机构间书刊及资料的交换问题以及研究世界气象组织气象情报资料的交换问题。
>
> 由于中国邮电部和气象局准备这一类的国际会议还是第一次,缺乏经验,考虑不周,因此,我诚恳地希望各与会国代表团充分地发挥协商的精神,多多地提出意见,以求得一致的协议。
>
> 我相信,这次会议一定能够圆满地完成我们预

定的任务。

最后，祝会议成功，并祝代表们身体健康。

9天的会议开得很成功。圆满地完成了各项议题，达成了协议。会议期间，苏联代表团团长卓洛图辛应大会主席涂长望的邀请，作了关于世界气象组织情况的报告，介绍了世界气象组织的机构和工作情况。他着重指出，由于美、英等国的无理阻挠，中华人民共和国在世界气象组织中的合法席位至今没有恢复。这种情况是极不正常的。

10月26日上午，陈毅副总理在中南海紫光阁接见了各国代表团全体人员。

会议期间，水电部副部长冯仲云，邮电部，中央气象局，都曾分别举行酒会和宴会，欢迎和招待参加会议的各国代表团。

会间休息两天，各代表团自行安排活动。各国代表们互相交流，互赠礼品，增进了友谊。

会后组织参观游览。各国代表游览了北京和杭州的名胜古迹，参观了中央气象科学研究所、北京气象学校、北京市邮电局、上海气象台、上海市邮电局等单位。

各种活动都有工作人员热情服务，并摄影留念。拍了不少的照片，会后赠送给每位代表一本相册作为纪念。

各国代表团满意而归。后来对于各项协议的执行情况也都较好。协议确定建立的各条电路,大都按要求于1957年4月1日开通。后来,根据运行情况作了某些调整和改进,使北京与乌兰巴托、伯力、河内、平壤等各处信息畅通,传输速度加快,信息量增多,线路工作状态良好。

这些国际通讯线路的开通,一方面用我们的气象信息为各国服务,一方面又保证了中国对周边国家气象信息的需求。对各国气象科学事业的发展,为经济建设和国防建设服务,对人民的生产、生活和抗灾都有十分重大的意义。

第四节　国际地球物理年竞贡献

国际地球物理年是扩大了的国际极年,是当时人类规模最大的国际科技协作。所有国家一致行动,对地球大气、海洋、空间进行为期1年的观测。

本次国际地球物理年定于1957年7月1日—1958年7月31日进行。这项活动是由国际科联理事会于1950年提出,得到世界气象组织赞同,从1952年就开始做准备了。

国际地球物理年的前身是国际极年,主要是对极地的气象、地磁、极光、高层大气物理和日地关系等进行观测。第一次国际极年于1882—1883年进行，有12个国家参加；第二次国际极年于1932—1933年进行，有44个国家参加，中国气象界在竺可桢主持下，就当时的条件做出了应有的贡献。这次为第三次国际极年，范围已扩大到全球，从此改称为国际地球物理年。

新中国参加这一活动是经周恩来总理批准的。在中国科学院成立了国际地球物理年中国国家委员会，竺可桢为主任，涂长望、赵九章为副主任。

气象系统是国际地球物理年的主力，许多具体任务由中央气象局和全国气象台站来承担。

然而，事情还有曲折。新中国气象科学事业为人类做贡献的良好愿望，却遭到了以美国为首的一些西方国家的阻挠。

1956年6月下旬，中国科学院和中央气象局已经在为国际地球物理年的观测工作做准备。这时，国际科联理事会里少数人的排华活动得逞了。1956年6月26日，国际地球物理年专门委员会通知我国，宣称他们无法拒绝台湾方面要求参加国际地球物理年的请求，因此，决定并列两个国际地球物理年中国委员会。对此，竺可桢代表国际地球物理年中国国家委员会，于6月29日发表严正声明，对专门委员会提出严重抗议，在该委员会没有撤销其错误决定之前，中国暂时退出这一组织。

中国虽然暂时退出了国际地球物理年专门委员会，但仍然参加排除了台湾代表的有关机构和会议的活动，如国际地球物理年西太平洋区域会议的活动。

中国的态度和立场，获得了许多国家的支持与同情。

中国对于国际地球物理年的准备工作照样进行。

涂长望为中国参加国际地球物理年作了精心安排。中国参加观测的有地面气象台站93个，高空探测站23个，辐射观测站23个，臭氧观测站1个，极光目测站23个。全部工作计划报请国务院批准后，在涂长望主持下于1957年1月8日向参加观测的气象台站作了正式部署。

涂长望作为中国国际地球物理年的组织者，对这项工作非常认真。涂长望知道，这一年的观测成果，将反映一个国家气象科学的能力与水平。各国的观测资料汇集一起，它的项目、数量、质量如何，将是对各国科学的一次检阅。

涂长望决定，在国际地球物理年正式开始之前，进行一次试验。规定所有参加单位，在6月20—29日做试验观测，试验合格才开始正式工作。

1957年2月18日，涂长望、赵九章从北京飞到广州，经香港转飞日本东京。他们以国际地球物理年中国国家委员会副主任的身份,出席23日在东京召开的国际地球物理年西太平洋区域会议。

中国的气象情报,已经向全世界公开了。全世界都已享受到了新中国气象科学事业的成果。中国科技界理应和世界科技界一道,来观测研究我们这个星球,为人类谋福利。在各友好国家的支持下,这次东京的会议排除了蒋介石国民党的代表。所以涂长望和赵九章得以成行。

涂长望和赵九章都是初次访问日本。两位中国著名气象学家来访,受到日本同行极其热烈的欢迎。

日本气象厅长官和达清夫视涂长望和赵九章为老朋友,对于能在东京迎接二位,感到无比愉快。他在宴请中国和其他一些国家的气象学家的时候,还安排有余兴节目。按照东方文明,吟诗作画。这方面,赵九章很擅长,他有一手好书法,又会吟唐诗。苏联气象学家不明白什么叫吟诗,见赵九章放长了嗓音像唱歌,就轻声问涂长望:"赵唱的什么?"涂长望不知道怎样来翻译"吟诗"一事,只是回答说,赵所长按照中国古典风格在朗诵唐代的一首古诗。

美国气象学家对涂长望表示个人的友好时说:"你们在气象台站网建设方面,已经赶上我们美国了。"

还是在一个月前,涂长望就曾收到了日本气象工作者协会来函,表示希望能有机会获得访华的邀请。涂长望一贯致力于国际科技协作,很珍视日本同行的这份心情,口头请示周总理后,又曾在局长办公会上统一过认识。考虑到中日尚未建交,为发展民间交往,所以决定用中国气象学会的名义,邀请日本气象学家来华考察和讲学。

这次涂长望到日本,除了开会,主要是想考察一番日本的气象科学,为向科学进军寻求借鉴,同时也结交一些新朋友。他们准备在日本逗留20多天,有充分机会寻觅邀请访华的学者。

在对日本气象机构的访问中,涂长望和赵九章特别注意了解日本的先进科学技术,尤其是数值天气预报技术方法。这就是用电子计算机来处理气象信息,制作天气预报。当时只有晶体管计算机,但涂长望在拟订中国气象科学远景规划时,已确定发展这门技术。这是赶超世界水平的一个主要目标。必须清楚地掌握世界各国这方面的情况。

会上讨论了第三次国际地球物理年委员会的计划,其中提出了一些新的观测手段,包括组建探空火箭网,发射人造地球卫星等。苏、美两个大国,都竞相拿出好东西来。国际地球物理年的活动,成了各国展示科学水平和技术能力的竞赛运动。

火箭和卫星探测的计划，使涂长望和赵九章都非常感兴趣。这时的赵九章，已经在研究高层大气物理学，将要筹组有关的试验研究。说起来，火箭是中国古老的发明，第二次世界大战时希特勒德国用来袭击英国。现在，成了苏、美等国的尖端技术。中国科学要赶超世界水平，岂能不加强这方面的工作。

除了苏、美两国，西太平洋国家也都交流了自己的计划。代表们听了涂长望的报告后，认为中国准备贡献给国际地球物理年的礼物是丰厚的。

涂长望在报告中国参加国际地球物理年的计划时，是有所保留的。当时中国还准备在国际地球物理年建立29个雷达测风站，因为此事还没完全落实，他没在会上讲。

在东京期间，涂长望代表竺可桢并以自己国际地球物理年中国国家委员会副主任和中国气象学会副理事长的身份，邀请日本气象学会、日本气象工作者协会的岸保勘三郎、佐贯亦男、毛利茂男三位先生访华。三位先生愉快地接受了邀请。

涂长望在东京开会、访问之后飞回北京，已经是3月中旬。离国际地球物理年观测活动开始，只有三个多月了。各项准备工作都已经就绪，唯一难题是雷达观测问题没有落实。3月21日涂长望召开局长办公会，会议由王功贵主持,由涂长望报告在日本开会的情况。

这时已经发觉,建立 29 个雷达站的计划,实际上不能实现了。

当初,涂长望是想通过国际地球物理年的活动来推进气象事业的发展,来迅速提高我国高空观测的水平。哪知道事情如此困难。若是国内自己方面的困难,涂长望也有办法克服;事情涉及国外,他就无能为力了。

确定计划时,没有估计到苏联设备、仪器的情况和价格的变化。当时是参照英国雷达价格,按照 5 万元一部编制预算,并已按这个计划在杭州开办了培训 100 名雷达员的训练班。没有想到苏联的设备要价那样贵,一变再变,测风雷达的价格超过英国同样设备 6 倍,而且不久就接到苏联方面的通知,1957 年只能出口给中国 3—4 部。

也许是中国走得太快了吧,苏联老大哥要跟我们对对表。这"对表"是赫鲁晓夫的话。那时中苏分歧没有公开化,1956 年中国只发表了两篇论无产阶级专政国际经验的文章,所以这个谜涂长望解不开。在不长时间里,苏联雷达价格改变 4—5 次,中国气象部门的计划也只好跟着改变 4—5 次。最后落实下来,仅建成了 3 个雷达测风站,只实现了涂长望预想的十分之一。幸亏在东京会议上没有讲出去。

涂长望没有说什么，但是历史会记得，中国气象如果不吃苏联老大哥的亏，如果美、英等国不在技术上封锁我们，国际地球物理年期间，中国大地上出现29个雷达测风站是肯定无疑的。因为中央气象局的预算国务院批准了的。

经验教训是，中国在借鉴和学习国际先进技术时，要走自己的路。

涂长望领导的中国气象事业在发展中虽有种种困难，但对于国际主义义务仍是毫不含糊。对邻近的蒙古、朝鲜、越南等兄弟国家，无论是人员、技术、情报及通讯等方面，都给予必要的协作和援助。即使对欧洲的匈牙利，也伸出了友谊之手。

1956年10月，匈牙利事件发生。匈牙利全国气象设备遭到严重破坏，全国气象机构的工作处于瘫痪状态。匈牙利气象局局长F. 杰西致函中国气象局局长涂长望，要求给予援助。

涂长望及时与局党组和领导班子商议，提出援助方案，报请国务院审批，经邓子恢副总理批准后，便立即组织实施。

1957年3月11日，涂长望致函F. 杰西：中华人民共和国中央气象局已经决定，无偿地赠送给匈牙利人民共和国气象局部分气象仪器、器材和书刊、资料。全部物资定于 4 月 5 日从北京启运。

这样,在国际地球物理年里,中国气象系统可以很好地开展观测工作,所有社会主义国家包括受动乱的匈牙利的气象系统也都能开展观测工作。

中国做贡献,也援助各国做贡献。

这次国际地球物理年对人类的最大贡献,是 1957 年 10 月 4 日苏联发射了第一颗人造地球卫星。从此打开了通向宇宙的大门。虽然,涂长望事先已从国际地球物理年专门委员会的计划中了解到,美、苏两国有组织火箭探空网和发射人造地球卫星的计划,但没想到这样快就成为事实。

社会主义的苏联,在科学技术上领先于资本主义的美国,这使涂长望兴奋不已。他禁不住拿起笔来写文章。

涂长望想问题,不是就科学论科学,而是把科学技术置于人类文化的范畴来考虑。他想好了文章的题目是"人造卫星是人类文明的转折点"。

涂长望引用了约里奥·居里的观点:"把人造卫星发射入空间,是人类的一个伟大的胜利,是文明的一个转折的标志。"

涂长望指出:"成功地发射人造卫星为宇宙航行开辟了道路。我国人民几千年来所赞赏的'嫦娥奔月'的神话,有了实现的可能。""人类在不久的将来,就会摆脱地心吸引力飞向宇宙了。"

涂长望认为："成功地发射人造卫星，是科学上最重要的突破，代表科学技术现阶段的最高成就。"

涂长望对人造卫星观测地球的具体科学价值，分为 300 公里以上和以下两部分，共谈了 13 条。

涂长望说："两年以前，美国就积极准备发射人造卫星，并一再向全世界宣传这项工作。但成功发射第一个人造卫星的，是苏联而不是美国。"

涂长望认为："苏联成功地发射了第一个人造卫星，给人类带来了和平与幸福，并为人类由地球生物变成宇宙生物创造了条件。"

第五节　日本学者访中国

1957 年 2 月 27 日至 3 月 2 日，毛泽东主席召开第十一次扩大的最高国务会议，作了著名的《关于正确处理人民内部矛盾的问题》的报告，提出了正确区别和处理社会主义社会两类矛盾的问题。

涂长望在东京，没能亲聆毛主席的报告，感到是一种损失。3 月 7 日，中央气象局召开全局大会传达毛主席报告精神，是由张乃召副局长读的文件。涂长望回国后，他就找来这份文件，认真学习，补上这一课。涂长望读来感到亲切,感到毛主席是要创造一种宽松、和谐的政治气氛,这将能焕发人们的精神,激发人们的创造性。涂长望感到倍受鼓舞。

对涂长望来说,1957年是异常忙碌的一年。忙国际地球物理年的事,即中国气象向国际水平进军的事;又忙全国气象先进工作者代表大会的事。会议期间,4月27日,中共中央发出了《关于整风运动的指示》。

中央气象局的整风从5月10日开始,紧跟全国形势,几个月间发展成为"整风反右"运动。

涂长望不负责中央气象局的运动,而是由局党组书记王功贵负责。但自整风开始,涂长望的社会活动更多了。

作为社会活动家的涂长望,他所负责的九三学社和中国科联的整风运动已经先后开始了。从5月8日到6月3日,中共中央统战部邀请各民主党派和无党派民主人士举行的各种座谈会就达13次。很多会涂长望都要参加,他常常感到分身无术。

涂长望早就想摆脱一些社会活动,以便从事他心爱的科研工作。1956年涂长望曾向邓子恢副总理写过报告,提出不再担任科学院学部委员组长、九三学社中央委员会常委兼秘书长。邓子恢将涂长望的报告送去请示周总理。周总理的意见是涂长望同志要搞统战工作。邓子恢找涂长望谈话，做了思想工作，传达了周总理的意见，也让气象局的领导干部知道，支持涂长望的社会活动。

整风运动一开始，涂长望就被确定为九三学社整风办公室主任兼核心组组长，实际担负了九三学社的整风重任；他又是科联常委、副秘书长和整风核心组成员，要担负一部分科联的整风重任。

整风初期，很多知识分子、民主人士都不讲话，不想管共产党内部的事情。涂长望按照党的要求，四处奔走，发动群众。他到九三学社、科联的各基层组织去做动员工作，到北京大学、到天津，都发表充满激情的讲话，鼓励各方面的人士"知无不言，言无不尽"地帮助党整风。

在"整风反右"进入高潮后，各种会议大增，报纸上一批又一批点名批判，要做的工作十分繁忙，这时候涂长望邀请日本学者访华的日期到了，他必须做好接待。

日本气象学家岸保勘三郎博士、佐贯亦男博士和毛利茂男先生一行三人，于7月1日到达北京。开始了他们的考察、访问和讲学活动。

涂长望于百忙中抽出时间来接待客人。7月9日，涂长望以中央气象局局长身份设宴招待三位日本气象学家。中国科学院地球物理研究所所长赵九章、中央气象局副局长张乃召、中央气象研究所所长卢鋈等人出席作陪。

三位日本学者对中国中央气象局的安排感到满意。接待人员将陪伴他们按各自专长分别活动,在北京、沈阳、长春、鞍山、南京、上海、杭州、广州等地考察和游览。先后在中央气象局科学研究所、中国科学院地球物理研究所、南京大学等单位举行了19次专题报告,七次学术讨论会。

佐贯亦男、毛利茂男两位着重考察中国气象仪器的研制和生产情况,他们还到长春、上海等地参观了制造气象仪器的工厂,对仪器进行了比较,于8月14日从上海回国。

岸保勘三郎博士是天气预报专家,他应涂长望的特别邀请,就数值天气预报进行了两个多月的交流和短期讲学,于9月11日返回日本。

战后日本经济技术在美国占领下恢复发展。到后来,日美在科学技术方面也有紧密联系,取得较好进展。岸保勘三郎先生的讲学,对于我们了解和掌握欧美数值天气预报及其具体实践很有帮助。

数值预报,是用客观的方法,由机器来计算出未来的气象变化,而不是由人的难免带主观因素的分析判断来做的预报。气象学家的这个梦想,在电子计算机出现后变成了现实。计算的数学物理方程,英国气象学家理查生早在第一次世界大战时就提出过简单的雏形,战后他付诸试验,几万人来计算,做出预报也成了马后炮。1946年高速电子计算机出现后,1950年美国的查尼、菲耶托夫特、冯·纽曼等人首先用电子计算机做出了天气预报。这是世界最尖端的技术。

不久,英国、瑞典、日本等国也做了数值预报试验。

中国中央气象台在1954年开始研究数值天气预报。那时我们没有电子计算机,但气象学家顾震潮就指出:"数值天气预报是天气预报精确化、客观化道路上的必然产物。它是天气预报方法两条腿中的一条腿。"①

在向科学进军中,1956年3月涂长望在向全国气象工作会议报告远景规划时,提出第二个五年计划研究任务的四个方面,第一个重点就是中、短期预报的数值预报方法研究。其他三项包括农业气象、长期预报、仪器设备及气候资料等,也要用机械化高速处理,即使用电子计算机。

当时中国的一些数值预报专家,如廖洞贤、丑纪范、纪立人等,主要是在顾震潮指导下自学、阅读和讨

---

① 廖洞贤:《我国数值天气预报的起步》,刘英金主编:《风雨征程:新中国气象事业回忆录第一集(1949—1978)》,气象出版社,2006年,第208-210页。

论国外文献。通过岸保勘三郎博士的讲学，便掌握了一些实践中的问题，使我们对美、英等西方国家的数值天气预报也心中有数了。

涂长望通过国际地球物理年的活动来推进气象科学发展，是取得了成效的。

第二十五章　鞠躬尽瘁

第一节　九三学社秘书长

涂长望是九三学社的创始人和重要领导人之一，对九三学社的事业有着不可磨灭的贡献。新中国成立后，在中国共产党的领导下，九三学社于1950年3月恢复了中央理事会，涂长望继续担任理事。新的中央理事会除原有的理事外，严济慈、孙承佩、薛愚、方亮等被推举为中央理事。许德珩任主席，梁希任副主席。

九三学社于1950年11月底至12月初召开了建社以来第一次全国工作会议，这次会议具有全国社员代表大会的性质。涂长望因赴波兰华沙参加第二次世界保卫和平大会而没能参加这次会议，但他仍然当选为理事。

1952年8月2日，九三学社中央常务理事会作出了召开第二次全国工作会议的决议，并设立会议筹备委员会，推许德珩、涂长望、叶丁易、孟宪章、薛愚等15

第二十五章 鞠躬尽瘁

名同志为筹备委员,许德珩为主任委员,涂长望、叶丁易为副主任委员,李毅为秘书。在此后的一个多月的时间里,涂长望作为筹备委员会副主任委员,在身兼数职的情况下,尽可能多地抽出时间与精力放在筹备工作上,为第二次全国工作会议(扩大)的顺利召开付出了许多辛劳。

同年9月11—20日,九三学社召开第二次全国工作会议(扩大)。大会开了10天,出席代表93人。除个别协商会和小组讨论会外,共开大会8次。涂长望在大会预备会议上报告了会议筹备经过,强调了召开这次全国工作会议的必要性。他说,本社中央常务理事会,为了在三大运动与三反运动伟大胜利的基础上,大力发展组织,团结教育广大的文教科学及技术界人士,加强并扩大民主统一战线,深切地感到召开全国性的会议,是当前迫切需要的一个任务,必须通过这一具有全国性的会议,集中各方面的意见,进一步地明确与贯彻本社的方针任务,修订社章,充实机构,以加强社的政治领导、思想领导与组织领导。

在正式会议第三次大会上,涂长望报告了社章修改经过。修改后的社章将旧社章中规定的九三学社是"学术性的民主政团"的性质改为"新民主主义政党"。会议上,大家对九三学社作为新民主主义政党的阶级属性问题，展开了热烈的讨论。在热烈严肃、和谐的气氛中，经过反复认真的讨论，大家的认识基本趋于一致。关于社的性质，新修改的社章是这样表述的："九三学社是以小资产阶级文教科学工作者为主要成分的阶级联盟的新民主主义政党，是中国人民民主统一战线的组成部分。以中国人民政治协商会议共同纲领为政纲，在中国共产党领导下，团结并教育广大的文教科学工作者为彻底实现共同纲领而奋斗。"

在组织上，第二次全国工作会议决定社的中央领导机构由原来的理事会改为政党通常采用的委员会名称。许德珩、梁希、涂长望等47人当选为中央委员。许德珩任主席，梁希任副主席，涂长望任秘书长。

担任秘书长后，涂长望在九三学社的工作就更多了。他经常要参加并主持九三学社的各种会议，布置协调社内的工作，组织社内的学习活动，发表理论文章，为社员作报告。

有一次，中央统战部部长李维汉约请各民主党派的少数同志来起草一些有关民主党派工作今后如何做的文件。会议由李维汉亲自主持讨论。涂长望代表九三学社参加。涂长望为准备这个会议的有关材料，几乎脱产搞了十天，并起草了文件的一部分。

随着三年恢复时期的结束，1953年6月，中共中央

第二十五章 鞠躬尽瘁

提出了党在过渡时期的总路线。九三学社中央常务委员会立即围绕国家过渡时期总路线开展了讨论和学习。第一次是大组座谈，由许德珩亲自主持，通过了学习计划，并推由涂长望、孙承佩、袁翰青、薛愚、李毅、周培源、金克木、胡志彬等八位同志组成了学习干事会，经常领导这一学习。涂长望与九三学社的各位同志学习认真，讨论热烈，情绪饱满，做到了没有特殊事故不缺席的要求，并以极大的热情投入到各项工作中。

1954年召开第一届全国人民代表大会的时候，民主党派成员在人大占有相当的比例，以巩固和发展中共同民主党派的关系。涂长望等24位社员当选为全国人大代表。同年12月全国政协二届一次会议召开时，涂长望又作为九三学社推选出的代表之一，担任全国政协委员。

1956年2月9—16日，九三学社第一次全国社员代表大会在北京举行。在预备会议上，涂长望等9人被推选为大会主席团常务主席，分别主持会议；同时，他还被推选为大会秘书长。9日上午，国务院副总理陈毅应邀向出席和列席九三学社第一届全国社员代表大会的代表们作了长达5小时的重要报告。

在大会上，许德珩作了社务报告，涂长望作了关于修改社章的报告。涂长望说：本社第二届全国工作会议扩大会议制定社章以来，我们伟大的祖国在政治上、经济上、文化上都发生了空前巨大的变化，本社社员和广大的知识分子也有了很大的进步。这些情况，都必须适当地在社章上反映出来。他指出：由于共同纲领已经完成了它的历史任务，为宪法所代替，中国人民政治协商会议第二届全国委员会第一次全体会议通过了《中国人民政治协商会议章程》，并决定以七项准则作为参加中国人民政治协商会议的各单位和个人共同遵守的准则，本社是中国人民政治协商会议的组成单位之一，完全同意并投票赞成了这一章程，因此，把原社章第一条规定的"以中国人民政治协商会议共同纲领为政纲"改为"以中国人民政治协商会议章程的总纲为纲领"，是必要的，也是恰当的。关于社的性质，改为"九三学社是中国人民民主统一战线中的一个以知识分子为成员的民主党派"。并申明"本社积极帮助社员学习马克思列宁主义，开展批评与自我批评，努力进行思想改造，提高社会主义觉悟，逐步成为完全社会主义的知识分子"。关于社的任务，根据国家过渡时期总任务和政协章程总纲，社章修订草案第一条提出本社总的任务和奋斗目标为："全力贯彻宪法的实施，坚持对国内外敌人的斗争，为实现国家在过渡时期的总任务，把祖国建设成为一个伟大的社会主义国家而奋斗。"社的具体任务在社章修

第二十五章 鞠躬尽瘁

订草案中作了比较概括的规定。此外，关于社员，关于社的组织机构，关于奖惩和社的经费等，也作了适当的修改。

在大会期间，代表们分组讨论了许德珩的社务报告，涂长望关于修改社章的报告。大会一致通过了关于社务报告的决议、关于提案审查委员会的报告的决议，通过修改了的《九三学社社章》。经过充分的酝酿和讨论以后，大会选出了第四届中央委员会，选举许德珩为中央委员会主席，梁希为副主席。涂长望继续当选为秘书长。

中共中央统战部在13日举行了盛大酒会，招待各民主党派人士和无党派民主人士，涂长望作为社员代表之一应邀出席，毛泽东、刘少奇、周恩来、陈毅、彭真、李维汉等以及中国共产党各省、市委统一战线工作部在京的负责人都出席了这次酒会。中国人民政治协商会议全国委员会也举行了招待会，招待各民主党派人士和无党派民主人士以及九三学社第一届全国社员代表大会全体代表。

涂家的兄弟姐妹受到涂长望爱国、民主、科学思想的影响：武汉的大哥涂登榜（汉口协和医院院长），长春的二妹涂碧波（吉林大学校医院护士长），大连的五妹夫胡国栋（大连工学院教授）都先后加入了九三学社。五弟涂长晟早在1949年中国科协成立初期就协助二哥参与了科协的组建工作，日后成为辽宁省科协主席。他虽是中共党员，却与九三学社中央的陈明绍是好朋友。由此可见涂家的"九三情结"了。

涂长望为了做好党的统战工作和九三学社的工作，不仅经常要离开气象局，而且还放弃了自己心爱的科研工作，对于一个有成就的科学家来说，这是为党的事业而做出的一种牺牲。

1956年东欧意识形态的剧烈斗争，影响到中国知识界。1957年中共中央加强了意识形态的工作，毛泽东提出要正确处理人民内部的矛盾。春天，党开始进行和风细雨的整风运动；到夏天，发展成为急风暴雨式的反右派斗争，中国共产党内"左"倾思想开始抬头，涂长望精神上最苦恼的时期从此开始。他烟越抽越凶，一支接一支，经常深夜不眠。他外出开会次数越来越多，气象局的业务领导工作很难不受影响。

根据中央统战部和九三学社的安排，涂长望担任了九三学社整风委员会的负责人之一。在这场意识形态的斗争中，涂长望和许多拥护中国共产党主张的知识分子一样，响应党的号召，努力完成党交给的任务，投入反右派斗争和整风运动。在反右派斗争和整风运动中，他作了许多违心的发言。他批判右派的发言、文章，是同党中央的基调相吻合的,他在这场运动中的行为,是跟随党中央所制定的反右派的方针政策走的,也是跟随当时全国上下一致批判右派的形势和环境的。

看到许多九三学社成员被打成右派,涂长望在思想上难以接受。他并不相信他们都要推翻共产党的领导,推翻社会主义的制度。特别是对于一些自己非常熟悉的老朋友或下属被划为右派,他既感到痛心,感到不可理解,却又无可奈何,只能尽力给他们以安慰、鼓励和帮助。九三学社中央机关退休女干部刘绍梅回忆说,涂长望"人非常正派——没见过这么好的秘书长"。刘绍梅的丈夫,中国人民大学教师、九三学社社员杨正典当时被划为右派并被押送劳动农场改造,她说:"就靠我一个人的工资维持生活了。家里困难得连钟表都卖了,就剩卖床了……涂先生知道了我的情况,他也认识杨正典。1957年底,涂先生主动找我,把我的儿子接走,把我儿子安排进了气象局幼儿园。气象局幼儿园在动物园旁边,全托,每周六去接。涂先生没找我要钱,一直到儿子上学,减轻了我很大的负担。"

涂长望的学问、人品和工作作风,赢得了九三学社广大社员及所联系群众的尊敬和爱戴。

第二节　党籍问题受委屈

1957年下半年到1958年末，涂长望因为自己的党籍问题，经受了长期的委屈和内心痛苦。

涂长望在中央统战部、组织部等有关部门直接领导下，负责九三学社、中国科联等党派、群团的整风工作。由于这一工作关系，涂长望对党中央的政策、指示、精神等，常常比中央气象局党组的领导同志知道得更早，要按照党中央要求去做，自然社会活动繁忙。

在整风运动开始后的那些日子，中央气象局的人们看到，涂长望局长没日没夜地开会，常常是让小车司机等着，一来电话开车就走。经常是吃饭都不及时。对于涂长望的忙碌，同志们大多数能理解，但也有人却不体谅他。5月中旬的一天，涂长望从外面开会回来较晚，到气象局的中灶食堂吃饭时，有人说，你太忙了，有三分之一的时间都不在局里吧？涂长望说，大约是这样。对方又说，看来你对开会很感兴趣，乐此不疲，当的是气象局局长，不办气象局的事。涂长望说，你们只有一个党，我有两个党，叫我怎么办，两个党退掉一个？！涂长望这句虽是说明原因却带些牢骚的话，说完之后根本没当回事，不久就忘了。

第二十五章 鞠躬尽瘁

可是，5月下旬的一次局党组会上，有个同志却提出：涂长望说准备退出一个党，我没太听清楚。所谓退党问题就这样被提出来了。就是这个涂长望自己没在意的问题，在当时的政治气氛中，却被视为运动中出现的一种典型事例，反映给了上级领导。

6月6日，中央气象局党组的同志给农村工作部邓子恢部长、统战部李维汉部长写了书面报告，反映涂长望在整风运动中的"思想动态"，说涂长望"三次表示要退出一个党派"，并说"目前据我们估计可能是（退）共产党"。报告中列举的依据是：运动以来民主党派、知识分子很多人对党的工作批评、指责、谩骂；涂长望对候补期两年有意见；常在外开会，很少参加组织生活，党员对他有意见。

给上级写书面报告的人忽略了一个月前的事实：当知识界有些人对党指责、谩骂、提出党不能领导自然科学时，涂长望就已经开始对他们进行批评，并在4月17日的《人民日报》上发表文章，态度明确、立场坚定地指出：是党使我们明确了自然科学研究的目的和方向，是党提出了自然科学研究的正确方针和政策，是党领导我们制订了科学研究的规划与任务，是党动员组织科学力量向科学进军。"党不但能领导自然科学，并且在过去几年已经领导得很好。"①

6月中旬以后，反右运动在全国轰轰烈烈地展开，来势之猛是涂长望始料未及的。反右斗争的扩大化，使形势变得紧张起来，也是涂长望没有想到的。在九三学社，涂长望是整风反右的负责人；在中国科联，他也是整风反右的领导成员。他经常参加中央统战部、组织部召开的座谈会、汇报会、讨论会、政策交底会等，研究如何执行党的决定。回到九三学社、中国科联，又组织落实这两个组织的整风反右任务。涂长望对当时的政策虽不能深刻理解，有时也感到困惑，但他还是忠实、坚定地按照党的要求去做，违心地做了一些自己也不愿做的事，心里已很苦恼；恰在这时气象局党组和上级党委却已经在考虑处理涂长望的"退党"问题了。

上级党委收到气象局党组的书面报告，在当时的政治形势下，把报告中的"估计"错误地认定为事实，于6月28日致函气象局总支：

> 在整风运动中，你处预备党员涂长望曾三次表示要退党。你们应根据党章第一章第十一条规定，由支部大会通过正式除名，并报我们备案。

---

① 涂长望：《我对"领导"的涵义的理解》，《人民日报》，1957年4月15日。

第二十五章 鞠躬尽瘁

涂长望入党预备期未满，就要被除名，只差办手续了。

上级党委的反应如此之快，与当时党内"左"倾思想抬头、反右斗争激烈不无关系。早在1955年，气象局就有同志给上级写过一份材料，"检举"涂长望的"资产阶级反动思想与对政府一些措施的不满情绪"，说他对苏联有看法、缺乏气象事业心等，并附有涂长望简历，要求领导批示。这份"检举材料"极易使上级党委的一些领导同志对涂长望产生不良印象。

1957年6月8日《人民日报》发表《这是为什么？》的社论后，全国已是"山雨欲来风满楼"的形势。

气象局党组根据6月28日上级党委函件指示，于29日派出三位同志到涂长望家里找他谈话。几位党的负责人一起来访，这还是从未有过的事情，涂长望颇觉意外，便请他们坐下来。这几位同志平日在工作中与涂长望相处融洽，但这次他们却是以组织名义来跟涂长望谈退党问题，说你要退党，可以按照党章第一章第十一条来办理，写个退党的申明材料交给支部。

涂长望听到这话大吃一惊，给弄糊涂了。等到反应过来之后，才问：这到底是怎么回事？经过交谈才知道，5月间他说的两个党要退一个的牢骚话，已被视为严肃的政治问题。

涂长望当即表示，退党申明不能写，自己并没想过要退党。这三位同志对涂长望比较理解，知道他曾在4月间给邓子恢副总理写过报告，要求辞去九三学社的工作，便问他是不是要退出九三学社？涂长望说，也没想过要退出九三学社，给邓副总理打报告是想要摆脱一些领导工作，腾出时间来搞科研，周总理没同意，要我做统战工作，我没推辞。我现在正在负责九三学社的整风反右运动，完全是按照党的要求去做的。

这次谈话的结果，与上级党委和气象局党组让涂长望承认退党的要求相差甚远，只好由党组成员分别找涂长望谈话，白天谈，夜里谈，都是要他承认曾提出了退党，是在右派进攻面前动摇，让涂长望写检查。这使涂长望处在一种啼笑皆非的尴尬局面中：在九三学社和中国科联他是整风反右的主要领导，回到局里却成了被整的对象。出于无奈，涂长望只得顺从了局党组的意见，写出书面检查，违心地承认自己以发牢骚的口气不慎说的"两个党要退一个"是犯了立场不稳的错误。

7月24日，计财处支部开了一上午会来讨论涂长望的书面检查，研究如何批判，让大家做好发言准备。下午，通知涂长望到会作检查，接受批判。这是涂长望有生以来第一次当众检讨，从此开始了一系列帮助和批判。

由于涂长望没写退党申明，计财处支部没有通过除

第二十五章 鞠躬尽瘁

名。局本部党委根据支部意见，于7月29日给局党委写了关于涂长望同志"退党"问题处理意见的报告。对涂长望的处理是由他继续写出书面检查，加强教育，将他的错误和批判会上的主要发言通报全体党员。8月12日，局党委批准，发了《通报》，向上级党委做了汇报。

至此，关于涂长望同志"退党"的问题暂时告一段落。自这时起，涂长望在以后的半年多时间里，可以不再把过多的精力消耗在作检查、接受帮助上。他把个人的委屈抛在一边，更加积极地投身到气象业务工作中来。

涂长望在长期预报研究中，深感海洋对大气运动影响重大。中国海岸线绵长，海疆辽阔，海洋资源丰富，掌握海洋水文气象规律，对经济建设和国防建设意义重大。涂长望在1955年春夏间曾起草过《十五年水文气象建设的初步轮廓方案》，提出了发展中国海洋水文气象事业的设想。现在整风尚未结束，涂长望就抽出时间找赵九章、张雨帆、律巍，四人商议，上书聂荣臻副总理，提出从长远考虑，必须成立中央水文气象总局，负责全国海洋水文气象系统的建设。在该局一时不能成立而海洋综合调查工作又急需开展的情况下，先制订为期3—5年的过渡办法，进行分工协作。建议由水产部负责海洋调查工作，由中央气象局负责建立沿海及岛屿上的海洋水文气象台站网，由海军部维持并充实现有潮汐站和开展海洋水文预告工作，由中国科学院负责海洋科学基本问题的研究和远洋调查。

四人的报告送上去之后，聂荣臻副总理很重视，9月2日就批示："同意所报分工合作办法。"①

中央气象局根据远景规划和聂荣臻副总理的批示，有计划地开展了海洋水文气象台站网的筹建工作。

涂长望继续考虑着如何完成1955年制订的《十二年科学技术发展远景规划》有关气象方面的任务。那时钱学森提出将人工降雨试验作为重点项目列入规划；涂长望、赵九章积极支持，并愿承担任务。毛泽东主席也重视这项工作，1956年1月在最高国务会议上，当面向涂长望提出了对气象人员的希望。涂长望重点考虑的是人工降雨试验的落实。

人工控制局部天气的试验，包括人工降雨、人工消雹、人工消云、人工消雾、人工防霜、人工消除雷电、人工削弱台风等，种类项目很多，规模大小不一，难易程度差别很大。有的是农业所盼望解决的，有的是军事、航空、工业、交通所要求的，还有改善人们的生活环境的人控试验，暂未提上日程。人向自然开战是前

---

① 章贻荪：《我局海洋水文气象工作的八年》，刘英金主编：《风雨征程：新中国气象事业回忆录第一集（1949—1978）》，气象出版社，2006年，第445-2449页。

第二十五章 鞠躬尽瘁

无古人的事业,是鼓舞人心但又不是很快就可以解决的事情。

要影响云层降水,首先要弄清云和雨是怎么回事。用飞机在云里取样研究,是20世纪30年代在德国开始的。1933年,瑞典气象学家贝吉隆提出了冰晶效应冷云降水的理论。1946年,谢福和兰格缪尔根据这个理论,进行了第一次向云中引入人工"晶核"的降雨试验,是以固体二氧化碳(干冰)作为人工晶核,用飞机撒播到云里。此后,一些工业国家也先后开始了这种试验。

人工降雨,对于全人类来说,在相当长一段时间里都只能是"试验"。涂长望和一些科学家提出的、考虑的、下力气进行的都是准备试验。目的是向国际水平靠近。

直到1957年末,涂长望对如何开展"人控"试验想了很多。中国经济力量有限,中央气象局无力建设试验基地和购买试验飞机、设备。比较可行的办法是利用高山,建立云雾观测实验站,取得云雾实验的成果,再来探索科学的人工控制局部天气的方法。他把这项工作交给易仕明具体筹办,让他筹备人控工作,组织高山云雾观测实验站建设。为此,他配置了人员,把当时十分缺少的大学生派去工作,如分配了第一批从苏联留学回来的郭恩铭等人搞人控。

第三节　心力交瘁任劳怨

1958年1月,涂长望把赵九章、谢义炳、顾震潮、吕东明等学者请到中央气象局来,研究如何开展云雾降水物理观测实验工作、培训科技人员等问题。涂长望办事情,总是对各种问题都考虑得十分周密。到会这几位学者,分别是来自中国科学院地球物理研究所、北京大学、空军司令部等单位,会上就分工合作的问题进行落实。规划上写了的、毛主席说了话的事情,大家都积极主动地承担任务。当时决定开展人工降雨试验、建立飞行实验室、建立高山云雾观测实验室、进行人员培训。分别提出方案,共同研究实施。涂长望和赵九章约定,亲自去选择站址。

年初也召开了局务会议,明确了以农业服务为重点;业务工作方面做好三点:一、做好第一个五年计划的总结,二、进一步修订第二个五年计划,三、做好干部下放和整改工作。当时已经出现一种思潮,觉得前两年制订的计划、规划都"太保守了",右了,要大改。

3月21日,中央气象局党组呈报中央政治局《关于目前我国气象工作的基本情况及第二个五年计划主要任务的报告》,提出加强气象服务专业化;大力开展以提高预报准确率为中心的气象科研;努力实现高空观测现代化,力争五年内达到英美水平;积极开展海洋水文气象工作等。

这时候,"大跃进"形势正在形成,涂长望开始有些感到跟不上形势。尤其是五年内要达到英美水平,他感到很为难。

3月28日,涂长望主持局务会议,主要讨论《气象事业跃进纲要初步草案》。"大跃进"之风开始了。第二天涂长望在全局干部会议上作题为《买回经验教训,改进业务工作》的报告,这是对整风以来工作的检查。涂长望检查了四个方面的问题,而重点是检查自己的"保守思想"。主要是在农业气象方面,对延伸预报、订正预报这些新生事物,过去不认识,今后要大力支持。

涂长望开始感觉到"大跃进"与严格科学态度之间的矛盾,但他努力说服自己,相信"大跃进",努力地把工作做好。

同时,"左"的错误在党的统战工作中也继续表现出来,民主党派工作再次受到严重影响。3月4日,各民主党派和无党派人士协商通过了《各民主党派中央关于在各民主党派内部进一步开展整风运动的决定》,提出了"加速改造""向党交心"等口号。

4月8日,涂长望在九三学社的整风运动中作了检查。他首先检查了自己对统一战线的看法。此外，他还比较系统地检查了自己立场方面不够坚定的地方：如在反右运动中的温情主义。

同月，涂长望数次向九三学社递送了交心材料，一共112条。

交心材料"认为国家机关太庞大、机关重叠，并一再变动，思想搞不通"，"认为人民代表的选举制度和开会方法应该改善"，"对选举制度有些意见，认为全国人民代表必须参加基层选举，否则有些形式"，"认为社会主义建设的成绩是巨大的，但代价不小（指的是浪费和经验不足）"，"思想经常考虑到扩大社会主义民主和改进社会主义民主的形式"，"对国家机关没有制定一套完整的保密制度有意见，认为有些机关保密不分等级或分得不合适会妨碍科学研究"，"下放干部，上山下乡是拥护的，但是不同意下放3年，认为乡村多的是劳动力"，"对教学改革，院系调整是同意的，但认为教条主义学习苏联严重"，"对资产阶级学术的批判，认为有些同志有些武断和教条"，"对科学规划认为有些项目有些冒进，不一定100%能完成"，"开会是社会主义民主的一个特征，但有些会议是否流于形式"。

从这些交心材料中，可以看出一个正直的科学家的思想锋芒是何等锐利、深刻。然而，在当时的形势和环

第二十五章 鞠躬尽瘁

境下，这些有思想、有见地的意见和看法却统统被当作谬误而加以否定了。

3月份，气象局党委开会研究涂长望的入党转正问题，同意转正，但要先向中央统战部、九三学社、科联等单位了解一下涂长望在反右运动中的表现。局党委在向各有关单位了解情况的同时，向上级党委作了汇报。

经过两个多月，收集到的反映是：一年来，涂长望在运动中工作积极，取得很大成绩，在民主党派交心中起了带头作用，都同意转正。

这时上级党委通过气象局党组负责人向局党委转达了等整风结束后再讨论转正问题的指示，涂长望不知道。4月份，涂长望在两年预备期快到时，主动找局党组领导谈转正问题。他对新来不久的领导尽吐衷肠，谈自己心中的委屈，说自己在去年整风中并没想过要退共产党，也不是在右派进攻面前立场动摇。领导表示：有意见可以写成申诉，我们可以向上级转达。于是，涂长望于1958年4月25日，实事求是地写了一份要求转正的《报告》，报局党委并转上级党委。

涂长望在等待回音的同时，努力做好局里的各种工作。

这时涂长望的健康已不如前了。在全局干部到南口植树时，他走山路就觉得不稳，有些摇晃。但涂长望对自己的身体没有在意，也没去检查和治疗，想到已和赵九章商量好一起去庐山、黄山勘察云雾物理实验站址，需要尽快落实，就出发去南方。

涂长望和赵九章首先要去的是多云多雾的黄山。

人工控制局部天气试验的任务是由观象台承担的，观象台工程师易仕明陪两位领导同行。那时去黄山旅行的交通条件很差，从杭州坐汽车到屯溪，长途颠簸十分辛苦。生活条件也很不好。他们步行上山。涂长望登山颇为吃力，但还装作不累的样子，勉励赵九章和易仕明前进。到山顶气象站，他不顾休息，就同气象员们座谈。年轻的气象员们看到气象部门、气象科研部门的两位最高领导、著名科学家亲自上山来了，受到很大的鼓舞。涂长望关心地问起他们的工作、生活情况，对他们在这样艰苦的环境中出色地完成任务表示感谢和慰问。涂长望说："这里一千八百多米高，地面气象要素相当于天气图上的850毫巴，对于全国气象台站做预报非常重要。"涂长望对年轻人的勉励和关怀，使他们终生难忘。

涂长望、赵九章同气象员们座谈这里的云雾状况，察看交通条件、生活供应，然后下山。赵九章突然身体不适，难以继续做艰苦的考察旅行。涂长望安排郝春光陪他先回北京调养，自己领着易仕明继续去九江，完成

第二十五章　鞠躬尽瘁

对庐山的考察。

其实，涂长望自己的身体也不好，很想休息一下。但南行的任务不能半途而废，所以他决心坚持完成任务再回北京。[①]

涂长望对庐山比较熟悉。当年他们兄弟三人在牯岭为父母买的房屋，几年前他已交给公家。为这事，兄弟姐妹们对他还有意见；如果留着房子，亲戚朋友们到庐山也有个落脚的地方。涂长望当年不顾私情，现在又不顾身体，再上庐山。和在黄山一样，同气象站里的年轻人谈笑风生，亲切聚会，对业务工作进行了座谈。

涂长望根据考察结果，认为黄山、庐山两地都是开展云雾物理观测实验的好地方，各有特点：黄山冷云较多，更适合开展冷云研究；庐山暖云较多，更适合开展暖云研究；在交通、供应及生活方面，黄山困难要大些。涂长望心里已经有了设想，先易后难，把云雾物理观测实验工作先在庐山搞起来。

涂长望拖着疲惫的身体从南方回来，没容缓口气，就投入了更繁忙的工作：干部大调整、局所合并、筹建全国沿海水文气象台站网、准备第三次全国气象会议。

那时，用群众运动的方法开展工作已经成为时尚。

[①] 易士明：《忆随涂师南巡》，《纪念涂长望》，气象出版社，1991年，第70–73页。

如消灭"四害"(麻雀、老鼠、苍蝇、蚊子),号召一下来,气象局大院就和全国一样,不少人都放下手头工作,出去赶麻雀。涂长望难以适应这种现实,他在工作中常常需要说服自己同意那些做法。为迎接"大跃进",5月28日局党组向毛主席、党中央上报了《关于思想大解放、全党全民办气象,向水、旱、霜冻、大风等灾害性天气争粮棉的报告》,全民办气象在"大跃进"的形势下应运而生。

6月29日至7月9日,第三次全国气象会议在桂林召开。桂林会议上,在"全党全民办气象"前面加了"依靠"二字,形成"依靠全党全民办气象,提高服务质量,以农业服务为重点,组成全国气象服务网"的业务方针,涂长望表示同意;说单站补充预报是气象工作"大跃进"中的创举,涂长望也赞成。可他心里明白,大轰起来之后,要提高气象科学水平,要向国际水平靠近,工作不是更容易,而是更困难了。

从桂林开会回来以后,涂长望开始觉得走路不稳,眼睛看东西有点花,不能聚焦。对此,他仍没十分在意,因为他觉得自己体质本来不错,有点不适可能与劳累和年过50有关。只要劳逸适度、精神舒展一下就会好的,但涂长望的这个想法落空了。因为他要求转正的《报告》局党委上报后,上级党委认为他这是为上一年

第二十五章 鞠躬尽瘁

支部对他的批判翻案,是为退党错误辩护,并于1958年7月29日致函中央气象局党委:

> 关于涂长望同志转正的问题,支部可以进行讨论,以便党委审批。兹将涂的全部材料退回,请查收。

实际上,按照上级意图进行的支部讨论,就是对涂长望进行新一轮帮助、批判的开始。批判的中心问题,仍然是"退党""在右派进攻面前立场不稳、动摇"等。

在批判涂长望的同一时期内,上级党委的某些领导还认为"涂长望是白旗,应该拔一拔";气象局党组内有的领导也有相同看法,但在研究"涂长望是否是白旗"的局党组会上,由于坚持认为涂长望不是白旗的党组成员占多数,未能做出涂长望是白旗的决议。所以,此事只是在局党组会上研究过,实际上并未真拔。然而,当时大张旗鼓地反右倾、拔白旗的政治氛围和有的人因说话不当而引发的窃窃私语,使涂长望对此不可能没有觉察。这种忐忑不安的焦虑,给他在心理上造成的压力更大。

在涂长望的《报告》被说成是翻案的那些日子里,他与局党组的主要领导进行过多次谈话,互相却不能达成谅解。当时局党组的个别领导不尊重知识,不尊重知识分子,为了达到个人目的,借"左"倾大气候之势,拖延涂长望入党转正,打压党中央十分信任的涂长望。在8月、9月两个月中,一次次地开会让他作检查,对他进行帮助、批判,使他感到从未有过的压抑、烦闷,有一次他甚至对总支书记阮建华说:快要活不下去了。涂长望开始学习把痛苦埋在自己心里,不太向别人讲。其实,在他办公室里就有直通国务院的电话,但他没有对中央领导汇报过自己的委屈。8月初到青岛去开会,他表面上仍然是潇洒地前往,使竺可桢觉得他仍像以往一样活跃。

在青岛召开的中国气象学会的新、老两届理事扩大会,使涂长望有机会出去活动一下,散散心,轻松轻松。作为上届理事会正、副理事长的竺可桢、涂长望,都已决心卸去气象学会的领导工作。新理事会的产生满足了他们的愿望,会议选举赵九章、张乃召为正、副理事长,徐尔灏、顾震潮、吕东明、谢义炳、卢鋈为常务理事,蒋金涛、冯秀藻为正、副秘书长。

这次会议在栖霞路中国科学院的休养所里召开,王回珠陪着涂长望去开会,她有些担心他的健康。但涂长望在朋友们面前就像根本没有病的人一样。

这次会议,共有著名学者、各地分会代表、先进工

第二十五章 鞠躬尽瘁

作者等40多人参加。会议内容丰富。涂长望以科联副秘书长身份,传达了全国科联关于学会工作方针任务的报告;以中央气象局局长的身份,传达了桂林会议的精神;又以上届副理事长的身份,作了会议总结。在会上还有赵九章报告访苏情况;特邀云南镇雄站代表介绍单站补充预报经验;广西玉林站代表介绍气象为农业生产服务经验;并宣读学术论文49篇。

会议上洋溢着"大跃进"的气氛,代表们意气风发。涂长望表面上跟大家一样,但内心苦闷。只有王回珠知道,他晚上觉也睡不好。他发愁回到中央气象局,又不知会有多少次的谈话、检讨和"帮助",使他处于既不能安心工作,又不能很好地休息的状态。

会议期间,竺可桢利用星期天休会时同涂长望夫妇一起去游崂山的观音瀑。三人同行,竺可桢已是68岁高龄,爬起山来脚力仍很稳健。52岁的涂长望岂能落后。涂长望强打精神,但走起路来还是有些摇晃。他竭力掩饰着,在山路徒步行走三四个小时,竟然使竺可桢没能觉察到有什么异样。涂长望表现得十分愉快。

回北京后,涂长望明显地感到人们有一种浮躁情绪,对事情已不那么讲科学。9月6日,涂长望病卧在床。这天开全局人员大会,党组作《关于开展技术革命和文化革命的动员报告》,提出:"我们的战斗任务是:

·647·

以服务为纲，苦战三年（1958—1960年），在人工控制局部天气、中长期预报、观测仪器的质量和技术的主要方面，赶上或超过一切资本主义国家，在服务效果方面超过先进国家。"动员报告提出："要很好地掀起技术革命和"文化革命"的高潮，必须抓住三个元帅，两个先行。"三个元帅是：人工控制局部天气、中长期预报、建设全国台站哨服务网。两个先行是：仪器，干部。

涂长望也衷心希望能实现报告中提出的目标，但作为一个科学家，他又十分清楚，12年规划就是12年完成也极为困难，3年能做什么？对局里在工作中的不科学做法，他提出自己的看法和意见，但被指责为对党组提出的方针政策想不通，是资产阶级立场未改变的表现，是对党的领导"不那么服"，是政治问题。涂长望再也不便多说什么，而陷入更深的苦闷之中。

这时候，报纸、广播天天都在报道钢铁元帅升帐，农业大放卫星；全国到处都砍树、砸锅献铁，修起土炉子"大炼钢铁"；粮食亩产几千斤、上万斤，最高达到6万斤。面对这种浮夸风，涂长望心情极为沉重，他担心这种不讲科学的风气刮到气象部门来，打乱气象工作的严谨程序，会造成事故发生。

第二十五章 鞠躬尽瘁

第四节 蒙晋一月见真情

1958年9月21日,对涂长望的批判宣告结束。这天,计财处支部大会讨论涂长望转正问题,他本人参加,经过大家帮助,决定延长预备期一年。这个决定局党委于11月20日研究"原则同意"并上报,国家机关党委于1959年批准延长预备期一年,从支部大会通过之日算起。

涂长望被一次又一次的检查、"帮助"搞得疲惫不堪,精神痛苦,健康状况越来越差。唯有工作能使他减轻烦恼,虽是体力不支,他仍尽力多做。他准备深入到基层台站中去,解决一些实际问题,扎扎实实地推动气象现代化事业的发展。

1958年9月22日,涂长望召开局长办公会议,讨论关于全国气象化发展速度、单站补充预报等问题。

所谓"气象化",是要实现专区有气象台、县有气象站、公社有气象哨、生产队有观天小组。这本是气象学家梦寐以求的好事,涂长望非常希望能实现。但也深知人员、技术、器材方面的困难,各地财力的困难,是不容易做到的。可是,许多地方"捷报"频传,到处都大放"卫星",几天就实现气象化,有些县甚至一昼夜实现气象化。涂长望对此是有怀疑的。

关于单站补充预报，涂长望认为关键是提高气象员的知识水平，同时鼓励他们学习群众经验。

对于这两方面的问题，涂长望都准备到基层去认真地搞些调查研究，帮助下面把事业搞好。

此外还讨论了局本部工作、与苏联合作、为工业服务、开展放射性观测等方面的问题。

散会后，涂长望稍作准备就带领检查组到内蒙古、山西去检查指导工作。涂长望感到身体和精神都已极度的困倦，但是，他觉得到各地去、到基层去，要比在北京愉快得多。

涂长望带领的检查组，有王鹏飞、邱国杰、刘广汉等八位同志，他们计划先去内蒙古，回头再到山西。涂长望告诉大家："我们这次去基层检查工作，主要是搞调查研究，向群众学习，尽量帮助基层台站的同志解决一些具体问题。工作要深入，要准备吃苦。"

他们到达呼和浩特时，内蒙古自治区气象局的领导同志前来迎接。这是涂局长第一次到内蒙古，而且身体不好，他们为检查组安排了最好的宾馆。但涂长望坚持要住在局里，说服局里同志把宾馆退了。在局里住普通的房子，睡木板床，在大食堂吃饭，和气象员们亲切地谈心。

第二十五章　鞠躬尽瘁

局里同志汇报工作时说，内蒙古自治区跟全国一样，气象工作全面大跃进，气象化形势大好。现在全局上下，全力以赴保证"钢铁元帅"升帐。涂长望感到，浮躁之风下面比北京还强劲。当自治区气象局领导请涂长望局长作指示的时候，涂长望语重心长地对大家说："内蒙古自治区气象系统的领导和同志们做了很多的工作，取得了很好的成绩，希望同志们继续努力，在工作中做到既轰轰烈烈，又扎扎实实。"

涂长望告诉区局里的同志们，这次下来，主要是到基层去看看。在呼和浩特不准备久留，希望能多看几个地方。涂长望的工作方法和态度，使区局的同志很受感动。

在呼和浩特检查工作几天后，涂长望就领着检查组的同志直奔茫茫大草原。同志们看到他头痛得厉害，走路不稳，都为他担心。涂长望看出大家的心思，就跟大家聊天，抽着烟和同志们谈笑风生，使大家放下心来。

他们深入大漠的第一站是百灵庙。乌兰察布盟的达尔罕、茂明安联合旗（简称为达茂旗）气象站设在那里。它地处阴山之北的大草原中，与它最近的集镇是西边百里之外的白云鄂博。

涂长望作为气象学家和地理学家，这还是第一次深入实地领略无垠的草原风光。他们经过长久颠簸，终于到了达茂旗。旗领导盛情迎接来自北京的首长,安排大家先好好休息。但涂长望急切地要去气象站,稍坐一会儿,就领着大家去看望气象站的同志们。

气象员们听说涂长望局长亲临边远草原气象站,个个感到欢欣鼓舞,全站的同志都出来迎接,涌到局长身边,亲切地握手问候。这些小伙子都是几年前离开内地老家,参军、参干,经过短期培训就到大草原里来建站的。涂长望非常理解他们,喜欢他们,到他们之中,就感到自己也变得年轻了。涂长望问身边的小伙子:"想家不?"小伙子对局长说:"开始想得厉害,现在好些了。"涂长望关心地询问了他们的生活情况、工作情况、学习情况,然后对他们说:"同志们都是有革命理想的青年,你们响应党的召唤,年纪轻轻就远离家乡,到边疆来过艰苦生活,为草原牧民服务,为全国、全世界观测气象,是很光荣的。你们的革命精神是值得学习的。因为有了你们这样的青年,我国气象事业才有今天,才有希望。"

听着涂长望的话,这此年轻人感到十分温暖,深受鼓舞,纷纷表示要做好本职工作。涂长望感到,他们的革命热情非常好,但要他们做好气象预报,以他们的学识和经验来说,是很困难的事情。涂长望感到,要提高全国县站以上气象人员的业务水平,气象教育的任务是

第二十五章　鞠躬尽瘁

极其繁重的。他勉励年轻气象员们，努力钻研业务技术，学习科学文化知识，同时注意向牧民学习。

第二天，涂长望领着几个同志步行到草原深处，到蒙古包里去访问牧民。

蒙汉一家亲，好客的主人把奶茶送到每个人的手中，宾主围坐一起，亲切交谈。涂长望祝福草原人畜兴旺，问起牧草、牛羊的生长，自然灾害情况，对气象工作的要求。句句话问到牧民的心里，欢声笑语飞出蒙古包外。[1]

达茂旗是涂长望这次出行的最北一站。从那里南行，翻过阴山，过了古代塞北少数民族《敕勒歌》所唱的"天似穹庐，笼盖四野。天苍苍，野茫茫。风吹草低见牛羊"的辽阔原野，经过固阳，就到了包头。在这里稍作停留，看望了气象员们，又从包头驱车西行600余里，到了此行的最西一站临河。

临河在巴彦淖尔盟东部，后河套平原上，离宁夏不远了。南面就是黄河，故有此名。黄河南岸是大沙漠，而北岸却河渠纵横，灌溉系统发达。涂长望一行在经历了许多天的草原荒漠旅行之后进入农业区，即产生一种亲切感。大家都想轻松一下。

---

[1] 刘广汉：《勇斗顽魔四春秋——回忆涂长望同志与脑瘤拼搏的岁月》，《纪念涂长望》，气象出版社，1991年，第84—88页。

涂长望的身体在继续变差。洗完脸挂毛巾都费劲。同志们劝他好好休息一下。涂长望却要抓紧时间，到黄羊木公社去视察那里的气象哨。

气象哨的农民气象员，做梦也没想到中央气象局的局长能到这里来看望他们。涂长望表扬他们勤俭办气象事业的革命精神，给他们送去气象知识，帮助他们为公社管好天。

涂长望带领大家渡过黄河，穿过沙漠，到伊克昭盟的东胜去考察。这个地方夹在两片沙漠之间，在干燥地区发展农业，雨水是最宝贵的资源。涂长望在这里与气象员、水土保持工作人员进行了座谈，深入、系统地了解了现状和问题。向科学进军，黄河流域的旱涝和水土保持是个十分迫切的问题。而当前"大跃进"中的浮躁情绪完全无补于事，甚至会坏了事。这里的树木，真是像黄金一样宝贵，但大量地被砍伐，使涂长望忧心忡忡。

涂长望一行从1958年9月22日离开北京，在半个多月时间里走遍了阴山南北、黄河河套两岸大片地方的基层气象台、站、哨。看到了人们高昂的精神风貌，也看到了许多浮华不实的地方。尤其是国庆前后，黄河两岸处处都见到土炉子炼钢的火光，钢铁元帅升帐，各行各业都放"卫星"，包括全民气象化。这样下去，今后怎么收拾呢？他不能说，说了也无济于事反而徒增烦

第二十五章 鞠躬尽瘁

恼,但他心里不能不想。

10月上旬末,涂长望他们东渡黄河,到了晋北大同。这时涂长望的病情加重了,同志们劝他早日返京,他说:"我们计划是要考察两省区,现在任务只完成一半,怎么可以回去。"

涂长望外出工作,从来不是单打一。不是只管气象,还把统战工作、群团工作也视为党的事业而努力做好。大、中城市有九三学社组织,他就以九三学社领导人的身份去看望他们,支持他们的工作,使他们感到关怀和鼓舞。有科联、科普的组织,他就以科联、科普领导人的身份去同科技人员们见面。

全国的科联、科普两大组织,已于8月23日的大会上决定合并为中华人民共和国科学技术协会,简称中国科协(比早年涂长望组织的中国科协扩大了),涂长望任这个新组织的书记处书记。涂长望利用这个机会,一路宣传中国科协的方针任务,希望基层的科技群团也联合起来;希望大家事事讲科学,在"大跃进"中扎扎实实地发展科学事业。

涂长望在大同,比较细致地考察了专区台的预报工作。专区一级都设气象台是新事,全国都发展起来了,数量多而技术指导也跟不上,怎样做好工作,需要拿出样板来。涂长望同预报员们反复探讨,自己也一直在思考。他把问题提出来，请预报员们考虑，不急于下结论。其间他到山西最北端的阳高县去作了考察。

阳高有中国科学院竺可桢副院长推崇过的水土保持样板。这是黄土高原抗旱、治黄的大事，是进军科学的大事。涂长望视察了阳高县气象站后，就到城南25里的大泉山访问农民张凤林和高进才。他们创造了挖鱼鳞坑种树、堵沟修谷坊等一整套办法，把荒山变成了花果山。

苏联地理学家依·格拉西莫夫院士和土壤学家伏·柯达夫通讯院士，认为黄土高原水土流失是沟蚀而非面蚀，对于中国治理黄河、水土保持提出的建议是两个字："疏沟"。竺可桢通过反复研究后，认为沟是径流集中，水土集中，引起冲刷、泻溜、塌陷的薄弱环节，又是土壤最肥的地方，是矛盾的焦点，所以他同意两位中国农民的方法："堵沟"。

涂长望对同志们讲了三年前竺可桢用两个中国农民否定两个苏联院士的故事，今天又看望了这两个农民。他对大家说："我们一切都要从实际出发，对国外的好东西要学习，但不能照搬。关键是要发扬独创精神。"

在大泉山，涂长望强烈地感到，需要在气象员中培育竺可桢坚持的这种独创精神。他想着回大同跟预报员们座谈时，要结合天气预报工作实际来强调这一点。

第二十五章 鞠躬尽瘁

涂长望回到晋北台，对预报员们说："我们地区台的预报工作怎么做？你们考虑得怎么样？我这次从内蒙古到你们这里，接触了一些台站，所想的都是这个问题：各级气象台站的预报有什么差别？怎么做？我想，地区台的气象分析应该不同于省台，跟中央台更有差别。要突出本地区的特点。桂林会议上，气象站的同志说十里不同雨，百里不同风。一个专区，各县的情况就更不一样了。天气过程的尺度有大有小。讲大、中、小相结合，省台、地区台要各有重点。地区台要在中字上有所考虑。我看可以试一试，增绘比例尺大些、范围小些的天气图，来掌握尺度比较小的天气过程。我希望大家多动脑筋，发扬创造精神。作为预报员，还要熟悉本地的地理情况，地形、地貌，分析地理条件对天气的影响，分析历史天气气候情况；要搞清楚本地天气气候特点和变化规律；要掌握天气学的理论和国外的先进方法，但绝对不能照搬；要结合本地的特点来创造性地应用。"

涂长望这些经过调查研究和反复思考而提出的意见，当即受到预报员们的热烈欢迎。他们感到明确了方向，清晰了思路，找到了办法。

后来，晋北台遵照涂长望局长的指示，在中央台和山西省台的帮助下，进行技术改革，绘制和分析小天气图,即地区天气图,提出了分片预报方法并于 1959 年 3 月份发布分片预报。后推广到全国,促进了气象预报技术的改革。

那时气象学界对于中小尺度天气过程认识尚少,对于掌握它的复杂性尚无了解,中尺度气象学尚未提出来。但涂长望已经深切地看到了这个问题的重要和在实践中的价值。

10 月中旬,涂长望强忍病痛,自大同南下,到太原检查了山西省气象台工作,继续往南,到一些地区台、县站考察,直到吕梁山南麓、汾河下游的稷县。

涂长望不仅是要解决当前工作中的一些问题,他特别是要全面调查各级气象台站人员、技术、设备、工作环境、工作条件,科技人员的素质、思想、学习状况等情况。在"大跃进"的普遍的乐观情绪中,他感到很不踏实。对于中国的气象工作如何实现远景规划,涂长望感到需要在弄清基本情况的基础上找到切实可行的办法。

在山西中部的定襄县,涂长望听说有个农民"气象迷"名叫郗卯红,不辞辛劳一心管天,被人们当作疯子,老婆也离了,还坚持搞气象。地方偏僻不通车,涂长望坚持要坐牛车去见一见他。涂长望觉得,科学家也好,农民也好,一个为了事业不顾个人一切的人,无论其成就大小,他的精神都是可嘉的。

涂长望抱病在内蒙古、山西考察、检查工作，历时38天，于1958年10月28日回到北京。回到家里他就病倒了。

第五节　心血凝成《建议书》

涂长望入党不能转正，精神上的苦恼在一个多月的基层考察中化解了许多。他以工作来抵御身心的痛苦，以行动来奉献于一生追求的事业，来接近和服务于人民。他到群众中去，从荒漠草原到贫困山区，从秋到冬，增加了许多实际感受，又恢复了他一向的达观胸怀。他为自己确定的繁重的调查任务，总算完成了。然而，他的身体垮了。

回到北京，涂长望就必须住院治疗。北京医院检查的结果，是脑子里有瘤，是良性的。但这对涂长望、王回珠及孩子们来说是个晴天霹雳。

病变部位在脑干。

脑干，包括中脑、脑桥和延髓。脑的这一部分不很大，是被大脑和小脑包围着的。

中脑的主要部分是视叶，它是视觉冲动的传递中枢。

脑桥和延髓是连成一体的，内部有大量横走的神经纤维连接着小脑的两个半球，还有许多纵走的神经束联系端脑、间脑、中脑、延髓和脊髓。

延髓是后脑的小部分，后脑的大部分是小脑。延髓在脊髓和脑的其他部分之间传递信息，支配自律功能，如心搏等。小脑控制平衡和协调随意运动。

涂长望的病征表现为视力变坏和行动不稳，当是肿瘤压迫到了中脑及小脑。协和医院诊断出的病变部位准确。

九三学社有不少医道高明的医生，涂长望的大哥涂登榜也是有名的大夫，他们都来看望和诊视，对涂长望的病情认识准确。

当时国内外对这种病都没有有效的治疗方法。领导上曾联系去苏联治疗，鉴于当时的医学水平，认为出国治疗不一定比在国内好，也就作罢。

涂家是祸不单行。这时候，在气象学校做教务工作的王回珠体质不好，又值更年期，发生血崩，大伤元气，脸色黄蜡蜡的，只得停薪留职，在家调养。

涂长望住进医院，她是拖着病弱的身体来陪护。家里几个孩子都在上学，大女儿多林考进了北京俄语学院，二女儿多彬、三女儿多原上中学，四女儿海燕上小学。父母都顾不上她们了，家里的事她们自己管，老大多林放学回家，自动多照顾小妹妹们。

涂长望的病是脑病，这与精神压力和过度劳累不无

第二十五章　鞠躬尽瘁

关系。住院之后，省却了一切烦恼，放下了一切工作，经过一段时间治疗之后，他感到好多了，就起来活动，要求回家调养。

在"左"的错误影响下，九三学社于1958年11月28日至12月15日召开了第二届全国社员代表大会，通过了《九三学社改造规划》，选出社的第五届中央委员会。许德珩任主席，涂长望与周培源、潘菽、茅以升、严济慈任副主席。涂长望在大会上致了闭幕词。

1958年12月2日，中华人民共和国科学技术委员会在北京召开第一次全国人工降水会议。涂长望抱病参加会议，并在会上作题为《关于人工降雨试验方案》的报告。会议由国家科委副主任武衡主持，张乃召副局长、程纯枢工程师、赵九章所长和气象学家叶笃正、顾震潮以及空军、北大、南大的领导人，有关各省负责人工控制局部天气试验的领导人参加会议。会议确定了"重点推广，扩大试验"的方针。

此后，涂长望很少再参加大型会议活动。在会上，他明显感到体力不支。

但涂长望还想经过一冬调养，到春天再上班工作。

医生说得明白，同志们也都关心，就他的病情来说，他需要的是休息，不能再劳累。

副局长饶兴派人到颐和园去联系介寿堂的房子，让他疗养。由秘书刘广汉陪护他。介寿堂环境虽好,但涂长望哪能闲得住。办公室的同志每天给他送报纸去,他都要关心地问起局里的事,国家大事。那个冬天,已经进入了三年的困难时期,人民开始吃不饱。涂长望常买了馒头、花卷给去他那里的年轻人吃。

行政处的陈凤仪科长有个姓阚的战友,在杭州负责管理空军疗养院,说那里还有床位。为了让涂长望局长更好地养病,同志们又联系好杭州的空军疗养院。准备过完春节就去。

1959年2月8日春节,天气正冷。涂家有三个病人,除了老两口身体不好,小女儿海燕也患黄疸性肝炎,发高烧。这使夫妇俩发愁,涂长望不想去南方了。

多林说:"爸,妈,你们放心去疗养吧,家里有我。海燕的病不要紧,有张嫂(保姆)照看,很快会好。"孩子们能为父母分忧,他们感到快慰,决定过完节就南行。

春节后涂长望在夫人王回珠、秘书刘广汉陪伴下先去武汉。这个白云黄鹤的大都会,是他的故乡。他们住在汉口大哥家。全家热烈欢迎,大嫂亲切招待,亲戚朋友都来看望。涂登榜是第一医院院长,他接长望到医院再次进行检查,证实了北京医院所做的诊断。大哥、大嫂都为长望的病担心。在他们心目中,长望是个豁达乐观的人,身心健康,怎么会变成这个样子。不工作他会

第二十五章 鞠躬尽瘁

受不了的,但现在他绝不能多用脑。他只能劝兄弟多休息,让弟媳王回珠照顾他好好疗养。

涂长望觉得,去杭州有王回珠陪护就够了,局里工作忙,吩咐秘书小刘回北京去。他对回珠说:"你就多辛苦一点吧,让小刘回去,局里更需要他。"王回珠本来想回学校去复职,多点收入,也便于照顾家庭。听了长望的意见,只好放弃个人打算,继续停薪留职,让刘广汉回局。

杭州的空军疗养院坐落在西湖之滨的花港观鱼山上。涂长望夫妇入院时,空军司令员刘亚楼和他那洋夫人及孩子也在这里。气象系统转归地方之前,刘亚楼是涂长望的直接领导,工作关系十分亲密,今日成为患友,也很高兴。

西子湖畔春暖花开的时节,老朋友陈立和他的新夫人来看望涂长望,她是马寅初的侄女。陈立离开浙江大学后,任杭州大学校长。得知涂长望来杭州疗养后,贤伉俪几乎每逢节假日都来陪伴涂长望夫妇,漫步花丛树荫,泛舟西子湖中。

4月下旬,张乃召来看望涂长望。他带来的消息,打乱了涂长望安心疗养的闲适心情。从此,他身在西湖之滨,心想全国气象,担心各地灾害。他要求秘书和科技人员,随时来信把气象大事告诉他。

原来，张乃召是来调查吕泗大风灾害的。1959年4月11日，吕泗渔场遭到80年未有的狂风暴雨的袭击，造成新中国成立以来最大的大风事故，损失极为惨重。据统计：渔船重伤1000余艘，轻伤1000余艘，沉没100余艘，下落不明100余艘；死亡3000余人，失踪1000余人。

中央气象局派出副局长张乃召、中央气象研究所副所长朱和周，于4月14日飞上海调查灾情，并与苏、沪、浙、闽、鲁、辽各省、市有关方面交换意见，总结经验教训，商量今后的保证措施。

张乃召检查了有关气象台站，在预报时效和强度上都有不少问题。虽然预报出了有大风，但风力报小了。通信条件差，预报情报不能及时传到。就气象方面来说，如何把预报做得更准确及时，是个大问题。涂长望对张乃召说："这要详细地向周总理写个报告。"

张乃召说："你放心疗养吧，这事已经有了安排。"

涂长望自蒙、晋考察之后，对基层台站的问题和困难，人员业务素质、精神面貌和设备状况都有所了解，他是很不放心的。果然出了大事，使他更担心的是今后千万莫再出大问题。

8月23日又发生了使涂长望痛心的事。这天，台风在福建省厦门到漳浦之间登陆，由于预报不准确、不及

第二十五章　鞠躬尽瘁

时，加上台风中心附近风速特大，造成了巨大的灾害。海上、陆上共死亡1000余人，重伤700余人，船只损失3000余艘，海堤、农田及工厂的损失也极其严重。

涂长望静不下心来了，他不能到第一线去指挥，也要提出自己的意见和建议。

8月25日，国务院继续任命涂长望为新一届政府的中央气象局局长。

二届人大和三届政协是4月底召开的，涂长望作为新的一届人大代表和政协委员，因病请假没有参加"两会"。这届人大选举的国家主席是刘少奇。涂长望想快些结束疗养，开始工作，不辜负刘主席、周总理新的委任。经过一段时间的疗养，涂长望感到强多了，他把自己的健康状况估计得过于乐观了。还在疗养，他已在考虑来年工作怎么做，如何给党组提出《建议书》。

1959年夏，涂长望结束在杭州的疗养，准备回到北京到上海时，气象台束家鑫向老师汇报新引进的"德卡-41"型3厘米波的天气雷达，已经安装起来并调试好了。

涂长望听了十分高兴。这是经周总理批准从英国引进的两部雷达之一，另一部准备设在北京。1946年春他访问美国时，曾看到过美国在1944年建成的气象雷达网。他想，当中国用自己生产的雷达设备来建起观天大网时,中国气象事业就向国际水平更靠近一步了。说3年超过一切资本主义国家的大话是没有用的,涂长望要的是真正的向科学进军。

涂长望要亲自登上60米高的铁塔,去察看测雨雷达天线。同志们见他拄着拐杖走路都颤巍巍的,劝他不要上去了,他却坚持要上,顽强地攀登到了顶端。随行的同志都对他的毅力惊叹不已,同时也为他捏把汗。①

涂长望自从得了"脑干瘤"这难治的病,住院检查、放疗、去外地疗养占去不少宝贵时间,基本上处于半休状态。九三学社、科协的许多工作和活动均参加得少了。多数情况都是中央统战部的负责同志、科学院和气象局的同仁们来看望他,带来他想知道的动态和信息。大家对涂长望的关心发自内心,涂长望也深为感动。

1960年春节来临之际,涂长望接到请柬,那是中央统战部将举办新春团拜会,邀请在京各民主党派负责人、无党派民主人士,各界政协委员于政协礼堂举行茶话会。他当时身体很虚弱,病情仍在发展,走路要靠拐杖和搀扶。但他执意要去参加团拜会,很想去见见久别了的九三同志和朋友们。那天,他让女儿多彬陪同,乘车前往政协礼堂。北京的冬天,天寒地冻,但涂长望热

---

① 参见杨竹亭、束家鑫:《涂长望教授》,《人物传记》。

第二十五章　鞠躬尽瘁

血涌动，心潮澎湃。多彬搀扶着爸爸，走过一级级台阶艰难地登上政协礼堂。主持茶话会的是李维汉，参会的大都是各界知名人士、政协委员。大家见面互致问候，祝贺春节。涂长望见到久违的同志朋友：周培源、严济慈、金善宝、孙承佩……均一一紧紧握手，热泪盈眶，尽管他说话吃力也不很清楚，但双方都能心照不宣。大家见到涂长望能来团拜会非常高兴，同时也深为他的健康担忧。

回到家里稍作安顿之后，涂长望就去局长办公室。

涂长望又坐到了那久违的写字台边。

一年没工作，涂长望难受极了，他想把失去的时间补回来，他忘了自己的身体，也忘了医生的告诫。

涂长望找秘书小刘来，让他拿文件来看。本局的文件，九三学社的文件，中国科协的文件又堆满了写字台。

他的双眼受脑干瘤压迫不能聚焦，只得将两副眼镜分别遮住左眼和右眼。用左眼看文件时就用遮住右眼镜片的眼镜，左眼看累了就换上另一副遮住左眼的眼镜，用右眼艰难地坚持工作。

他的手行动起来也不协调，颤颤抖抖，运笔写字也歪歪斜斜。他开始写那3500余言的《建议书》，即写给局党组的《关于我局60年开展业务工作的几点建议》。

涂长望在《建议书》中提出："必须进一步以提高

服务质量为中心，全面提高业务工作质量，特别是预报和观测质量。只有如此，才能为气象工作现代化打下坚实的基础。"对此，涂长望的感受实在太深了。气象工作的质量，关系到亿万人民生命财产的安全，关系到生产的发展和人民生活的改善。他要求在工作中切实"解决或争取解决几个问题"。

涂长望指出地面观测中的主要问题是仪器没有鉴定。高空观测方面，一是质量不高，二是测风高度不能突破10公里，满足不了航空的需要。无线电探空网达到了国际水平，主要问题是提高探空仪的质量。雷达测风、雷达测雨点的数量太少，质量也不稳定。

涂长望最关心的是预报工作。在短期预报方面，他主要强调两点：中央台、地方台要有适当分工，要抓好灾害性天气和中、小尺度天气系统。这是他在晋北台考察时就考虑到的，对天气预报的深入发展是有重要意义的。

中尺度气象学在20世纪60年代中期为世界一些气象学家重视，而在中国，70年代后期才被重视起来。涂长望提出建议的时候，业务上虽然也强调大、中、小结合，但没有找到科学的途径，而只是一种行政号召。

涂长望还强调在上半年试绘全球天气图，下半年经常绘制全球天气图。为了解决中期预报的问题，要加强

第二十五章 鞠躬尽瘁

对副热带高压的研究,以提高夏季降水预报准确率。

涂长望还提出要正式做数值预报,不仅是短期,下半年要提出中期预报模式。

对于气象通讯工作,涂长望要求抄收好南半球的气象情报。

对于海洋气象工作,涂长望要求思想上明确,海洋水文气象工作应以服务渔民为重点。在渔民集中的地方,要组织专业性的流动气象台,专门为渔业服务。

涂长望在精心组建全国气象台站网时,已经建立起了沿海的海洋水文气象网,到1959年,已有海洋水文气象台10个,海洋水文气象站99个,建立了以蒋金涛、陈仲甫为正副处长的海洋气象处,我国自己设计、制造的第一艘海洋水文气象调查船"气象1号"也将投入使用,还聘请了苏联海洋水文气象专家杜瓦宁来局工作。涂长望《建议书》中对海洋气象工作的要求得到了很好实施。

涂长望还对云雾物理、资料工作、干部培训、农业气象直到局内领导方法等,都提出了具体意见和建议。

涂长望呕心沥血写《建议书》,同时还尽量参加社会活动。中国科协开会,尤其是九三学社开会,涂长望都是能去必去。他身体那样弱,上下车,上台阶,没人搀扶不行,都由小刘陪着他去。他觉得,参加这些活动既完成了党的工作，又能接触社会，了解各方面的情况，对于做好本职工作是有意义的。他写的《建议书》，也因此而更能开阔视野，使气象工作更能密切结合社会实践。

1960年1月3日，涂长望这份从蒙晋调查就有所准备、杭州疗养就开始考虑、回京后又对社会现实作了分析而慎重提出的《建议书》写完了，并送交局党组。

局党组很重视涂长望的《建议书》，1月5日即打印出来，分发给各单位，要求在拟订工作计划时参照执行。

涂长望建议中的有些工作，是基于向世界水平进军而作的考虑，要克服很大困难才能实现。党组的意见："目前条件尚不够充分的某些项目，亦须积极创造条件，以便尽早实施。"后来的实践表明，涂长望的考虑是很正确的，只是由于越来越升级的政治运动，延误了时间。

在远景规划制订后的1956—1958年间，气象现代化的一些重要方面，如数值预报和气象雷达等已经起步，但几年之后又停滞不前了。

第二十五章 鞠躬尽瘁

涂长望手迹

关于我局60年开展业务工作的几点建议

党组：

今年全国气象工作，应坚决贯彻党的八中全会的精神，在总路线的光辉照耀下，继续执行"依靠全党全民办气象，以生产服务为纲，以农业服务为重点"和一正套两条腿走路的气象工作方针。为了充分发挥这个方针的无限威力，一方面应该发挥服务组的作用，同时必需进一步以提高服务质量为中心，全面提高业务工作质量，特别是预报和观测质量。只有如此，才能为气象工作现代化打下坚定的基础，不断地保证农业生产和国民经济全面的继续的大跃进。为此，中央在明年开展业务工作中，要求解决或争取解决的几个问题，提出九点建议如下（我因病休养一年多，对局内许多情况不够了解，这些建议仅供参考）：

一、地面观测方面。目前场地、规范、海拔高度均符合要求，基本上是先进的。存在的主要问题是、仪器没有普遍进行鉴定，各地观测纪录，难以互相比较。因此，要求在今年内，把地面站的温、压、湿等各种仪器普遍进行一次鉴定。中央亦可抽查鉴定一部份。这样才能互相比较，观测质量和服务质量会有更显著的提高。

二、高空观测方面。目前主要存在二个问题、一是质量问题，另是高度问题。据气象科学研究所反映，质量还不如苏联和西欧。无线电测风平均高度在十公里以下。这样，就不能满足需要。因此要求：

无线电探空：主要是提高质量。目前密度已达国际水平，甚超过苏联国家。具体要求做到：

1. 普遍鉴定探空仪器。

2. 工厂制造探空仪器的质量要逐步提高。

3. 明年第四季度开始，使现有探空仪器逐步为新式探空仪所替代。

第二十五章 鞠躬尽瘁

经纬仪测风：应当想尽一切办法，使经纬仪测风施放高度平均要求达到十公里以上，特别是在主要航线上必须达到这个要求。

雷达测风：目前主要是解决工作上的需要，提高服务工作质量，现有点太少，工作不稳定。为了解决这个问题，应从这几方面下手。

1. 保持及提高无线电定向测风的质量。

2. 加紧制造雷达测风仪器。

3. 要求无线电定向测风和雷达测风仪器在今明年达到50点，能经常工作。

4. 妥善解决维护修理问题。

雷达测雨：为了满足国际航线飞行安全的需要，在国内航空干线的主要航站设气象警报雷达站，今明年要保持八个点能经常工作。如汉口、广州、昆明、成都、兰州、柒北等都应有一个点。维护修理人员应予解决。

三、预报工作方面：

短期预报。要求解决如下问题：

1. 因为目前中央气象台，北京台的围九于一样多，这就牵涉到各级台的任务问题。为了充分发挥各级台的及其他台的重要作用，对中央气象科学研究所短期科的主要任务是什么，应予明确。 与下面台 区域性 预报

2. 中央有些预报可以下放。如寒潮预报内蒙古自治区气象台报的比较准，就可下放给他们，上海台的台风预报的较好，就可把台风予报下放给上海台。诸如此类灾害性天气予报均可效尤，下放有天津、东北局区气象台。

这样，就可使短期科抽出更多的人，帮助下面台。

3. 目前下面台对大形势的予报都抓得紧，但对中、小型天气系统不易抓住。在有些灾害性天气予报下放给下面台报不好，而中央短期科就有可能派型人到需要的地方中小型天气系统的预报帮助当地气象台做些工作。

第二十五章 鞠躬尽瘁

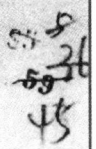

中期预报。要求解决如下问题。

1. 解决大中小相结合的各级气象台的技术指导的问题。

2. 一个月的预报，时间可提早些，如从上月25日到下月25日，这样可提前5天搞出，以便下面也及时应用，又加强技术指导。

3. 要求明年上半年试绘全球天气图，下半年逐索绘制全球天气图，以帮助中长期予报。

4. 加强关于副热带高压的研究，以提高夏季降雨予报准确率。在今年内，要求解决一、二个问题。

数值预报。要求上半年正式作短期预报，对国内进行服务，如果能提高准确率1～2%也是很大的成绩。争取在下半年搞出可供作中期预报的模式。

四、通信工作方面。为了满足业务和研究的需要，特别是中、长期预报的需要。因此要求。

1. 为了满足气象长期预报的需要，想尽一切办法抄收高空资料。如澳洲，一个也抄不到。

二、经常抄收南半球各地的气象情报，以便绘制全球天气图。

三、抄收各国的气候资料，交给资料室正编存利使用。

四、高空等板尽量设法提前，争取提早一个时，以免多保留一些抄报员，造成浪费。

五、海洋方面。主要是解决服务面的问题，特别是对渔民服务的问题。解决的办法是：

1. 沿海各省气象局，台，在思想上要进一步明确，应以服务渔民为重点。

2. 渔民集中地带应组织专业性的流动台，专门为他们服务。

其它工作都应围绕服务工作进行。

六、云雾物理方面。明年应进一步明确研究云雾物理的目的和方向，根据具体情况，适当解决主次结合的问题。比如：1. 着重高山大自然的云雾物理，还是着重试验室。2. 人工造雨，是以增加云中凝

第二十五章 鞠躬尽瘁

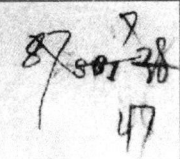

能够为主,还是简便云要加污稳定为主；3.以收集科学数据为主,还是以解决实际问题为主。以上两个方面,必须互相结合是肯定的,同时也要分清主次,才利于工作的进行。

七、资料工作方面。资料服务工作,是气象服务中的重要组成部份。今年要从四方面着手：

1. 紧密配合农业技术改造和国民经济建设各部门的需要,必须继续大力办重以农业为重点的资料服务工作。

2. 资料收集上哩问题,应予解决。尤其是东南亚各国的资料收集这一关要突破。

3. 资料保管的方向应确定,是保管原始资料,还是打孔卡片,或是复制胶卷,以便决定建筑面积和设备。

4. 研究工作应明确重点,避免与各有关业务事往重夜。

八、关于干部培训问题。这里主要是指雷达技术人员的培训问题。根据雷达设备的发展需要,对雷达（转下页）

探纵，惟培人关的培训，应很快的筹备，及时解决。根据发展需要，我司可选送一些合于条件的人员入省立学校多好，不能完全依靠外援。

九、农业气象工作方面：我对这方面的情况，很不了解，只提出三个问题：

1. 必须继续巩固和提高气象哨，充分发挥其作用。

2. 进一步和当地农业部门和农业生产部门密切配合，作出切实可行的农业气象预报。

3. 进一步明确农业试验站的中心任务和做法。

十、局内领导方法问题：

1. 各处室管局内各单位领导，必须着重抓典型並积极进行此项工作。可以选择一个地方，住上半年，派人专门帮助。

2. 必须积极解决普遍提高问题。可以开现场会议，交流经验，共同提高。

3. 为了加强领导，局内各事往及时互通情报，便

第二十五章 鞠躬尽瘁

你
於协助。局内应编印一个刊物，专供局内处以上干部阅
（或简报，情况反映之类的）
读，每周出一期。

以上建议，当否？请处理。

徐长望
一月三日

第六节　全球变暖先立说

涂长望病痛在身，走路摇摇晃晃，仍是每天坚持上班。头痛得厉害，就靠在沙发上歇一歇。视力不行，就让小刘念文件，他听完后作口头指示，由小刘记录传达。

涂长望对身边的同志说："不能工作多难受啊，我要尽力争取为党多做工作。"

大量具体工作，都是由局党组成员、副局长们承担了。涂长望很感谢他们。病居二线，健康状况不允许他工作，但他却想趁机把科研工作拣起来。

涂长望深为自己这些年不能进行科学研究而痛惜。几年前他和高足张汉松、欧阳海等就计划要全面总结中国以往的气候学研究成果，运用完备的新获得的资料，合写一部巨著《中国气候学纲要》，打算于1957年定稿出版。这个计划也因社会活动多而痛心地落空了。何不抓紧现在的时间来做点事情。

涂长望想起那部落空了的著书计划。当时的片段思考也是有价值的，可惜很多资料都散失了。

涂长望在准备著书时得到的那些认识，脑子里还能部分地回忆起来，比较分明的就是全球温度的变化。他准备着手把其中的主要之点写出来。自己不能动手写作，只得口述，由年轻的同志作记录。用口述这种方式

第二十五章 鞠躬尽瘁

来写学术专著,是太困难了。只能简明地表达出科学思想,科学结论,而把繁杂的数学推导、严格的论证都尽量割舍了。这样写也有一个好处,那就是能让更多的人都看得懂,不只是气象学者能明白。

涂长望研究气象科学,从一开始就是立足中国、放眼全球来进行的。他研究过《中国雨量与世界天气》《世界温度与大气环流》等很多问题。

涂长望前几年准备写书时,就发现了全球变暖的许多事实。现在要把它写出来,就得进一步查对资料,核实证据。他已不能亲自去做。查找书刊资料、统计气象资料的工作,只得请年轻的同志来帮忙。

涂长望把他要写的这篇论著定名为《关于二十世纪气候变暖的问题》。涂长望首先在文章中指出:

> 如果气候一年年在变暖,霜期将缩短,生长季节将延长;同时也可能相应地出现某种程度的旱涝变化。这样的气候变化事实上是存在的。

涂长望先举了两个例子:苏联塔什干近几十年来,棉花生长发育期的有效积温有显著的增加。原来生活在格陵兰南部海洋的一种鲱鱼,最近也向北移动了几百公里。

对于中国气候是否变暖,涂长望在作了系统而细致的分析后指出:

从上世纪八十年代到本世纪四十年代的六十年间,上海年平均气温升高了1℃多;北京1941—1950年的气温与一百年前的1841—1850年比较,冬季降低了1℃,夏季升高了1℃,年平均气温则几乎没有变化。

我国大部分地区二十世纪以来的气温变化,可以分为两个时期:

第一个时期是二十世纪初到四十年代,气温总的趋势是升高的。在本世纪之初,每五年的年平均气温多数还在多年平均气温之下。由于气温总趋势在上升,到1920年前后,各地的五年平均气温已升到多年平均气温左右,以后继续上升,到四十年代,乃是本世纪最暖的时期,最暖的五年平均气温高于多年平均气温0.5—1.0℃。……从北京和上海的记录还可以看到,变暖实际上在上世纪末就开始了。

这时期的气候变暖并不包括我国全部地方。如广州,不论是冬、夏或者全年气温,都略有降低。

第二个时期是四十年代到1957年,我国气温总的趋势是下降的,……一直持续到 1956 年或 1957 年。

1957 年至 1960 年,全年和冬、夏季气温已不是下降而又是上升了,这是全国普遍现象。

涂长望接着分析了世界各国气候变暖的趋势。指出"气候变暖明显地出现在北极和北半球纬度较高的地带"。"在低纬度即靠近赤道的地带,有些地方如秘鲁的北部山地、墨西哥和印度的孟买,气温是上升的;有些地方升降不明显;有些地方如我国的广州、锡兰(今斯里兰卡)的科伦坡,气温是下降的。"

涂长望在文章中指出了气温长期变化的三个重要特点:

第一,地球上所有地方并不是同时变暖或者变冷的。具体的分布与大气环流和海洋洋流有密切的关系。……由于太阳照射的关系,低纬度是热量净收入的地带,高纬度是热量净支出的地带,如果赤道和两极的空气交换加强了,低纬度因有大量的热量被送走而较冷,高纬度却因获得从低纬度转送来的热量而较暖了。

第二,气候的变化是波浪式地进行的,有些甚至是周期性地变化……

第三,在过去几千年人类历史时期内,气温可以在一定时期内变暖或变冷，但没有持久不变地朝着一个方向的变化……

涂长望最后分析了气候变化的五个方面的原因。他认为：

首要的原因是太阳辐射的影响。太阳辐射是地球上空空气流动的能量的来源……

影响气候变化的第二个原因是大气和地面吸收太阳辐射的能力的变化。大气中的水汽、臭氧、二氧化碳和地面覆盖物的变化，都会影响辐射的收支和热量的得失，从而使气候发生变化

……第三个原因是火山爆发。大的火山爆发产生大量的火山灰、水汽和二氧化碳。火山灰可以在大气上空维持几年，下降缓慢，这就影响了地球上相当大部分地方的辐射收支，使气候发生变化。

大气环流是气候变化的第四个原因。比如北京在冬季受西伯利亚冷空气侵袭的次数多了，气温就低了。大气环流的变化受前述三个因素的综合影响。

至于氢弹的爆炸，由于氢弹的能量比太阳辐射、大火山爆发和大气环流的能量小得多，它对气候影响不大。

涂长望认为这几个原因是互相影响的。有些问题目前尚未研究清楚，有待深入研究。

涂长望的文章写完后，请人抄清一遍，送给他审阅。

第二十五章 鞠躬尽瘁

涂长望坐在沙发上,心里很高兴。他的眼睛不能聚焦,看东西重影,两个影像都是模糊一片。用白纱布蒙住一只眼睛,才能看东西和起来活动。他看东西很吃力,用较长时间作了校改,才定稿,寄给《人民日报》去发表。

《人民日报》科技编辑余章瑞,读到这篇文章非常兴奋。许久没有发表过这样有分量的科学文章了。他告诉气象局有关同志,涂长望局长的文章不久就会见报。

这篇文章是涂长望最后的科学著作。发表于《人民日报》1961年1月26日。那时涂长望因病情加重,早已住进了医院。他在病房里读到报纸上刊登的自己的文章时,心情愉快,还希望自己能早日康复,把想写的东西都写出来。

涂长望的学生谢义炳曾说涂长望是"一位走在时代前面的科学家"。他说:"新的学术或事业上的创新,都是一种革命行为。最初总是毁誉参半,只有时间才能澄清其是非功过。涂长望的工作经受住了时间的考验,得到了肯定。"①

涂长望对于20世纪全球变暖的认识,是基于他几十年的科学积累和全面深刻的思考。在全球变暖问题

---

① 谢义炳:《涂长望——一位走在时代前面的科学家、教育家和组织者》,《纪念涂长望》,气象出版社,1991年,第40页。

上，涂长望远远地走在世界气象科学界的前面。

直到 70 年代前期，国际气象科学界还在惊叹"世界将进入小冰河期"，"人类将面临一个缺粮的时代"。

到 80 年代，全球变暖才被普遍重视，不仅是在世界气象科学界，而且成为全人类关心的问题。

涂长望在 30 多年前的文章中分析的全球和中国变暖的事实和特点，指出的原因，都是今天人们所认识和重视的。太阳辐射变化，大气中二氧化碳、臭氧的温室效应，地面覆盖变化，火山爆发，大气环流变化……今天都成为人们所关注的问题。

涂长望的文章发表后，经香港的报刊转载，在世界不少国家引起反响。

涂长望的文章，使世界对中国的气候科学，乃至对悠久的华夏文明在现代科学中的作用，都刮目相看。

第七节　英年早逝志未酬

涂长望这次进了医院，就再也没能出来。

他带进医院的不只是难治的顽疾，还有入党不能转正的烦恼。

中国在 1957—1962 年间，以"左"为特征的各种政治运动接连不断。天灾人祸使国家伤了元气，人民受

第二十五章 鞠躬尽瘁

了困苦,科技界知识分子又怎能平安。几乎所有运动都是层层加码的,气象局大院里也不例外,反右派、反右倾、拔白旗、抓反党集团,曾一次又一次地伤了一些同志。涂长望也在这期间,经历了他一生最重的苦难。

在气象局大院之外的科研、教育、军事等部门和一些台站的气象人员,无不痛惜涂长望局长遭到不公正对待。

延期一年也到了。那时候涂长望刚写完《建议书》,心血耗尽,病又加重。为了自己的政治生命,他拿起笔来再次写《申请入党转正书》。一开头就写道:"下面写的材料是这一年病中对所犯错误的认识,这是非常不够的,请同志们继续帮助……"

要求涂长望写些空话,写些言不由衷的话,写些自我贬低的话,世界上再没有比这更使他痛苦的事了。这样的材料,涂长望竟写了满满 16 页,相当于《建议书》的 3 倍,虽说是有秘书帮忙,但这也说明一年前的"帮助"使他的性格也发生了改变。精神上的痛苦可见一斑。

涂长望对付科学研究中的难题,社会活动中的复杂关系,国际交往中的纵横捭阖,乃至新中国成立前国民党的白色恐怖,都可以说有足够的智慧,表现得潇洒自如;但对于当时存在的整人风气,涂长望是不懂、不通、毫无办法,只能苦了自己。

1960 年 5 月 6 日支部大会通过了涂长望的入党转

正，6月30日局党委提出涂长望转为正式党员的意见，党龄从1959年9月21日算起，1961年8月15日，国家机关党委批准了这一意见。

按照这些意见，对涂长望历时一年半的批判、帮助等不公正对待都是对的。涂长望的身体已经经不起再作申辩。

涂长望这次入院后，局里派了几位同志和王回珠一起到医院陪护。涂长望夫人王回珠常在医院，她楼上楼下兼顾，因为儿子也住院了，就在楼下。

王回珠经常带些鲜花，插在涂长望病床边的花瓶里。隔壁病房住着鲁迅夫人许广平，有时也来走动。王回珠常把花分一些给她。郭沫若、于立群夫妇来看望涂长望时也去隔壁看望许广平，她对他俩说："我真羡慕涂先生夫妇。"她也总是对前去闲坐的王回珠说："你家涂先生，人真好。患友和他在一起，就感到愉快，对疾病有了信心，对生活也有了信心。"

竺可桢、陈汲夫妇来探望涂长望时，常能带来一些气象科学方面的消息。有一次竺可桢谈起，气象局里研究天气预报的同志，对副热带高压的研究有了一些收获。

病中的涂长望，心里也没放下对气象科学的思考。听了竺可桢无意中讲出的信息，他感到激动。他想具体了解一下，就让陪护的同志去请研究副热带高压的科技

第二十五章 鞠躬尽瘁

人员来谈谈。

局里让章淹去向涂长望汇报。她听说涂局长要听科研工作汇报,心里非常高兴,以为局长病情见好了。那些日子去看望的人很多,涂长望又总是情绪激动,对来看望他的人都要起来迎送,这对治疗很不利,所以,王回珠曾恳请大家一般不要来,要来先约好时间。很多科技人员都想去看涂局长,又不忍心打扰,这回章淹就代表他们了。

章淹进病房一看,涂局长的病还是那样严重,眼睛已经不便阅读了,戴着墨镜躺着。他只能听她口头汇报,不时提些问题。涂长望也谈了自己的看法和想法,鼓励她深入地搞下去。他对她说:"副热带高压对中国季风、中国雨量都至关重要。防汛、抗旱都需要认识它。它的变化与南方涛动的强弱也有很大关系。"章淹记住了涂长望的话。她当时就感到,他在病榻上也没停止科学的思考,而他的学术观点始终都走在世界先进行列。她在好多年后看到国外研究成果,还在论述南方涛动与副热带高压变化及降水的关系。[①]

大儿子多伦患鼻癌住进了医院,这事对涂长望打击很大。他和王回珠持家勤俭,生活简朴,对子女教育严

---

① 章淹:《新中国气象事业的奠基人与开拓者》,《纪念涂长望》,气象出版社,1991年,第75—76页。

格。但这两年过于忙碌，对儿子关心不够，他觉得对不起他。涂长望天天让儿子到自己病房来，陪坐，谈话。

涂长望以极大的毅力来和病魔斗争。他曾从新出版的《毛泽东选集》第四卷吸取力量，在一篇日记中写道："革命前途尚有不少的困难，克服的办法是战斗，这对于我的病启发很大。"涂长望在医院还遇到一位患友，就是"中国的保尔"吴运铎同志，也使他增强了与疾病做斗争的毅力。

到冬天时，涂长望下床走动都很困难了。一天大部分时间都躺在病床上。叶笃正、谢义炳、陶诗言、吕东明、金善宝等人来看他，他不大能说话，只是流泪，伸出三个指头喃喃地说："三年了，没能工作……"

涂长望感到自己的病难以治愈，而气象事业不能没有一位科学家来主持。他给邓子恢副总理写了报告推荐赵九章：

邓副总理：

职病差不多已三年，一年来病情加重，在医院卧床难起。长此下去，对气象工作会有损失。几年来，气象部门的领导力量已逐渐加强，气象工作发展也很快。这些情况想组织早已知道。关于今后气象工作问题，职考虑到赵九章先生在国内外气象科

第二十五章 鞠躬尽瘁

学界中的威望较好,从统战方面来说也较合适。因此,职再次请求辞去气象局长职务,建议组织上考虑。是否妥当,请批示。

此致

敬礼!

职　涂长望

1961 年 12 月

对于涂长望这份报告,国务院领导是重视的。曾征询过科学院的意见,并做过赵九章的工作。赵九章也是个愿把一生献给气象事业的人,但有种种原因,赵九章终究没有到中央气象局来。

1962 年春节过后,涂长望的病更见严重了。邓子恢副总理,中央统战部领导李维汉、徐冰等都先后到医院看望。尤其是 30 年代曾在伦敦帮助涂长望入党的老朋友徐冰,坐在涂长望的病榻前,相伴良久,看着他说话口齿不清,视力极弱,不住地落泪,又听说他的党籍还有问题,便感到对他关心不够。

徐冰对涂长望一直十分了解,只是近两年党内斗争复杂,他们联系少了,没想到一向潇洒乐观的涂长望变成了这样。最近他特别忙,中央正在准备召开一系列会议,来进行政策调整和工作调整,科技界、文艺界的会议将在广州进行,周恩来将作《关于知识分子问题的报告》,重新肯定知识分子是劳动人民的一部分。涂长望如能活动于知识分子中间,一定会完成很多有益的工作。可是现在涂长望病成这样,所有活动都不能有他参加了。

1962年春天,知识界传言,陈毅同志在广州会议上脱帽鞠躬,说对知识分子要摘帽加冕。在这种氛围中,中央农工部会同国家机关党委派人来到气象局,帮助落实涂长望的转正问题,局党委于1962年4月13日上报了《关于涂长望同志退党、转正等问题的甄别意见》,国家机关党委当日即批复:

> ……经过局党委对当时具体情况重新进行核实,认为涂长望同志虽然曾经和几位党员负责干部在一起说过"两个党要退一个"一句不妥当的话,但不能作为政治动摇的根据。从涂长望同志在整个反右派斗争中的表现来看,斗争是积极的;在两年预备期中,其他政治表现也是好的。因此,应取消原来延长涂长望预备期一年的决定,按期转为正式党员。党龄从1958年4月26日起。

这个正确的评价晚来了四年,使涂长望受了许多痛苦。是党的政策调整帮助了他。

第二十五章 鞠躬尽瘁

病榻上的涂长望,得知延长预备期的处分被甄别撤销,自己从1958年4月26日起就是正式党员,顿时泪如雨下。身旁的王回珠也为他高兴不已。

大女儿多林来看望爸爸,也带来好消息。她告诉爸爸,她在大学里也入了党。涂长望眼眶含泪,伸出两个指头,喃喃运舌,却说不清话了。

旁边的同志猜测说:"你为家里有了两个党员感到高兴?"涂长望微微表现出同意,但仍然举着两个指头不肯放下。王回珠贴近他的嘴边,勉强能领会他的意思。她对大家传译说:"他是想说,他还要为党工作20年!"

涂长望放下了手。他微笑着,感谢夫人和亲友们的理解。

涂长望想起儿子有几天没来陪他了,担心他的病情,便问夫人。王回珠明白了他的意思,但不能告诉他多伦已经去世了,他会承受不了的。王回珠自己也是强撑着没倒下,她只能忍着泪瞒着他说:"送多伦到广州疗养去了。"

一个月后,医院发出了病危通知:

病情报告

涂长望,男,56岁,中央气象局局长,患脑干进行性疾患已5年,经多方治疗,症状始终不断恶化，今年初恶化更加明显，近月余更加无力，吞咽困难，且时常发烧，虽体温仅38℃上下，但立即出现四肢缓冷、呼吸困难、心跳加速、血压降低、全身大汗、面色苍白等一系列之衰竭症状。

鉴于患者久病，症状日渐发展，全身机能日趋衰竭，又加呼吸机能不好，有气管炎之慢性病灶存在，故生命危险随时可以发生。我院脑系科及内科除已加强全面支持疗法，并细致护理外，特此将目前病情汇报如上。

此致
保健局　并请转
中央气象局党委会

卫生部北京医院
1962年5月21日

涂长望以惊人的毅力，忍受着极大的痛苦，顽强地与病魔进行斗争。但终因几年来肌体消耗太多，过于衰竭，而失去了康复的希望。在医院发出病危通知后，他仍坚持了20天。1962年6月9日早晨5点35分，涂长望与世长辞。终年仅56岁。

他再也不能实现他为党工作20年的愿望了。

尾 声

涂长望英年早逝的噩耗，经过中央人民广播电台的新闻节目传播到全中国，全世界。他的亲人、同事、朋友、国际友人，无不感到震惊和痛惜。

涂长望的父母涂含章和汪美珍两位白发人，这时住在大连的小女儿涂碧霞、胡国栋夫妇家。他俩从新闻联播中得知自己最亲的儿子去世了，今生今世不能再见，痛不欲生。

大哥涂登榜与医院有联系，得知二弟病危时赶到了北京，与二弟最后见面并帮助王回珠为他送行。他在《悼长望二弟》一文中写道："他正当年富力强，立志献身于党，但看到自己已不能完成党所交给的任务，因此，他的死是不能使他瞑目的。"

小弟涂长晟也是从新闻广播中听到二哥病逝噩耗的，他不顾一切从辽宁赶到了北京，来和大哥、二嫂和侄女们一道为二哥守灵、送行。

竺可桢在知道涂长望病危之后，6月8日又听说有了转好的希望，于是与王回珠约定在6月10日星期天下午3点前去医院看望。没想到星期天竟是去向长望的遗体作最后的告别。竺可桢在《追念涂长望同志》一文中写道："人生上寿不过百年，英国诗人莎士比亚说：'有生必有死'，人之归结终是死。独长望本体矫健，他对于爬山、游泳和打网球统可称能手，死时，春秋才五十六，正值大有可为之时，而生此不起之症，名之为良性脑瘤，实则不良之至，所可悲痛者以此。"

涂长望遗体解剖，证明瘤在脑干，是"进行性疾患"。于6月12日火化，设灵堂于中央气象局礼堂，供各界人士凭吊。

公祭大会于16日上午在中央气象局礼堂举行，由邓子恢主祭，郭沫若、李维汉、习仲勋、杨秀峰、章汉夫、李四光、许德珩、李楚离、饶兴陪祭。董必武副主席、周恩来总理等国家领导人送了花圈。参加公祭的各方面人士还有韩光、王光伟、杨显东、竺可桢、吴有训、徐冰、张执一、梅龚彬、胡愈之、胡子昂、许广平、季方、徐萌山，科学界人士严济慈、周培源、赵九章、黄秉维、金善宝、沈其益，气象人员，九三学社社员，涂长望的亲属及生前友好等。中国科协副主席、九三学社中央副主席茅以升致悼词。悼词中说：

尾　声

涂长望同志对气象科学有深湛的研究，他对我国气象事业的建设和发展、气象科学技术水平的提高做出了重要的贡献。涂长望同志是我国气象科学界卓越的科学家和知名的教授。几十年来，他为我国气象事业培养了大批优秀的接班人。他对我国气象科学，特别是对气候和长期天气预报方面有过不少贡献。

涂长望同志在团结全国科学工作者的事业中，在积极参加九三学社的领导工作，推动社员积极为社会主义建设服务和进行自我改造方面做了不少工作，取得了不少成绩……我们所有同志都将永远怀念涂长望同志，学习他热爱科学和勤奋工作的精神，为建设强大的社会主义祖国而奋斗。

公祭之后，在哀乐声中起灵，长长的车队护送涂长望到北京西郊八宝山革命公墓安息。

公祭会后，邓子恢特别对气象局的同志说："涂长望是个好同志，他的去世，太可惜了！"

公祭会后，李维汉对十分悲痛的王回珠夫人和女儿们表示抚慰；请涂登榜先生节哀，并关切地询问了涂长望的病情。

涂登榜是九三学社中央委员。在一次座谈会上见到周总理，总理对他说：涂长望是个多好的同志，他去世了，我没在北京，如在，一定参加追悼会。

郭沫若夫妇参加了公祭大会回家之后，对涂长望的怀念挥之不去。他拿起笔来写了一首七律《挽涂长望同志》：

> 同君屡次赋欧游，才干堪推第一流。
> 肝胆照人风洒脱，心胸涵物韵容休。
> 戡天志在争民主，返日戈挥夺自由。
> 努力一生无懈怠，令人长忆旧渝洲。

这首诗发表在《人民日报》上，当年一同奋斗过的朋友们都说，郭老的诗是涂长望一生的写照。

涂长望去了，但是人民不会忘记他，气象工作者们不会忘记他，国际友人不会忘记他，国家领导人也不会忘记他。

1962年的中秋佳节，涂长望留下的家庭里只有母女五人了。王回珠先失去了儿子，又失去了丈夫。她领着四个女儿，秉承长望的遗志，继续艰苦奋斗。月圆人空，心凉如秋。幸有在京的亲人、朋友时常来关心她们。

王回珠应邀参加政协举行的中秋赏月茶话会，在众多的嘉宾中，邓颖超大姐找到了王回珠，拉着她的手到周总理跟前，介绍说：这是涂长望同志的夫人王回珠女士。周恩来握住王回珠的手说：我们认识的，当年在重

尾声

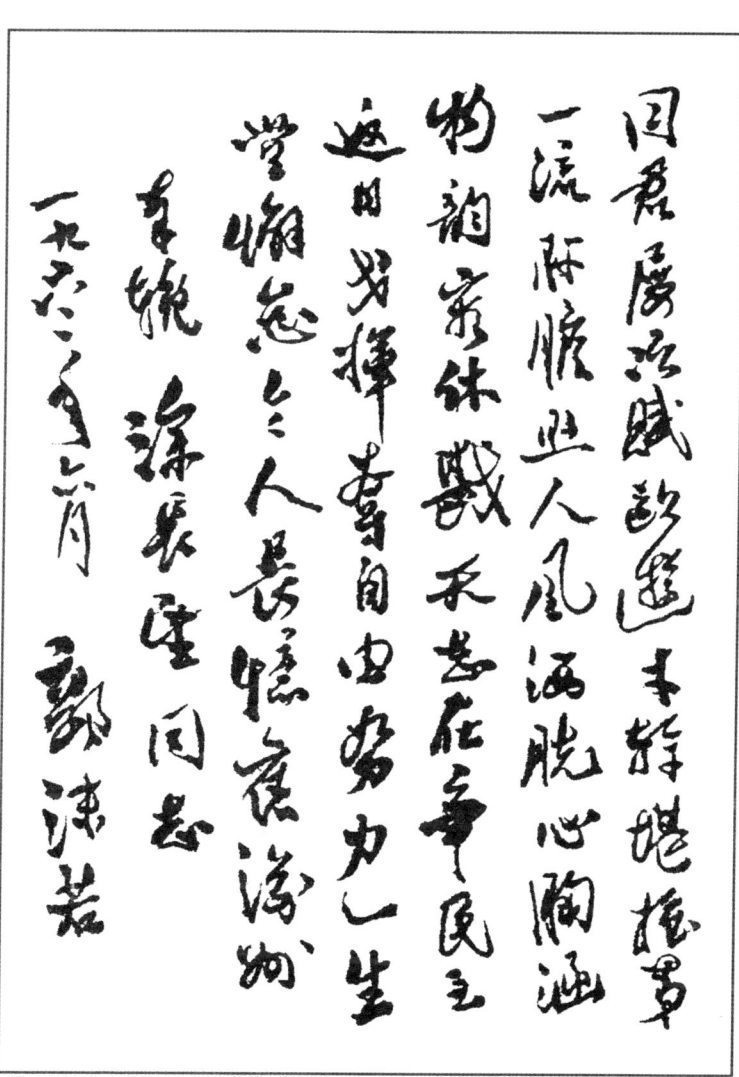

郭沫若《挽涂长望同志》诗词手迹

庆纪念十月革命节，你俩不怕特务的纠缠来参加。总理一句话，使王回珠如秋的心感到十分温暖，激动地说：总理还记得，我和长望也经常想起在重庆那些日子。周恩来深情地说：涂长望是个非常好的同志，可惜去得太早；我们要学习他的工作精神和生活作风。这时，王回珠的两眼充满了泪花，不知道说什么才好。她想，总理的话，是对长望一生的最好评价。党和人民理解他。人在死后若还有知，长望在天之灵也当感到安慰了。

涂长望留给王回珠的沉重担子，她都顽强地担负起来了。她不负长望的重托，把四个女儿都抚养培育成为国家的有用之才。长女多林奋斗于外交战线，次女多彬从事人工影响天气方面的科研工作，三女多原是法语翻译，四女海燕是外语副教授。四姊妹都继承了涂长望的优良品质，精通多种语言，在各自的岗位上努力奉献。王回珠生活恬淡，身体健康，安度晚年。

涂长望毕生为之奋斗的中国气象事业，和中国的社会主义建设一样，经历了曲折的发展历程；自改革开放以来，在气象现代化的道路上成绩斐然，后继有人，在许多方面都实现了他规划的蓝图，取得了更大的进展。中国气象对人类的贡献，已无愧于历史的辉煌。

涂长望的精神和品格，永远激励着气象工作者们勇攀高峰。

大事年表

1906 年　1 岁

10 月 28 日,农历清光绪三十二年丙午九月十一日,诞生于湖北汉口大通巷涂家老屋。祖籍黄冈县阳逻镇(今属新洲)涂家岭。高祖以上为农民;以下为虔诚的宗教世家,父亲为传教士,母亲为小学教员,所在教派属伦敦基督教循道会。

1911 年　5 岁

春,开始随母亲及大哥、大姐学习汉字和英文字母。

1913 年　7 岁

入循道会办的汉口福音堂小学读书。

1917 年　11 岁

随父母、弟妹离开省城到钟祥,入当地教会小学读书。

1919 年　13 岁

在钟祥,就读于当地高小,听大哥登榜带回

"五四"消息。

1920 年　14 岁

春,考入教会办的武昌博文书院初中部,离家住校就读。

1923 年　17 岁

升入博文书院高中部,开始博览群书。高三年级时,阅读无政府共产主义书籍,对互助主义印象最深。

1924 年　18 岁

暑假回蕲州家,同当地学生军过江入江西,寻找广东革命军张发奎部队,不得而返。

1925 年　19 岁

6 月初,参加声援"五卅"惨案游行。秋,考入华中大学理学院。对黑格尔哲学和世界历史产生兴趣,重点阅读了法国、美国革命史及黑格尔《逻辑学》。

1926 年　20 岁

暑假期间,同三弟长爱从蕲春回博文书院,与围攻武昌的北伐军相处一月余。

秋,转入上海沪江大学科学系,师承美国地理学家葛德石,学地理科学。

1929 年　23 岁

秋,在沪江大学毕业。回武昌博文中学任理科教员。

1930 年　24 岁

夏，以第二名考取湖北省官费留英。与陈立、霍秉权结伴从陆路经苏联去伦敦。进入伦敦大学政治经济学院，攻读经济地理。

对英国工党费边社会主义产生兴趣，参与国民党左派的斗争。

1931 年　25 岁

春，转入伦敦大学帝国理工学院，师承吉·沃克爵士攻读气象学。

夏，赴欧洲大陆实习，在柏林利用先进的电动计算机研究世界气候与中国雨量。从报纸获悉国内长江大水灾、日寇发动九一八事变侵占东北三省，担忧国家前途、民族命运。

1932 年　26 岁

1—3月，国内连续3个月没有汇寄留英公费款，学习、生活难以为继。沃克爵士允许攻读到取得学位。向利物浦大学地理学院院长罗士培教授申请去该院攻读的基金，获准。

春，开始与杨秀峰、徐冰、于斌等共产党员接触，参与第三国际英共华语支部外围组织旅英华侨反帝同盟，任文书，并负责编辑出版《反帝》。

秋，获伦敦大学帝国理工学院气象学硕士学位，被吸收为英国皇家气象学会会员，成为该会第一个中国籍会员。到利物浦大学地理学院，师承罗士培攻读地理学博士学位。

1933 年　27 岁

11 月 30 日，在利物浦大学与邹韬奋初次相见，并引见给罗士培。

1934 年　28 岁

4 月经伦敦赴苏联参加"五一"观礼。与徐冰等 6 人在苏联访问 40 余天。

7 月，由于斌介绍参加英国共产党华语支部，为党员，回国后脱离组织关系。

8 月，接竺可桢电报，应聘提前回国，经海路月余抵达上海。

10 月，到南京中央研究院气象研究所任研究员，负责气候和长期预报方面的研究。

1935 年　29 岁

4 月 7 日，被选为中国气象学会理事，兼任总编辑，负责会刊《气象杂志》出版。此后，一直为该会理事。

8 月，赴北平，借聘到清华大学地理系任教授。

"一二·九"后见到英共华语支部的几位同志，与杨秀峰所在的党小组发生组织联系两月余，未恢复党籍。

参加北平文化界救国会，任常务理事。

1936 年　30 岁

夏,清华借聘期满返回南京气象研究所。秋,在上海与王回珠结婚。

王回珠,江苏省吴江县人,1910 年 1 月出生,自幼父母双亡,在上海外婆家长大,肄业于苏州东吴大学,时在中央卫生署工作。

1937 年　31 岁

完成中国长期预报开拓性的研究。

全面抗战爆发,危难之际担负起气象研究所的领导责任,组织所里同事内迁武汉,4 个月后再迁重庆。

1938 年　32 岁

4 月 3 日,长子多伦出生于重庆。

7 月以后,邹韬奋在重庆参加国民参政会期间,经常到涂家交谈时局。

1939 年　33 岁

5 月 4 日,离开重庆去宜山,任浙江大学史地系教授。后为史地研究所副所长,清华大学一批高才生投师其门下为研究生。

1940 年　34 岁

浙大迁到遵义后,一批年轻教授形成了以涂长望为中心人物的少壮派,竺可桢校长常参加他们的活动,推动全校师生积极参加社会活动,增进学校的学术气氛和抗战热情。

7月9日,长女多林出生于遵义。

1942年　36岁

4月,获教育部学术乙等奖。

因与国民党浙大区党部负责人、史地系主任政见有异,发生摩擦,6月底,愤然离开浙大去重庆。

7月,到綦江,任资源委员会电化冶炼厂副秘书长兼福利科长。同时,受聘为中央研究院气象研究所兼职研究员。

1943年　37岁

1月,到重庆任中央大学地理系教授。在校参加党的外围组织"自然科学座谈会"。该组织后来发展为中国科学工作者协会(中国科协)。

春,以中华自然科学社常务理事身份参加国防科技协进会,后退出。

5月,获中华文化基金会天文气象地学组特等奖。

12月31日,二女儿多彬出生于重庆。

1944年　38岁

本年与研究生黄仕松合作完成了东亚季风活动规律的科学研究,发现季风的跳跃现象,取得重大成果。

下半年参加"民主科学座谈会",这个组织后来发展为九三学社。

12月,在盟军战略情报处"美国联合编译局"兼做研究工作,直到抗战胜利前夕。

1945年　39岁

7月1日,中国科协成立,任常务理事兼总干事。

8月31日,与"民主科学座谈会"、中国科协的核心人物8人,到桂园会见参加重庆谈判的毛泽东主席。

9月3日,建议把"民主科学座谈会"改名九三学社,成为一个政治团体。

从蒋金涛来访得知延安的气象工作情况,收集一批书刊资料送解放区。

11月7日,夫妇二人应邀到红岩村参加庆祝苏联十月革命节招待会。

1946年　40岁

2月15—16日,在伦敦出席英国科协发起召开的"科学与人类福利大会",首先在大会发言。会上发起成立世界科协筹委会,被选为常务理事。7月开成立大会时被选为代表远东地区的理事。

2月25日,在伦敦出席国际气象会议,被选为农业气象委员会委员,中国被选为常务委员国。

开完两会后,在伦敦做学术访问,组织中国科协英国分会和欧洲大陆各国分会。

4月,到纽约,开始对美国的访问,考察气象科学,而以组织中国科协北美分会为主要任务。其间，谢绝了锡拉丘兹大学留美任职的邀请；在芝加哥大学作了学术交流；在南加州作了国内问题演讲。7月中旬乘船回国。

5月4日，九三学社在重庆召开成立大会，当选为理事。

9月，在南京中央大学参加"小民革"的活动。

1947年　41岁

5月，接受地下党员吕东明建议，吸收科学时代社的年轻人加入中国科协，壮大基层力量，建立南京、上海、杭州等地的分会。

中国科协、中国科学社、中华自然科学社组成中国科学促进会，任总干事。九三学社转入地下后，以此进行公开活动。

11月16日，三女儿多原出生于南京。

12月，接受"小民革"任务，到美国大使馆兼任编译室主任，直至1948年8月。

1948年　42岁

利用英中科学促进会进行大规模的人才资源调查，为建立新中国做准备。

9月，离别妻儿避居上海，继续领导中国科协工作，部署科技人员迎接解放。

1949年　43岁

4月11日，与梁希、潘菽乘船离上海去香港。几天后王回珠带着多伦到九龙相聚。乘船北上，24日到塘沽。

5月，接受周恩来委托，筹备中华全国第一次自然科学工作者代表大会，团结科技人员，选出政协代表，迎接新中国诞生。

8月，被任命为南京大学校务委员会常委。

9月，任全国政协委员。

10月13日，受政务院领导委托，筹建中央气象局。

11月20日，周总理召见汇报气象局具体安排，23日向总理呈送书面报告。12月17日被毛泽东任命为中央人民政府人民革命军事委员会气象局局长。

1950年　44岁

提出的"分区建设，集中领导"的方针，成为中央的方针，迅速建设全国气象台站网。号召留学生回国参加建设。

5月23日，四女儿海燕出生于北京。

8月22日，当选为全国科联委员、常委兼副秘书长。23日，当选为全国科普委员。

9月22日，离京赴伦敦，应英中友协邀请参加庆祝中华人民共和国成立一周年的纪念活动。

10月，在伦敦，代表中国科联参加世界科协第二次代表大会，继续当选为远东区理事、执行理事会常务理事。

11月，到华沙，参加第二次世界保卫和平大会。12月21日回京。

1951年　45岁

4月18日，当选为中国气象学会副理事长。

1952年　46岁

4月，接待英国贝尔纳教授访问北京，这是对涂长望1950年访英的回访，陪见刘少奇副主席。

5月23日，离京，赴奥地利维也纳，参加于6月初在那里召开的世界科协执行理事会常务会议，要求世界科协支持中朝人民，反对美军发动细菌战争的罪行。

6月，赴柏林参加世界保卫和平理事会特别会议，协助敦沫若取得了会议对中朝人民反对细菌战的支持。会后，收到顺访莫斯科的邀请，参观了苏联水文气象总局。7月11日回京。

9月11日至20日，出席九三学社第二次全国工作会议（扩大），当选为九三学社中央秘书长。

10月15日，召开全国气象技术会议。3—13日还参加在北京举行的亚洲和太平洋区域和平会议。

1953年　47岁

8月，按照毛泽东、周恩来《转建命令》，组织全国气象系统完成建制转移。

9月,赴匈牙利参加在布达佩斯举行的世界科协第三次代表大会。

1954年 48岁

被任命为转建后的中央气象局局长。当选为第一届全国人民代表大会代表和第二届全国政协委员。

7月,动员气象人员开展技术革新和科学研究。

10月,召开全国气象会议。接待日本中央气象台台长和达清夫参观我国中央气象台,陪见周总理。和达清夫向周总理恳求得到中国气象情况,以减轻灾害。

1955年 49岁

1月26日,世界气象组织代理秘书长,就该组织拒绝我国出席有关会议提出严重抗议。

3月10日、11日,用日语、朝语广播灾害性天气,向日、朝两国人民发表广播讲话。

5月5日,提出15年水文气象建设初步方案。

6月,中国科学院召开学部成立大会,被聘为学部委员。陪同苏联、波兰参加大会的代表到东北参观,月底回京。

7月,向陈毅副总理表示同意把北京气象专科学校转归部队建制。

8月下旬,赴瑞士日内瓦,出席世界和平利用原子能会议。

9月1—7日，赴莫斯科，参加9国水文气象局长和邮电部代表会议。22日，赴柏林，参加世界科协第四次代表大会。

年底，落实全国流域气象资料收集、整理和流域气候分析任务。

1956年　50岁

1月25日，最高国务会议讨论农业发展纲要，发言中谈及人工降雨，毛泽东听后作了指示。

2月6日，出席科学院气象科学长远规划会议。在《气象简报》第13期发表《我们气象工作的十五年远景计划》。9—16日，出席九三学社第一次全国社员代表大会，当选为九三学社中央秘书长。

3月17日，向毛泽东汇报气象工作。16—28日主持召开全国气象会议，作远景规划报告。

4月8日，在《光明日报》发表《发展气象事业，为国家建设服务》。26日，经局总支委员会通过加入中国共产党。

5月19日，向中央气象局在京单位全体干部作向科学进军的动员报告。

6月1日，中国气象广播解密。事前，已致函各国气象局局长。中国气象成就使世界惊异，受到赞扬。

7月。在第一届全国人大第三次会议上,作关于气象工作赶超国际水平的发言。

10月23—31日,参加北京五国水文气象局长和邮电部代表会议,担任会议主席。

12月8日,在《人民日报》发表《气象科学在国民经济上的应用》。

1957年　51岁

1月10日,被中国科学院聘为国际地球物理年中国国家委员会副主任委员。

2月18日到3月中旬,与赵九章同赴日本东京,参加国际地球物理年西太平洋区域会议,考察日本气象工作。

3月11日,致函匈牙利气象局局长F.杰西,无偿援助该国一批气象仪器和图书、资料。

4月17日,在《人民日报》发表《我对"领导"涵义的理解》。22—30日,召开全国气象先进工作者代表会议。29日,毛泽东、朱德、邓小平等在中南海接见代表。

5月,开始整风运动,后来发展为反右斗争。任中国科联整风核心组成员,九三学社整风核心组组长,负责这两个组织的整风反右工作。

7月,接待日本气象工作者三人访华,特邀岸保勘三郎就数值天气预报作短期讲学,到9月中旬返回日本。

11月,在《气象简报》第21期发表《人造卫星是人类文明的转折点》,在《人民日报》发表《为农业服务的气象工作》。

1958年　52岁

1月,邀请中科院、北大、军队的气象学家,研究开展人工降雨、云雾物理观测实验和培训科技人员等问题。

4月,发现健康状况不如以前,但坚持到南方选择云雾物理观测实验站站址,登黄山、庐山考察。

6月29日—7月9日,在桂林第三次全国气象会议报告工作。

8月5—12日,在青岛召开气象学会,与竺可桢登崂山。23日,中国"科联"与"科普"合并为中国科协,任书记处书记。

8—9月间,为入党转正问题多次接受"批判""帮助",身心受到伤害。

9月22日—10月29日,不顾病重,带领8名同志到内蒙古、山西检查指导工作,深入草原、荒漠、农村,省、地、县各级气象部门调查研究。对晋北台预报员提出:天气预报工作中应注意天气过程大、中、小尺度的结合,要掌握地区的特点,本地的天气气候规律,建议绘制大比例尺、小范围的天气图。该台在上级指导下创造了"晋北经验",推进全国预报工作。

11月,出席九三学社第二届全国社员代表大会,当选为九三学社中央副主席。

12月2日,参加国家科委召开的全国人工降水会议,抱病作《关于人工降水方案的报告》。

1959年　53岁

1月30日,国家机关党委批准了延期1年转正。

春节后,到杭州空军疗养院疗养。

4月,当选为第二届全国人民代表大会代表。

秋,在中央人民广播电台发表对台湾的广播讲话,号召海峡两岸气象工作者加强联系。

1960年　54岁

年初,写出3500余言的《建议书》。再度病重住院。

1月,延期转正的期限已到,在医院写《申请入党转正书》。

年底,已经看不清东西,不能写字。口述,由青年助手记录,完成关于全球变暖的文章。这一问题在80年代成为世界面临的大事。

1961年　55岁

1月25日,《人民日报》发表了去年年底完成的文章《关于二十世纪气候变暖的问题》。香港报刊转载此文。

12月,写报告给邓子恢副总理,推荐赵九章主持气象局工作。

1962 年　56 岁

4月13日,在党中央关怀下,延期转正等问题得到甄别,中共国家机关党委批准撤销1959年1月30日延期1年转正的决定,按期转正,党龄从1958年4月26日算起。

6月9日晨5时35分,因脑干进行性疾患,病逝于北京医院。

主要著作

1. China Rainfall and World Weather, Meoirs of the Royal Meteorological Society, Vol. No. 38, 1934. （中国雨量与世界天气，皇家气象学会研究报告集）

2. Some Regional Rainfall Types of China, Meoirs of the National Research Institute of Meteorology, 1935. （中国的雨量区域分类，气象研究所集刊第5号）

3. 中国的水灾可以避免吗？（气象杂志，第11卷，第3期，1935年）

4. 峨眉山泰山国际极年观测报告（中央研究院气象研究所，1935年）

5. 与张印堂先生商榷中国人口问题之严重（地理学报，第2卷，第1期，1935年）

6. 东亚活动中心与我国水旱灾害的关系（气象杂志，第12卷，第10期，1936年）

7. The Climatic Provinces of China（中国的气候区域，气象研究所集刊，第 8 号，1936 年）

8. 我国低气压的成因与来源（气象杂志，第 12 卷，第 2 期，1936 年）

9. 长期天气预告的物理基础（气象杂志，第 12 卷，第 10 期，1936 年）

10. 峨眉山之雨量（气象杂志，第 12 卷，第 10 期，1936 年）

11. On the Relation Between the Great Flood of 1931, and the Drought of 1934 and the Centers of Action in the Far East（1931 年的大水和 1934 年的大旱与远东活动中心的关系，气象研究所集刊，第 10 号，1937 年）

12. Atmospheric Circulation and World Temperature（大气环流与世界温度，气象研究所集刊，第 11 卷，第 2 期，1937 年）

13. The Floods and Droughts Lower Yang-tze Valley and Their Predictions》（长江流域下游的水旱灾害及其预报，1937 年）

14. A Preliminary Study on the Mean Air Currents and Fronts of China（中国平均气流与锋面的研究，气象研究所集刊，第 11 卷，第 3 期，1937 年）

15. China Weather and World Oscillation with Applications to Longrange Forecasting of Floods Droughts of China During the Summer（中国天气与世界大气的浪动及其长期预告中国夏季旱涝的应用，气象研究所集刊，第 11 卷，第 4 期，1937 年）

16. 南京最低温度之预测（与徐延煦合著，气象杂志，第 13 卷，1937 年）

17. 长江流域雨量的互相关系（气象杂志，第 13 卷，1937 年）

18. 预测长江水文之初步探讨（气象杂志，第 13 卷，1937 年）

19. 大气运行与世界雨量的关系（地理学报，第 4 卷，第 1 期，1937 年）

20. The Air Masses of China（中国的气团，气象研究所集刊，第 12 卷，第 2 期，1938 年）

21. Koppen 范式之中国气候区域（与郭晓岚合著，气象杂志，第 14 卷，第 2 期，1938 年）

22. A Preliminary Study of the Climatological Conditions of the Free Atmosphere of China（中国自由大气气候状况的初步研究，气象研究所集刊，第 13 卷，第 2 期，1939 年）

23. Results of Aerological Investigation of China. Beitrage fur Physik der Frein Atmosphre, 25 223—24，1939.（中国高空探测的一些成果）

24. A Note of the Constitution of Typhoons（台风结构的一个注释）

25. 气象研究法（浙江大学史地教育研究丛刊，第1辑，地理研究法，1940年）

26. 气候学研究（浙江大学史地教育研究丛刊，第1辑，地理研究法，1940年）

27. 气团分析于天气范式（史地杂志，第1卷，第3期，1940年）

28. 中国冬季温度之长期预告（浙江大学文科研究所史地学部专刊，第2号，1942年）

29. 何以贵州高原天无三日晴（浙江大学文科研究所史地学部专刊，第2号，1942年）

30. 太阳黑子与今夏的旱灾（天气，第3期，福建气象局，1942年）

31. Air Masses Fronts and Wave Disturbance of S. W. China（中国西南的气团界面与扰动，1943年）

32. 华中之重要农作物与气候（与方正三合著，气象学报，第18卷，1944年）

33. 我国气候对于数种疾病死亡率影响之初步研究

（与毛汉礼合著，气象学报，第 18 卷，1944 年）

34. 中国夏季风之进退（与黄仕松合著，气象学报，第 18 卷，1944 年）

35. 明代（1370—1642）水旱周期的初步探讨（与张汉松合著，气象学报，第 18 卷，1944 年）

36. 气象与滑翔（国防科学技术月刊，1944 年）

37. 长期天气预报之进展（科学，第 30 卷，第 3 期，1945 年）

38. 三年来我们做了些什么？将来准备怎样做？（天气，第 19 期，1952 年）

39. 发展气象事业，为国家建设服务（光明日报，1956 年 4 月 8 日）

40. 关于向科学进军的问题（干部大会动员报告，1956 年 5 月 19 日）

41. 我们气象工作的十五年远景计划（气象简报，第 13 期，1956 年）

42. 使我们的气象业务在 12 年内赶上或超过国际水平（在全国人大一届三次会议上的发言，1956 年 7 月）

43. 在五国气象会议上的开幕词（1956 年 10 月）

44. 气象科学在国民经济上的应用（人民日报，1956 年 12 月 8 日）

45. 我对"领导"涵义的理解（1957年4月17日）

46. 为农业服务的气象工作（人民日报，1957年）

47. 人造卫星是人类文明的转折点（气象简报，第21期，1957年）

48. 关于二十世纪气候变暖的问题（人民日报，1961年1月26日）

再版后记

涂长望先生是我国气象科学事业的主要创建人，也是九三学社的创始人和重要领导。2015年10月，在涂长望先生的故乡武汉市，九三学社中央和湖北省委会、省气象局举行了涂长望陈列馆新馆启用仪式。全国政协副主席、九三学社中央主席韩启德为"涂长望陈列馆"亲笔题名。全国政协常委、副秘书长、九三学社中央常务副主席邵鸿专程前往参加仪式，为新馆揭牌，并代表九三学社中央授予陈列馆"九三学社全国传统教育基地"称号。

2016年是涂长望先生诞辰110周年，为了更好地弘扬涂长望先生的革命精神和优良风范，2016年3月，九三学社中央决定修订再版《涂长望传》，并将其纳入《九三学社人物丛书》，由学苑出版社出版。

修订再版工作得到了中国气象局的大力支持。《涂长望传》的著作权属于中国气象局，经九三学社中央与中国气象局沟通，中国气象局同意九三学社中央修订再版《涂长望传》。在修订过程中，我们专门赴中国气象局查阅涂长望先生相关档案资料，得到了中国气象局办公室的积极支持和帮助。修订稿成稿后，中国气象局原局长温克刚、原副局长刘英金、中国气象局办公室主任余勇、副主任洪兰江等同志又审阅了书稿。中国气象局张桂森、李晔、吴晓鹏、闫志刚等同志参与了修订稿讨论会。在此，我们对中国气象局在修订再版工作中给予的大力支持表示感谢。

九三学社中央领导十分重视《涂长望传》的修订再版工作。2016年4月6日，九三学社中央常务副主席邵鸿就修订再版工作专门作出批示。不久，九三学社中央组成了由邵鸿任组长，社中央研究室主任郭悦任副组长，气象学专家陈学溶、涂长望先生之女涂多彬、《中国气象史》编辑部原副主任张桂森（参与《涂长望传》初版的组织、编辑和审定工作）任顾问，社中央研究室社史研究处处长昝建军、社中央研究室理论研究处处长乔发进等同志参与的修订小组。具体修订工作由乔发进承担。

在这里，我们要特别感谢涂长望先生的亲属和有关人士的大力支持。涂多彬女士全程参与修订工作，古稀之年仍来回奔波于九三学社中央和中国气象局，就修订再版工作提出了十分宝贵的意见和建议，向我们提供了涂长望先生的大量资料和照片。学苑出版社孟白社长、李耕女士为本书再版付出了辛勤努力。

再版后记

除了文字上的一些调整之外，此次修订主要集中在以下两个方面：

第一，气象学家、原南京气象学院教授、九三学社社员陈学溶先生，于2012年出版了题为《中国近现代气象学界若干史迹》一书，书中在《对〈涂长望传〉某些史实的商榷》一文中，就《涂长望传》提出了50条修改意见。陈学溶老先生百岁高龄，是我国近代气象历史的见证者和亲历者，被誉为"中国现代气象学史活字典"。他博闻强记、严谨细致，提出的这50条意见格外有价值。我们围绕这50条修改意见，逐一研究、查核，该采纳的采纳，该修正的修正。令人遗憾的是，2016年6月1日，陈学溶先生逝世，未能看到《涂长望传》修订版的出版。在此，我们表示深切哀悼，并向陈学溶先生的亲属表示诚挚慰问。

第二，修订并增补了涂长望先生参加九三学社活动的相关内容。涂长望先生作为九三学社的创始人和重要领导人，其在九三学社的活动理应得到更为充分的反映和体现。因此，我们专门增加"九三学社秘书长"一节，集中阐述了新中国成立后涂长望先生在九三学社的重要工作。我们同时还对九三学社召开成立大会的有关情况进行了补充。原书中有些重要提法，如"民主科学社"，我们均改为"民主科学座谈会"，以与《九三学社简史》的提法保持一致。原书中提到，是涂长望建议把"民主科学座谈会"改名为"九三学社"。关于九三学社这个名称的来历，社史中有多种说法，一直未有定论。因此，我们对原书中的这一说法表示尊重，未予修改。

最后，我们要向本书的原作者谢世俊同志（已去世）及其家属致敬，向关心和帮助过本书出版的所有领导和同志致敬。

《涂长望传》修订小组
2016 年 12 月